叢書主編　朱國斌

HKNSL Studies Series

香港國安法
研　究　系　列

朱國斌 韓大元 王江雨 黃明濤 主編

香港國家安全法

法理與實踐

「香港國安法研究系列」
出版說明

2020 年 6 月 30 日，全國人大常委會通過《中華人民共和國香港特別行政區維護國家安全法》（以下簡稱《香港國安法》），香港特區行政長官林鄭月娥隨即公佈，該法自同日晚上十一時起在香港特區實施。該法的通過與實施有著重大的理論和實踐意義。從政治上說，它似乎標誌著在經歷了「修例風波」後，在複雜國際局勢的催動下，中央的治港思路出現了從「有所作為」的統戰思路向更為堅決務實的全面管治思路的重大轉折，香港政局的基調也因之從政改爭拗以來的「街頭政治」模式轉向依法有序治港的撥亂反正模式。從法律上說，《香港國安法》有著前所未有的特殊性，它兼具組織法、實體法、程序法特徵，是第一部直接規定了罪與罰、對港人的基本權利有切身影響的全國性法律；它還規定，在極為特殊的情況下，駐港國安公署可以直接管轄案件並適用內地法律，這使《香港國安法》自誕生之初便備受爭議。一年多來，《香港國安法》作為香港特區法律的一部分，已經在學界廣受討論，亦在司法領域初顯身手，積累了一些理論成果及實踐經驗。這些成果與經驗，對於學術界及實務界理解和把握《香港國安法》的立法背景、精神內涵，及其在香港本地的實施運行，是一筆無比寶貴的財富。將其集結出版，必能滿足學術界和實務界的期待。

朱國斌教授長年教研香港基本法，關心香港局勢，關注學界動態。自《香港國安法》公佈後，他便積極牽頭策劃有關的線上及線下研討會，並主動聯繫出版者，希望將這些討論成果予以整理出版，以便惠及知識界。朱教授還希望在未來幾年，與其他專家和學者廣泛合作，從中國法、香港普通法和國際及比較法視角展開專門研究，並繼續發表成果。我們感佩朱教授這份作為學者的關懷心與使命感，亦對他的出版計劃表現出十足的興趣及誠意，因而共同推出這一「香港國安法研究系列」。作為香港出版者，我們有志將該系列出版好，也有義務做好這件深具意義的事情。

我們衷心期望，本系列的出版能促進學術界之爭鳴，助益實務界之進展，為《香港國安法》的有序實施貢獻微勞，為「一國兩制」的行穩致遠、香港的繼續繁榮穩定略盡綿力。

三聯書店（香港）有限公司編輯部

2021 年 11 月

目錄

附錄 275

序言

《香港國安法》的頒佈與實施是「一國兩制」之下特區管治發展過程中帶有標誌意義的轉折事件。相比於《香港基本法》前後歷時五年之久的制定過程，這部法律在短時間內成型、並由全國人大常委會通過，體現了國家最高權力機關對國家安全的嚴肅關切，折射出中央與特別行政區彼此關係的新變化。《香港國安法》確實可以從多種視角予以解讀，但對法律人而言，既然這部法律已經成為香港特別行政區本地法律的一部分，那麼，準確把握其立法背景、精神主旨與條文含義，並且合理地預見、化解其實施過程中與現有法律的可能衝突，就是職責所在。因此，本書的定位是很明確的，那就是為理性、嚴謹、客觀地理解《香港國安法》，為《香港國安法》的在地實施提供必要的學術上的助力。

本書最早緣起於 2020 年 9 月 11 日舉行的一次綫上全國性研討會——「《香港國家安全法》理論與實踐學術研討會」。這次會議由中國人民大學「一國兩制」法律研究所、香港城市大學公法與人權論壇、香港城市大學中國法與比較法研究中心聯合主辦，來自中國內地、香港澳門地區、以及海外法律院校或研究機構近四十位學者應邀出席發表學術觀點。彼時距離《香港國安法》的正式頒佈與實施，剛過去兩個多月，雖然當時香港已經有了所謂「國安第一案」，但對於這部新生法律，社會公眾乃至專業人士，都有相當陌生之感。但是，憑著諸位與會專家的真誠、坦率、專業、敬業的努力，研討會取得了相當好的實際效果，獲得了一批學術價值高的會議論文。為了讓會議的討論研究成果進一步得到淬煉與傳播，我們決定選輯與會學者的部分文章，編排成一部主題鮮明、視角廣泛、論述深刻的專著，由香港三聯書店出版，以饗讀者。在編輯過程之中，為了著作結構、內容和體例的需要，我們還邀請若干作者專門撰文，並提交給本書主編，收入出版。

閱讀全部書稿，我們會看到本書有以下幾個特點：

第一，多元、平衡、高水準的作者結構。《香港國安法》由全國人大常委會通過，並納入《香港基本法》附件三，在香港公佈實施。作為一部「專

門為香港地區打造」的法律，其本身帶有不少「內地印記」，如大量內地法律術語的引入、原則性條文的運用、在第 55 條中明確規定的特殊情形下國安公署對本法規定的危害國家安全犯罪案件行使的管轄權。因此，若拋開中國內地法律制度的基本知識與學理，是不可能準確理解《香港國安法》的條文含義的。本書的作者群體包含來自內地、香港、澳門以及供職於海外的法律學者、執業大律師、政策研究專家等，結構上具備相當可觀的多元性。這其中，有些作者是長期從事「一國兩制」與香港問題研究的知名教授；有些作者雖不是專攻香港法律研究，但對內地刑法與刑事司法制度有精深學術造詣；還有一些作者擁有比較法或跨國法方面的專長；另需特別強調的是，其中有不少來自香港本地的學者、大律師或政策研究者，他們能夠帶入必要的本地視角。讀者通過本書將會獲取相當多元、平衡的論述。

第二，理論與實務兼收並蓄的內容安排。《香港國安法》以「填補國安法律制度漏洞」為出發點，但實際上在香港引入了相當新型的罪名、法律程序，既賦予了特區政府以廣泛的國安職權，更創設了全新的機構——如香港特區維護國家安全委員會、中央政府駐港國安公署。本法的實施，在法律層面以外，勢必深刻影響香港的政治生態、政治文化與市民的政治認同，也很可能引發國際社會對香港法治、司法獨立等問題的關切。因此，正如此前的研討會所實現的，我們從宏觀到微觀、從國際到本地、從理論到實務，將國安法所涉及的各個層面、各個角落，均納入研究範圍。例如，清華大學黎宏教授所撰的文章《中國刑法中危害國家安全罪的法理》，就從中國內地刑法的角度，提供了理解《香港國安法》上相關罪名的一種重要的法理淵源；中國政法大學的施鵬鵬教授、王晨辰博士所撰的文章《法國反國家分裂的舉措及其啟示》，則以法國的類似制度來與《香港國安法》上特定罪名進行對比研究；加拿大英屬哥倫比亞大學程潔副教授跳出了法律論證的通常思路，以公共政策角度探討了《香港國安法》的立法目的，其文章探討香港的管治可能出現的變化；深圳大學葉海波教授則遵循典型的法教義學路徑，在《香港國安法》司法適用層面，集中闡述了他所主張的「一致性解釋原則」；天津大學王建學教授的文章關注了一個暫時「冷門」的問題，即內地的監察制度在何種程度上可以對駐港國安公署實施監督。《香港國安法》實施僅有一年多，現時便可以將如此豐富的學術成果集中呈現出來，實屬難得。

第三，專業深入的分析與嚴謹中立的學術立場。毋庸諱言，《香港國安法》身處香港特區的一段複雜、艱難的發展時期，也是對「一國兩制」政策

的真正檢驗。法治的核心在於實現秩序與自由之間的合理平衡，但像國家安全法這樣的法律，必然有巨大的社會效果與政治效果。然而，就法言法，法律學人或執業者仍應當持守嚴謹、中立的立場，倚靠專業知識與普遍原理來定義有關概念，釐清程序要點，以便最大可能提供一套清晰、不含混的、可操作的法理（jurisprudence）。換句話說，《香港國安法》既體現重要的政策目標，也可以設立嚴厲的行為罰則，但終歸要落實為明白無誤的法律規則或標準，在社會上以正視聽，並且為司法程序留出可以爭辯、可以發展的空間。因此，讀者會發現，本書所收納的論文，不是配合新法實施的案頭用書或指南（companion or guide），而是獨立的學術研討，其中包括一系列的追問、啟示與反思。寫作中，作者們能夠抱持必要的距離感，去冷靜觀察並試圖理解、理論化這部法律。隨著《香港國安法》的進一步實施，特別是進入司法程序，我們所提出的一些疑問可能會得到解答，或者我們所指出的缺漏可能會得到修補，而那正是本書的特別價值之所在。

在向各位讀者推薦本書之前，我們要對所有促成本著作最終順利出版的同道友人致以謝意。首先，要感謝所有作者不吝賜稿，他們或在一年前的研討會上貢獻了精彩的主旨發言或評議，爾後進一步將其增補為完整的學術文章，或應邀專門寫作，所以，這是作者和編者共同努力的成果；其次，要感謝支持上次會議召開的中國人民大學法學院和香港城市大學法律學院對是次學術活動的積極支持；第三，要感謝那位默默贊助會議召開、研究支援和後期編輯出版的熱心香港企業家。近幾年來，他一直在支持香港城市大學法律學院開展《香港基本法》及相關問題研究；第四，特別感謝香港城市大學法律學院研究助理、來自武漢大學法學院的楊雨晨先生，他的專業素養和認真態度令人印象深刻；最後，也是非常重要的，我們真誠感謝香港三聯書店出版人的熱情支持和編輯蘇健偉先生高質量的專業編輯工作。

願香港繼續保持繁榮穩定；願學術研究之樹長青。是為序。

朱國斌

韓大元

王江雨

黃明濤

二零二一年七月中

作者簡介

（按文章先後排序）

姚國建

法學博士，中國政法大學法學院教授、博士生導師、憲法研究所所長，中國憲法學研究會理事，全國港澳基本法研究會理事，北京市委講師團成員。先後在美國加州大學戴維斯分校、英國諾丁漢大學訪學。在《法學研究》、《政法論壇》、《法學評論》、《法商研究》、《比較法研究》、《國家行政學院學報》等雜誌上發表論文三十多篇，出版專著六部，主持國家社科基金、教育部、司法部、全國人大常委會、北京市人大常委會課題二十餘項。

韓大元

法學博士，中國人民大學法學院教授、博士生導師，中國人民大學「一國兩制」法律研究所所長，國際憲法學協會執委會委員。主要研究領域為：中國憲法、比較憲法、港澳基本法、憲法學說史。主要著作包括：《亞洲立憲主義》、《中國憲法學說史研究》、《1954 年憲法制定過程》、《憲法學基本原理》、《新中國憲法發展 70 年》、《中國憲法》、《外國憲法》、《基本權利與憲法判例》等。在《中國社會科學》、《法學研究》、《中國法學》等刊物發表學術論文一百餘篇。

朱國斌

法學博士，香港城市大學法律學院教授、博士生導師，香港城市大學法律學院公法與人權論壇主任，香港城市大學公共事務與法律研究中心聯席副主任。主要研究興趣與領域為：中國憲法、港澳基本法、比較憲法、中國人權法、中央與地方關係。近年主要著作包括：《中國憲法與政治制度》（第二版）、《香江法政縱橫：香港基本法學緒論》、《當代中國政治與政府》（合著，第三版）、《香港司法制度》（合著，第二版）、《香港特區政治體制研究》（主編）、《第五次人大釋法：憲法與學理論爭》（主編）、《中央與特別行政區關係專論》（主編）、《「一地兩檢」與全國人大常委會的權力》（主編）、《建構「一

國兩制」憲制：在動態中達至平衡》和 *Personal Data Privacy Law in Hong Kong*（主編，第二版）。近期論文發表於：*Stanford Journal of International Law, International Journal of Constitutional Law, Human Rights Quarterly, Columbia Journal of Asian Law, Suffolk University Law Review, International Review of Administrative Sciences, China: An International Journal,* and *Hong Kong Law Journal* 等。

楊雨晨

香港城市大學法律學院研究助理，武漢大學法學院憲法與行政法專業碩士生。近期有關香港基本法的論文有：《論香港特區法律體系中的規例》（第二作者）（《當代港澳研究》2020 年第 4 期）。

林緻茵

香港大學哲學博士，現為香港政策研究所憲制及管治研究中心主管及高級研究員，曾任香港大學政治與公共行政學系榮譽助理教授。研究範圍包括：中央與特區憲制關係、政治制度、政治文化等。

程潔

加拿大英屬哥倫比亞大學法學院副教授（2019 至今）。曾任清華大學法學院副教授（1999-2019），並曾經作為訪問副教授訪問密歇根大學法學院、巴黎政治學院、哥倫比亞大學法學院等。2006-2007 年借調至全國人民代表大會常務委員會香港澳門基本法委員會。主要研究領域包括：中國憲法、比較憲法、香港基本法、澳門基本法、徵地權、信息安全、司法政治等。主要代表作品包括：《治道與治權：中國憲法的制度分析》（法律出版社 2015 年版）、《憲政精義——法治下的開放政府》（中國政法大學出版社 2002 年版）等。曾經在《中國法學》、《法學研究》、《法學家》等專業期刊發表多篇學術文章。近期有關香港基本法的文章包括：《香港新憲制秩序的法理基礎：分權還是授權》（《中國法學》2017 年第 4 期）、《不對稱治理格局下香港的憲制基礎與憲法適用》（《中國法律評論》2018 年第 5 期）、"Paths of Justice"(Book Review) (*Asia Pacific Law Review*, November 2019, vol. 27, no. 2, pp. 306-309)。

黎宏

　　武漢大學法學學士、法學博士，日本同志社大學法學碩士、法學博士，現為清華大學法學院教授、博士生導師，清華大學法學院商業犯罪研究中心主任，兼任北京市法學會副會長、中國刑法學研究會常務理事。曾任職清華大學法學院黨委書記，掛職北京市西城區人民檢察院副檢察長、最高人民檢察院司改辦副主任等。榮獲「首屆首都十大傑出青年法學家」等榮譽，是內地有代表性的刑法學者。代表性著作有：《不作為犯研究》（武漢大學出版社1997年版）、《單位刑事責任論》（清華大學出版社2001年版）、《刑法總論問題思考》（中國人民大學2012年第二版）、《刑法學總論》（法律出版社2016年版）、《刑法學各論》（法律出版社2016年版）等。

陳璇

　　法學博士，德國馬克斯普朗克外國刑法與國際刑法研究所博士後。現為中國人民大學法學院教授、博士生導師，中國人民大學刑事法律科學研究中心研究員，國家「萬人計劃」青年拔尖人才，中國人民大學「傑出學者」青年學者（A崗）。主要研究領域為刑法基礎理論。在《法學研究》、《中國法學》等刊物上發表學術論文三十餘篇，出版專著《刑法中社會相當性理論研究》、《刑法歸責原理的規範化展開》、《正當防衛：理念、學說與制度適用》，譯著《目的行為論導論》。

羅沛然

　　倫敦大學政治經濟學院法律學士，香港大學哲學博士，英格蘭及威爾斯和香港大律師。

葉海波

　　武漢大學憲法學與行政法學專業法學博士，現為深圳大學法學院教授、博士生導師，兼任深圳大學黨內法規研究中心副主任，深圳大學法學院監察法治研究中心主任，國務院發展研究中心港澳研究所高級研究員，廣東省法學會港澳基本法研究會秘書長，中國憲法學研究會和中國立法學研究會理事。主要研究為：監察法、憲法學與行政法學、港澳法制。

黃宇逸

香港大學工商管理學學士（法學），香港大學法律學士，香港大律師。

楊曉楠

大連海事大學法學院教授，香港大學公法學博士，曾任美國密歇根大學格勞修斯學者、香港城市大學兼職副研究員、香港大學中國法中心訪問學者。主要研究領域為：憲法學基礎理論、比較憲法、比較行政法、港澳基本法、中央與地方關係理論、地方立法。曾主持國家社科、教育部、省社科等各類項目二十餘項，發表中英文論文四十餘篇。新近作品有：《中央與地方關係視角下的香港基本法解釋》、《〈香港基本法〉第 39 條的教義學分析：權利體系與規範功能》等。

邊明燕

大連海事大學法學院法學碩士研究生（憲法行政法方向）。

章小杉

廣東外語外貿大學法學院講師，法學博士。畢業於武漢大學法學院憲法學與行政法學專業。曾為美國佩斯大學法學院訪問學者及香港城市大學法學院博士後研究員。主要研究領域為：中國憲法、香港基本法、比較憲法及憲法理論。

黃明濤

法學博士，武漢大學法學院教授、博士生導師，兼任中國法學會憲法學研究會秘書處副秘書長，《法學評論》編輯，曾為香港大學法律學院訪問學者。主要研究領域為：中國憲法、比較憲法、一國兩制與港澳基本法。已發表學術論文四十餘篇，出版專著三部，代表作有：《「最高國家權力機關」的權力邊界》（《中國法學》2019 年第 2 期）；《公民文化權研究》（中國政法大學出版社 2015 年版）。已在香港地區出版專著一部：《憲制的成長：香港基本法研究》〔三聯書店（香港）有限公司 2019 年版〕，發表其他學術論文、報章時評若干。

盧兆興

香港大學專業進修學院文理學院教授、副院長。曾於香港教育大學、滑鐵盧大學、香港大學和香港科技大學歷任要職。著作、論文研究方向涉及中國內地、台灣、香港和澳門，主要內容包括：民主政治與管治、有組織犯罪、危機管理等。

洪松勛

博士，香港教育大學社會學系助理教授。其香港研究專著被不同的學術期刊和書籍所引用。在香港歷史研究中探索學校公民教育政策，並將香港研究範圍拓展到不同的政治、社會文化和教育議題上。

王建學

法學博士（廈門大學—法國馬賽大學聯合培養），中國人民大學法學院博士後，天津大學法學院教授、博士生導師，天津大學北洋學者長聘教授，中國憲法學研究會理事，中國立法學研究會理事，天津市社科聯第七屆委員會委員。主要研究領域為：中國憲法和比較憲法，旁涉立法法、環境法和監察法等。在《中國法學》、《法學研究》等刊物發表論文多篇，並出版著作多部。

王江雨

法學博士，香港城市大學法律學院教授、博士生導師，香港城市大學中國法與比較法研究中心主任，牛津大學出版社《中國比較法雜誌》（*Chinese Journal of Comparative Law*）共同主編。曾長期任職於新加坡國立大學法學院，出任過亞洲法律學院（Asian Law Institute）主任以及劍橋大學出版社《亞洲比較法雜誌》（*Asian Journal of Comparative Law*）共同主編。1994 年畢業於中國政法大學；1997 年獲北京大學法學碩士學位；1999 年赴英美留學，先後獲得美國賓夕法尼亞大學法學碩士（LLM），英國牛津大學法理學碩士（M. Juris）和美國賓夕法尼亞大學法律科學博士（SJD）學位。代表作有：*China, India and the International Economic Order* (Cambridge University Press, 2010); *Company Law in China: Regulation of Business Organizations in a Socialist Market Economy* (Edward Elgar, 2014).

朱世海

　　法學博士，澳門科技大學法學院副教授。研究領域為：憲法（港澳基本法）、政治學（政黨體制）。近十年來，主持並完成三項國家社科基金項目課題；出版專著《香港政黨研究》（時事出版社 2008 年版）、《香港行政主導體制研究》（法律出版社 2011 年版）、《分歧與共識——香港行政長官選舉制度研究》〔三聯書店（香港）有限公司 2018 年版〕；發表論文約三十篇，其中多篇被《新華文摘》、《新華月報》、《思想理論動態參閱》、《憲法學行政法學》（中國人民大學報刊複印資料）、《港澳台研究》（中國人民大學報刊複印資料）、《黨政幹部決策參考》、《國圖決策參考》、《民主法制週刊》、《民主法制時報》、《學習時報》、《中國機構改革與管理》、《中國政協》、《長江日報》、《人民之聲報》、《行政法制》、《人民政壇》、《法治與社會》等轉載（摘編）。

孫鵬飛

　　澳門科技大學法學院碩士研究生，研習中國憲法、港澳基本法。

施鵬鵬

　　中、法法學雙料博士，中國政法大學證據科學研究院教授、博士生導師，最高人民法院訪修學者（2017 年），《證據科學》雜誌編輯，可應用英、法、德、意、西、荷、葡、俄等多門外語從事學術研究，學術專長為司法制度、刑事訴訟法、證據法、監察法和比較法。出版專著、譯著八部，在《法學研究》、《中國法學》等期刊發表論文和譯文一百餘篇，主持及主研 21 個國家及省部級項目。主要代表作品包括：專著《陪審制研究》（中國人民大學出版社 2008 年版）；法文專著 *Le Jury Criminé: Étude Compareé en Angleterre, France et Chine* (Les Éditions Universitaires Européennes, 2010)；「歐陸代表性國家刑事訴訟與證據制度專論」系列叢書主編（意大利、西班牙、法國已出版第一卷，德國、荷蘭等卷冊待出版）；專業論文分別發表在《中國法學》、《法學研究》等期刊。

王晨辰

中國政法大學證據科學研究院講師，法國波爾多大學私法與刑事科學博士，中國西南政法大學刑事訴訟法博士。學術專長為：證據法、刑事訴訟法、比較法和司法制度。主要代表作品包括：法文專著 *L' Encadrement de la Liberté de la Preuve dans la Procédure Pénale: Étude Comparée France-Chine*（可譯為《刑事訴訟中證據自由的限制：中法比較研究》）(Les Éditions Universitaires Européennes, 2020)；專業論文發表於《證據科學》、《中國刑事法雜誌》、《法制與社會發展》、《法律適用》等。

第一部分

香港特別行政區憲制下的《香港國安法》

論《香港國安法》的立法依據

姚國建　中國政法大學教授

一、導言

2020 年 6 月 30 日，全國人大常委會以全票贊成通過了《中華人民共和國香港特別行政區維護國家安全法》（以下簡稱《香港國安法》）。《香港國安法》在第 1 條明確指出了該法律的立法依據，特殊之處在於其列明了三個方面的內容：即《憲法》、《香港特別行政區基本法》（以下簡稱《基本法》）以及全國人民代表大會於 2020 年 5 月 28 日通過的《關於建立健全香港特別行政區維護國家安全的法律制度和執行機制的決定》（以下簡稱全國人大決定）。《憲法》是國家的根本法，《香港國安法》的核心內容是防範、制止和懲處在香港發生的危害國家安全的行為。國家安全是《憲法》的核心價值之一，這一核心價值為全國人大及其常委會制定相關立法提供了足夠的正當性。《基本法》是香港的憲制性法律，作為國安法的立法依據自無疑問。而人大的決定直接授權全國人大常委會進行這一立法。分開看，三個依據均有其正當性。但三個層次不一、性質不同的依據是如何圓融地整合在一起，共同為《香港國安法》提供依據，則需要進行精細化的學術分析。不僅如此，立法依據與法律位階有密切關係，準確界定三個立法依據對《香港國安法》的意義，對於準確界定其法律位階及效力至關重要，而《香港國安法》的法律位階又會影響到其實施效果。

二、什麼是立法依據？

（一）立法依據的含義

立法依據是立法機關表明其立法權力及其內容正當性的依據。法治社會要求一切國家機關行使權力時均須有明確的法律依據，不同的立法主體在制定相關立法時也均需要尋求其他法律的相關規定作為依據，以示其立法的正當性和合法性。所以，立法依據不僅是一個事實性陳述，更是立法者的規範

判斷。[1]

立法依據可以分為程序性依據和實體性依據。程序性依據是指制定主體根據何種程序進行立法。一般而言，一個法律的程序性立法依據可能是多樣的。如全國人大及其常委會制定法律的程序依據包括《立法法》和全國人大或其常委會的《議事規則》。但法律一般不會在其條文中明示其程序性立法依據，因為只要是同一制定主體制定的法律雖然內容不同但其程序性依據一般並無大的差別，如全國人大在制定《民法典》和《刑法》時程序上基本相同。實體性立法依據是指某個法律在確定其具體內容時所依據的上位法或其他依據，如全國人大及其常委會的立法依據一般是《憲法》。實體性立法依據要解決的問題主要是兩個：第一是立法權限的問題，即上位法等立法依據授權相關主體能夠就某一領域的問題進行立法，如《憲法》規定全國人大及其常委會是行使國家立法權的機關，國務院有權制定行政法規，這些規定從總體上解決了全國人大及其常委會、國務院立法權的正當性問題。除《憲法》外，《立法法》也為相關主體的立法權限提供正當性。第二是立法的具體問題。如立法的指導思想、價值體系以及其具體內容的設定。《憲法》對不同國家機關的性質定位及職權設定是其他法律法規作出相關規定時不可逾越的界限，《憲法》中有關人權保障的理論及公民權利的條款是其他任何法律法規在對公民權利進行限制時不可逾越的界限。如《憲法》中「國家尊重和保障人權」的規定以及大量的基本權利條款顯然是《刑法》中「罪刑法定」、「罪刑相適應」以及「刑法謙抑性」等原則和理念的憲法根源。

（二）立法依據的多樣性

全國人大及其常委會根據《憲法》進行立法自無疑問，不論其是否在文本中對此予以明示。一般而言，全國人大及其常委會制定的多數法律會在法律中列明其是「根據憲法」而制定的，但也有一些法律不在文本中明確作出這一規定。除《憲法》外，一個法律是否還會有其他的立法依據呢？從實踐中來看，一個法律具有多個立法依據的情況並不罕見。經過簡單梳理，可以發現，除僅列《憲法》作為依據的法律外，其他法律的立法依據可以分為幾個類型：

1　葉海波：《「根據憲法，制定本法」的規範內涵》，《法學家》2013 年第 5 期。

1. 法律的立法依據

（1）列明《憲法》和其他法律作為其制定依據

除《憲法》外，一些法律還會列明本領域內的較為基礎性或相關性的法律作為依據，其目的在於：一是確保本領域的不同法律能夠協調一致，二是確保遵守基礎性法律確認的基本理念與制度。如在教育領域，《教育法》顯然是基礎性法律，《義務教育法》、《民辦教育促進法》、《高等教育法》都是對教育領域中的某一具體方面作出進一步規定，其原則、理念與基本制度框架顯然不能與《教育法》產生衝突，因而這三部法律都在第 1 條規定「根據憲法和教育法，制定本法。」另外，《預備役軍官法》第 1 條規定「根據憲法和兵役法，制定本法。」《駐外外交人員法》第 1 條規定「根據憲法和公務員法，制定本法。」《香港駐軍法》和《澳門駐軍法》也都規定其立法依據是《憲法》和港澳《基本法》。這些法律與教育領域的相關法律一樣，除《憲法》外，都強調以本領域中的基礎性法律為依據。

（2）列明《憲法》和「有關法律」作為依據，但沒有明示是哪些其他法律

有些法律內容涉及的領域可能比較廣泛，相關法律較多，所以在確定其依據時，除《憲法》外還列明以「有關法律」為依據。如《科學技術普及法》即是如此。這是因為除《憲法》第 12 條明示的「國家發展自然科學和社會科學事業，普及科學和技術知識」作為其依據外，《科學技術進步法》、《教育法》等法律中的相關內容也是其制定的依據。

（3）列明《憲法》和實踐情況作為立法依據

這類法律列出《憲法》作為依據，並規定相關領域的實踐情況也是立法依據，具體表述在各個法律並不相同。如《婦女權益保障法》第 1 條規定：「為了……根據憲法和我國的實際情況，制定本法。」《民法通則》第 1 條規定：「為了……根據憲法和我國實際情況，總結民事活動的實踐經驗，制定本法。」《刑法》第 1 條規定：「為了……根據憲法，結合我國同犯罪作鬥爭的具體經驗及實際情況，制定本法。」法律是否需要明確社會實踐作為依據值得討論，因為任何法律在制定時都必須考慮本領域的社會實踐，立法者不可能閉門造車，所以這樣的表述似顯多餘。2020 年新通過的《民法典》在其制定依據中就不再提及民事活動的實踐經驗了。

（4）列明《憲法》、其他上位法和社會實踐作為制定依據

這一模式是將前面兩種模式的特點結合起來，列出的依據既包括《憲

法》，又包括相關法律還有實踐經驗。《全國人大議事規則》和《全國人大常委會議事規則》兩部法律都規定，其制定依據是根據《憲法》、《全國人大組織法》和全國人大及其常委會工作的實踐經驗。

2. 行政法規的立法依據

行政法規是由國務院制定的，在效力和地位上僅次於《憲法》和法律。從實踐來看，行政法規的立法依據則比較複雜。《憲法》第 89 條規定，國務院根據「憲法和法律」制定行政法規。在理論上，國務院制定行政法規是否同時需要《憲法》和法律作為根據，還是只要其中一個作為根據就可以，是有爭議的問題，但在實踐中，有的行政法規列出的制定依據既有《憲法》，又有法律。如《重大行政決策程序暫行條例》標明的制定依據是《憲法》和《地方各級和地方各級人民政府組織法》，《行政法規制定程序條例》列明的制定依據是《憲法》、《立法法》和《國務院組織法》。也有的行政法規只列明《憲法》作為其制定依據。如《高等教育自學考試暫行條例》明確列出《憲法》第 19 條「鼓勵自學成才」的規定作為制定依據。還有一些行政法規除列明《憲法》外，還列明「有關法律」作為其制定依據，但沒有明確標明依據是哪個法律。如《宗教事務條例》第 1 條規定其制定依據是「憲法和有關法律」。

（三）《香港國安法》的多重立法依據並不特殊

從前文可以看出，法律法規制定依據的類型具有多樣性和複雜性。同時，一個法律多重性的制定依據的位階也並不一致。一般而言，《憲法》是國家最高法，是全國人大及其常委會制定法律的必然依據，其位階自然高於法律。但這並不意味著一個法律的制定依據的效力一定高於該法律。

與中國既有的一些法律相似，《香港國安法》列出了《憲法》、《基本法》以及全國人大決定等三重依據。從前文的分析可以看出，多重立法依據的立法實例在中國的立法實踐中並不罕見，關鍵在於準確理解不同的立法依據為《香港國安法》提供何種意義上的正當性，以及每種立法依據的哪些內容是《香港國安法》的立法依據；另外，不同位階、不同性質的立法依據並不是彼此孤立的，而是如何形成一個圓融整體，共同為《香港國安法》提供立法的正當性與合法性。

三、《香港國安法》各項立法依據的具體內容

（一）「依據憲法」的內容

　　如前文所述，《憲法》規定全國人大及其常委會行使國家立法權；同時《憲法》作為國家的最高法，是全國人大及其常委會的立法依據，不論相關立法是否明示這一點。雖然全國人大是最高權力機關，也需要根據《憲法》來制定法律。[2] 所以，整體上《憲法》作為《香港國安法》的依據自無疑問。問題是，《憲法》的哪些條款是《香港國安法》的立法依據？《香港國安法》本身並無規定。但全國人大在通過決定時明確了其制定依據除《憲法》第 31 條外，還有《憲法》第 62 條第 2 項、第 14 項和第 16 項。那麼可以推論這些《憲法》條文也是《香港國安法》的制定依據。《憲法》第 31 條規定特別行政區的制度由全國人大以法律規定。特區如何維護國家安全是特區制度的一部分，這一部分本由《基本法》授權特區自行立法，但由於特區無法完成這一憲制義務，全國人大因而授權全國人大常委會進行立法，所以該條規定對《香港國安法》的依據意義自不待言。《憲法》第 62 條第 2 項規定全國人大有權監督《憲法》的實施，以此為依據意味著全國人大決定以及《香港國安法》都是在香港實施《憲法》的體現；第 14 項規定全國人大有權決定特別行政區制度，成為全國人大決定的依據並進而成為《香港國安法》的立法依據自能理解。但《憲法》第 62 條 16 項是對全國人大職權的兜底與概括性規定，即全國人大有權行使其他應由其行使的權力。這一規定根據解釋是強調其作為最高國家權力機關應享有的概括性權力。實踐中全國人大亦有根據這一規定行使權力的先例，如決定國務院機構改革方案、決定建立海南省經濟特區等。[3] 1993 年全國人大決定成立香港特別行政區籌備委員會，一些學者亦認為其憲法根據是這一規定。[4] 全國人大決定再次將這一規定列為其依據，其意圖應是在強調全國人大的全權性，有權對一些重大問題作出決定，不論其是否在法律上有明確規定，從而回應對全國人大決定的一些質疑。

2　在 2001 年，時任全國人大常委會委員長李鵬指出，「全國人大及其常委會是憲法規定的最高國家權力機關，其權力來源於憲法，也必須在憲法範圍內活動，必須在憲法規定的範圍內行使立法、監督等職權，不得超越憲法。」參見《李鵬在全國法制宣傳日座談會上的講話》，《人民日報》2001 年 12 月 4 日。

3　蔡定劍：《憲法精解》，法律出版社 2006 年版，第 320 頁。

4　許崇德：《學而言憲》，法律出版社 2000 年版，第 426 頁。

　　與憲法依據有關的一個問題是，《憲法》第 31 條「在特別行政區實行的制度由全國人民代表大會以法律規定」中的「法律」一詞的具體含義是什麼？是否僅指《基本法》，還是指《基本法》、《香港國安法》以及未來全國人大或授權常委會可能制定的其他法律？一種理解是 1982 年現行《憲法》通過時，《憲法》第 31 條所指「法律」就是指《基本法》。如果這一理解能夠成立的話，《香港國安法》就是附屬於《基本法》的，也就是其地位類似於《香港駐軍法》，其效力應在《基本法》之下。另一種理解是《基本法》只是《憲法》第 31 條所指「法律」之一，這就意味著全國人大可以根據這一規定制定其他法律或授權全國人大常委會制定其他法律，《香港國安法》就是這樣的例證。除《香港國安法》外，將來全國人大還有可能制定其他法律。筆者的觀點是，《香港國安法》的地位特殊，它實際上是在彌補《基本法》在維護國家安全方面的不足，其內容與《基本法》的既有內容形成相互補充的關係，二者一起構成了《憲法》第 31 條中所指「法律」。而對於《基本法》中已有明確規定的內容，如駐軍，全國人大常委會制定《駐軍法》是在落實《基本法》中的相關規定，以使其具體化。

（二）「依據基本法」的內容

　　《香港國安法》指出，《基本法》第 1 條和第 12 條是其根本性條款。這兩條都是在強調香港特區的法律地位，即其是中國的一個特別行政區。《香港國安法》對特區地位的強調，當然意指既然其作為國家的一個特別行政區，自然不能破壞國家安全。那麼《基本法》作為《香港國安法》的立法依據是否僅指這兩條呢？筆者認為這一理解是偏頗的。

　　《基本法》是特區的憲制性法律，它界定中央與特區的關係，保障特區居民的基本權利，確立特區的政權架構。維護國家安全實質上是特區與中央關係的一部分，這體現了特區作為一個地方單位對國家和中央的憲制責任。《基本法》授權特區自行立法禁止危害國家安全的行為，這也是中央基於「一國兩制」原則而對特區高度自治地位的尊重。所以，無論是特區自行立法，還是中央政府親自立法，都不能脫離《基本法》所確立的中央與特區關係以及特區的憲制架構。所以，應該說整個《基本法》都是《香港國安法》的立法依據。具體而言，包括以下幾個大的方面：

　　（1）特區地位以及中央與特區關係

　　特區地位的核心條款就是《基本法》第 1 條和第 12 條的規定，即特區是

中央人民政府直轄的一個地方行政單位，這意味著特區對中央承擔著維護國家安全的義務。中央與特區關係的核心內容是中央遵循「一國兩制」原則，在保留必要的中央監管權力下，授權特區行使高度自治權。維護國家安全的權力本應屬中央保留的權力，但基於高度自治原則，授權特區自行立法，但並不意味著中央放棄這一權力。中央在特區長期不能完成立法的情況下完全可以自行立法。但即便如此，仍然遵循「一國兩制」原則，沒有直接把《國家安全法》延伸到香港，而是根據「一國兩制」為香港量身打造專門的國家安全立法，僅對嚴重危害國家安全的行為作出規定。

（2）特區的法治原則與司法制度

香港特區是一個高水平的法治區域，這一點得到《基本法》的確認和保障。一些重要的法治原則如人權保障、司法獨立、無罪推定、沉默權等各項原則在《香港國安法》中繼續得到確認，同時司法制度中最為核心的原則——司法獨立也繼續得到維護。

（3）特區的政權架構

《香港國安法》規定香港特區維護國家安全的機構是維護國家安全委員會，其職責是分析研判國家安全形勢、制定政策、推進制度建設以及協調重大問題。可以看出，特區維護國家安全委員會更多的職責是分析、決策、協調，具體實施仍有依賴於特區的各國家機關。根據《基本法》，香港特區實行行政主導體制，行政長官既是特區首長，又是特區的行政首長；政務司、律政司、財政司等是行政長官領導下的政府部門，這些部門自然是落實維護國家安全委員會的決策部署、承擔維護國家安全具體工作的重要力量。根據《香港國安法》，特區的維護國家安全委員會以行政長官為主席，主要官員為成員，這就很好地將維護國家安全工作嵌入到特區政府的日常活動中，強化了國家安全維護與特區政權日常運作的緊密聯繫。另外，絕大多數訴訟案件亦由特區法院管轄，特區法院在審理此類案件時亦遵循《基本法》既定的訴訟程序和訴訟原則。

（4）居民權利保障

理論上，居民權利保障與國家安全維護存在一定的緊張關係。《基本法》的一個重要內容是保障特區居民的基本權利和自由，但《基本法》也為自由設定了一定的邊界，「23條立法」本身即意味著特區立法機關可以基於國家安全對居民權利設置一定的限制，但特區「23條立法」未能完成，經由「23條立法」施加於特區居民權利自由的合理限制並未落實，以致於少數人在沒

有任何約束的情況下實施了大量的危害國家安全的行為。《香港國安法》的制定意味著中央直接履行維護國家安全的根本責任。但在制定這一法律時，權利保障仍是應遵循的立法價值，即不能損害居民權利自由的正常行使。《香港國安法》遵循這一理念，第 1 條立法目的即明示保障居民的權利和自由，將法律懲處的行為限定為分裂國家顛覆國家政權等四種危害國家安全的行為；在執法和司法中遵循《基本法》既有的保障人權的法治原則，如沉默權，無罪推定、陪審團審判等。從大的方面來說，《香港國安法》的制定也是為了制止香港出現的暴亂，更好地保障特區居民的權利和利益，整體上與《基本法》的意旨也是一致的。

（三）全國人大決定作為立法依據的含義

此次《香港國安法》按照「決定加立法」的模式制定。《憲法》第 31 條規定特區制度由全國人大以法律規定；第 62 條規定全國人大常委會有權決定特區的制度。《香港國安法》規定特區維護國家安全的法律制度，是特區制度的一部分，屬《憲法》第 31 條和第 62 條所規定的「特區制度」的一部分，其立法權應屬全國人民代表大會。但由於受人大會期制度的影響，無法直接制定法律，因而由全國人大作出授權決定，全國人大常委會進行具體立法。從中國的憲法體制而言，這樣的立法安排並無疑問。但全國人大的授權決定並不是簡單的「一授了之」，而是給全國人大常委會設置了立法原則及範圍，所以全國人大常委會所接受的全國人大的授權是「受限制的授權」。

（四）三重依據的內在邏輯

可以看出，《憲法》、《基本法》和全國人大決定作為《香港國安法》的三重依據，其邏輯是從抽象到具體，從宏觀到微觀，漸進式地明確了《香港國安法》的立法正當性、立法原則、立法規制對象以及規制方式，從而為全國人大常委會的立法提供了充足的正當性以及具體內容的指引。從《憲法》角度來看，主要是為《香港國安法》提供宏觀的立法正當性，即為了落實《憲法》所保護的國家安全這一重要利益；《基本法》為《香港國安法》提供立法原則及理念，以確保這一法律仍然是在「一國兩制」的框架下解決香港的國家安全維護問題，並與《基本法》所確立的特區國家政權架構、法治原則、居民權利保障等重要內容相銜接；全國人大決定為《香港國安法》的具體內容設置了基本框架，包括中央與特區在維護國家安全方面各自的責任及其機

構設置、應受懲處的四類危害國家安全的行為、刑事追訴的程序及應堅持的原則等。可以看出，三重立法依據層層遞進，為全國人大常委會的立法解決了正當性問題，同時界定了其立法範圍及具體規範的設置，從而為《香港國安法》的制定提供了充足而圓融的立法依據。

四、立法依據與《香港國安法》的法律位階

在《香港基本法》的三重立法依據中，《憲法》是國家的最高法，《香港國安法》的效力在其之下，這一點無需多言；全國人大決定不是法律，僅是一個授權決定，其本身不直接在特區實施，所以不會發生其與《香港國安法》適用的選擇問題。但《基本法》是特區的憲制性法律，其規定在香港特區實行的一切制度以《基本法》為準。香港回歸以來，經由香港的普通法實踐，特區法院形成了香港本地的司法審查制度，即法院有權審查立法會及行政機關制定的法律和發佈的行政決策或命令，如認為其與《基本法》相抵觸，法院可以宣佈其無效。《香港國安法》規定，香港其他法律如與本法相抵觸即屬無效。那麼，《香港國安法》和《基本法》二者之間的位階和效力如何呢？

一種觀點認為既然《香港國安法》是根據《基本法》制定的，那麼自然其法律位階是在基本法之下的。主張《香港國安法》的效力低於《基本法》的另一個理由是二者的制定主體地位有高低之分。《基本法》是全國人民代表大會制定的，是基本法律；《香港國安法》是全國人大常委會制定的，是一般法律。全國人民代表大會是最高國家權力機關，全國人大常委會是其常設機關，須對全國人大負責，接受全國人大監督，全國人大還有權撤銷全國人大常委會不適當的決定，所以全國人大的地位高於全國人大常委會，從而基本法律的效力高於一般法律。根據這一理論，《香港國安法》的效力在《基本法》之下。

由於《香港國安法》主要在香港特區實施，而香港特區的法院可以依據《基本法》審查在特區實施的其他法律是否符合《基本法》。所以如果《香港國安法》的效力在《基本法》之下，將有可能使其面臨司法審查的風險，即特區法院可能因當事人的提請而審查其是否符合基本法並進而被宣佈無效，這對於《香港國安法》在特區的實施是極其不利的。因而，準確認識《香港國安法》的位階是極其重要的一個問題。

（一）《香港國安法》以《基本法》為依據不等於其位階在《基本法》之下

1. 法律的位階不一定在其制定依據之下

一般而言，下位法根據上位法制定，如《憲法》是所有法律的立法依據。所以法律的效力位階在《憲法》之下，《憲法》本身也明確規定其具有最高法律效力。但這並不意味著只能是高位階的法律作為低位階法律的立法依據。實際上，同一個位階的法律中，一個法律也可以成為另一個法律的立法依據。某一領域中可能會有多部法律，其中一部是基礎性的，而其他法律可能就該法律規制的某一領域進行具體化。這樣，其他法律必須在基本原則、主要制度方面必須遵循基礎性法律所確立的原則與制度，比較典型的是教育領域的立法。全國人大及其常委會制定的教育領域的立法有《教育法》、《義務教育法》、《高等教育法》和《民辦教育促進法》，其中《教育法》是國家教育制度以及公民受教育權保障領域中基礎性的法律，其他法律是就其中的義務教育、高等教育、民辦教育等領域的進一步細化，所以其主要原則及制度不能與《教育法》相衝突，除《憲法》外，《教育法》也是這些法律的立法依據。《義務教育法》、《高等教育法》、《民辦教育促進法》都明確規定「根據憲法和教育法，制定本法。」而這些法律中，《教育法》和《義務教育法》都是全國人大制定的，顯然不能認為《義務教育法》的效力低於《教育法》。

2. 全國人大和全國人大常委會制定的法律沒有效力高低之分

主張《香港國安法》的效力低於《基本法》的一個重要論據是全國人大制定的法律效力高於全國人大常委會制定的法律。《基本法》是全國人大制定的基本法律，《香港國安法》是全國人大常委會制定的一般法律，所以《基本法》的效力高於《香港國安法》。實際上，關於全國人大和全國人大常委會制定的法律效力有無高低之分在此前的一些案例中就已經出現過，主要涉及到《刑事訴訟法》和《律師法》以及《行政處罰法》和《道路交通安全法》的位階及效力問題。[5] 在這些爭議中，一些學者已經充分論證了全國人大和全國人大常委會制定的法律並無效力高低之分。實際上，現行《憲法》對全國人大和全國人大常委會的立法範圍是作了區分的，即全國人大制定基本法律，全國人大常委會制定一般法律，二者具有彼此獨立的立法權限，其立法權限均是由《憲法》來授予的，所以其位階和效力是沒有區分的。另外，《立法法》也

5　梁三利：〈全國人大和全國人大常委會制定法衝突的問題與出路〉，《法治論叢》第 23 卷第 5 期。

沒有對二者制定法律的位階與效力作出區分。所以，《香港國安法》和《基本法》的位階和效力並沒有高低之分。

（二）《香港國安法》是對基本法的補充

實際上，《基本法》與《香港國安法》之間是平行和補充的關係，二者相輔相成。《香港國安法》的立法目的是為了制止、防範與懲處在香港發生的危害國家安全的犯罪。根據《基本法》，香港的國家安全立法本已由全國人大授權給香港特區，也就是《基本法》的「23條立法」，但由於香港受到反對派的阻撓和外部勢力的介入，「23條立法」遲遲未能出台，且在未來一段時間仍然難以出台。國家安全在香港面臨日益嚴峻的威脅，中央政府在沒有選擇的情況下被迫立法，並按《基本法》所規定的程序使其在香港生效，但這樣的立法沒有脫離《基本法》所確立的香港特區的治理框架，是對《基本法》中未能具體規定的維護國家安全方面的內容予以明確，與《基本法》的既有內容形成了相互補充的關係，從而構成了落實「一國兩制」的一個完整的法律制度框架，因而，其位階、效力與《基本法》並無差異。

論《香港國安法》第 2 條「根本性條款」的規範內涵

韓大元　中國人民大學法學院教授

一、問題的提出

《中華人民共和國香港特別行政區維護國家安全法》（以下簡稱《香港國安法》或《國安法》）第 2 條規定：「關於香港特別行政區法律地位的香港特別行政區基本法第一條和第十二條規定是香港特別行政區基本法的根本性條款。香港特別行政區任何機構、組織和個人行使權利和自由，不得違背香港特別行政區基本法第一條和第十二條的規定」。而《香港基本法》第 1 條規定：「香港特別行政區是中華人民共和國不可分割的組成部分」；第 12 條規定：「香港特別行政區是中華人民共和國的一個享有高度自治權的地方行政區域，直轄於中央人民政府。」通過《香港國安法》確立基本法的「根本性條款」是法學理論的新表述，也是對《基本法》規範的新發展。從文本結構上看，通過「根本性條款」的規範再造，建構了《基本法》與《香港國安法》之間的規範鏈條，凸顯了《香港國安法》的特殊性質與功能。《基本法》第 1 條和第 12 條是有關國家主權和特別行政區法律地位的核心規範，構成《基本法》規範體系的基礎。因此，分析《香港國安法》第 2 條「根本性條款」，對於全面理解《基本法》與《國安法》的關係、深入分析《基本法》第 1 條與第 12 條的規範內涵具有重要的意義。

二、「根本性條款」的語義

在憲法學領域，規範作為基礎性概念，構築公法制度的規範體系。在學術範疇中，存在著基本規範、根本規範、根本條文等不同的表述，但在中國的法律文本中，迄今還沒有出現「根本性條款」的表述。憲法作為國家根本法，具有根本規範屬性，在法規範體系中處於基礎性地位，統攝其他規範，其效力高於其他法律規範，被稱之為最高法。

從語義上講，「根本」，通常指基礎或本質。「條款」則指法律、條約、契約或文件中所訂定的事項。一般意義上，根本性條款指處於基礎性、本質性的事項，也可以擴大解釋為法律所訂的不同條款中，帶有基礎性、全局性的規定，既以條文的形式存在，也作為具體條文中的某一款（項）。

從法學的歷史看，一般條款的概念最初來自於德國民法，也稱為「概括條款」。如民法上的根本違約，是指當事人一方遲延履行債務或者其他違約行為將導致合同相對方合同目的落空的違約方的嚴重違約行為。

把一般條款的含義延伸到憲法規範體系，可以把「根本性條款」解釋為主權下的契約或約定。主權的最高指令在本國領土範圍內具有最高效力，無論在主權下實行何種國家結構形式。特別是，在實行單一制的國家結構下，基於主權與領土完整的國家意志直接決定地方政權的歸屬，即地方區域不能脫離統一國家的管轄。

可以說，憲法上的根本規範體系是支撐國家主權利益的重要基礎，其他法律規範只能在憲法所確定的規範內發揮實效性。凱爾森認為，基礎規範是法律秩序中所有規範的效力能夠回溯到的歸屬，雖然它不屬於實在法規範，但屬於「意識層面之憲法」。[1]基礎規範是規範等級體系的本原性存在，具有天然的合法性，在基礎規範的基礎上，立法者通過創設其他規範來充實其實質內容。在國家治理方面，憲法所確認的若干原則性規定具有基礎規範屬性。憲法作為根本規範是憲法學的共識，也成為構建以憲法為核心的統一規範體系的基礎。憲法之所以成為國家的根本性規範，並不僅僅是基於其在規範體系中的最高性，還基於它是社會主體的最高意志，也就是制憲權主體所作的政治決斷。基於人民的制憲權而形成的根本規範，憲法對國家法律秩序的安定性發揮著保障性的作用。至於憲法規範體系內部不同規範之間的相互關係，則體現了不同的規範位階。如憲法規範通常包括制定規範、憲法核、修改規範與憲法律。其中所謂「憲法核」是一種根本規範，提供實定法客觀合理性的依據，表明實定法創始的出發點，有人稱之為「憲法的憲法」。[2]

《香港基本法》是全國人大根據《憲法》制定的基本法律，而《香港國安法》是根據全國人大決定和《基本法》制定的。有學者認為，《香港基本法》文本中存在著一般條款。一般條款是《基本法》立法技術之一，分為原則性

1　參見〔奧〕凱爾森：《純粹法理論》，張書友譯，中國法制出版社 2008 年版，第 82-85 頁。
2　詳見韓大元：《憲法學基本理論》，中國政法大學出版社 2008 年版，第 83 頁。

的一般條款和具體領域的一般條款。[3] 一般條款具有保護《基本法》安定性的自在功能、接續《基本法》與價值的內在功能、對接《基本法》和政策的外在功能。[4] 按照這種解釋，在《基本法》規範中除一般條款外，還存在與一般條款相對應的特殊條款，即根本條款，它們通常具有基礎性、全局性的規範。從規範體系看，基於憲法規範的最高性，《基本法》獲得了僅次於《憲法》規範的地位，即作為基本法律，成為《憲法》下的基本法規範體系。因此，《基本法》第 1 條和第 12 條決定了特別行政區不能脫離國家主權的屬性以及特別行政區直轄於中央人民政府的地方屬性。《香港國安法》作為具體落實國家安全憲制義務的全國性法律，以「根本性條款」的形式確認與《基本法》規範的特殊連結，並透過《基本法》規範，落實維護國家主權、安全的憲制責任。

因此，《香港國安法》第 2 條的「根本性條款」是基於履行國家主權與安全利益而做出的規範表達。這一規範基於《國安法》自身的性質與使命，確認《基本法》最核心的兩個條文為「根本條款」，以強化國家主權與安全的規範基礎。

三、「根本性條款」的體系

《基本法》第 1 條和第 12 條共同構成《香港國安法》確立的《基本法》「根本性條款」。

（一）基本法第 1 條的規範

《香港基本法》第 1 條規定：「香港特別行政區是中華人民共和國不可分離的部分。」這是「一國」主權的鮮明體現，也明示了整個《基本法》的前提與核心價值。「一國兩制」是「一國」和「兩制」相統一的綜合性概念，「一國」是實行「兩制」的前提和基礎，「兩制」從屬和派生於「一國」。

同時，這一條確認全國人大設立的香港特別行政區是中華人民共和國不可分割的一部分。所謂不可分離，就是不允許任何反中亂港分子破壞特別行政區繁榮與穩定，妄圖把香港特別行政區分離出去。從規範的效力看，它表明了中華人民共和國作為獨立的政治共同體實現和捍衛國家統一與領土完整

3　周葉中、葉正國：《論基本法一般條款的功能和適用》，《北京聯合大學學報（人文社會科學版）》2014 年 1 期。

4　同上。

的意志。

《香港基本法》在序言第一段講到《基本法》制定背景時，開宗明義地說道，「香港自古以來就是中國的領土」，1840 年鴉片戰爭以後被英國佔領，中國政府從來不承認其合法性。《基本法》的第二段接著講，「為了維護國家的統一和領土完整，保持香港的繁榮和穩定……國家決定，在對香港恢復行使主權時，根據中華人民共和國憲法第三十一條的規定，設立特別行政區，並按照『一個國家，兩種制度』的方針，不在香港實行社會主義制度和政策」。《基本法》序言明確了維護國家的統一和領土完整、保持香港的繁榮和穩定是《基本法》的初心與宗旨，兩者缺一不可。

國家統一體現著主權的最高利益，一個國家在任何時候不應該對自己的領土放棄行使主權，這是「一國兩制」最根本的基礎與前提，也是香港保持穩定繁榮的前提。而領土完整是國家主權原則的必然要求，是主權國家生存的基礎。如果說尊嚴是人的最基本權利，那麼維護國家的領土完整、維護國家的安全也是一個國家最基本的尊嚴，是主權最核心的內容。實現國家統一和領土完整與保持香港繁榮穩定，兩者是相輔相成的關係，前者是前提和基礎，後者是重要條件。由於主權的最高利益，維護國家統一不僅明確規定在《憲法》第 52 條的公民義務中，同時體現在《基本法》序言中，成為《基本法》最核心的規範內涵。因此，在任何情況下，國家主權是不容挑戰的。

回顧歷史，從中英談判到《基本法》制定，維護中華人民共和國主權與國家尊嚴是貫穿始終的核心理念與哲學。早在 1982 年 9 月 24 日鄧小平會見時任英國首相撒切爾夫人時，就明確提出了在香港問題上的三個基本立場，其中第一個問題就是主權，他強調：主權問題不是一個可以討論的問題，中國在這個問題上沒有迴旋的餘地。1984 年 2 月 22 日，鄧小平又指出，「世界上有許多爭端，總要找個解決問題的出路，我多年來一直在想，找個什麼辦法，不用戰爭手段而用和平方式，來解決這種問題。」1990 年 1 月 18 日，86 歲高齡的鄧小平會見香港人士時再次談到：「中國人在主權問題上不會放過一分一毫，中國絕對不能軟，不能讓人認為中國會屈服，能制裁得了」。他說：「我就講不能使中央政府無所作為。如果把香港變成反社會主義、反大陸的基地，中央政府就干預，不干預會越搞越大」。[5] 重溫鄧小平有關國家主權的一系列論述，有助於我們認識《基本法》根本宗旨，對於客觀分析《基本法》實

5　鄧小平：《鄧小平文選》（第三卷），人民出版社 1993 年版，第 75 頁。

施中面臨的新問題,更加清晰地認識到維護國家主權、安全與發展的利益的必要性,具有重要意義。

國家安全和發展利益是國家主權統一和領土完整的直接延伸,在香港回歸後,維護國家安全和發展利益成為《基本法》的核心任務。在「一國兩制」的框架內,國家對香港行使主權,保障和維護香港的繁榮與穩定,這是中央基於《憲法》和《基本法》應履行的憲制義務。在「一國兩制」原則下,香港繼續保留原有的社會制度和生活方式,香港居民行使《基本法》規定的權利與自由。香港回歸 24 年來的實踐證明,香港的繁榮穩定構成國家安全和發展利益的重要組成部分,只有在國家安全得到有效保障的前提下,香港的繁榮穩定才能有堅實的基礎。

可以說,《基本法》第 1 條所確定的「不可分離」的規範是「一國兩制」最本質的要素,也是在維護主權的前提下兩地各自發揮制度優勢的前提。《基本法》的設計哲學不僅僅考慮中國主權的恢復行使,同時以和平、合作與互惠正義作為《基本法》的內在機理,體現了中國共產黨人實事求是的治國哲學。因此,我們在闡釋任何一部憲制性法律的時候,這些規定都是最核心的內容,《基本法》也不例外。遵循法治,首要的是尊重《憲法》和《基本法》,不應去歪曲其立法意圖,而是要回歸《基本法》的初心。

作為「根本性條款」,《基本法》第 1 條明確了中央對香港的全面管治權的歷史和現實的正當性。中央對香港的全面管治權來源於中央對香港所擁有的主權。基於主權的最高性,在《基本法》中,「一國」和「兩制」並非處於並列地位,「一國」作為前提,其核心就是維護主權,「兩制」是中國主權之下的「兩制」。「兩制」之間的關係也不是平起平坐,國家主體是社會主義,這是《憲法》明確規定的。正如鄧小平所說的「中國的主體必須是社會主義,主體是很大的主體,社會主義是在十億人口地區的社會主義,這是個前提,沒有這個前提不行。在這個前提下,可以容許在自己身邊,在小地區和小範圍內實行資本主義」。[6]「保留」資本主義制度或者「不實行」社會主義制度和政策都是在一國憲法框架內的制度安排。因此,「一國兩制」下的「兩制」可以和諧共處,但不能以「兩制」為由對抗主體的社會主義制度。

---

6   鄧小平:《鄧小平文選》(第三卷),人民出版社 1993 年版,第 59 頁。

（二）《基本法》第 12 條的規範

《基本法》第 12 條規定，香港特別行政區是中華人民共和國的一個享有高度自治權的地方行政區域，直轄於中央人民政府。

這一條明確了香港特別行政區的法律地位，即特別行政區是地方行政區域，具有地方屬性。地方行政區域，通常指單一制國家為了便於管理，根據政治、經濟、民族狀況及地理歷史條件對全國領土進行劃分並設立相應國家機關的區域。《憲法》第 30 條規定，「中華人民共和國的行政區域劃分如下：（一）全國分為省、自治區、直轄市；（二）省、自治區分為自治州、縣、自治縣、市；（三）縣、自治縣分為鄉、民族鄉、鎮。」根據《憲法》規定，省、自治區、直轄市都是中央統一領導下的最高一級地方行政區域。特別行政區直轄於中央人民政府，同省、自治區、直轄市一樣，都直轄於中央人民政府，所以它們的行政地位相當，在全國的行政區劃中處於相同層次，是中國的地方行政區域。同時，根據「一國兩制」方針、《憲法》和《基本法》規定，特別行政區享有高度自治權，具體而言，其享有行政管理權、立法權、獨立的司法權和終審權。

中國是單一制的社會主義國家，無論是一般行政區域，還是特別行政區，都是中央統一領導下的地方行政區域。它們和中央的關係，是地方和中央、下級和上級的關係，同時也是被監督與監督的關係。根據《基本法》，「特別行政區享有高度自治，而特別行政區自身也應恪守本分，牢記自己是中國的一部分，按照基本法的規定辦事」。[7]

特別行政區依據《基本法》享有的高度自治權是中央依法授權的，即行政管理權、立法權、獨立的司法權和終審權。但這些權力並不是固有的權力，是中央主權下地方的高度自治權，特別是司法權與終審權。這裏的授權「說明了香港的高度自治權的來源問題，作為一個地方單位，香港的自治權應是中央授予的」。[8] 比如，獨立的司法權，即除香港原有法律制度對法院審判權所作的少數案件的限制外，特別行政區法院享有對各類案件的獨立審判權，不受干預。終審權即法院最終一級的不可再上訴的審判權，香港特別行政區法院的上訴審不去最高人民法院，而在香港特別行政區法院審判，但這種終審權仍然是中央主權下的司法獨立和終審權，不同於主權國家的司法終審權。

7　許崇德：《香港特別行政區的法律地位》，《港澳研究》2013 年第 1 期。

8　許崇德：《香港基本法若干用語解讀》，《港澳研究》2007 年總第 5 期。

《香港基本法》第 12 條是完整的規範體系，應以體系方法加以解釋，不能把相關內容分割開來。香港特別行政區是「一個享有高度自治權的地方行政區域」，其自治權來源於中央授權。根據《憲法》第 85 條規定，「中華人民共和國國務院，即中央人民政府，是最高國家權力機關的執行機關，是最高國家行政機關」。在《基本法》文本中，中央人民政府是出現頻率最高的概念之一。在《基本法》文本中出現「中央人民政府」一詞共計 48 次，涉及「中央人民政府」一詞的有關條款共有 34 條（款）（含附件一第 1 條）。這些條款不僅明確了中央人民政府與香港特別行政區關係，同時明確了中央人民政府負責管理或決定特別行政區的有關事務、中央人民政府批准、許可及備案事項等。因此，中央人民政府是以中央的名義經常行使對香港全面管治權的機關。[9] 特別行政區直轄於中央人民政府，具體表現為：行政長官由中央人民政府任命，亦即由國務院總理以「國務院令」形式任命；國務院專門成立港澳事務辦公室，作為中央人民政府下轄主管部門開展工作；特別行政區行政長官作為對中央人民政府負責的行政長官，要定期向國務院總理述職；行政長官執行中央人民政府就《基本法》規定的有關事務發出的指令等。同時，中央人民政府派出中聯辦、駐港國安公署、駐港外交特派員公署，分別履行中央人民政府依法交辦的事務。

因此，本條的規定與《香港基本法》第 1 條共同確認了香港是中華人民共和國領土的不可分割的組成部分，構成了完整的基本法文本體系中的「根本性條款」。

四、「根本性條款」的效力

《香港國安法》第 2 條在確認「根本性條款」地位後，同時明確其效力，即「香港特別行政區任何機構、組織和個人行使權利和自由，不得違背香港特別行政區基本法第一條和第十二條的規定」。

從解釋學角度看，所有法律規範自然對外產生法律效力。《香港國安法》是根據《基本法》制定的，《基本法》的規定對特別行政區任何機構、組織和個人當然有法律約束力。在特別行政區實行的法律包括《基本法》、香港原有法律、特別行政區立法機關制定的法律以及列入《基本法》附件三的全國性

9　詳見韓大元：《香港基本法上國家的規範內涵》，《中外法學》2020 年第 1 期。

法律。根據《基本法》第42條的規定，香港居民和在香港的其他人有遵守特別行政區實行的法律的義務。從一般法律效力看，特別行政區機構、組織和個人要遵守《基本法》、《國安法》的所有規定。但通過《香港國安法》第2條構建的《基本法》「根本性條款」，其約束力則具有特殊的意義。

（一）對機構和組織的效力

從約束對象看，包括特別行政區的「任何機構、組織和個人」。「所有機構」包括特別行政區的行政機關、立法機關和司法機關，即行使公權力的機關受到《香港國安法》第2條的嚴格約束，承擔維護國家主權與安全的法律義務。在現代國家，國家安全是國家生存與發展的基礎。可以說，憲法上的國家目標、國家政策、國家基本制度與國家機構的規定是為國家生存服務的，沒有國家領土的完整和國家的安全，國家發展目標是無法實現的。因此，國家安全是國家概念應有的內涵，是當今世界所有主權國家治理的必然邏輯。國家安全是國家主權的直接延伸，成為國家的核心利益。對香港恢復行使主權後，這一核心利益也從來未有變更過，反而是進一步得到加強。我們所要維護的國家安全，是整個國家的安全，不僅在內地要維護國家安全，在特別行政區也要保護國家安全，因為特別行政區是國家不可分割的一部分。「任何組織」包括各種社團、團體以及專業組織等，其範圍是十分廣泛的。如根據《基本法》第142條規定，特別行政區政府繼續承認在特別行政區成立前已承認的專業和專業團體，同時可根據社會發展需要並徵詢有關方面的意見，承認新的專業和專業團體。這些專業團體和各類組織具有專業特點，保持應有的專業傳統，但其不能逾越的界限是《基本法》、《香港國安法》的規定，即不能違背國家主權原則，不能策劃、組織或者參與旨在分裂國家、破壞國家統一的行為。各類組織作為法人，既享有《基本法》規定的權利與自由，同時也要履行《基本法》、《國安法》規定的法定義務。

（二）對個人的效力

本條同時對「特別行政區所有個人」具有約束力。香港特別行政區是中華人民共和國不可分離的一部分，《憲法》的空間效力及於中華人民共和國的所有領域，也及於中華人民共和國的所有公民。《憲法》第52條規定，中華人民共和國公民有維護國家統一和全國各民族團結的義務。這一義務涉及國家的建構與維繫，屬於公民基本義務的範疇。在屬地效力方面，《基本法》第

1 條明確規定：「香港特別行政區是中華人民共和國不可分離的部分。」《憲法》第 54 條規定：「中華人民共和國公民有維護祖國的安全、榮譽和利益的義務，不得有危害祖國的安全、榮譽和利益的行為。」維護國家統一和維護祖國的安全、榮譽和利益，是《憲法》賦予每一個中華人民共和國公民的崇高義務。包括香港特別行政區居民中的中國公民在內的全體中國公民都必須履行《憲法》賦予的各項義務，以《憲法》為根本的活動準則。可以說，在維護國家主權和安全上，大家的利益是完全一致的。隨著香港回歸祖國，特別行政區成為國家不可分離的一部分，香港的繁榮穩定成為整個國家的切身利益，國家的安全穩定自然包括了香港特區的安全穩定。同樣，香港的繁榮穩定也離不開整個國家的安全和發展利益，也只有在國家安全和發展利益得到充分保障的基礎上，香港的繁榮穩定才會有堅實的基礎。

（三）效力條款的意義

《香港國安法》的核心要義就是維護「一國兩制」，維護國家的統一和領土完整，保持香港的繁榮和穩定。《香港國安法》第 1 條明確了本法的制定目的是：「為堅定不移並全面準確貫徹『一國兩制』、『港人治港』、高度自治的方針，維護國家安全，防範、制止和懲治與香港特別行政區有關的分裂國家、顛覆國家政權、組織實施恐怖活動和勾結外國或者境外勢力危害國家安全等犯罪，保持香港特別行政區的繁榮和穩定，保障香港特別行政區居民的合法權益。」《香港國安法》規定的罪刑為四項，即分裂國家、顛覆國家政權、組織實施恐怖活動和勾結外國或者境外勢力危害國家安全。四類危害國家安全的犯罪直接危害國家主權、安全與發展利益，直接危害「一國兩制」所賴以存在的前提，即「一國」的生存。因此，通過《香港國安法》，有效防範、制止和懲治危害國家安全犯罪是對《基本法》「根本性條款」的有效保障。

《香港國安法》第 2 條的「根本性條款」構建了《國安法》的功能體系。《香港國安法》第 1 條明確了本法的三個功能，即防範、制止和懲治危害國家安全等犯罪行為。基於「根本性條款」所承載的基本功能與性質，《國安法》在功能體系上採取不同於一般法律的功能體系，強調以預防為主的理念，以有效維護國家安全利益。

防範功能主要是為防止危害國家安全的行為和活動的發生，消除維護國家安全的各種風險，堵塞維護國家安全的漏洞而採取的事前預防措施，否則無法維護「根本性條款」的地位。確立防範措施的主要目的是，彌補香港特

別行政區居民維護國家安全的觀念的不足，填補香港特別行政區維護國家安全中存在的嚴重的法律和制度漏洞。為此，《香港國安法》確立中央人民政府對特別行政區有關的國家安全事務負有根本責任，而特別行政區負有維護國家安全的憲制責任。同時，要求特別行政區的行政、立法與司法機關應當按照《國安法》和其他法律的規定有效履行防範義務。

維護國家安全的首要任務是防範，給香港特區居民清晰的法律規範引導，使守法成為一種基本的生活方式。因此，在維護國家安全的法律制度和執行機制中，應當更加注重防範工作，從根本上填補香港特別行政區存在的維護國家安全的漏洞，從源頭上消除危害國家安全的風險和隱患。

同時，為了落實預防功能，《香港國安法》規定了制止功能，即對正在發生的危害國家安全的行為和活動而採取事中控制措施。《香港國安法》規定的制止措施主要體現在兩個方面：一是明確了需要制止的對象，即構成危害國家安全犯罪的人員、組織和機構；二是具體規定了採取制止措施的組織和制止措施。如《香港國安法》第 17 條規定了特別行政區政府警務處維護國家安全部門的職責；第 43 條規定了警務處維護國家安全部門辦理危害國家安全犯罪案件時可以採取的措施等。

作為預防功能體系的最後一個手段是懲治，即為了對已經發生的危害國家安全行為所採取的事後處置措施。《香港國安法》對分裂國家罪、顛覆國家政權罪、恐怖活動罪、勾結外國或者境外勢力危害國家安全罪等四類犯罪及刑罰做了具體的規定。對四類危害國家安全犯罪進行刑事制裁，使已發生的犯罪行為受到法律制裁，並威懾潛在的犯罪活動。同時在程序上，《香港國安法》設專章規定了案件管轄、法律適用和程序，包括特別的刑事檢控措施和審判組織等。

總之，《香港國安法》通過第 2 條的「根本性條款」，構建了對危害國家安全行為進行防範、制止與懲治的有機統一的體系，為《香港國安法》的實施提供了有力的法律保障。

《香港國安法》與香港法律制度：
對比、分析與思考 [1]

朱國斌　香港城市大學法律學院教授

楊雨晨　香港城市大學法律學院研究助理

一、引論

《中華人民共和國香港特別行政區維護國家安全法》（以下簡稱《香港國家安全法》或《香港國安法》）於 2020 年 6 月 30 日由第十三屆全國人民代表大會常務委員會第二十次會議通過。同日，全國人大常委會根據《香港基本法》第 18 條在徵詢人大常委會香港特別行政區基本法委員會和香港特區政府的意見後，把該法列入《香港基本法》附件三。《香港國安法》是根據《中華人民共和國憲法》、《香港基本法》和 2020 年 5 月 28 日通過的《全國人民代表大會關於建立健全香港特別行政區維護國家安全的法律制度和執行機制的決定》（以下簡稱《5.28 決定》）而制定的。根據《5.28 決定》規定，《香港國安法》應由香港特別行政區在香港公佈實施。仍在同日，由行政長官林鄭月娥簽署 2020 年第 136 號法律公告，宣佈《香港國安法》於 6 月 30 日晚 11 點起在香港特別行政區實施。[2]

在《香港國安法》實施的首兩個星期內，特區政府迅速落實國家安全機構和制度建設，這包括：7 月 3 日成立由行政長官領導的維護國家安全委員會（以下簡稱香港國安委或國安委）；7 月 1 日警務處成立國家安全處，專職履行《香港國安法》下特區政府執法及執行工作方面的責任；律政司設立專門的國家安全犯罪案件檢控部門，負責危害國家安全犯罪案件的檢控工作和其他相關法律事務；7 月 3 日行政長官在徵詢香港特別行政區維護國家安全委員會和

1　本文主要觀點曾分別發表於 2020 年 9 月 11 日香港城市大學法律學院與中國人民大學「一國兩制」法律研究所聯合舉辦的「香港國家安全法理論與實踐」學術研討會，和 2020 年 10 月 24 日中國法學會憲法學研究會 2020 年年會。感謝「香港基本法實施研究：中國憲法和比較憲法的視角」項目的研究資助。

2　見香港政府新聞公報，https://www.info.gov.hk/gia/general/202006/30/P2020063000961.htm?fontSize=1。

終審法院首席法官的意見後，從現任裁判官中指定六名裁判官為指定法官，負責處理危害國家安全犯罪案件。[3]7月8日，中央人民政府駐香港特別行政區維護國家安全公署（以下簡稱「國安公署」）正式揭牌成立。

《香港國安法》共66條，分為6章，分別為總則，香港特區維護國家安全的職責和機構，罪行和處罰，案件管轄、法律適用和程序，中央駐香港特別行政區維護國家安全機構及附則。《香港國安法》開宗明義，闡述立法宗旨和目的是「為堅定不移並全面準確貫徹『一國兩制』、『港人治港』、高度自治的方針，維護國家安全，防範、制止和懲治與香港特別行政區有關的分裂國家、顛覆國家政權、組織實施恐怖活動和勾結外國或者境外勢力危害國家安全等犯罪，保持香港特別行政區的繁榮和穩定，保障香港特別行政區居民的合法權益」（第1條）。

《香港國安法》的通過及其在香港特區的施行無疑將會給香港帶來政治的、法律的、管治的、社會的、理論的、實踐的等諸多層面的影響，並且這種影響在實踐中將會是制度性的、長期而深遠的，其程度甚至會超出人們的預期。就它對香港法律制度影響而言，它將表現在憲法、人權、刑法、刑事訴訟程序和司法制度諸方面。事實上，法律公佈實施之後，在充分肯定法律受到香港建制派和基層民眾熱忱擁護歡迎的事實之餘，也應該看到政治界、學術界和法律實務界紛紛對法律文本整體、部分條文及其理解提出了眾多疑問、質疑、批評，其中很多意見是專業的、中肯的。與港澳特區迥異，內地立法慣用政策性的語言，這套話語體系在很大程度上欠缺法律語言的準確性（legal certainty），這就導致該法律一些條文的內涵與外延缺乏明確的界定，不僅法律人士，民眾同樣迫切希望明白瞭解條文的真實含義。目前爭論較多的有如下條文：第29條（特別是第1款第5項）、第35條（「定罪後的政治權利」）、第38條（「保護性管轄」或「長臂管轄」）、第42條（「保釋」）、第44條（「指定法官」）、第55條（「國安公署管轄權」）、第58條（「犯罪嫌疑人辯護權」）、第62條（「法律協調」）、第65條（「法律解釋」）。此外，在香港營業的跨國公司還特別關注以下條款的適用，即第29條、第31

3　隨著案件進入法院，高等法院、終審法院的指定法官也逐漸為公眾所知，例如，唐英傑保釋案進入高等法院原訟庭後，由周家明、李運騰法官共同審理（*Tong Ying Kit v. HKSAR*, [2020] HKCFI 2133）；而黎智英保釋案，先後由總裁判官蘇惠德（WKCC 4341/2020），高等法院李運騰法官（*HKSAR v. Lai Chee Ying*, [2020] HKCFI 3161; *HKSAR v. Lai Chee Ying*, [2020] HKCFA 45），終審法院張舉能、李義、霍兆剛、陳兆愷、司徒敬法官（*HKSAR v. Lai Chee Ying*, [2021] HKCFA 3），高等法院彭寶琴法官（*HKSAR v. Lai Chee Ying*, [2021] HKCFI 448）負責處理。

條（「公司、團體等法人或者非法人組織犯罪」）、第 43 條（「執法調查強制措施」）、第 55 條、第 60 條（「國安公署及其人員不受特區管轄」）。[4]

　　本文將分別對以上諸方面進行分析評估。鑒於《香港國安法》實施時間尚短，很多問題、疑問和困難還未得以充分展現，故對此只能做初步的理論的、學理的和相對表層的分析評估。可以相信，隨著香港維護國家安全機制全面運作和案件進入訴訟，將會有更多具體的理論與實踐問題不斷提出、展開，並得到澄清和解決。

二、對現行憲法制度與人權法的可能衝擊與影響

（一）關於基本法憲法地位的理論挑戰

　　長期以來，香港基本法被港人奉為特區的「小憲法」或「憲法」。借用內地流行的「樹立憲法信仰」的政治口號，我們大可以說港人早已樹立起「基本法信仰」。在此背景下，香港本地法律顯然不具備挑戰基本法最高法權威的能力。反而，在部分港人看來，基本法可能遭受的挑戰只會來自中央，過去幾次人大釋法所激起的反對或質疑，已經很好地佐證了這種認知心態。是次，中央繞過《基本法》第 23 條，逕行為香港特區制定國家安全法，必然首先面臨有關《基本法》與《香港國安法》關係的疑問，比如二者效力位階孰高孰低。

　　按照中國《立法法》確立的法律位階，中國《憲法》效力高於法律、行政法規、地方性法規、規章。[5]這裏的「法律」分為兩種：「基本法律」與「其他法律」，前者只能由全國人大制定，後者主要由全國人大常委會制定。[6]因未

4　Kenji Kawase, Dean Napolitano and Narayanan Somasundaram, "The Hong Kong National Security Law: Five Articles to Know", 10 July 2020, available at: https://asia.nikkei.com/Politics/The-Hong-Kong-national-security-law-Five-articles-to-know.

5　中國《立法法》第 87 條規定：「憲法具有最高的法律效力，一切法律、行政法規、地方性法規、自治條例和單行條例、規章都不得同憲法相抵觸。」第 88 條規定：「法律的效力高於行政法規、地方性法規、規章。行政法規的效力高於地方性法規、規章。」

6　全國人大制定的法律並非都能稱為基本法律。應當說，「基本法律」應當由全國人大制定，全國人大也制定了一些「非基本法律」。參見韓大元、劉松山：《憲法文本中「基本法律」的實證分析》，《法學》2003 年第 4 期，第 3-5 頁。

有法律明文規定，「基本法律」與「其他法律」二者的效力高低存在爭論，[7] 而大眾傾向認為前者的效力高於或等於後者。毋庸置疑，《基本法》屬「基本法律」的範疇。[8]《香港國安法》則有其特殊之處：一方面，它由全國人大常委會制定，似應屬「其他法律」；另一方面，這部法律是全國人大以決定的形式（即《5.28 決定》）授權全國人大常委會制定，其效力得到了「國家最高權力機關」以直接授權形式給予的加持，它的效力層級究竟如何？按照《憲法》第 31 條，「國家在必要時得設立特別行政區。在特別行政區內實行的制度按照具體情況由全國人民代表大會以法律規定」。即從字面上看，全國人大常委會本身未被授權為香港特區立法，但《5.28 決定》為其提供了合憲性 / 合法性。然而，《5.28 決定》是否意味著《香港國安法》取得了全國人大依據《憲法》第 31 條為特區所立法律的同等效力？退一步而言，即便承認《香港國安法》具備等同於第 31 條立法的效力，它又能否與《基本法》處於同一效力位階？如果我們結合《憲法》第 31 條與《基本法》第 11 條來看，答案顯然是否定的。《基本法》第 11 條規定，根據《憲法》第 31 條，香港特別行政區的制度和政策，均須以基本法的規定為依據。根據本次立法程序和邏輯，《香港國安法》應該屬《基本法》第 18 條和附件三規定的「全國性法律」。這一點可從全國人大《5.28 決定》（根據《基本法》作出）、《香港國安法》本身根據《基本法》制定以及將其列入《基本法》附件三等法律事實得到確認。《香港國安法》須符合《基本法》規定或作符合《基本法》的解讀（即「合憲性解釋」），這是本文諸多論述的基準綫和出發點。

（二）《基本法》第 23 條何去何從？

《基本法》第 23 條規定「香港特別行政區應自行立法禁止」七種犯罪行為（即七個「禁止」）。從文本和立法原意上講，《基本法》實際上將國家安全立法權授予香港特區自行行使。關於第 23 條的性質，香港與內地所理解的側重不盡相同。香港側重「自行」二字（on its own）；內地則普遍強調「應」字（shall），認為第 23 條屬授權條款，[9] 自行完成國安立法既是特區的權力，也

7　例如，韓大元教授主張基本法律的效力高於其他法律，見前注 2；時任最高人民法院行政庭副庭長李廣宇則認為，二者在效力上並無區別，都屬「法律」，見沈巋等：《「橫向法律規範衝突及其解決」大家談》，《行政管理改革》2012 年第 10 期，第 53 頁。

8　不少學者認為，《基本法》是《憲法》特別法，見黃明濤：《論憲法在香港特別行政區的效力與適用》，《法商研究》2018 年第 6 期，第 106-107 頁。照此邏輯，《基本法》的效力要高於基本法律。

　9　王禹：《港澳基本法中有關授權的概念辨析》，《政治與法律》2012 年第 9 期。

是義務。[10] 也就是說，《5.28 決定》與《香港國安法》之所以出台，是因為它是香港特區始終未能盡到憲制責任與義務的必然後果。

隨著《香港國安法》的頒佈及其在特區的實施，第 23 條訂明的這一立法義務非但沒有得到豁免，反而經過立法的確認而強化。《香港國安法》第 7 條規定，「香港特別行政區應當盡早完成香港特別行政區基本法規定的維護國家安全立法，完善相關法律」。據此，中央立法並未懸置（inactivate）第 23 條，而是突出了本地國家安全立法的緊迫性。23 條立法過往數次失敗經驗告訴我們，特區自行立法與否，是中央評估香港特區是否盡到維護國家安全義務的重要標準。

然而，在現時《香港國安法》已經實施的背景下，香港根據第 23 條自行立法還有必要性和緊迫性嗎？在法律頒佈前，香港法律界就有意見認為，香港已有足夠法例禁止 23 條所指的七種行為，因而沒有必要專門再就 23 條立法。[11] 這意見基於一定的理據。然其瑕疵之處在於，此前的香港刑法未能規管分裂國家及顛覆中央人民政府的行為，而今這一瑕疵已為《香港國安法》彌補。因此，23 條立法內容已經在香港特區以「中央立法 + 本地現行法例」的形式全部落實，那麼為何《香港國安法》仍強調香港特區的 23 條立法義務？

在本地立法過程中，重複《香港國安法》法律條文顯然是無必要的，而修改、完善現行刑法及相關法律才是香港特區將來履行 23 條立法義務的主要方式。我們具體可從這幾個方面入手考慮：其一，香港特區對於《香港國安法》無修改或解釋權，但有權對本地有關國家安全的法例做修改、完善；其二、香港本地立法的修改、完善，應當立足於與《香港國安法》的銜接與協調；其三，基於《香港國安法》和第 23 條，香港特區有權制定一些法律實施細則（包括條例和附屬立法）。

（三）「高度自治」所面臨的例外情況

《香港國安法》總體上仍將處理國家安全事務的權力授予香港本地享有。但從該法構建的權力架構來看，中央在國安事務方面前所未有地加強了對香港的管治，強勢地落實中央的「全面管治權」。這種更直接更強大的管治權以兩種形態體現：其一是中央更多地參與到特區管治國安事務的權力運作之

10　葉海波：《香港特區基本法第 23 條的法理分析》，《時代法學》2012 年第 4 期。

11　《香港大律師公會就〈基本法〉第二十三條立法的意見書》，http://www.hkba.org/sites/default/files/20020722-chinese.pdf。

中，例如行政長官應當對中央政府負責並提交報告（第 11 條）、國安委接受中央政府的監督與問責（第 12 條）、中央政府指派國安顧問列席國安委會議（第 15 條）等等，這些安排足以體現了中央與特區權力的聯繫與互動，在基本法中也並不少見；另外一種形態則非常特別，表現為中央權力排除特區權力而直接在特區行使，這就是《香港國安法》第 55、56、57 條 [12] 所規定的，對於特定刑事案件，直接由內地機關按照內地刑事程序進行管轄，特區權力完全被束之高閣。如果說前一種管治權行使形態尚屬對特區高度自治的某種監督，那麼後一種管治權形態則直接構成了高度自治的例外。該等例外，是《基本法》的應有之義，還是改造（或豐富）了中央與特區關係，又將在何種意義及多大程度上影響特區的高度自治與管治制度，這都是「一國兩制」下新的理論課題。

從權力實踐的角度來看，《香港國安法》第 55 條規定的三種可以「內地管轄」的情形（「（一）案件涉及外國或者境外勢力介入的複雜情況，香港特別行政區管轄確有困難的；（二）出現香港特別行政區政府無法有效執行本法的嚴重情況的；（三）出現國家安全面臨重大現實威脅的情況的。」），均未使用精確語言。第 55 條是否被激活，主要依據是中央人民政府的判斷與認定。第 55 條的「內地管轄」很可能是一攬子授權，而並非僅針對某一個具體案件。一旦激活「內地管轄」，國安公署直接採取措施，而「有關機構、組織和個人必須遵從」，這種「遵從」的強制性如何獲得本地保障？按照第 57 條，內地執法司法機構簽發的法律文書，直接在香港有效，本地居民、機構（不論政府或私營機構）又將如何在程序方面配合、執行內地的法律文書，如何從實質內容上兼容文書所載的內地法律制度？這些內容值得我們持續探討。

---

12 《香港國安法》第 55 條規定：「有以下情形之一的，經香港特別行政區政府或者駐香港特別行政區維護國家安全公署提出，並報中央人民政府批准，由駐香港特別行政區維護國家安全公署對本法規定的危害國家安全犯罪案件行使管轄權：（一）案件涉及外國或者境外勢力介入的複雜情況，香港特別行政區管轄確有困難的；（二）出現香港特別行政區政府無法有效執行本法的嚴重情況的；（三）出現國家安全面臨重大現實威脅的情況的。」第 56 條規定：「根據本法第 55 條規定管轄有關危害國家安全犯罪案件時，由駐香港特別行政區維護國家安全公署負責立案偵查，最高人民檢察院指定有關檢察機關行使檢察權，最高人民法院指定有關法院行使審判權。」第 57 條規定：「根據本法第 55 條規定管轄案件的立案偵查、審查起訴、審判和刑罰的執行等訴訟程序事宜，適用《中華人民共和國刑事訴訟法》等相關法律的規定。根據本法第 55 條規定管轄案件時，本法第 56 條規定的執法、司法機關依法行使相關權力，其為決定採取強制措施、偵查措施和司法裁判而簽發的法律文書在香港特別行政區具有法律效力。對於駐香港特別行政區維護國家安全公署依法採取的措施，有關機構、組織和個人必須遵從。」

（四）權利保障與國家安全的協調與平衡

　　《基本法》確立了香港居民所享有的廣泛自由與權利，並通過 39 條將《公民權利與政治權利國際公約》（ICCPR）等國際公約的權利保障內容，以本地立法的形式，納入到基本法的權利保障體系之中。[13] 在香港回歸後的司法實踐中，ICCPR 或具有相同內容的《香港人權法案條例》（或《香港人權法案》）也被認為擁有一種憲法性效力，或憲法性法律的地位。[14]《香港國安法》作為一部以維護國家安全為主要目的的法律，必然涉及對權利的界定與限制，因而存在與權利規範的天然張力。

　　須知，絕大部分權利並非絕對，而是依法可以受到限制。國家安全是限制權利的正當目的之一。以港人珍視的表達自由權為例，各國際性或地區性人權公約和主要國家的立法與司法實踐均採「相對主義」的立場，即認為表達自由權的行使將會隨情勢的變化而可能受到不同程度的限制，因而權利是相對的。不論從比較法的視野，抑或立足香港本地的立法與司法實踐來看，維護國家安全都是限制表達自由權的法定依據。[15] 只是，《基本法》第 23 條立法在港長期缺位，使得港人並不習慣乃至並未意識到將國家安全作為個人權利行使的合法邊界。《香港國安法》施行後，應當透過司法案例和宣傳讓市民真正正確認識和體會國家安全與個人權利的互動關係，不能將《香港國安法》對權利的依法限制逕行等同於對權利的侵害。

　　對權利的限制必須置於法院審查之下，以符合法律的標準，否則《香港國安法》的實施仍有機會不當地侵犯到個人權利。按照香港普通法，對權利的限制應當通過比例原則（又稱「相稱分析」）的測試：（1）受質疑的措施是否為了達致某合法目的；（2）該措施是否與達致該目的有合理關聯；（3）該

13　《基本法》第 39 條規定：「《公民權利和政治權利國際公約》、《經濟、社會與文化權利的國際公約》和國際勞工公約適用於香港的有關規定繼續有效，通過香港特別行政區的法律予以實施。香港居民享有的權利和自由，除依法規定外不得限制，此種限制不得與本條第一款規定抵觸。」

14　朱國斌：《論表達自由的界限》，《政法論壇》2010 年第 6 期及 2011 年第 1 期；陳弘毅：《公法與國際人權法的互動：香港特別行政區的個案》，《中外法學》2011 年第 1 期。

15　從歐洲的理論與司法實踐、世界各國的成文憲法，以美國為代表的普通法系等視角考察來看，它們基本都將「國家安全」作為言論自由權的邊界；在香港特區，ICCPR 及《香港人權法案》也將維護國家安全規定為限制表達自由的法定理據。詳見朱國斌：《論表達自由的界限》，《政法論壇》2010 年第 6 期及 2011 年第 1 期。

措施是否不超逾為達致該目的所需者；[16]（4）受質疑措施所得的社會利益與個人憲法權利被侵蝕兩者之間，是否已取得合理平衡，尤其須查究是否為達致該社會利益而令個人承受過分嚴苛的負擔。[17] 實施《香港國安法》的（立法的、行政的）措施很容易滿足前兩項標準，但其程度是否不超必要的限度，以及是否取得社會利益和個人憲法權利之間的合理平衡，均需在具體案件中分析判斷。簡言之，《香港國安法》的實施，在實踐中仍有「違憲」的風險。

應當強調，此處所講的「違憲風險」，是針對《香港國安法》的實施（而非法律本身）而言。《香港國安法》的合憲性既是推定的、更是必然的結論，它既符合法定性（prescribed by law）原則，且由全國人大的立法授權和人大常委會對《基本法》與《香港國安法》的解釋權確保之。並且，推導出這一結論的理由並不難找到，國安法模糊的立法語言，為作出合憲性解釋留下了巨大空間。從這個角度來說，爭論《香港國安法》與 ICCPR 或《香港人權法案》的地位高低或許是無意義的，必定存在某種解釋方案兼容二者。我們更應該關注的是，如何在實踐中建立一套衡量標準或基準，真正協調 ICCPR 與國安法的關係，使得國家安全與個人權利達致合理的平衡。

按照回歸以來的經驗，這種平衡將在香港司法實踐中逐步建立。但現時背景下，法院顯然不是衡量標準的唯一制定者，這是因為《香港國安法》引入的兩項憲制性改變：其一是國安委所作決定不受司法覆核，其二是國安法的解釋權歸屬全國人大常委會。照此設計，國家安全與個人權利的衡量標準，實際上將由法院、國安委以及全國人大常委會共同確立，後者具有終局的判斷權。

（五）新的「本地法」如何真正融入香港的憲制與法律制度？

基本法第 18 條規定，「凡列入本法附件三之法律，由香港特別行政區在當地公佈或立法實施」。至於究竟是直接公佈實施，抑或交由特區立法實

---

16 必須指出，香港法院在第三步分析中，有時並不採用「不超過必要性」標準（no more than necessary），而更為寬鬆的「明顯缺乏合理性」標準（manifestly without reasonable foundation）。陳弘毅教授、羅沛然博士認為，比例原則的第三步標準與分權原則（separation of power）尤其相關。具體採何種標準，取決於受審查機關的自由裁量範圍，與法院的遵從（deference）程度。See P. Y. Lo and Albert Chen, "The Judicial Perspective of Separation of Powers in the Hong Kong Special Administrative Region of the People's Republic of China", (December 2018) *Journal of International and Comparative Law* 5(2), pp. 337-362.

17 見律政司：《基本法簡訊》第 21 期第 6 頁。

施，則未有明確標準，亦未授權哪一主體決斷。觀乎《基本法》制定以來，附件三的頒佈及幾次增刪，全國人大常委會所作決定均未對實施方式作出明確要求。特區政府實質上行使了這一選擇權，按照對各個全國性法律的在地化及其實施便利需求而作出不同選擇。[18] 特區政府的自主性是否構成一種憲法慣例？

就《香港國安法》而言，我們至少可以說，全國人大常委會在其決定中特別規定《香港國安法》列入附件三之後由特區「公佈實施」是一反常態的，這也導致《香港國安法》成為了一部特殊的立法。其特殊之處在於，從形式上論，它已經被列入基本法附件三，毋庸置疑就構成本地法律之一部分；但從內容上論，儘管全國人大常委會法制工作委員會宣稱充分徵求了香港方面的意見，[19] 仍難掩其「內地立法」的本質。這樣一部「非本地立法的本地法」的實施，勢必面臨水土不服的問題，它如何才能真正融入香港現有的憲政與法律制度？

香港特區的憲制與法律制度體現在《基本法》中，《香港國安法》首先需要處理好與基本法的關係。前文論及，《香港國安法》不能也不應挑戰《基本法》的憲制性法律地位，那麼剩下的唯一選項，就應當是《香港國安法》以合憲性的方式進行解釋、適用與實施。《香港國安法》還應當處理好與其他本地法律的關係。按照《香港國安法》第 62 條的規定，「香港特別行政區本地法律規定與本法不一致的，適用本法規定」。這一條實際確立了《香港國安法》之於香港本地法律的凌駕性，從邏輯上來說，也包括對附件三列舉的其他全國性法律的凌駕性。立法所沒有規定的是，根據《香港國安法》制定的規範與本地立法的效力位階問題。例如，第 43 條授權行政長官會同國安委制定實施細則，這一實施細則能否改變立法會條例的規定？香港法院是否有權對實施細則進行司法覆核？《香港國安法》實際上改變了香港特區原本由「條例＋附屬法例」，也即「立法會立法＋授權立法」構成的成文法系統，使之變得更

18　時任政制事務局局長在 1999 年 2 月 10 日的立法會會議上回答同一項口頭質詢時表示，如果某條全國性法律有必要作本地化修改或適應才可在香港實施，該全國性法律便會透過本地立法方式實施；否則，便會以公佈的方式實施該全國性法律。有時候，亦可在其後透過本地立法方式，配合某條全國性法律的實施。見《在香港實施全國性法律》，立法會網站，https://www.legco.gov.hk/research-publications/chinese/essentials-1516ise07-applying-national-laws-in-hong-kong.htm。

19　參見《全國人大常委會法制工作委員會負責人 6 月 18 日向十三屆全國人大常委會第十九次會議作關於〈中華人民共和國香港特別行政區維護國家安全法（草案）〉的說明》，中國人大網，http://www.npc.gov.cn/npc/c30834/202006/f6fccaa395564e9e8dcbb3b24a5911aa.shtml。

為複雜、不確定。不難預見，特區現行憲制與法律制度對《香港國安法》的吸納與調適，將是一個漫長的過程。

三、對香港司法制度與原則帶來的衝擊與影響

（一）指定法官與司法獨立

《香港國安法》的爭議還在於其創設的「指定法官」制度（第44條）。該制度的主要內容是：（1）行政長官（可徵詢國安委及終審法院首席法官意見）有權從現有的法官人手中指定若干法官，負責辦理危害國家安全犯罪案件（以下簡稱國安犯罪案件），任期一年；（2）凡有危害國家安全言行的，不得獲指定；獲指定期間如有相關言行，則終止其指定法官資格。對此，前終審法院首席法官李國能刊文指出，由行政長官指定法官的做法，有損於司法獨立，「司法機構獨立於行政機關。應由獨立的司法機構決定審理這些案件的法官，不受行政機關的干預」。[20] 這不得不引起我們思考指定法官制度與司法獨立之間的關係？二者真的存在張力嗎？

司法獨立是普通法世界乃至整個民主社會的一項重要法治原則，是多元社會中民主、繁榮、公正與法治的基石，[21] 其基本含義是保障法官行使職權而免受任何干涉。英國前首席大法官湯姆・賓漢進一步認為，現代民主法治國家的憲法應確保司法決策人（judicial decision maker）的獨立性，這要求決策人獨立於地方政府和任何利益團體，不受公眾輿論、國會意見、媒體、政黨及壓力團體、同事，尤其是上司的影響。簡而言之，在其運用自身判斷力裁決案件時，必須獨立於那些會導致忽視案件法律特徵與事實特徵的任何人與事務。如果決策人的薪水高低和任職期限依賴於受其裁決影響之人是否接受其裁決，那麼這種獨立性明顯會受到威脅，如果因決策人的裁決觸怒某些權勢而導致其喪失晉升機會，這對獨立性同樣是威脅。[22] 在 *Valente v. The Queen* 案中，加拿大最高法院列出了司法獨立所包含的幾項基本條件：（1）任期保障，法官只能因履職能力的原因而被免職；（2）財政保障，薪資與退休金等待遇

20　https://news.mingpao.com/ins/ 文摘 /article/20200623/s00022/1592838306630/ 國安法案件內地審理一會損香港獨立司法權（文一李國能）。

21　語出英國前首席大法官托馬斯勳爵，https://www.judiciary.uk/wp-content/uploads/2015/09/speech-lcj-judicial-independence-in-a-changing-constitutional-landscape.pdf。

22　〔英〕湯姆・賓漢：《法治：英國首席大法官如是說》，陳雅晴譯，朱繼崧校，商務印書館（香港）有限公司 2018 年版，第 136-137 頁。

必須由法律規定；（3）機構的獨立性，直接關涉司法職能的部門應當獨立運作。[23]

香港的司法獨立由《基本法》所確立。第 85 條規定司法獨立的一般原則（general principle），即「香港特別行政區法院獨立進行審判，不受任何干涉」；並配以制度性保障規定，如法官履職行為的責任豁免（第 85 條）、獨立的任命制（第 88 條）、任期保障（第 89 條）以及經濟保障（第 93 條），這些保障性規定是香港司法獨立的基本條件（minimum conditions）。根據《基本法》，指定法官與司法獨立的緊張關係可能產生在兩個地方：其一是違反司法獨立的一般原則，行政長官直接指定行為對「法院獨立進行審判」構成了干涉；其二是違反司法獨立的基本條件，首當其衝是違反第 88 條規定的法官任命制度，以及第 89 條的任期保障。[24]

然而，從規範意義上來說，「指定法官」不能與「任命法官」混為一談。指定並不是授予法官資格（qualification），而是從現有法官之中選出，其實質上是將國安案件分配給特定範圍和資歷的法官進行審理，這些法官本身就是已經按照《基本法》的條件與程序選任出的，其指定法官資格的結束也並不代表法官任期的終結，因而我們很難簡單斷定指定法官必然違反了《基本法》的法官任命制度或任期保障。然而，法律的確並未授權行政長官決定審理具體案件的具體法官人選。「有關案件的排期、處理、委派哪一位或哪些法官負責處理案件或上訴，乃由相關級別的法院領導決定。有關事宜全然屬司法機構的職責範圍。」[25] 只是，對於國安犯罪案件，一旦行政長官指定的法官人選極少，能夠間接達致選中特定法官處理特定（類）案件的效果，將在

---

23 In *Valente v. The Queen*, the Supreme Court of Canada spelled out the essential conditions for judicial independence: (i) security of tenure – a judge should be removable only for cause related to capacity to perform judicial functions; (ii) financial security – the right to salary or pension must be established by law; and (iii) institutional independence – with respect to matters of administration bearing directly on the exercise of the judicial function. Cited from Berry F. C. Hsu, "Judicial Independence under the Basic Law", (2004) *Hong Kong Law Journal* 34(2), p. 279.

24 第 88 條規定：「香港特別行政區法院的法官，根據當地法官和法律界及其他方面知名人士組成的獨立委員會推薦，由行政長官任命。」第 89 條規定：「香港特別行政區法院的法官只有在無力履行職責或行為不檢的情況下，行政長官才可根據終審法院首席法官任命的不少於三名當地法官組成的審議庭的建議，予以免職。香港特別行政區終審法院的首席法官只有在無力履行職責或行為不檢的情況下，行政長官才可任命不少於五名當地法官組成的審議庭進行審議，並可根據其建議，依照本法規定的程序，予以免職。」

25 2020 年 7 月 2 日的終審法院首席法官聲明，香港終審法院官網，https://www.hkcfa.hk/filemanager/ PressRelease/sc/upload/78/press_release_20200702_01sc.pdf。

實質上破壞法院運作的獨立性，構成對法院獨立審判的不當干涉，也即對第85條的司法獨立一般原則的違反。「唐英傑保釋案」的判詞中提到「the Chief Executive is given the power to designate a number of judges」（「行政長官受授權任命一些法官」），[26] 至於「一些」（a number of）到底是哪些，目前我們尚不得而知，唯有具體的國安犯罪案件開始處理，相應的法官才會公佈。

《香港國安法》第44條第2款規定了受指定法官的禁止委任條件，即存在「危害國家安全的言行」，除此之外並未有其他禁止標準。按照目的解釋理解，該款僅僅是禁止有「危害國家安全言行」的法官參與審理國安犯罪案件並充當犯罪嫌疑人的保護傘。換言之，只要法官沒有危害國安言行，在法律上都具備獲指定的資格。在符合該標準的前提下，行政長官指定A而不指定B的理據為何？相關理據能否公開？是否有法律上的依據或合理性？如不對待並回應這些問題，指定法官制度恐怕難逃政治性委任的詰問。

（二）超然於司法覆核的國安委

《香港國安法》既是實體法，又是程序法，還是組織法，後者主要體現在它規定了香港特區設立國安委、警務處國家安全部門等本地機構。這也是自回歸以後，中央首次直接為特區政府創制，改變特區政府內部架構。《香港國安法》將國安委定位為「負責特區維護國家安全事務，承擔維護國家安全的主要責任」（第12條）。國安委的具體職責為：「（一）分析研判香港特別行政區維護國家安全形勢，規劃有關工作，制定香港特別行政區維護國家安全政策；（二）推進香港特別行政區維護國家安全的法律制度和執行機制建設；（三）協調香港特別行政區維護國家安全的重點工作和重大行動。」（第14條）從國安委的法律定位、職權性質與組織人事來分析，它是特區政府下的一個本地機構（或至少是行政權之下的本地機構）。然而，國安法確實賦予了它超出一般本地行政機構的特權，甚至包括超然於司法覆核的特權，此即第4條第2款所指：「香港特別行政區維護國家安全委員會的工作不受香港特別行政區任何其他機構、組織和個人的干涉，工作信息不予公開。香港特別行政區維護國家安全委員會作出的決定不受司法覆核」。

英式傳統的司法覆核，或稱行政法意義上的司法覆核（judicial review in administrative law），是香港自英國繼承而來的傳統的普通法制度。香港法院

26　See *Tong Ying Kit v. HKSAR*, [2020] HKCFI 2133, para. 54.

對政府部門、法定機構行使公權力的行為具有廣泛的司法覆核管轄權，並受到《基本法》的確認與保障：第 19 條規定，法院除繼續保持香港原有法律制度和原則對法院審判權所作的限制外，對香港特別行政區所有的案件均有審判權；第 35 條規定，香港居民有權對行政部門和行政人員的行為向法院提起訴訟。國安委作為一個設在本地的行政機構，其所作決定不受司法覆核，是否侵蝕了法院依據《基本法》享有的固有的司法審查權，造成了一處「法外之地」？這是細緻的觀察者都會提出的一個問題。

自回歸以來，特區法院特別是終審法院發展了司法覆核制度，使之形成為憲法意義上的司法覆核（constitutional review, judicial review of constitutionality）。里程碑式的案例就是 1999 年終審法院裁決的「吳嘉玲案」（Ng Ka Ling）。首席大法官李國能先生在判例中寫道：「香港特區享有獨立的司法權和終審權〔《基本法》第 19（1）條〕，而特區各級法院是特區的司法機關，行使特區的審判權〔《基本法》第 80 條〕。在行使《基本法》所賦予的司法權時，特區的法院有責任執行及解釋《基本法》。毫無疑問，香港法院有權審核特區立法機關所制定的法例或行政機關之行為是否符合《基本法》，倘若發現有抵觸《基本法》的情況出現，則法院有權裁定有關法例或行為無效。法院行使這方面的司法管轄權乃責無旁貸，沒有酌情餘地。因此，若確實有抵觸之情況，則法院最低限度必須就該抵觸部分，裁定某法例或某行政行為無效。雖然這點未受質疑，但我等應藉此機會毫不含糊地予以闡明。行使這方面的司法管轄權時，法院是按《基本法》執行憲法上的職務，以『憲法』制衡政府的行政及立法機構，確保它們依《基本法》行事。」[27] 新的司法覆核制度形式上可與美式違憲審查制度類比。

然而，基於《基本法》，我們注意到，香港法院的司法審查權並非沒有邊界，或者應當說，法院的司法管轄權在《基本法》層面存在一些固有限制：（1）香港原有法律制度和原則對法院審判權所作的限制；（2）對國防、外交等國家行為無管轄權的限制。鑒於職能的特殊性質，國安委行使的職權會否本身就處於《基本法》劃定的法院管轄權之外？香港立法中也規定有司法覆核的豁免條款，例如，《房屋條例》第 19 條（3）規定，「如任何人的租契已根據第（1）款終止，則法院沒有司法管轄權聆訊由該人或代該人提出的與該項終

27　李浩然、尹國華：《香港基本法案例彙編（1997-2010）（第一條至第四十二條）》，三聯書店（香港）有限公司 2013 年版，第 76 頁。

止有關的寬免申請」。對此，法院裁定仍維護了自己的司法覆核權。[28] 只是法院的這種立場很難在國安委豁免覆核的問題上得到延續，固有的司法權威受到來自中央國安立法的挑戰。

或者可以換個角度來看，國安委的司法覆核豁免，可以視作中央對特區行政「全面管治權」和主導特區政治體制的重申與強化。中央全面管治權與特區國安委之間有兩個連接點：第一，國安委「接受中央人民政府的監督和問責」（第 12 條）；第二，由中央人民政府向國安委指派國家安全事務顧問，「就香港特別行政區維護國家安全委員會履行職責相關事務提供意見」。鑒於中央人民政府與國安委的權力關係，國家安全顧問角色將會十分關鍵，所提供的意見可以合理想象地認為是代表中央意旨的指導性的、方向性的意見。這也客觀上反映了一種新的權力架構與職責分配：特區國家安全事務從宏觀政策層面觀之是中央事權，從行動層面觀之則是中央與特區共享事權，但主要是特區事權，特區相關國家安全機構的設立就是服務於這一目的。以此為據，或許可以解釋為什麼國安委決定不受司法覆核。但不論如何，都需理論上回應國安委權力與特區法院的司法管轄權之間的緊張關係問題，更期待在司法實踐中探索釐定新的行為與互動模式。

（三）不受特區管轄的國安公署

《香港國安法》規定中央人民政府在香港特區設立維護國家安全公署，「依法履行維護國家安全職責，行使相關權力」（第 48 條）。法律並規定了國安公署的四項職責（職權）：「（一）分析研判香港特別行政區維護國家安全形勢，就維護國家安全重大戰略和重要政策提出意見和建議；（二）監督、指導、協調、支持香港特別行政區履行維護國家安全的職責；（三）收集分析國家安全情報信息；（四）依法辦理危害國家安全犯罪案件。」（第 49 條）作為中央政府駐港機構（之一[29]），國安公署在香港特區行使職權，直接關涉到香港居民的權利與義務。按照《基本法》的規定與普通法的原則，行政權力的運行應當受到司法覆核的監督。但《香港國安法》規定國安公署及其人員「依據本法執行職務的行為，不受香港特別行政區管轄」（第 60 條第 1 款），這意味著國安公署及其人員的職務行為至少在特區層面具有不可訴性（no judicial

---

28　*Chan Yik Tung v. The Hong Kong Housing Authority*, HCMP 2111/1989 (11 December 1989).

29　其他三家機構為：中央人民政府駐香港特別行政區聯絡辦公室、中華人民共和國外交部駐香港特別行政區特派員公署、中國人民解放軍駐香港部隊。

review of acts of the Commissioner）。這種豁免的法理基礎與合法性有待我們深入探究。

在國安公署全部的「執行職務的行為」中，《香港國安法》第 55 條關於國安公署有權直接管轄的三類危害國家安全犯罪案件的規定尤為值得關注。如上小節所述，根據法律安排，從行動層面觀之，香港國家安全事權是中央與特區共享事權。國安公署直接管轄三類法定類型案件是中央事權的體現。將其排除在特區法院管轄之外，有其合理性的一面。

職務行為不受特區管轄，一方面給予國安公署更多的自主性和行動空間、更少的限制，便於其履行維護國家安全的職能，另一方面，也構成對香港法治的特例，更關涉到《香港國安法》自身規定如何落實的問題。該法明確規定國安公署「應當嚴格依法履行職責，依法接受監督，不得侵害任何個人和組織的合法權益」（第 50 條第 1 款）；國安「公署人員除須遵守全國性法律外，還應當遵守香港特別行政區法律」（第 50 條第 2 款）。在此可以提出的問題是：如何保證、監督國安公署及其人員履職行為或其他行為的合法性？國安公署須遵守的全國性法律（應指在內地實行的全部法律）與香港特區的法律不一致的，應以何者為準？排除特區對國安公署及其人員的職務行為的管轄權以後，將由內地哪一主體來審查監督國安公署及其人員的行為的合法性？公署在執行職務時能否正確適用香港法律？若香港個人或組織的「合法權益」（人身權和財產權）受到侵害，能否在香港法院起訴國安公署獲得補償，抑或能否在內地法院起訴並獲得法律救濟？凡此種種，我們都希望獲得答案。在探索回答這些問題時，作為原則，我們應當秉承一個大前提：國安公署已經成為香港法治的特例，惟不能成為香港法治之上的特權。從國家建構層面觀之，這也是中國建設社會主義法治國家大目標的應有之義。

（四）專屬全國人大常委會的解釋權

《香港國安法》第 65 條規定：「本法的解釋權屬於全國人民代表大會常務委員會」。按字面理解，全國人大常委會將成為《香港國安法》唯一有權釋法者。這與《基本法》第 158 條規定的釋法制度大相徑庭，後者確立了香港法院經授權取得的對《基本法》（儘管並非完全）的解釋權。這就引出了兩個問題：其一，《香港國安法》的解釋權條款，緣何沒能沿用《基本法》的先例？其二，規定解釋權屬於全國人大常委會，將對香港法院適用《香港國安法》，乃至延續香港普通法的司法傳統產生怎麼樣的影響？

《基本法》第 158 條是充分平衡與兼顧中國人民代表大會制度與香港普通法制度的產物。然而,回歸以來《基本法》司法實踐證明,第 158 條所確立的釋法制度與機制並不完善,全國人大常委會與香港法院的釋法權(以及承載權力運行的法律系統)之間存在著天然張力。第 158 條嘗試但沒能化解這種內在的矛盾與衝突,這在歷次人大釋法所引發的爭議中已可見一斑。其中,最突出的矛盾莫過於解釋權的歸屬及分配問題。[30]《香港國安法》「一刀切」地將釋法權收歸全國人大常委會,可能正是基於對《基本法》釋法制度的反思與矯正。當然,或許有人會主張一種更簡單的解釋,那就是國家安全事務不屬香港自治範圍,參照《基本法》第 158 條的做法,《香港國安法》解釋權當然並且全然地歸屬全國人大常委會。然而,這種理解過於簡單化,罔顧香港特區與中央共享國家安全事權之制度安排,且置香港實行普通法司法制度這一事實於不顧。

按照普通法傳統,法律被制定以後,必須且只能交由法院去解釋與適用。《香港國安法》的安排徹底改變了普通法制度下香港法院對於法律解釋的獨佔性。只是法律解釋是司法活動的必然過程,從裁判庭到終審法院,在審理國安犯罪案件時必定涉及對《香港國安法》條文的適用與解釋。在「吳嘉玲案」中,終審法院重申,「法院的職責就是適用(apply)法律,為著適用法律,法院需要解釋(interpret)法律」。[31] 問題在於,法院解釋適用《香港國安法》的司法過程怎樣才能和「解釋權屬於全國人大常委會」這一新制度安排相協調?

《香港國安法》並未規定任何釋法機制或程序,這可能會成為混亂的根源:法院在審理案件過程中是否可以提請全國人大常委會解釋?全國人大常委會在什麼條件下會作出解釋?全國人大常委會的解釋是否有溯及力?全國人大常委會在過往的基本法釋法過程中,釋法程序的欠缺已頗受詬病,[32] 可惜《香港國安法》在這一點上卻並無回應或改進。當然,這可能正是全國人大常委會想達到的效果,即全面地、終局地掌握《香港國安法》的解釋權,不論是從釋法內容上,抑或從釋法程序上。

---

30 第 158 條的具體問題及爭論,可以參見朱國斌:《香港基本法第 158 條與立法解釋》,《法學研究》2008 年第 2 期,第 3-26 頁。

31 *Ng Ka Ling and Another v. The Director of Immigration*, (1999) 2 HKCFAR 4.

32 黃明濤:《從程序角度看人大釋法的合法律性與正當性》,載朱國斌編著:《第五次人大釋法:憲法與學理論爭》,香港城市大學出版社 2018 年版。

從實際出發，為了避免理論與實踐的混亂發生，我們可以把第 65 條理解為《香港國安法》的終極解釋權屬於全國人大常委會，這既可以維護國家主權者的最高權威和保留它的最後話語權，又可以維持普通法法院的運作秩序。與此同時，法院如想最大程度地保持自己的司法權威，則必須在司法適用中（至少反映在判決結果上）表現出對立法者更高程度的司法遵從（judicial deference）。[33]

四、國家安全刑法制度與香港刑事法律制度的協同與整合

（一）國家安全罪行與本地原有罪行的整合

儘管第 23 條立法在香港特區長期缺位，但這並不意味著香港缺乏對危害國家安全的行為進行（直接或間接）懲罰的法律。[34] 例如，《刑事罪行條例》規定的「叛逆」、「叛逆性質的罪行」、「襲擊女皇」、「煽惑叛變」、「煽惑離叛」、「煽動罪」，以及《公安條例》、《社團條例》、《官方機密條例》等也規定了為數眾多有關國家安全、公共安全的罪行（本文統稱為「本地原有罪行」）。《香港國安法》創設的四大新的罪行（分裂國家罪、顛覆國家政權罪、恐怖活動罪、勾結外國或境外勢力危害國家安全罪）與本地原有罪行，存在著部分的重疊與競合關係。據此，我們實際面臨著處理國安罪行與本地原有罪行之間關係的複雜問題，這包括：其一，當某一行為同時涉嫌觸犯國安罪行與本地原有罪行，應當按照哪一罪行起訴？其二，國安罪行與本地原有罪行是否存在不協調或矛盾之處？如有，是否需優先適用《香港國安法》？其三，從法制統一與長遠發展的角度來看，香港有關國家安全的刑事法律不應當呈現為如此割裂的兩套系統，因而有必要整合（integrate）國安罪行與本地原有罪行，使之發展成為一套（a uniform）更新的、統一且兼容的刑事罪行系統。

（二）內地刑法及刑法理論對香港的影響

「一國兩制」與《基本法》將內地與香港的法律制度區隔開，《中華人民共和國刑法》並不適用於香港。但回歸以來的經驗表明，內地的刑法仍有可

33　Guobin Zhu (ed.), *Deference to the Administration in Judicial Review – Comparative Perspectives* (Springer, 2019), chap. 1.

34　具體可參見前注 8。

能直接或間接地影響到香港法律制度。[35] 其影響的路徑之一便是，全國人大常委會有權根據《基本法》第 18 條，將包含刑事法律的全國性法律列入基本法附件三在港實施；此即全國性法律的「在地化立法過程」。例如，《中華人民共和國國旗法》規定了侮辱國旗的刑事責任條款，[36] 被列入基本法附件三後由香港立法實施，從而轉化為《國旗與國徽條例》中的罪行。[37] 同樣，《中華人民共和國國歌法》列入《基本法》附件三後由香港以本地立法《國歌條例》的形式予以實施，後者規定的不當使用國歌的罪行、侮辱行為的罪行，[38] 也是對前者侮辱國歌的刑事責任條款的轉化。[39]

按照與《國旗法》類似的路徑，《香港國安法》也將直接影響香港的刑事法律制度。頗為不同的是，後者包含更多更明確的罪行及罰則，因而影響範圍將更大；並且後者是通過直接公佈而非本地轉化立法的方式實施，因而影響更為直接、程度更深。《香港國安法》的這一影響可以從兩個方面具體展開：從刑事立法上來說，正如前文提到，香港現行刑法與國安罪行有所交錯，因而需要進行修改或補充以適應，進而吸納國安罪行；從刑法理論上來說，國安罪行背後承載的是內地的刑法理論與刑法體系，香港執法與司法機構在辦理國安案件時，會否參考以法律意見（expert opinion）形式出現的內地的刑法理論與實踐？如參考，又將對香港的普通法系統產生怎麼樣的影響？就最後一點而言，有待香港司法過程和案例予以揭示。適時適當地考量國安立法背景、立法理據、相關的內地刑法理論，無疑對完善香港國家安全罪及其刑罰制度是會有裨益的。

（三）國家安全罪行的執法者

《香港國安法》除了給香港的刑事法律制度帶來改變外，也重新定義了國安罪行的刑事執法者。特區警務處將專設維護國家安全部門（即「國家安全處」），作為警隊專門力量「調查危害國家安全犯罪案件」（第 17 條）。但它卻不是唯一的刑事執法者。按照第 49 條，國安公署亦有權「依法辦理危害國家安全犯罪案件」。這會否造成「二龍治水」的局面？回答這個問題，關鍵

35　H. L. Fu, "The Impact of the Chinese Criminal Law in Hong Kong", in Robert Ash, et al., *Hong Kong in Transition* (Routledge, 2003).

36　《中華人民共和國國旗法》第 19 條。

37　《國旗與國徽條例》第 7 條。

38　《國歌條例》第 6 條、第 7 條。

39　《中華人民共和國國歌法》第 15 條。

在於正確理解《香港國安法》對於國安犯罪案件的管轄權的規定。根據該法第 40 條，香港特區對本法規定的四大類犯罪案件（或稱「四大罪行」，參見第三章「罪行和處罰」第 20 至 35 條）行使管轄權，但本法第 55 條規定的情形除外；而第 55 條規定，在列舉的三類情形下，國安公署有權直接對國安犯罪案件行使管轄權。這也就是說，對於香港特區的國安犯罪案件，原則上、一般地由特區管轄，具體是由警務處國家安全處負責調查危害國家安全犯罪案件，律政司國家安全犯罪案件檢控部門負責案件的檢控工作；在法定例外下，由國安公署負責管轄／調查，且國安公署的管轄不僅應當滿足第 55 條規定的三類情形之任一，還應當滿足第 55 條規定的程序條件，即經特區政府或國安公署提出，「並報中央人民政府批准」。換言之，國安公署直接行使調查權，必須事前經過中央人民政府的批准，方可行使，即必須滿足實體和程序要求。

因而，警務處國家安全處與中央駐港國安公署，雖然都具有刑事執法者的身份，但並不是同時生效的。在一般情況下，國安公署無權調查、追訴香港特區的刑事犯罪。

五、對現行香港刑事司法與訴訟程序的影響

（一）《香港國安法》刑事程序在香港的實施

就國安犯罪案件而言，《香港國安法》的條款很大程度上改變了香港既有的刑事程序，或引入全新的刑事程序。因而我們需要關注國安案件有關刑事程序在香港的落實。本文選取幾個具有代表性的刑事程序問題予以分析。

其一，保釋。《香港國安法》實施前後，保釋問題受到廣泛關注。立法實施前，不少媒體常使用「警察捉人，法官放人」指責法院未能有效懲治暴力示威者。[40]《香港國安法》特別規定了國安犯罪的保釋程序（第 42 條），將香港既有法律中的「保釋為原則，不保釋為例外」[41] 改變為「不保釋為原則，保釋為例外」。通過「唐英傑案」、「黎智英案」兩件保釋案件的司法實踐，[42]《香港國安法》下的保釋制度的適用已經逐步清晰。在黎智英案中，終審法院認為

40　代表性媒體文章如李俊：《法官絕不能充當暴行庇護者》，《大公報》2019 年 8 月 18 日，A5 版。

41　見《刑事程序條例》第 1A 部有關保釋的規定。

42　唐英傑保釋案的判決，見 *Tong Ying Kit v. HKSAR*, [2020] HKCFI 2133 以及 HKSAR v. *Tong Ying Kit*, [2020] HKCFI 2196。黎智英保釋案判決，見 *HKSAR v. Lai Chee Ying*, [2021] HKCFA 3。

《香港國安法》有關保釋的規定，給香港既有保釋制度創造出一個特殊例外，提高了保釋的條件。判斷被告人能否獲得保釋時，須遵循兩步走，首先按照《香港國安法》的保釋條件予以判斷，照此條件如果可獲保釋，再放入香港既有保釋制度中檢視，最終得出結論。[43] 從該判決中可以看出，終審法院將《香港國安法》創設的刑事程序視為原有程序的特殊例外（而非平行或相排斥的兩套規則），從而吸納到既有制度之中。

其二，公開審判。法院向社會（包括新聞界）公開是普通法的一個基本原則，也是規定於《公民權利與政治權利國際公約》的公民基本權利，通過《香港人權法案條例》在香港生效實施。[44]《香港國安法》對「公開審判」作了一些限制，規定「審判應當公開進行。因為涉及國家秘密、公共秩序等情形不宜公開審理的，禁止新聞界和公眾旁聽全部或者一部分審理程序，但判決結果應當一律公開宣佈」（第 41 條第 4 款）。這一限制性規定與《香港人權法案》的限制性規定基本一致，並沒有對香港既有的公開審判制度作出實質標準的改動。問題在於，《香港國安法》並無規定哪一主體有權作出不公開審判的決定。從普通法的視角來看，這理所當然屬法院自治的事項。《香港人權法案》也規定法院有權決定之，《刑事罪行條例》、《官方機密條例》規定控方有權提出不公開審理的申請，決定權仍在法院。無論國安犯罪案件公開審判與否，判決結果都應當公開宣佈。

其三，陪審團審判。在香港，陪審團審判（jury trial）並不是一項憲法性的權利，但作為普通法的傳統司法制度，有其憲法上的重要意義，這一點也為《基本法》第 86 條所確認。[45] 陪審團由適格的普通公民組成。由陪審團來決定罪成與否，有利於增強刑事審判的正當性與民主性，因而，有學者將其比作「一個小型的議會」（a little parliament），[46] 也有學者將其譽為「自由對抗暴

---

43 見上注黎智英保釋案判決書，第 70 段。

44 《香港人權法案條例》第Ⅱ部第 10 條規定：「在法院前平等及接受公正公開審問的權利：人人在法院或法庭之前，悉屬平等。任何人受刑事控告或因其權利義務涉訟須予判定時，應有權受獨立無私之法定管轄法庭公正公開審問。法院得因民主社會之風化、公共秩序或國家安全關係，或於保護當事人私生活有此必要時，或因情形特殊公開審判勢必影響司法而其認為絕對必要之限度內，禁止新聞界及公眾旁聽審判程序之全部或一部；但除保護少年有此必要，或事關婚姻爭執或子女監護問題外，刑事民事之判決應一律公開宣示。」

45 《基本法》第 86 條規定，原在香港實行的陪審制度的原則予以保留。

46 P. Duff et al., *Juries: A Hong Kong Perspective* (Hong Kong University Press, 1992), p. 37.

政的象徵」（a symbol of freedom against tyranny）。[47] 綜合世界各國實踐來看，進一步適用或實施陪審團審判是潮流趨勢。[48] 回歸以來，香港社會也多番討論提議將陪審團制度適用範圍擴展至區域法院。[49]

然而，《香港國安法》第 46 條限縮了香港陪審團審判的適用，對高等法院原訟庭審理的國安犯罪案件，「律政司長可基於保護國家秘密、案件具有涉外因素或者保障陪審員及其家人的人身安全等理由，發出證書指示相關訴訟毋須在有陪審團的情況下進行審理」。這種安排的合法性或正當性為何？國安犯罪案件大多是政治敏感類案件，排除陪審團審判有失民主性的外觀，可能招致更多非議。值得一提的是，早在 2003 年保安局提出的國家安全立法草案中，特別提到涉國安犯罪案件將由陪審團審理。[50] 此外，將排除陪審團審理的決定權交給律政司長（在此情形下即政府）是否恰當？香港既有法律中有關陪審團的職能能否全盤轉交給法官受理？

然而也應看到，排除陪審團審判也有毋庸置疑的合理性，也許可以以公共利益（public interest）為理據予以解讀。不可否認，法律確立的新做法勢必受到理論與實踐的雙重挑戰，需要結合實踐進一步認真研討。

其四，國家秘密的認定。《香港國安法》有多處條款涉及「國家秘密」的認定。國家秘密的認定將直接影響或關涉到：（1）「勾結外國或者境外勢力危害國家安全罪」的認定（第 29 條）；（2）決定審判是否應當不公開進行（第 41 條第 4 款）；（3）決定高等法院原訟庭審判是否應當在無陪審團的情況下進行（第 46 條）；（4）相關人員的保密義務（第 63 條）。可見，國家秘密的認定兼具實體與程序上的重要意義。《香港國安法》第 47 條將認定國家秘密的權力交予行政長官，規定「法院在審理案件中遇有涉及有關行為是否涉及國家安全或者有關證據材料是否涉及國家秘密的認定問題，應取得行政長官就該等問題發出的證明書，上述證明書對法院有約束力」。這一規定與《基本法》

47　P. Devlin, *Trial by Jury* (London: Methuen Publishing, 1966), 2nd edition, p. 164. Cited from Franklin Koo, "Power to the People: Extending the Jury to the Hong Kong's District Court", (2010) *City University of Hong Kong Law Review* 2, p. 301.

48　Ibid.

49　見律政司新聞公報：《立法會二十二題：把陪審團制度延用於區域法院》，https://www.doj.gov.hk/sc/community_engagement/press/20201021_pr1.html。

50　Hong Kong Security Bureau, *National Security (Legislative Provisions) Bill* (13 February 2003), SBCR 2/1162/97, http://www.basiclaw23.gov.hk/english/resources/legco/legco_article/article9.htm (accessed on 10 September 2010).

第 19 條的規定頗為類似，[51] 後者明確了法院對國家行為無管轄權，因而對相關事實問題應取得行政長官的證明文件。《香港國安法》對國家秘密的認定也作類似要求，那麼我們是否可以倒推認為，法院對於國家秘密的認定亦無管轄權？如果是，那麼將國家秘密的認定排除於法院管轄之外，能夠找到《基本法》或法律上的依據嗎？

落實這一規定，同樣面臨實體與程序上的難題：在程序上，如法院不提出，行政長官可否主動發出證明書？證明書對法院有約束力，是否意味著法院對國家秘密的界定毫無審查空間？法院對行政長官發出證明書的行為是否有審查權？在實體上，行政長官認定是否屬國家秘密將遵循何種標準？按照「法定原則」（prescribed by law），應當存在具體的成文標準以避免行政長官在個案中創設標準。現時香港《官方機密條例》中將「保安及情報資料」、「防務資料」、「關乎國際關係的資料」、「關乎犯罪及刑事調查的資料」、「因諜報活動所得的資料」等類型的資料作為機密予以法定保護。[52] 行政長官對國家秘密的認定，是否將依照或參考香港本地成文法的標準？抑或，行政長官會否遵循或參考內地法律中有關國家秘密的定義，或者接受中央政府的認定國家秘密的指令？

行文至此，可以提出如下問題：立法者在制定《香港國安法》關於保守國家秘密規定時，是否參照了《中華人民共和國保守國家秘密法》？而後者關於「國家秘密」的定義[53] 看上去是很寬泛的。內地學者王錫鋅教授認為，有關國家秘密的定義及範圍過於寬泛，甚至包括「經國家保密行政管理部門確定的其他秘密事項」。[54] 如果要求香港法院套用上述全國性法律的定義，可以預見將會有可觀的國安案件排除陪審團、不予以公開審理。就這一點來說，香港

---

51 《基本法》第 19 條第 3 款規定，香港特別行政區法院對國防、外交等國家行為無管轄權。香港特別行政區法院在審理案件中遇有涉及國防、外交等國家行為的事實問題，應取得行政長官就該等問題發出的證明文件，上述文件對法院有約束力。行政長官在發出證明文件前，須取得中央人民政府的證明書。

52 見《官方機密條例》第 III 部「非法披露」。

53 《中華人民共和國保守國家秘密法》第 9 條規定：「下列涉及國家安全和利益的事項，洩露後可能損害國家在政治、經濟、國防、外交等領域的安全和利益的，應當確定為國家秘密：（一）國家事務重大決策中的秘密事項；（二）國防建設和武裝力量活動中的秘密事項；（三）外交和外事活動中的秘密事項以及對外承擔保密義務的秘密事項；（四）國民經濟和社會發展中的秘密事項；（五）科學技術中的秘密事項；（六）維護國家安全活動和追查刑事犯罪中的秘密事項；（七）經國家保密行政管理部門確定的其他秘密事項。政黨的秘密事項中符合前款規定的，屬國家秘密。」

54 指《中華人民共和國保守國家秘密法》第 9 條第 7 項。見王錫鋅：《政府信息公開語境中的「國家秘密」探討》，《政治與法律》2009 年第 3 期。

特區不應當將內地有關國家秘密的認定標準直接引入本地。

（二）「內地管轄」激活後的有關刑事程序

前文談到，《香港國安法》第 55 條列舉了三類特殊情形，在該等情形之下，國安公署有權直接對三類國安犯罪案件行使調查權，並將由內地司法機構適用內地刑事程序法管轄案件。這種做法勢必影響到當事香港居民的權利。因此我們有必要關注「內地管轄」激活後的刑事程序的特點與可能出現的問題。

其一，指定司法機關。在內地的刑事程序體系中，偵查、公訴、審判的職能一般分別由公安機關、檢察院、法院所承擔。按照《香港國安法》第 56 條，「內地管轄」激活後，國安公署負責立案偵查，具體公訴者與審判者則是不確定的，需要由最高人民檢察院與最高人民法院指定「有關」檢察院與法院。「反修例運動」已經證實，香港居民對內地的法治水平與司法公正缺乏必要瞭解，甚至表現出頗多不信任。因而，指定司法機關既要考慮到地域、語言等因素以方便刑事程序的推進，更要考慮到當地法治水平、法官素養與專業水平、城市形象（比如更為港人所熟知）等因素，既保證案件公正處理，同時可以打消港人顧慮。指定司法機關的決定也應當由最高人民檢察院與最高人民法院儘早地、公開地作出，並對指定理由進行說明。也許珠三角地區（如深圳或廣州）司法機關更適合於被指定。

其二，犯罪嫌疑人與被告人的辯護權。《香港國安法》第 58 條規定，犯罪嫌疑人自被國安公署第一次訊問或者採取強制措施之日起，有權委託律師作為辯護人。這與中國《刑事訴訟法》的規定是一致的，[55] 明確了立案偵查階段犯罪嫌疑人即有權委託辯護人，但將辯護人的身份限定於律師。那麼香港的國安犯罪嫌疑人是否有權聘請香港的律師？法律文本語焉未詳，尚待有權機關發出指引。事實上，無論犯罪嫌疑人聘請的是香港抑或內地律師，均會面臨跨越兩地的地理障礙、代理與辯護技術障礙和法律知識障礙，特別是代表兩個不同法域的法律知識方面的障礙。另外，中國《刑事訴訟法》規定，「危害國家安全犯罪、恐怖活動犯罪、特別重大賄賂犯罪案件，在偵查期間辯

---

55 《中華人民共和國刑事訴訟法》第 33 條規定：「犯罪嫌疑人自被偵查機關第一次訊問或者採取強制措施之日起，有權委託辯護人；在偵查期間，只能委託律師作為辯護人。被告人有權隨時委託辯護人。」

護律師會見在押的犯罪嫌疑人，應當經偵查機關許可」，[56] 那麼國安犯罪嫌疑人的律師會見當事人，是否也需要經國安公署的許可？若類推，前置許可將會是必要的。《香港國安法》第 5 條第 2 款原則性規定，「保障犯罪嫌疑人、被告人和其他訴訟參與人依法享有的辯護權和其他訴訟權利」。於是我們應當進一步思考，如何切實保障犯罪嫌疑人與被告人（尤其在內地管轄的情況之下）的辯護權？

其三，作證義務。《香港國安法》第 59 條規定，「內地管轄」激活後，「任何人如果知道本法規定的危害國家安全犯罪案件情況，都有如實作證的義務」。這一規定也給我們留下了一些疑問：首先，這裏的「任何人」的範圍是否存在限定？特定身份的人可否得到豁免？例如，犯罪嫌疑人、被告人本身、外交人員、配偶父母子女等親屬，這就涉及拒證權制度的研究。其次，如果證人拒絕出庭，內地法院可否採取強制手段，以及強制手段如何實現？對於拒不履行作證義務的人又當如何處理／處罰？最後，「如實」的作證義務如何確保？有很多情況都可能導致證人無法「如實」作證，例如證人虛假陳述或隱瞞實情，以及其他人威脅、賄買證人等等。違背「如實」將會產生什麼樣的後果與責任？鑒於如實作證義務是強加在「根據本法第 55 條規定管轄案件時」，是否意味著該規定不適用於香港特區在特區內對本法規定的不屬第 55 條情形的其他犯罪案件行使管轄權時？如果是，是否意味著可以徑直適用香港現行刑事司法制度與原則？

由內地司法機關適用內地刑事程序法律管轄案件，也有可能導致內地刑法的擴張適用。這主要是指，香港居民或外國人參與到內地管轄的國安犯罪的刑事訴訟之中，即處於中國《刑法》的屬地管轄（territorial principle）之內。例如，在「內地管轄」情況下，香港居民在國安犯罪案件中作偽證，便觸犯了中國《刑法》的偽證罪（第 305 條），將受到內地刑法的管轄，被內地公訴機關追訴。

六、結語

全國人大常委會為香港特區制定《香港國安法》，並迅猛強力在地施行，引起了特區、內地和國際的廣泛關注，其中讚揚支持者大有人在，批判聲音

---

56 《中華人民共和國刑事訴訟法》第 37 條。

也不絕於耳。本文完全從憲法、《基本法》和刑事司法角度檢視《香港國安法》對香港特區法制以及司法制度可能帶來的直接和長遠影響，旨在發現問題，並找出理論上邏輯自洽、對實踐可能有啟發意義的答案。

　　《香港國安法》以外力方式完善香港特區國家安全法律制度，促成特區履行其維護國家安全的憲法義務，為維護特區國家安全提供堅實基礎，也為中華人民共和國的政治與政權安全提供保障。但我們同時也要看到，新法對香港特區原有的法律體制與司法制度帶來了一定程度的衝擊，其在地化將會是一個比較漫長的過程，其實施過程也必定會提出新的問題。為此，我們應該未雨綢繆，在憲法與《香港基本法》前提下以主動、進取的態度應對，開展理論探索，提出切實可行的策略，從而保證「一國兩制」行穩致遠。

探討全國性法律在香港的實施：
以《香港國安法》為例

林緻茵　香港政策研究所高級研究員

一、導言

　　根據《基本法》第 8 條和第 18 條，香港實施的法律為《基本法》、香港原有法律、特區立法機關制定的法律，以及被列入《基本法》附件三的全國性法律。過去全國性法律在香港實施，只是屬於例外和極少數的情況。《中華人民共和國香港特別行政區維護國家安全法》（以下簡稱《國安法》）與過去其他透過附件三在香港實施的全國性法律有明顯不同：它是唯一涉及刑事罪行和罰則、而不經本地立法在香港實施的全國性法律。雖然在中央而言，這次的立法是「非常時期」、不能依靠特區自行立法，但《國安法》的制訂，卻成為了中央直接替特區立法的先例。在《國安法》立法的事宜上，全國人大常委會獲得的授權並非單次性，[1] 今後它會按需要繼續為香港制訂相關的法律，亦可能令全國人大常委會立法成為香港的法律淵源（sources of law）之一。

　　本文以全國性法律的定義，及其在香港的增減情況為討論的起點，並以《國旗及國徽條例》及《國歌條例》為例，探討應用於香港的全國性法律，在立法與實施過程中遇到的問題——這些法律如何與《基本法》進行協調？這些協調的方法，有多大程度上能應用於解決《基本法》和《國安法》的潛在衝突上？兩地法制始終有異，如果全國人大及其常委會直接為香港立法成為常態，對於香港的法律制度和「一國兩制」會有何影響？

1　港澳辦副主任鄧中華於中央電視台節目《焦點訪談》中表示，全國人大授權人大常委會訂立《國安法》，並非只是一次的授權，人大常委會將來可以根據香港實際情況，繼續制訂相關法律，並就危害國家安全有關行為定罪量刑。

二、全國性法律的概念和在香港的增減情況

《基本法》第 18 條規定了在香港實施的兩種全國性法律，一種是列於附件三的全國性法律，一種是在戰爭狀態或緊急狀態下由中央人民政府發佈命令，將有關全國性法律在香港實施。前者是指透過附件三的機制、於一般情況下，在香港實施全國性法律。這種全國性法律只限於有關國防、外交和其他依照《基本法》規定不屬於香港自治範圍的法律，而且經全國人大常委會徵詢香港基本法委員會和特區政府的意見後作出增減，在當地公佈或立法實施。至於在第二種情況下，則不須徵詢基本法委員會和特區政府的意見，由中央人民政府發佈命令，將有關全國性法律於香港實施。

就全國性法律的定義，這個概念一般是指由中央機關制訂的法律和法規。[2] 但從這個定義之中，法律學者也延伸了其他討論：

第一，全國性法律不是取決於它的「地域」性。例如《中華人民共和國民族區域自治法》是由全國人大制定的全國性法律，雖有「民族區域自治」之名，但對民族區域之外的其他地區也同樣產生法律效力。第二，全國性法律雖是以制訂法律的機關決定——它們是由中央機關而非地方機關制訂，但問題在於，這裏所說的「中央機關」包括哪些？

以《基本法》附件三的全國性法律為例，這些文件有些稱為「法」（Law），有些稱為「決議」（Resolution）、「命令」（Order）、條例（Regulations）和「聲明」（Declaration）。雖然這些全國性法律中，大部分都是由國家最高權力機關及其常設機構，即全國人大及其常委會制訂，但小部分是全國政協第一屆全體會議，[3] 以及由中央人民政府委員會通過，包括：《關於中華人民共和國國都、紀年、國歌、國旗的決議》、《關於中華人民共和國國慶日的決議》和《中央人民政府公佈中華人民共和國國徽的命令》。

這些法律中，有一些雖然沒有「法」的稱謂，例如《中華人民共和國政府關於領海的聲明》標題裏雖沒有「法」字，但由於它是由全國人大常委會制訂，在內地也稱為法律。除了全國人大及其常委會外，國務院的行政法規也具有法律地位，亦在全國有效。

2　蕭蔚雲：《一國兩制與香港特別行政區基本法》，文化教育出版社有限公司 1990 年版，第 101 頁。

3　在 1949 年制定的《共同綱領》中，「在普選的全國人民代表大會召開以前，由中國人民政治協商會議的全體會議執行全國人民代表大會的職權」。故此，1949 年 9 月 27 日由第一屆全國政協全體會議通過《關於中華人民共和國國都、紀年、國歌、國旗的決議》，應當屬於行使立法權的範疇。

第三，基於「一國兩制」的原則，全國性法律再分為已列入《基本法》附件三和未有列入附件三兩種，只有列入附件三的，才於香港特別行政區實施。

目前，適用於香港的十四個全國性法律，大部分是回歸前或回歸初期列入附件三並於香港特區公佈或立法實施，這些法律涉及國都、紀年、國歌、國徽、國旗、國慶、外交特權與豁免、領事特權與豁免、領海及毗連區、專屬經濟特區和大陸架、駐軍等，大部分並非專門為香港制訂，但需要在香港實施；小部分法律則是專門為香港制訂，並於香港實施。

表 1 列入《基本法》附件三的全國性法律

法律	內地立法時間	立法機關	納入附件三的時間	在香港實施形式及日期
《關於中華人民共和國國都、紀年、國歌、國旗的決議》	1949 年 9 月 27 日	中國人民政治協商會議（第一屆全體會議）	1990 年 4 月 4 日	1997 年 7 月 1 日公佈實施
《關於中華人民共和國國慶日的決議》	1949 年 12 月 2 日	中央人民政府委員會（第四次會議）	1990 年 4 月 4 日	1997 年 7 月 1 日公佈實施
《中華人民共和國政府關於領海的聲明》	1958 年 9 月 4 日	全國人民代表大會常務委員會（第一百次會議）	1990 年 4 月 4 日	1997 年 7 月 1 日公佈實施
《中華人民共和國國籍法》	1980 年 9 月 10 日	第五屆全國人民代表大會（第三次會議）	1990 年 4 月 4 日	1997 年 7 月 1 日公佈實施
《中華人民共和國外交特權與豁免條例》	1986 年 9 月 5 日	第六屆全國人大常委會（第十七次會議）	1990 年 4 月 4 日	1997 年 7 月 1 日公佈實施
《中華人民共和國國旗法》	1990 年 6 月 28 日	第七屆全國人大常委會（第十四次會議）	1997 年 7 月 1 日	本地立法：《國旗及國徽條例》，1997 年 7 月 1 日實施

《中華人民共和國領事特權與豁免條例》	1990 年 10 月 30 日	第七屆全國人大常委會（第十六次會議）	1997 年 7 月 1 日	1997 年 7 月 1 日公佈實施
《中華人民共和國國徽法》	1991 年 3 月 2 日	第七屆全國人大常委會（第十八次會議）	1997 年 7 月 1 日	本地立法：《國旗及國徽條例》，1997 年 7 月 1 日實施
《中華人民共和國領海及毗連區法》	1992 年 2 月 25 日	第七屆全國人大常委會（第二十四次會議）	1997 年 7 月 1 日	1997 年 7 月 1 日公佈實施
《中華人民共和國香港特別行政區駐軍法》	1996 年 12 月 30 日	第八屆全國人大常委會（第二十三次會議）	1997 年 7 月 1 日	1997 年 7 月 1 日公佈實施
《中華人民共和國專屬經濟區和大陸架法》	1998 年 6 月 26 日	第九屆全國人大常委會（第三次會議）	1998 年 11 月 4 日	1998 年 12 月 24 日公佈實施
《中華人民共和國外國中央銀行財產司法強制措施豁免法》	2005 年 10 月 25 日	第十屆全國人大常委會（第十八次會議）	2005 年 10 月 27 日	尚待實施
《中華人民共和國國歌法》	2017 年 9 月 1 日	第十二屆全國人大常委會（第二十九次會議）	2017 年 11 月 4 日	本地立法：《國歌條例》，2020 年 6 月 12 日實施
《中華人民共和國香港特別行政區維護國家安全法》	2020 年 6 月 30 日	第十三屆全國人大常委會（第 20 次會議）	2020 年 6 月 30 日	2020 年 6 月 30 日公佈實施
已剔除《中央人民政府公佈中華人民共和國國徽的命令》附：國徽圖案、說明、使用辦法			1997 年 7 月 1 日，全國人大常委會決定宣佈刪去	

三、全國性法律在香港的實施：形式、相應修訂、時限和要求

全國性法律是透過甚麼機制在香港實施？《基本法》第 18 條規定附件三的全國性法律可以通過兩種形式在香港實施：公佈或本地立法。但除了這個規定外，有一些實施上的細節問題，並未有在《基本法》中交代。

（一）實施形式

《基本法》並沒有明確指出，列入附件三的全國性法律的實施形式是由誰決定，以及透過哪些準則決定。在《國安法》立法前，列入附件三的全國性法律應採用公佈還是立法的方式在香港實施，決定權似乎是在特區政府。根據特區政府就《國歌條例草案》向立法會的解說，「考慮到香港的普通法法律制度，以及香港的實際情況，我們建議以本地立法形式而非公佈形式在香港特區實施《國歌法》。此做法符合『一國兩制』原則，亦與為在香港實施《中華人民共和國國旗法》（以下簡稱《國旗法》）及《中華人民共和國國徽法》（以下簡稱《國徽法》）而訂立《國旗及國徽條例》的做法一致」。[4] 另一個例子，是已經列入附件三但尚未在香港實施的《中華人民共和國外國中央銀行財產司法強制措施豁免法》。特區政府曾表示「傾向」以本地立法的方式實施，「對該法律作出必要的變更及適應化，以配合本地情況」。[5] 由此可見，特區政府可根據香港的法律制度和實際情況作出選擇，決定全國性法律在香港的實施形式。

（二）相應修訂

另一點已經明確的，是列入附件三的全國性法律如有修訂，根據該條全國性法律制訂的本地法律，也需要跟隨全國性法律作出相應的修改。全國人大常委會在 2020 年通過《中華人民共和國國旗法（修正草案）》及《中華人民共和國國徽法（修正草案）》，禁止倒掛、倒插國旗等行為，[6] 修訂於 2021 年 1 月 1 日起施行，本地的《國旗及國徽條例》也需要就新增的內容進行本地立

4　《國歌條例草案》，第三段。

5　於 2005 年，特區政府表示傾向以本地立法的方式在香港實施《外國央行法》，但一直未完成立法工作。詳見香港特區政府 2005 年 10 月 27 日新聞公報：《在香港實施有關外國中央銀行財產豁免的全國性法律》，https://www.info.gov.hk/gia/general/200510/27/P200510270275.htm。

6　《中華人民共和國國徽法（修正草案）》第 20 條。

法。特區政府於 2020 年 10 月 17 日於新聞公佈中指，「特區政府會對《國旗及國徽條例》作出適當的修訂，以實施適用於香港特區的規定，履行特區政府的憲制責任」。[7]相關的修訂已於 2021 年 10 月 8 日刊憲實施。

（三）立法時限

然而，除了以上兩點外，全國性法律如要透過本地立法實施，還有一些細節問題仍未釐清：已經列入了附件三的全國性法律如需以本地立法實施，全國人大常委會會否就立法設定時限。這在過去並不成大問題，因為如表一所列出，已經列入附件三的全國性法律，只有國旗、國徽和國歌是需要以本地立法。在回歸前後，只有《國旗及國徽條例》是由臨時立法會制訂；其他都是直接公佈實施。不過，於 2005 年 10 月列入附件三的《中華人民共和國外國中央銀行財產司法強制措施豁免法》，則不知何故至今仍未在香港實施。

在這十多條全國性法律之中，出現較大爭議的是《中華人民共和國國歌法》。《中華人民共和國國歌法》於 2017 年 10 月 1 日起在全國實施，2017 年11 月列入《基本法》附件三，《國歌條例草案》於 2019 年 1 月 11 日刊登憲報，1 月 23 日提交立法會，但因為立法會內務委員會的爭議，該條例於 2020 年 6月才獲得通過。至於上文提及的《國旗及國徽條例》修訂，全國人大常委譚耀宗[8] 在 2020 年 10 月指，全國人大常委會會議上沒有討論到香港最遲何時要完成修訂，具體的安排由中央和特區政府商討。由此可見，過去中央與香港特區之間，未認為有必要就本地立法訂下一個明確的時限。

由於特區政府需要時間擬訂本地立法的草案，立法會也需時審議，故內地與香港在實施全國性法律上有時間差，在一國兩地的設定下是可以理解。但如果將來有其他全國性法律不適合直接公佈實施，但又不能成功進行本地立法，可以有甚麼補救措施？隨著中央愈加強調香港的憲制責任，將來兩地是否需要就本地立法訂下時限，值得關注。

7　詳見香港特區政府 2020 年 10 月 7 日新聞公報：《特區政府開展〈國旗及國徽條例〉修訂工作》，https://www.info.gov.hk/gia/general/202010/17/P2020101700770p.htm。

8　全國人大常委譚耀宗表示，《國旗法》和《國徽法》本身已納入《基本法》附件三在香港實施，相信特區政府會參考修訂，再交予立法會審議修改現行法律。他指出，修訂後的法律不設追溯力，並無要求特區政府何時完成修改，但相信這次相對《國歌法》簡單，不會出現拖延的情況。

（四）立法原則與要求

最後一點，是本地立法怎樣才算是達到了全國性法律的立法原則？根據《國歌條例草案》，以及相關官員的解釋，本地立法必須「充分反映《中華人民共和國國歌法》這全國性法律的立法目的和原意，維護國歌的尊嚴，使市民尊重國歌，同時兼顧香港的普通法制度以及實際情況」，[9] 草案亦與《國歌法》條文作對照。在本地立法的過程中，泛民主派議員曾提出多項修訂，政府認為當中有三十三項因偏離立法原意、不符合《議事規則》或不能理解等，若有關修正案獲通過，將未能充分反映立法原意，不應獲准提出。

從這個角度而言，特區似乎政府擔當了把關的角色，確保本地立法能夠反映《國歌法》的原意。因為在立法程序上，一旦修正案獲准提出，政府便不能排除由議員提出的修正案能夠在立法會表決機制下，獲得通過。但在本地立法的過程中，全國人大常委會有沒有相關的角色，還是特區內部已有足夠的能力和權力作把關工作，《基本法》並沒有詳細規定。

四、附件三全國性法律與《基本法》的協調機制

假如列入附件三的全國性法律與《基本法》有不一致的地方，應該怎樣處理？這就涉及全國性法律與《基本法》的法律地位問題。

過去附件三的全國性法律與《基本法》出現衝突的情況並不常見，因為全國性法律在列入附件三之前，已經徵詢基本法委員會和特區政府的意見，最後由全國人大常委會研究決定，如它們真的與《基本法》有衝突，應該已經在這個過程中被審查出來。但在邏輯上，我們並不能完全排除衝突的可能性。《基本法》沒有明文規定一旦附件三的全國性法律與《基本法》如有不一致，應該如何處理。附件三的全國性法律亦分為公佈實施和本地立法兩種，倘若它們與《基本法》產生衝突，又應否以不同的方法解決？

（一）由全國人大常委會解決

如表一所示，在香港直接公佈實施的全國性法律，主要是由全國人大常委會制訂，而根據《中國憲法》第 67 條，全國人大常委會行使解釋法律的職權，以確保全國性法律在全國範圍內有統一的理解。如直接公佈實施的全國

9　《國歌條例草案》，第四段。

性法律，與《基本法》有衝突，只能由全國人大常委會處理。全國人大常委會可根據特別法優於一般法的原則，[10] 確定《基本法》適用，而與之相牴觸的全國性法律在香港不適用。

（二）由本地法院解決

1999 年的「國旗案」中，本地法院曾經間接處理了全國性法律在港實施所涉的問題：用於實施附件三全國性法律的本地法律，如果與《基本法》有衝突，應該如何處理。案中，兩名答辯人吳恭劭、利建潤參與遊行，期間他們手持並展示塗污了的國旗及區旗，在遊行結束時把塗污了的國旗及區旗縛在欄杆上。兩名答辯人其後被控兩項控罪：違反《國旗及國徽條例》第 7 條，公開及故意以玷污的方式侮辱國旗，以及《區旗及區徽條例》第 7 條，公開及故意以玷污的方式侮辱區旗。

對於該指控，答辯人認為是限制他們發表言論自由的權利，並質疑根據《中華人民共和國國旗法》及《中華人民共和國國徽法》制訂的《國旗及國徽條例》第 7 條違反《基本法》第 27 條所保障的表達自由。該案由政府上訴至終審法院時，[11] 法院透過引述「錫拉庫扎原則」（The Siracusa Principles）和美洲人權法院的意見以解釋「公共秩序」（public order），指出《國旗及國徽條例》及《區旗及區徽條例》對於《基本法》保障的表達自由或言論自由所作出的限制，是有限度的而並非廣泛的，故裁定上述兩項條文合憲和有效。

這次案例的重要性在於，法院視用於實施附件三全國性法律的本地法律為在審查範圍之內，並判斷它們在案件中是否適用。而用於實施全國性法律的本地法律，必須符合《基本法》。

五、《國安法》與其他列入附件三的全國性法律的分別

上文闡釋了全國性法律的定義以及在香港實施時需要注意的問題；然而，《國安法》卻明顯有別於其他列入《基本法》附件三的全國性法律。

第一是它的立法程序。這次立法是透過全國人大決定的形式啟動，並引

10　見《立法法》第 92 條：「同一機關制定的法律、行政法規、地方性法規、自治條例和單行條例、規章，特別規定與一般規定不一致的，適用特別規定；新的規定與舊的規定不一致的，適用新的規定」。

11　*HKSAR v. Ng Kung Siu and Another*, FACC 4/1999.

用《中國憲法》第 31 條、第 62 條第 2 項、第 14 項和第 16 項，授權全國人大常委會根據決定範圍制訂成文法。根據《中國憲法》第 31 條，以法律規定特別行政區的制度，是全國人大針對香港的專屬的立法權，《基本法》亦是根據這一條制訂。但這次是全國人大首次透過引用第 62 條的相關規定，把全國性法律延伸到香港。根據第 62 條，全國人大監督憲法的實施、決定成立特別行政區及其實行的制度、實施其他應由國家最高機關行使的權力。按這些權力和功能，全國人大的確有權就香港制訂任何的決定。雖然全國人大的決定是基於並引用了《基本法》，但它並沒有引述特定的《基本法》條文，而是直接運用憲法賦予的權力為香港立法。

第二是立法的內容。過去列入附件三的全國性法律，僅限於有關國防、外交和其他按《基本法》規定不屬於香港特區自治範圍的法律。換言之，全國性法律在港實施的範圍，理論上不會與特區根據《基本法》自行處理的事務重疊。因為假如全國人大常委會根據第 18 條的權力能蓋過其他《基本法》條文，那麼透過《基本法》具體授予香港的高度自治權，便難以得到保障。中央通過《基本法》第 23 條，把「自行立法」維護國家安全的權力授予香港，但《國安法》的立法目的以及範圍（「分裂國家」及「顛覆國家政權」兩項罪行）卻與《基本法》第 23 條重疊。過去列入附件三的全國性法律，未曾出現這種涉及「重疊」的狀況。

第三是《國安法》在香港實施的形式。上文所及，過去附件三的全國性法律如何在香港實施，決定權是在特區政府。但今次的《國安法》立法，決定用公佈而不透過本地立法形式實施的，是全國人大，而非特區政府，而該決定的準則在於：特區沒有能力自行立法。故這次的立法可能開了一個先例，就是全國性法律在香港實施的形式，可由中央直接決定。

六、《國安法》立法對香港法律制度與「一國兩制」的影響

可見，在憲制層面而言，《國安法》開了一個先例，就是全國人大常委會可直接運用《中國憲法》的權力，為香港立法，立法的範圍可能與特區根據《基本法》自行處理的事務重疊，全國人大常委會亦有權決定該條全國性法律在香港實施的形式。港澳辦副主任鄧中華亦已經明言，在全國人大於 2020 年 5 月 28 日通過的決定下，全國人大常委會獲得的授權並非單次性，可按需要繼續制訂相關法律。

以往全國性法律在香港實施，只是屬於例外和極少數的情況。但《國安法》實施後，隨著時間的推演，全國性法律在香港的應用會否變得越來越普通及恆常化？若是，這對《基本法》所定義的特區制度，必然帶來改變。

第一是對香港普通法制度的影響。由於《國安法》是全國性法律，它的行文和用語有內地法律的特性。該法列出的部分罪行（如「組織、策劃、實施」分裂或顛覆國家[12]）來自《中華人民共和國刑法》，有些則來自本地法律。這裏至少涉及兩個問題：（1）《國安法》與內地刑事法律的相關性；（2）內地法律與香港的普通法存在差距，同樣的法律字眼，在兩地的意思並不相同。假如類似《國安法》這種涉及刑責的全國性法律，在香港有愈來愈多的應用，本地的主控官、律師和法官可能難以援引其他普通法地區的案例。法院亦可能需要與 2018 年「一地兩檢」的司法覆核案[13]一樣，引入內地的「大陸法專家證人」。

第二是對高度自治範圍的影響。有意見指出，《國安法》與第 23 條並沒有衝突：根據《國安法》第 3 條第 1 款「中央人民政府對香港特別行政區有關的國家安全事務負有根本責任」以及第 7 條「香港特別行政區應當儘早完成香港特別行政區基本法規定的維護國家安全立法，完善相關法律」，全國人大只是啟動了第 23 條的立法程序，《國安法》不僅沒有排除特區「自行立法」的權力，甚至明確要求本地立法機關進行相關立法，以完成整個立法工作。

以上觀點，以及有關的條文，可能在技術層面上避免了有人批評《國安法》違背《基本法》第 23 條，但實質上的衝突仍是無法避免。因為根據《國安法》第 62 條，該法對香港本地法律有凌駕地位，這實質上是限制了香港將來在 23 條立法時，可以「自行立法」的空間。如將來全國人大常委會可按需要，繼續修訂《國安法》，香港能夠「自行立法」的空間便會進一步收窄，這變相等於重新劃定了「中央事權」和「高度自治權」的界綫。

值得一提的是，《基本法》第 23 條是一個特別的條文，它既定義了香港在保障國家安全上的「憲制責任」，同時授予香港「自行立法」、以實踐憲制責任的權力。按《基本法》第 20 條，中央有向香港追加授權的機制，但並沒有「收回」授予香港的高度自治權的機制，如果中央明言收回，在法律和政

12　來自《中華人民共和國刑法》第 103 條：「組織、策劃、實施分裂國家、破壞國家統一的，對首要分子或者罪行重大的，處無期徒刑或者十年以上有期徒刑；對積極參加的，處三年以上十年以下有期徒刑；對其他參加的，處三年以下有期徒刑、拘役、管制或者剝奪政治權利。」

13　梁頌恆訴立法會主席，HCAL 1160/2018。

治上也會引起混亂。然而，《國安法》的立法和將來可能出現的進一步修訂，卻在實際上限制了香港根據第 23 條、可以「自行立法」的空間。

再進一步的問題，就是現時全國人大及其常委會還可以在哪些範疇上，透過附件三的機制，直接為香港制訂類似《國安法》（專門的、涉及具體罰則）的全國性法律？是否任何屬於「國防、外交或按《基本法》規定不屬於香港自治範圍的事務」，全國人大及其常委會都可以直接為香港立法？

由此可見，《國安法》立法在不同的層面上影響了《基本法》的實施。今後必須解決的問題，是如何在尊重全國人大及其常委會權威的同時，確保《基本法》的完整性和自足性。

七、《基本法》與《國安法》的法律位階問題

要梳理《基本法》與《國安法》之間的關係，第一個層次的問題，是兩者在內地法律中的位階[14]問題。《國安法》立法後，其中一種意見[15]指，《基本法》只是全國人大制訂的其中一部基本法律，地位上不高於由人大制訂的其他法律；由於全國人大常委會是由全國人大授權制訂《國安法》，所以兩法地位並排。如兩部法律有衝突，作為「新法」的《國安法》優先適用。

兩法的地位並非純粹的理論問題，因為如果上述觀點成立，《國安法》就為特區創制了《基本法》框架以外的另一種法律淵源——全國人大常委會直接為香港立法並公佈實施，它補充及修改了《基本法》，但不受《基本法》所限。

問題在於，《基本法》是否只是全國人大制訂的其中一部基本法律？訂立《基本法》的原意，是為了讓香港和內地的制度有效區分開來。根據《中國憲法》第 31 條，特區實行的制度按照具體情況由全國人民代表大會以法律規定，這部法律就是指《基本法》。按照《基本法》的序言，這部憲制性文件是特別為香港制訂：「根據中華人民共和國憲法，全國人民代表大會『特』制定中華人民共和國香港特別行政區基本法，規定香港特別行政區實行的制度，

14　由於內地有多個立法主體和法律來源，故《立法法》根據效力的高低，把法律排列為憲法、基本法律、普通法律（內地法學界習慣把基本法律、普通法律統稱為「法律」）、行政法規、地方性法規、自治條例和單行條例、規章等層次。

15　基本法委員會副主任譚惠珠指，《香港國安法》不是《基本法》的附屬法例，兩者在中國的法律地位，屬憲法之下、其他法律之上，完全平排並列。

以保障國家對香港的基本方針政策的實施」。而《基本法》第 11 條更進一步訂明，香港的各項制度和政策，「均以本法的規定為依據」。這一條被稱為《基本法》的「自足性條款」。[16]

雖然全國人大有權直接運用《中國憲法》賦予的權力，為香港制訂專門的全國性法律，但從上文可見，《基本法》並不同於其他的人大立法，它是特別的，在香港具有憲制性的地位。《國安法》第 1 條亦明確指出，它是根據《基本法》制訂的。故在憲制層面上，《國安法》不應被視為「例外」於《基本法》。

那麼，中央和特區的機關，應如何讓《國安法》符合《基本法》，以維持《基本法》第 11 條所規定的《基本法》的完整性？要處理兩法在內地法律體系中的位階問題，權力始終是在中央機關，除了因為全國性法律與《基本法》的制訂權和解釋權都在全國人大及其常委會，亦因為處理兩部法律的衝突時，可能涉及對《中國憲法》的解釋，所以只能由全國人大及其常委會處理。但兩部法律在中國法律中的位階問題，並不阻礙香港法院在應用層面上，透過解釋，協調兩部法律之間的潛在衝突。

八、本地法院層次的協調：
《唐英傑案》中的《國安法》解釋原則

《國安法》第 65 條雖訂明「本法的解釋權屬於全國人民代表大會常務委員會」，但本地法院在處理相關的案件時，必然會對《國安法》作解釋；故以上的表述，理應指向全國人大常委會「保留對《國安法》的最終解釋權」。

那麼，過去法院協調《基本法》與附件三全國性法律的經驗，能否應用於協調《基本法》與《國安法》之上？上文提及的「國旗案」中，《國旗法》是以本地法律的形式實施，但《國安法》是直接公佈實施的全國性法律。故在首宗涉違《國安法》的案件——「唐英傑案」[17]中，法院如何處理《國安法》與《基本法》的關係有著重要意義。

16　黃明濤：《憲制的成長：香港基本法研究》，三聯書店（香港）有限公司 2019 年版，第 54-75 頁。

17　23 歲男子唐英傑涉嫌於 2020 年 7 月 1 日，背著插有「光復香港時代革命」旗幟的背包，騎電單車衝向警員，被控煽動他人分裂國家及恐怖活動兩罪，為首名被控違反《國安法》的被告，於西九龍法院提堂（案件編號：WKCC 1162/2020）。唐英傑案已審結，法庭判被告唐英傑煽動他人分裂國家及恐怖活動兩罪成立，共判囚九年。

該案中，總裁判官蘇惠德稱考慮到《國安法》第 42 條的規定，以及被告唐英傑有不依期歸押風險，拒絕被告保釋。[18] 被告其後向高等法院申請人身保護令，以爭取其保釋權利。[19] 代表被告的資深大律師戴啟思提出《國安法》第 42 條「違憲」（unconstitutional）[20] 的觀點，指條文列明「對犯罪嫌疑人、被告人，除非法官有充足理由相信其不會繼續實施危害國家安全行為的，不得准予保釋」，當中「不會繼續」字眼隱含被告須先承認自己曾干犯危害國安行為，並承諾將來不會再犯的意思，違反《基本法》和《國安法》列明「無罪假定」原則。戴啟思亦提出，負責審理《國安法》相關案件的裁判官並沒有履行《基本法》中的獨立司法權，因為他是由行政長官委任，負責處理該案。[21] 控方的觀點則指法院無權決定《國安法》是否牴觸《基本法》。[22]

高等法院的判詞有幾個值得注意之處。第一，判詞用了很多篇幅處理《國安法》保釋程序及行政長官指派法官的論點，指出《國安法》第 42 條並沒有預設任何涉及該法的犯罪嫌疑人均不准保釋，它只是提述了拒絕保釋的特定條件——法官需要考慮的問題，是有沒有理由相信嫌疑人在「一段持續時間」，會繼續從事《國安法》定義下的危害國家安全行為。法院接受了代表政府一方的資深大律師余若海的觀點，把《國安法》第 24 條「繼續」（continue）的字眼詮釋為「一段持續時間」（for a continuing period，即在保釋期間）。故此，第 42 條並不涉及要求被告於申請保釋前須承認罪行。此外，判詞亦引述終審法院首席法官馬道立於 2020 年 7 月 2 日的聲明：[23] 案件審訊及排期，由司法機關全權負責。故判詞指，沒有充分基礎指控行政長官在《國安法》下會干擾審訊。

第二，判詞指，《國安法》是由全國人大常委會、於大陸法下制訂的全國性法律，是「一國兩制」交接的其中一個範疇。而根據「莊豐源案」[24] 及終審法院過去多次裁決，《基本法》雖然是大陸法下產物、屬於全國性法律，亦

18　《刑事訴訟程序條例》，第 9G（1）條。

19　*Tong Ying Kit v. HKSAR*, [2020] HKCFI 2133.

20　*Tong Ying Kit v. HKSAR*, [2020] HKCFI 2133, para. 11.

21　*Tong Ying Kit v. HKSAR*, [2020] HKCFI 2133, para. 11.

22　*Tong Ying Kit v. HKSAR*, [2020] HKCFI 2133, para. 26.

23　*Tong Ying Kit v. HKSAR*, [2020] HKCFI 2133, para. 54.

24　在「入境事務處處長對莊豐源案」的裁決中，終審法院認為在體現「一國兩制」前提下，應該以普通法的原則去解釋《基本法》，即「對所用字句，以及賦予這些字句含義的用語傳統及慣用方法必須加以尊重」。

處於「一國兩制」的交接點，但它應該根據普通法解釋（construed using the common law approach）。[25] 因此，法院應以普通法原則解釋《國安法》，例如在涉及人權保障的條款時，採取法院已普遍運用（well-established）的「寬鬆的解釋方法」（generous interpretation）[26]。而在普通法原則以外，法院沒有其他基礎解釋《國安法》。故法院在解釋《國安法》第 42 條的保釋規定時，必須儘可能在合理範圍內保障《基本法》及《人權法》下的基本人權，如有任何合理懷疑均應歸於被告。

第三，就兩法關係問題，《國安法》第六十二訂明：「香港特別行政區本地法律規定與本法不一致的，適用本法規定」，但這裏所指的「本地法律」是否包括《基本法》本身，判詞認為意義重大，但並非該次申請中必須處理的問題。[27]

以上幾點，某程度上反映了當下法院在處理兩法關係時的取態，即：一方面認為應繼續使用普通法的角度去理解《國安法》，但另一方面，如非必要，法院亦避免處理《國安法》在香港的法律地位問題。事實上，在「吳嘉玲案」[28] 後，法院已避免直接處理涉及全國人大常委會的立法行為和決定與《基本法》之間的關係問題，以及它們在香港法律上的地位問題，以免與人大常委會產生憲制或管轄權上的衝突。而就《國安法》的保釋程序有否抵觸《基本法》的無罪假定，社會上仍然有其他的法律觀點，[29] 將來也許會出現爭議。

---

25 *Tong Ying Kit v. HKSAR*, [2020] HKCFI 2133, para. 49.

26 *Tong Ying Kit v. HKSAR*, [2020] HKCFI 2133, para. 41.

27 *Tong Ying Kit v. HKSAR*, [2020] HKCFI 2133, para. 26.

28 終審法院在 1999 年 1 月 29 日的「吳嘉玲案」判決中，指出香港特區法院具有司法管轄權去審查全國人民代表大會或其常務委員會的立法行為是否符合《基本法》，以及在發現有抵觸《基本法》時，香港特區法院可宣佈此等行為無效。這即時引起內地前基本法草委及憲法學者批評。終審法院在 1999 年 2 月 26 日頒下一份補充判詞，澄清並沒有質疑全國人大常委會根據第 158 條所具有的解釋《基本法》的權力，及如果全國人大常委會對《基本法》作出解釋時，特區法院必須要以此為依歸。

29 《刑事訴訟程序條例》下，被告一般可獲保釋。第 9D 條提及，除非第 9G 條規定的話，須命令被告獲准保釋。而《刑事訴訟程序條例》第 9G 條列明，如果法庭有「實質理由」相信被控人會有下列行為，則無須准予被控人保釋：一、不按照法庭的指定歸押，二、在保釋期間犯罪，三、干擾證人或破壞或妨礙司法公正。條例其餘部分，列出保護被告或受制遞解令等因素，無須准予保釋。有關的爭議在於，《國安法》第 42 條的保釋規定，到底只是額外補充了現行《刑事訴訟程序條例》第 9G 條的保釋要求，還是取代了現行的保釋制度。

九、全國人大常委會層次的《基本法》與《國安法》協調機制

除了在應用層面上，本地法院需儘量根據《基本法》標準和普通法的原則，發展出一套解釋《國安法》的方法外，在全國人大常委會的層面上，亦需要有相應的協調。因為《國安法》的最終解釋權和修改權，始終在人大常委會。同樣，《基本法》的最終解釋權，也屬於人大常委會。

（一）訂立《國安法》的解釋原則

為避免全國性法律在香港的應用，不受《基本法》所限，較理想的處理方法，是在全國人大常委會的層次，也能訂立一套《國安法》的解釋原則。如過去人大常委會五次解釋《基本法》一樣，港人無從得知人大常委會釋法時所運用的原則。故將來，如果要從全國人大常委會的層次解決兩法衝突問題，可循兩個方向處理：（1）應儘量按照與《基本法》相一致的方式解釋《國安法》；（2）公開一套人大常委會解釋《基本法》的原則。這套原則不一定是完全按普通法的解釋方法，但應以不偏離文義、維持釋法原則的連貫性為前提，並把這些釋法原則公開。

（二）設立《國安法》的修改機制

其次，今後全國人大常委會應設立《國安法》的修改機制。如同其他直接在香港公佈實施的全國性法律一樣，特區無權修改《國安法》。但《國安法》是唯一涉及刑事罪行和罰則、而不經本地立法在香港實施的全國性法律，加上諮詢期短促，如將來法院在審理案件時，發現條文有問題並認為有需要修改，實在是不足為奇。因此，雖然《國安法》的修改權在全國人大常委會，但亦應設立一個修改的機制，特區應被賦予修改的提案權。正如《基本法》所提供的修改、解釋和政改機制裏，最終的決定權力雖屬於中央機關，但特區也享有提案權，以應對在「一國兩制」實踐過程中可能出現的問題。

（三）提升基本法委員會的地位和功能

根據《基本法》，全國人大常委會在把全國性法律列入《基本法》附件三時，須徵詢基本法委員會的意見。如人大常委會在《國安法》立法上得到的授權並非單次性，基本法委員會在協助研究和審查兩法的潛在衝突上，將會扮演更重要的角色。如上文所及，《國安法》的立法本身已是史無前例，假如

全國人大常委會將再次就國安問題為香港制訂全國性法律，以現時基本法委員會的定位和配置，它能否協助人大常委會進行相關的研究和審查工作？

目前，基本法委員會純粹是輔助全國人大常委會委員長會議的技術性工作組：在人大常委會全體會議前，委員長會議按程序向基本法委員會發送釋法的草案，並徵集意見。當草案正式提交到人大常委會全體會議後，基本法委員會便不會再作進一步的審議和研究。換言之，它並不會以一個獨立於委員長會議的身份，在全體會議中行使審議權。

基於「一國兩制」的憲制秩序，香港不設憲法法庭，基本法委員會設立的原意，是為了協調兩地法制差異。[30] 作為《基本法》明文創設和並賦權的機構，加上《國安法》立法後的實際需要，它的地位和代表性應作提升，以找出列入附件三的全國性法律與《基本法》的潛在法律和政治矛盾，並預先解決。過去已有一些學者循基本法委員會的地位、職能和組成，及其與全國人大常委會的關係等方向，提出改革建議，例如讓它有權對正式提交到全國人大常委會全體會議的草案，發表獨立的意見。就其代表性而言，現時基本法委員會的香港委員是由行政長官、立法會主席和終審法院首席法官聯合提名，報全國人民代表大會常務委員會任命。有意見[31] 指，如在提名的過程中加入香港「司法人員推薦委員會」[32] 的意見，可增加基本法委員的代表性。

十、結論

《國安法》實施前，全國性法律在香港的使用，屬於極少數和例外，這些法律與《基本法》出現衝突的機會也極低。所以全國性法律在香港實施的問題，過去並不是社會討論的重點。

本文回顧了全國性法律在香港的增減和實施情況。這些法律的實施過

30　在《基本法》起草期間，有意見指全國人大常委會不應擁有對《基本法》的解釋權。在此前提下，曾經有人意見在基本法委員會之下成立一個法律小組，由內地及香港的司法界代表組成，其功能如憲法法庭，擁有最終的《基本法》解釋權。見中華人民共和國香港特別行政區基本法諮詢委員會，〈中華人民共和國特別行政區基本法（草案）徵求意見稿諮詢報告（2）〉，1988 年 10 月，第 40-42 頁。

31　Cora Chan and Fiona de Londras, "Building Rule of Law Resilience through Institutions", in Cora Chan and Fiona de Londras (eds.), *China's National Security: Endangering Hong Kong's Rule of Law?* (London: Bloomsbury Publishing, 2020), p. 288.

32　司法人員推薦委員會由九名人員所組成，由終審法院首席法官擔任當然主席，由律政司司長擔任當然委員，其餘七名則由行政長官委任，當中包括兩名法官、大律師及律師各一名，以及三名與法律執業無關人士。

程，既涉及中央的機關，亦同時牽涉香港的行政、立法和司法機關。過去，部分全國性法律在香港實施過程中遇到的問題，已透過法院釐清：在《國旗案》中，終審法院確定以附件三的形式、在香港透過本地立法實施的全國性法律，必須符合《基本法》。然而，《國歌法》的立法過程，卻凸顯了全國性法律在港實施的程序，仍有待完善：以公佈還是本地立法的形式實施，應由哪個機關決定？以本地立法實施時，是否有立法時限？本地立法有否充分反映立法的原意，由誰把關等？

《國安法》有別於過去任何一條在港實施的全國性法律：全國人大直接運用憲法賦予的權力，授權其常委會為香港制訂專門的全國性法律，內容涉及刑事罪行和罰則。正正是基於此特殊的立法程序，《國安法》立法後，不少人擔心，《國安法》會否完全獨立於《基本法》？全國人大常委會直接為香港立法，會否從此成為常態？以上憂慮，連帶著其他附件三的全國性法律在香港實施過程中尚未曾釐清的問題，直接影響「一國兩制」往後的發展。

為維繫特區的憲制，以及保障香港居民依法享有的權利，《基本法》應保留高於《國安法》的地位——全國人大制訂《基本法》時，亦已經賦予《基本法》特殊的憲制地位。至於如何重新確立《基本法》的完整性和自足性，讓《國安法》符合《基本法》並向《基本法》的其他條款問責，除了在法院應用層面上，透過普通法的法理、根據《基本法》的標準來解釋《國安法》，協調潛在的衝突外，在中央機關的層次，也應完善《國安法》的解釋和修改機制，並提升基本法委員會的地位與代表性。更重要的是，由於全國性法律在香港的實施機制仍有待完善，加上本文已指出，全國人大及其常委會直接運用憲法賦予的權力為香港訂立《國安法》，對《基本法》以及「高度自治權」的範圍不免會帶來影響，故在「一國兩制」下，全國性法律在香港的應用，不應成為常態。

《香港國安法》與香港的集體身份認同

程潔　加拿大英屬哥倫比亞大學法學院副教授

一、本文的問題意識及緣起

　　本文致力研究的主題是《香港國家安全法》（以下簡稱《香港國安法》或《國安法》）的立法目的及其可能的效果。有關《香港國安法》的討論層出不窮且極端分化。從既有文獻來看，對於《香港國安法》的立法目的和意義討論較為集中於填補《香港基本法》第 23 條國家安全法立法空白[1] 和扼制香港自治與自由。[2] 這兩者從方法論來看，基本可以納入法教義學視角和人權視角。法教義學視角和人權視角固然是重要的：法教義學視角體現法規範體系自身的自治和完整性，人權視角則體現法規範的價值傾向和道德追求。但以兩者來認識《國家安全法》也存在一定的局限性。這主要表現在兩者都將法律的原則和規則確定性視為獨立於社會和政治過程之外的標準。儘管法律提供了確定性參照系，但實際上法律自身的原則和規則並非一成不變的。在既有的標準、價值和不斷發展變化、不斷組合的社會力量之間理解法律的目的和意義，是法史學視角、法社會學視角和其他現實主義法視角的貢獻。

　　本文希望引入公共政策視角分析《國家安全法》的立法目的與效果。這

1　See for example, Grenville Cross, "If Hong Kong Had Enacted National Security Laws on Its Own, Beijing Wouldn't Be Stepping in", https://www.scmp.com/comment/opinion/article/3086440/if-hong-kong-had-enacted-national-security-laws-its-own-beijing. (Arguing that Beijing trusted Hong Kong to implement Article 23, but its trust was misplaced. The Basic Law is a two-way street – it isn't fair to accuse the central government of failing to comply with the mini-constitution when Hong Kong itself has not fulfilled its obligations).

2　See for example, Edward Wong, "Hong Kong Has Lost Autonomy, Pompeo Says, Opening Door to U.S. Action", *New York Times*, 27 May 2020, https://www.nytimes.com/2020/05/27/us/politics/china-hong-kong-pompeo-trade.html. Based on this understanding, the United States passed the Hong Kong Autonomy Act, which became law on 14 July 2020, authorising the President to "impose sanctions on foreign individuals and entities that materially contribute to China's failure to preserve Hong Kong's autonomy"; see "H.R.7440 – Hong Kong Autonomy Act", Summary of Congress, Gov website, https://www.congress.gov/bill/116thcongress/house-bill/7440.

一視角致力於分析立法背後的管治危機以及影響立法的不同利益考量，並在此基礎上對立法的得失進行分析。[3] 公共政策視角只是不同分析視角的其中之一，可能會存在偏頗之處。但這一視角對於理解《香港國安法》是不可或缺的。主要原因有三方面：其一，《香港國安法》的通過有明顯的公共政策考量。就《香港國安法》的立法背景來看，《香港國安法》的通過明顯是為了紓解香港的管治危機。基本法 23 條立法的缺失和香港反建制政治勢力存在已久，如果是為了法律體系的完整性或完全不考慮香港本地的價值導向，《香港國安法》的通過可能會更早或更晚。其二，公共政策考量是中國立法的一般特徵。所有立法都存在公共政策目的，但中國的立法強調由上而下的公共政策目標，而非自下而上的個人權益目標。其三，理解《香港國安法》的公共政策目標對於批評和評價《香港國安法》的內容和實施是必要的。由於中國立法更注重公共政策目標，評價立法並提出建議和意見的基礎也會更多考慮政策目標。因此，引入公共政策視角分析《國安法》是十分必要甚至不可或缺的。

中國立法的公共政策導向與其政治體制和社會結構是一致的。在一個「黨政一體化」、國家權力向社會深度滲透的體制下，國家治理一般情況下不需要通過立法實現。只有在特定情況下，才需要通過立法這種宣示性的決定公之於眾：要麼是為了回應外部的壓力和要求，要麼是為了總結比較成熟的經驗，要麼是為了回應內部的期待而進行宣示性立法。例如 1980 年代改革開放之初，為了引進外資，在境外投資者的要求下，中國迅速制定了《涉外經濟合同法》，並參考國際條約制定了各種知識產權法和《技術合同法》。適用於一般合同關係的合同法規範反而相對滯後：1986 年制定《民法通則》，在總結既有經驗的基礎上，1999 年通過了《合同法》。相應地，很多立法具有宣示性的效果。例如《就業促進法》、《反分裂國家法》等等。中國立法的公共政策導向使得許多研究中國法的學者對中國究竟是否有「法」與「法治」產生

3　See generally D. A. Farber and P. P. Frickey, *Law and Public Choice: A Critical Introduction* (Chicago: University of Chicago Press, 1991). 主張「認真對待權利」的新自然法學派學者如德沃金，也認為在探尋理解法律的「唯一正解」時，也非僅考慮原則（權利）而不顧及政策（利益）。See R. Dworkin, "The Model of Rules", in R. Dworkin, *Taking Rights Seriously* (Cambridge: Harvard University Press, 1977).

懷疑，[4]或者不得不重新定義「法」的內涵和外延。[5]中國立法的公共政策導向有其意識形態上的原因，也有社會和歷史原因。作為一種既定的現象，中國法創制的公共政策考量是不容忽略的現實。因此，引入公共政策視角分析《香港國安法》有其重要的現實意義和理論意義。

文章結構如下：第一部分對《香港國安法》立法目的和背景進行分析，說明香港的管治危機以及引發管治危機的集體身份認同問題是激發《香港國安法》立法的公共政策因素。第二部分對《香港國安法》的主要條款進行分析，說明《香港國安法》中致力於促成國家認同和身份認同的內容。第三部分針對《香港國安法》中有關司法權的限制進行說明，提出《香港國安法》為何存在過度規範的問題。第四部分對身份認同立法進行延伸比較研究，提出全球化背景下身份認同的普遍性及其複雜性。第五部分進行總結。

二、《香港國安法》的背景是香港的管治危機

中國為什麼制定《香港國安法》？《香港國安法》稱是「為堅定不移並全面準確貫徹『一國兩制』、『港人治港』、高度自治的方針，維護國家安全，防範、制止和懲治與香港特別行政區有關的分裂國家、顛覆國家政權、組織實施恐怖活動和勾結外國或者境外勢力危害國家安全等犯罪，保持香港特別行政區的繁榮和穩定，保障香港特別行政區居民的合法權益」（《香港國安法》第 1 條）。許多研究和評論認為，《香港國安法》的目的是為了維護國家安全，尤其是填補基本法第 23 條立法的缺失。但也有很多評論認為，《國安法》的存在就是為了「壓制」香港反建制派勢力，以中央管治替代香港自治。國際人權組織、美國和英國的反應尤其傾向於後者，包括歐盟在內的國家和評論

---

4 See generally Albert Hung-yee Chen, *An Introduction to the Legal Systems of the People's Republic of China* (Singapore: Butterworths Asia, 1992).

5 For example, Randal Peerenboom, *China's Long March Toward Rule of Law* (Cambridge: Cambridge University Press, 2002). Also see Phillip C. C. Huang, *Code, Custom and Legal Practice in China* (Stanford: Stanford University Press, 2001).

者就《國安法》對香港民主和人權的影響則表示擔心與關注。[6]

　　需要指出的是，兩者不是互斥的。其立法目的有可能正是為了填補 23 條立法空白，而 23 條本身也存在壓制人權和地區自治的可能。同時，兩者也可能不存在衝突，或者能夠在法律的框架內實現兼容：從一般國家安全的角度來看，國家安全立法在所有國家都是不可或缺的。國家安全立法都有可能存在限制基本人權和自由的規定。此類限制的正當性取決於其目的與手段的適當性或「成比例」。[7]

　　本文的觀點是，《香港國安法》的立法目的並非為填補 23 條立法，也並非只有國家安全和人權兩個視角。維護國家安全和填補 23 條立法是中國期待國安立法的重要考量，但更重要的因素是解決香港的管治危機以及引發管治危機的集體身份認同問題。這一觀點既不同於法教義學分析，也不同於一般自然法或權利本位論分析。支持後者的許多評論者也認為香港的國家安全問題並不突出，以此認為《國安法》的立法目的另有其他。但這些評論者往往以自然法或特定人權標準評價《國安法》的立法目的，認為中國「圖謀結束香港自治，扼殺香港自由民主」。這些評論的結果雖然將中國推向道德法庭，但往往存在將問題過度簡單化或對香港目前的爭議性問題作二元分化理解的危險。有關《國安法》的立法目的是解決香港的管治危機，有如下支持：

　　首先，無論是全國人大的決定還是全國人大常委會法制工作委員會對《香港國安法》的說明，都未提及 23 條立法。事實上，全國人大的授權決定表明，其授權全國人大常委會制定《國安法》是因為「近年來，香港特別行政

6　The United States revoked the city's special trade status as separate from China and passed the Hong Kong Autonomy Act, which became law on 14 July 2020, authorizing the President to "impose sanctions on foreign individuals and entities that materially contribute to China's failure to preserve Hong Kong's autonomy"; see "H.R.7440 – Hong Kong Autonomy Act", https://www.congress.gov/bill/116thcongress/house-bill/7440. US president Donald Trump issued Executive Order (E.O.) 13936 on July 14, 2020, which provides for the imposition of sanctions on actors engaged in these malign activities. E.O. 13936 also builds on and implements provisions of the Hong Kong Human Rights and Democracy Act of 2019 and the Hong Kong Autonomy Act of 2020, available at: https://www.federalregister.gov/documents/2020/07/17/2020-15646/the-presidents-executive-order-on-hong-kong-normalization. Subsequently, the US Treasury imposed sanctions on government officials from both China and Hong Kong, available at: https://home.treasury.gov/news/press-releases/sm1088. See also Jan van der Made, "Hong Kong National Security Law Triggers Angry Reactions against China", *Radio France International*, 23 May 2020, available at: https://www.rfi.fr/en/international/20200523-china-hongkong-new-security-law-trigger-protests-pro-democracy-groups-umbrella-movement-carrie-lam-national-peoples-congress. (EU expressing concerns)

7　For more, see Albert H. Y. Chen and Simon N. M. Young, "Liability for Imposing Sanctions under Hong Kong's National Security Law," (2020) *Hong Kong Law Journal* 50(2), p. 353.

區國家安全風險凸顯，『港獨』、分裂國家、暴力恐怖活動等各類違法活動嚴重危害國家主權、統一和領土完整，一些外國和境外勢力公然干預香港事務，利用香港從事危害中國國家安全的活動。為了維護國家主權、安全、發展利益，堅持和完善『一國兩制』制度體系，維護香港長期繁榮穩定，保障香港居民合法權益……」[8] 全國人大常委會法制工作委員會對《國安法》草案的說明中進一步表明，《國安法》立法是「從國家層面建立健全香港特別行政區維護國家安全的法律制度和執行機制的重要制度安排」。[9]《國安法》自身的規定也表明《國安法》與 23 條立法不同。《國安法》作為國家立法有其自身的使命和目的，「香港特別行政區應當儘早完成香港特別行政區基本法規定的維護國家安全立法，完善相關法律」（第 7 條）。質言之，23 條立法的缺失可能是導致香港國家安全風險的原因之一，但《國安法》的制定目的不是為了實施《基本法》第 23 條，而是為了實現北京的管治目標。

　　如上所述，北京的管治目標是消除安全風險，維護主權利益，恢復香港繁榮穩定。這些目標遠遠超過一般國家安全法的訴求，這顯示，所謂香港的國家安全問題實際上是政府的管治危機問題。從一般國家安全的角度來看，儘管 2019 年的修例風波聲勢浩大，但其主流並非港獨和分離主義訴求。在示威和抗議過程中，抗議者與政府和警察之間衝突升級，抗議者要求林鄭引咎辭職，但也並未上升到一般國家安全法所認識的顛覆的程度。相應地，北京也表現出較高程度的容忍。例如，據稱有約二百萬人參與的反修例遊行足以構成一場促成政府更迭的社會革命。在這場持續一年多的「時代革命」中，抗議者的行為逐漸升級，持續衝擊立法會、封鎖機場或機場部分區域、搗毀地鐵站及中資銀行辦公點或親中商戶等行為。在矛盾升級的情況下，許多觀察者認為北京可能會啟動軍隊或深圳武警。但香港駐軍出乎意料地「按兵不動」，顯示北京有意識地克制衝突，也許也在等待 2019 年的「光復革命」也像 2014 年「雨傘革命」和 2016 年旺角「魚蛋革命」一樣，會隨著革命演變為騷亂而逐漸淡化。

　　更具體地說，對北京來說，香港管治問題的真正挑戰是來自於香港的國

8　《全國人民代表大會關於建立健全香港特別行政區維護國家安全的法律制度和執行機制的決定》（2020 年 5 月 28 日第十三屆全國人民代表大會第三次會議通過），全國人大官網，http://www.npc.gov.cn/npc/c30834/202005/a1d3eeecb39e40cab6edeb2a62d02b73.shtml。

9　《法制工作委員會負責人向十三屆全國人大常委會第十九次會議作關於〈中華人民共和國香港特別行政區維護國家安全法（草案）〉的說明》,http://www.xinhuanet.com/2020-06/20/c_1126139511.htm。

際化和境外因素參與政治過程而帶來的管治風險。香港回歸之初的六百萬常住人口中，許多人擁有外國國籍，同時又屬於香港永久居民。作為香港永久居民的外籍人士不但可以在香港長期居留和工作，享受一般社會福利保障，還擁有選舉權和被選舉權。香港立法會最多可以有 20% 的立法會議員持外國籍；香港政府只有主要官員要求為中國籍並在境外無長期居留權；香港司法機構僅終審法院和高等法院的首席法官要求為中國籍。一般社會的集體身份認同主要基於國籍和族群。但香港社會經濟上的開放性和政治上的包容性意味著其成員的集體身份認同與國籍和族群之間沒有必然的聯繫。

相應地，一般國家安全法所涉及的境外因素通常僅限於竊取國家秘密等行為。而香港《國家安全法》對涉及境外因素的行為限制也遠遠多於其他國家安全法規定。

需要指出的是，北京對香港管治危機的認識不乏想象和誇大的成分。例如，即使泛民取得區議會和立法會多數，香港的政治發展依然在北京可控的範圍之內。因為區議會職能有限，而立法會立法可由全國人大常委會發回。同時，中央政府還保留了對香港政府行政長官及主要官員的任命權。在很大程度上，反修例所引發的社會革命同時刺激了香港社會的想象和北京對管治危機的想象。對北京來說，這一想象與長期以來的「西方陰謀論」想象相吻合，並因香港區內泛民與境外組織和國家之間的互動而得以具象化。美國在 80 年代提出的「和平演變」理論可能只是說服國會與中國邦交正常化的說辭，但這一說辭卻不可避免地成為北京和華盛頓共同的幽靈。在北京來看，「帝國主義亡我之心不死」，「香港是西方顛覆中國政權的橋頭堡」。最終，泛民在區議會選舉中的壓倒性勝利以及抗議示威中不斷升級的反中、反共話語，以及不斷揮動的美國國旗與英國國旗等刺激眼球的行為，[10] 成為《國安法》出台的催化劑。在北京看來，在建制派執政的前提下，對政府的批評、抗議和不滿均以承認政府權力的合法性為前提。但區議會選舉結果意味著未來的香港可能不僅面臨反對派，而且也意味著未來可能會出現反對派利用建制顛覆建制派的機會。

總之，《香港國安法》的直接目的是構建適用於香港的國家安全體系，但導致國家安全風險的原因則是香港未能處理好經濟國際化、政治身份多元

10　關於 2019 年香港示威者的某些反共、反中、親英、親美口號和行動，參見《香港人反共的十大高潮》，https://hk.epochtimes.com/news/2019-12-27/84318011。

和國家認同不足的關係。在北京看來，香港本土派提出的「香港城邦論」和西方主流媒體所理解的「香港獨立論」都是「外國干預」的印證，儘管兩者可能基於完全不同的理念。[11] 北京對香港和港英政府的認識也帶有公共政策的特徵：在北京看來，香港在長達百年的英國殖民統治時期一直認同「中國人」身份，最根本的原因在於英國在政策上始終將港人視為中國人，並將港人排斥在英國一般公民的範疇之外。具體表現在，即使港人持有的護照，也專門表明英國（屬土）或英國（海外），使之區別於一般英國籍人士。但自中英談判和中國通過《香港基本法》之後，港英政府的一系列政策導致香港社會開始形成新的身份意識，並形成了新的話語體系和新的本土主張及訴求。這表明，香港的本土化和去中國化不是自然的產物，而是政策的產物。在這種認識下，通過新的政策和立法促成新的身份意識和身份認同，成為《香港國安法》更長遠的目標。

三、《香港國安法》與國家身份認同

香港的國家認同問題不是一個新問題。香港的社會結構和主流意識形態在回歸之前就對中國內地的政治體制持懷疑和保留態度，這很大程度上是由歷史原因造成的。[12]「一國兩制」、「港人治港」既是對投資者的安撫，也是對香港社會的承諾。1997 年香港回歸之後，在《國安法》通過之前，中央和香港特區政府也曾經嘗試通過宣傳、教育和官方及民間交流促進香港對中國的認同及大中華地區經濟和社會的合作發展。但這些努力效果不彰。首任特首董建華任內做出了多種努力，包括制定 23 條立法，但均以失敗告終。梁振英政府也曾經嘗試通過國民教育促進國家認同問題，但這一努力也因為由學生發起的抵制而最終流產。《香港國安法》是又一輪新的嘗試。

（一）《香港國安法》制定之前促進香港國家認同的嘗試

董建華是香港回歸中國後首任行政長官。董建華及其家族與中國關係密切，其本人對中國也有高度認同。董建華任期內曾經做出多項努力，促進香

11　比較而言，《香港城邦論》更強調香港的儒家文化傳統，換言之，沒有「去中國化」因素。參見陳雲：《香港城邦論》，天窗出版社有限公司 2012 年版。

12　這裏的歷史原因，包括但不限於英國的殖民統治。此外，中國的內戰、「文化大革命」以及「八九政治風波」等等歷次政治動盪，往往導致內地向香港移民。

港的國家認同和「人心回歸」。但其努力並未獲得認同。董建華在任期間，強調國家認同，推行中文母語教育和通識教育，目的在於促進香港對中國的認識。董建華政府於 2002 年推出諮詢文件，建議制定國家安全條例。但條例草案引發爭議，導致 2003 年的「七一大遊行」。最終自由黨在自身政治利益考慮下，決定改變立場反對立法，政府被迫撤回國家安全法條例草案。Flowerdew 曾經將對董建華任內的表現與末任港督進行比較，他認為，儘管董建華也嘗試通過強調社會轉型、中國價值、中國身份等說辭構建一套新的集體身份認同理論，但其「家長制作風和保守形象無法吸引一般民眾」[13]。董建華政府的失敗顯然不全是因為個人因素。香港在港英統治之下雖然保持了中國人身份，但作為一個受到殖民統治的地區，香港並沒有「效忠國家」思維。公務人員要求「盡忠職守」，但原因不是為了效忠國家，而是基於公務員或公職人員的專業操守。因此，回歸以來中國的愛國主義、民族主義和國家認同教育，對香港來說是陌生的，甚至缺乏充分的合法性基礎。

　　2010 年梁振英政府推行國民教育計劃流產是《香港國安法》通過之前另一次意義重大的失敗案例。2011 年其提出增設國民教育及德育課程為中小學必修課，但此舉遭反對派極力反對，指責國民教育是「政治洗腦」。最後教育局在大型示威下退讓，無限期擱置國民教育課程。據稱，新課程的主要特點，是出了一本由政府資助的手冊，題為《中國模式》。該教材高度讚揚共產黨政權的優越性，把一黨制度形容為「進步、無私、團結」。教材還批評多黨民主制，稱其不利於民生，因為「政黨惡鬥，人民當災」。手冊只是一味為政府唱讚歌，卻不提政府的過錯。余詠恩在一篇評論中認為，如果該手冊在讚頌共產黨的同時也能平衡地討論共產黨的失策，那麼我還能接受它，但教材提供的片面的歷史觀實在值得人警覺。[14] 這一評論是相當中肯的。缺乏國民教育和提供有關中國情況的片面信息同樣是有害的。尤其在香港這樣一個出版自由、信息開放的地區，促進國民教育最好的方式是真實展現而非刻意描摹。當然，國民教育課本的拙劣表現表明，香港知識界未能參與或不願意參與到這一過程中。中國內地鷹派分析家甚至認為，在香港政府致力於通過國民教育提高國民認同時，香港教育團體例如香港教育專業人員協會有關中

13　John Flowerdew, "Identity Politics and Hong Kong's Return to Chinese Sovereignty: Analysing the Discourse of Hong Kong's First Chief Executive", (2004 September) *Journal of Pragmatics* 36(9), pp. 1551-1578.

14　余詠恩，《香港國民教育的敗筆》，《紐約時報中文版》，https://cn.nytimes.com/opinion/20120803/c03yu/。

國問題和中國發展的描述卻以負面居多，有些內容也不乏片面和偏頗。[15] 但教師協會與政府不同。教協這是一個民間團體，內容偏頗最多涉及專業操守問題。但政府的通識教育和國民教育至少在形式上有必要更加客觀。

促進國家認同的努力失敗對香港政治發展意義重大。國安條例流產源於自由黨中途退出管治聯盟，這意味著國家認同在建制內難以達成共識。國民教育計劃由於「佔領中環」等一系列社會運動而中斷，這意味著香港新生代已經形成新的身份意識，國家認同難以通過教育機構對之產生影響。與此同時，有關國家安全立法和國民教育、國家認同的議題也不斷撕裂香港社會，使得香港無論在建制內，還是建制外，還是建制內與建制外之間，都呈現分裂狀態。需要指出的是，與香港立法會相比，香港政府和香港司法機構在這一過程中沒有表現出明顯的內部分裂。實際上，香港司法機構在很多情況下充當了社會的粘合劑，並在很多案件中不願意過多介入政治糾紛。不過在北京看來，香港司法機構受到大律師公會的影響，香港司法機構整體上偏向於泛民陣營。

（二）《香港國安法》如何紓解管治危機

《香港國安法》的目的是紓解香港的管治危機，而香港的管治危機又源於香港的集體身份認同或國家認同。因此，《國安法》的核心內容，就是強調國家主權權威並強化國家認同。這些條款又可以大致區分為：宣示主權類、強化國家立法控制類、強化公職人員和公務機構效忠類，以及阻遏境外干預類。

宣示國家主權類規定包括《香港國安法》第 2 條、第 3 條、第 6 條等。這些規定強調香港法律及政治與中國憲法之間的從屬關係。《國安法》第 2 條規定：「關於香港特別行政區法律地位的香港特別行政區基本法第一條和第十二條規定是香港特別行政區基本法的根本性條款。香港特別行政區任何機構、組織和個人行使權利和自由，不得違背香港特別行政區基本法第一條和第十二條的規定。」《基本法》第 1 條規定：「香港特別行政區是中華人民共和國不可分離的部分。」《基本法》第 12 條規定：「香港特別行政區是中華人民共和國的一個享有高度自治權的地方行政區域，直轄於中央人民政府。」

---

15 《俠客島：香港的國民教育到底出了什麼問題？》，觀察者網，https://www.guancha.cn/politics/2019_08_23_514855.shtml。（該文援引了 2014 年第二版《高中通識新領域 3 現代中國》中的有關內容及截圖，這部分內容對中國的改革開放、中國發展對世界的影響、以及中國與發展中國家的關係都選擇了單方面負面視角。）

將這兩個條款定義為「根本性條款」，再次強調了「一國兩制」原則中「一國」的根本性，及主權權威的根本性。

《香港國安法》強調國家在國家安全事務方面的立法權威及專屬立法權。《國安法》規定：「香港特別行政區應當儘早完成香港特別行政區基本法規定的維護國家安全立法，完善相關法律。」（第7條）《國安法》第62條規定：「香港特別行政區本地法律規定與本法不一致的，適用本法規定。」同時，《國安法》第65條規定：「本法的解釋權屬於全國人民代表大會常務委員會。」需要指出的是，國家安全事務作為國家專屬立法權源自《立法法》的規定。基本法第23條將此權力授權香港特區有其不盡合理之處。[16] 但在基本法已經做出規定的情況下，《香港國安法》的規定在一定程度上收回了上述下放的權力。尤其是比較《國安法》第65條解釋條款與《基本法》第158條解釋條款，不難發現，《國安法》的解釋權更加集中於全國人大常委會，而基本法則允許香港法院進行解釋，全國人大常委會只是擁有最終的解釋權。

《香港國安法》強調個人對國家的效忠義務，尤其是公職人員的效忠義務。《國安法》第3條規定：「中央人民政府對香港特別行政區有關的國家安全事務負有根本責任。……香港特別行政區行政機關、立法機關、司法機關應當依據本法和其他有關法律規定有效防範、制止和懲治危害國家安全的行為和活動。」《國安法》第6條規定：「維護國家主權、統一和領土完整是包括香港同胞在內的全中國人民的共同義務。……香港特別行政區居民在參選或者就任公職時應當依法簽署文件確認或者宣誓擁護中華人民共和國香港特別行政區基本法，效忠中華人民共和國香港特別行政區。」《國安法》第16條規定了警務處國家安全部門，並規定警務處維護國家安全部門負責人在就職時應當宣誓擁護中華人民共和國香港特別行政區基本法，效忠中華人民共和國香港特別行政區，遵守法律，保守秘密。同樣，第18條在規定香港律政司設立專門的國家安全犯罪案件檢控部門之後，規定律政司國家安全犯罪案件檢控部門負責人在就職時應當宣誓擁護中華人民共和國香港特別行政區基本法，效忠中華人民共和國香港特別行政區，遵守法律，保守秘密。第35條是褫奪公權條款，規定任何人經法院判決犯危害國家安全罪行的，即喪失作為候選人參加香港特別行政區舉行的立法會、區議會選舉或者出任香港特別行政區任何公職或者行政長官選舉委員會委員的資格；曾經宣誓或者聲明擁

　16　程潔：《香港新憲制秩序的法理基礎：分權還是授權》，《中國法學》2017年第4期，第88-103頁。

護中華人民共和國香港特別行政區基本法、效忠中華人民共和國香港特別行政區的立法會議員、政府官員及公務人員、行政會議成員、法官及其他司法人員、區議員，即時喪失該等職務，並喪失參選或者出任上述職務的資格。

《香港國安法》強調香港政治參與的本地化，立法阻遏及懲戒境外勢力介入香港政治議程。《香港國安法》第三章第三節專門規定了勾結外國或者境外勢力危害國家安全罪。如前所述，北京對香港管治危機的理解，在很大程度上受到「陰謀論」影響，擔心香港成為「反華勢力」的「橋頭堡」。因此，《香港國安法》第 29 條除了規定一般涉及外國的竊取國家秘密罪之外，還規定以下類似「通敵罪」的行為屬犯罪（請求外國或者境外機構、組織、人員實施，與外國或者境外機構、組織、人員串謀實施，或者直接或者間接接受外國或者境外機構、組織、人員的指使、控制、資助或者其他形式的支援實施以下行為之一的，均屬犯罪）：

（一）對中華人民共和國發動戰爭，或者以武力或者武力相威脅，對中華人民共和國主權、統一和領土完整造成嚴重危害；

（二）對香港特別行政區政府或者中央人民政府制定和執行法律、政策進行嚴重阻撓並可能造成嚴重後果；

（三）對香港特別行政區選舉進行操控、破壞並可能造成嚴重後果；

（四）對香港特別行政區或者中華人民共和國進行制裁、封鎖或者採取其他敵對行動；

（五）通過各種非法方式引發香港特別行政區居民對中央人民政府或者香港特別行政區政府的憎恨並可能造成嚴重後果。

這些規定歸根結底是要樹立國家觀念和國家權威，促進國民認同，同時排斥境外政治干預與影響。可以預見，如果《香港國安法》在香港實施的過程中沒有遭遇更多阻力，未來中央在香港的存在感會越來越高，香港本地的政治黨團將出現同化趨勢。但是問題在於，《國安法》在強調中央權威和遏制境外影響的規定之外，並沒有同時提供其他管道讓港人更多參與到政治過程中從而形成新的身份共識。中國的大灣區發展規劃雖然為香港和澳門提供了更加廣闊的市場，但這一規劃主要促進了大灣區的經濟融合。在灣區之內與灣區之外，無論是港人還是一般內地國民，政治參與和政治包容度都低於香港現有的程度。而港人的不滿除了對未來經濟發展前景的擔心，還有對香港政制發展過於「小圈子化」和未能更加開放和包容的批評。因此，大灣區發展對解決香港的集體身份認同危機效果有限，這也意味著香港的管治危機

根源難以消除。不但如此，《香港國安法》中一些規定對香港既有的憲制體系產生了影響甚至衝擊，存在過度規範的嫌疑。如果這些規範在《香港國安法》適用過程中不能得以中和，有可能進一步分化香港社會，並導致香港管治的惡化。

四、《香港國安法》中的過度規範因素及憲制危機預警

既有研究對《香港國安法》中的過度規範問題已經進行一些研究。這些研究主要是基於罪與非罪、罪罰相稱意義上可能出現的過度規範問題。[17] 本文所關注的過度規範問題主要是基於管治目標和憲制結構之間的過度規範問題。在自然法看來，法律的目的是權利和自由；從公共政策的角度來看，法律的目的是鼓勵或阻遏。因此，基於公共政策考慮，法律中會出現防禦性的條款，以實現先發制人的目的。在《香港國安法》中，這些防禦性的條款主要體現在兩方面：一是對香港司法管轄權的約束，二是對有關教育和出版的規定。

（一）《香港國安法》對司法機構憲法性管轄權的限制

《香港國安法》有關香港法院管轄權的規定具有先發制人的特徵，並且存在過度規範因素。這些規定都強化了對司法權的約束：第 14 條對司法覆核權的限制；第 44 條有關司法委任的限制；第 46-47 條有關司法程序的限制；以及第 62、65 條有關法律適用和法律解釋的限制。

在這些條款中，對司法權影響最大的是第 14 條和第 62 條和第 65 條。第 14 條直接限制了香港法院的憲法性管轄權。該條第 2 款規定：「香港特別行政區維護國家安全委員會的工作不受香港特別行政區任何其他機構、組織和個人的干涉，工作信息不予公開。香港特別行政區維護國家安全委員會作出的決定不受司法覆核。」第 62 條規定了《國安法》超然的法律地位。第 65 條規定《國安法》的解釋權專屬於全國人大常委會。

在司法委任方面，《國安法》第 44 條對有權審理國家安全類案件的法官作出了限制。該條規定，香港特別行政區行政長官應當從裁判官、區域法院

17　For example, Albert Chen and Simon Young, "Liability for Imposing Sanctions Against the PRC or Hong Kong under Hong Kong's National Security Law", University of Hong Kong Faculty of Law Research Paper Forthcoming, 2020, https://papers.ssrn.com/sol3/papers.cfm?abstract_id=3718928.

法官、高等法院原訟法庭法官、上訴法庭法官以及終審法院法官中指定若干名法官，也可從暫委或者特委法官中指定。行政長官在指定法官前可徵詢香港特別行政區維護國家安全委員會和終審法院首席法官的意見。上述指定法官任期一年。凡有危害國家安全言行的，不得被指定為審理危害國家安全犯罪案件的法官。在獲任指定法官期間，如有危害國家安全言行的，終止其指定法官資格。[18] 在裁判法院、區域法院、高等法院和終審法院就危害國家安全犯罪案件提起的刑事檢控程序應當分別由各該法院的指定法官處理。

在司法程序方面，《國安法》第 46 條規定，律政司長可以在特定條件下發出證書，指示相關訴訟毋須在有陪審團的情況下進行審理。凡律政司長發出前述證書，適用於相關訴訟的香港特別行政區任何法律條文關於「陪審團」或者「陪審團的裁決」，均應當理解為指法官或者法官作為事實裁斷者的職能。該法第 47 條則規定，法院在審理案件中遇有涉及有關行為是否涉及國家安全或者有關證據材料是否涉及國家秘密的認定問題，應取得行政長官就該等問題發出的證明書，上述證明書對法院有約束力。

《香港國安法》為何限制香港司法機構的憲法性管轄權？顯然不完全是基於「主權豁免」的考慮。因為根據《國安法》，不但中央人民政府駐港國家安全公署免受香港法院的司法覆核，[19] 隸屬於香港政府的國家安全委員會的決定也不受司法審查。這一規定不符合香港既有的法律實踐，也缺乏現實必要性。更大的可能性是為了香港政府自身方便行事，也很有可能是因為北京認為，香港大律師公會在政治上更支持泛民，也更有可能影響司法機構的判斷。[20] 這一推測也同樣適用於有關司法程序的條款和《國安法》解釋的條款。前者限制了法院決定證據採納的權力。後者限制了法院通過司法解釋「法官造法」的權力。

香港回歸以來，司法機構在憲法性管轄權方面曾經表現出司法能動主義

18　這一規定的內容比較主觀且容易引發歧義。假設法官存在危害國家安全的言行，根據法律，不具有擔任審理涉及國家安全案件的法官。但似乎並不影響法官審理其他案件的資格。這一規定在法律上缺乏必要的自洽性。

19　《國安法》第 60 條規定：「駐香港特別行政區維護國家安全公署及其人員依據本法執行職務的行為，不受香港特別行政區管轄。持有駐香港特別行政區維護國家安全公署製發的證件或者證明文件的人員和車輛等在執行職務時不受香港特別行政區執法人員檢查、搜查和扣押。駐香港特別行政區維護國家安全公署及其人員享有香港特別行政區法律規定的其他權利和豁免。」

20　例如，參見甄樹基：《大律師新主席劈頭直指國安法是一「羞辱令人反感」》，https://amp.rfi.fr/cn/ 中國 /20210125- 大律師新主席劈頭直指國安法是一 - 羞辱令人反感。

特徵。司法機構的能動司法一方面有助於基本法的實施，另一方面也引發了政治問題法律化和法律問題政治化的問題。《國安法》的規定可以視為北京對政治問題法律化的反制。但從既往司法機構的判決來看，制約司法機構不利於香港管治與集體認同。主要原因有三：其一，司法機構是被動的。一些政治議題只能通過試驗性案件成為司法議題，從而將法院捲入政治議題。其二，香港司法機構的解釋和判決在整體上是持中的甚至是保守的。[21] 香港法院在解釋基本法和涉及基本權利保護的內容時，確實存在對基本法權利進行寬鬆解釋和目的解釋的情況，從而對政府執法權施加了限制。[22] 但香港司法機構對於全國人大及其常委會明確作出規定的限制性條款，傾向於作出維護國家安全和公共秩序的解釋和判決。[23] 香港司法機構的這些判決，目前基本法解釋框架足以應對。其三，最重要的原因是，香港回歸以來，司法機構在香港社會擁有極高的威望和公信力，並且得到國際社會的認可。以香港大學主持的香港民意研究所調查結果來看，香港社會對中國政府和香港特區政府評價普遍偏低，[24] 但對終審法院首席法官的評價則遠高於對政府的評價。[25] 自 2019 年 6 月起，香港法治水平評分已經開始直線下跌，反映出香港社會對政府執法與法院司法的不滿。[26] 可以想見，如果香港對終審法院也喪失信心，香港將面臨真正的全面的管治危機。

21　程潔：《香港基本法訴訟的系統案例分析》，《港澳研究》2016 年第 2 期，第 12-21 頁。

22　例如法院在截取通訊自由條例案中的判決。見「古思堯和另一人訴香港特別行政區行政長官案」：*Koo Sze Yiu and Another v. Chief Executive of the HKSAR*, [2006] HKCFA 75.

23　例如國旗區旗案，即「香港特別行政區訴吳恭劭及另一人案」：*HKSAR v. Ng Kung Siu and Another*, [1999] HKCFA 10.

24　《民研計劃發放香港市民對各地人民及政府的觀感》，2021 年 2 月 9 日發佈，https://www.pori.hk/wp-content/uploads/2021/02/PORI_PC_20210209_tp_penri_chi.pdf（民調對香港及內地政府的肯定性評價均低於半數）；《民研計劃發放立法會議員和政治團體民望》，2020 年 11 月 3 日發佈，https://www.pori.hk/press-release/2020-11-03.html（民調顯示社會對香港立法會內黨團的正面評價均低於半數）；《民研計劃發放市民對新聞傳媒的評價》，2020 年 10 月 20 日發佈，https://www.pori.hk/press-release/2020-10-20.html（民調顯示民眾對包括電視、互聯網和報紙等在內的媒體信任度低於 30%）；《民研計劃發放香港紀律部隊及駐港解放軍民望數字》，2020 年 12 月 8 日發佈，https://www.pori.hk/press-release/2020-12-08.html（民調顯示香港對警務處滿意度自 2019 年 6 月 60% 跌至不足 40%）。

25　不同時期的民調顯示，前首席法官李國能任內滿意度最高，剛剛卸任的前首席馬道立平均值也在 60%。新任首席法官在爭議性時期就任，剛剛上任就審理了涉及《國家安全法》的案件，因此最近民調顯示偏低，但仍然遠遠高於政府、警務處及媒體。參見 https://www.pori.hk/category/pop-poll。

26　《法治、司法制度的公平、法庭的公正 —— 綜合圖表》，https://www.pori.hk/pop-poll/rule-law-indicators/combined.html（圖表顯示，在滿分 10 分的情況下，香港自 2019 年起，對法庭公正的評價開始低於 5 分）。

（二）《香港國安法》有關宣傳教育的規定

《國安法》的另外一項過度規範源自其有關輿論與教育的規定。該法第 9 條規定，香港特別行政區應當加強維護國家安全和防範恐怖活動的工作。對學校、社會團體、媒體、網絡等涉及國家安全的事宜，香港特別行政區政府應當採取必要措施，加強宣傳、指導、監督和管理。第 10 條規定，香港特別行政區應當通過學校、社會團體、媒體、網絡等開展國家安全教育，提高香港特別行政區居民的國家安全意識和守法意識。

在《國安法》中做出有關宣傳教育的規定符合中國立法強調公共政策的傳統。但即使在中國內地，此類條款也只是政策性宣示，沒有實質內容。無論行政執法還是法院判決，都不能作為法律依據。由於中國內地立法中此類條款較多，大家習以為常，不會引起社會反彈。但在香港，此類規定容易被過度解讀，視為政府壓制言論自由、干擾教學自由和洗腦的依據。當然，更為重要的是，2012 年國民教育計劃失敗已有前車之鑒。生硬的宣教不但無助於國家認同，反而有可能進一步弱化身份認同。[27]

國家安全立法如何平衡國家安全利益和個人自由權利是各國國家安全立法都需要考慮的問題。中央對香港的國家安全立法不止服務於一般的國家安全目標，尤其要針對香港特定社會背景下的國家安全風險。其中最具有挑戰性的是因缺乏國家認同帶來的潛在風險。但也恰恰因為香港的國家安全風險比較特殊，《國家安全法》的內容和實施需要更加注重正當性與合理性，否則不僅無助於香港「人心回歸」與國家認同，相反會引發國際社會非議和本地政治反彈。從其他國家的經驗來看，這樣的反面案例足以為戒。

五、法律能否促進身份認同

除了極少數單一族群國家，大多數國家都需要面臨族群認同問題以及因為缺乏認同而產生的不滿、對立甚至分離主義傾向。如何解決此類問題帶來的風險和挑戰，包括國家安全風險？從公共政策角度而言，選擇基本在壓制和兼容兩者之間。傳統社會以前者為主，現代社會則越來越傾向於後者。

27　《身分類別認同——「混合身分」（按年齡組別）》，https://www.pori.hk/pop-poll/ethnic-identity/q001-mixed.html（2012 年 6 月之後港人身份認同顯著下降，尤其是 18-29 組別最為明顯。2019 年 6 月同年齡組別再次斷崖式下降至今）。同樣的情況出現在有關「香港的中國人」調查報告中：https://www.pori.hk/pop-poll/ethnic-identity/q001-chineseinhongkong.html。

國家可以制定以壓制和懲罰為導向的立法。在強勢族群佔盡先機的前提下，國家可以同化弱勢族群；在族群同化無法實現的情況下，則通過清洗、驅逐、邊緣化等將之強行排斥在社會之外，以期最終形成趨於同質化的社會結構。加拿大歷史上的印第安人強制寄宿學校就屬於強制同化的典型。[28] 而美國、加拿大和澳大利亞都曾經出現的《排華法案》則是在認定華人不可同化的前提下，做出的排斥華人入籍的立法。儘管這些立法有些仍然存在，但可以肯定的是，這些立法幾乎無一例外導致了持久的族群衝突和矛盾。這其中有社會理論的變化產生的重新評判。但即使拋開評判標準的變化，也依然能夠看到壓制性政策的副作用。

國家為了減少和避免族群衝突，也有可能通過更具有包容性的立法促進族群和解與社會團結，甚至賦予弱勢族群一定特權。這當然並非易事。因為族群之間的關係往往是因為不對等而產生矛盾的。要求強勢族群接納弱勢族群甚至給予弱勢族群以一定程度的特權，需要首先在強勢族群內部形成和解與共識。加拿大 1982 年憲法規定了英法雙語官方語言，兼容普通法與大陸法雙法系，允許省議會在一段時間內暫停適用全國性立法，以及在最高法院的九位大法官中確保來自魁北克的法官可以佔有其中三席。[29] 這些規定都是為了包容文化傳統不同於其他各省的法語省魁北克省的特別安排。中國的民族區域自治制度、特別行政區制度等的創設，顯然也有此初衷。包容性立法不一定能夠確保民族團結和國家統一，但有助於最大程度上減少對抗和衝突，形成可持續的國家認同和有效管治。在族群衝突逐漸超越國界，族群權利已經獲得國際普遍認可的當代世界，尊重族群差異的包容性安排應當得到更加認真的對待。

六、總結

本文對《香港國安法》的立法目的進行分析。文章認為，理解和評價《香

28　從 2008 年開始，加拿大政府對原住民強制寄宿學校制度已經進行了多次公開道歉。相關內容參見："Prime Minister Delivers Apology to Former Students of Newfoundland and Labrador Residential Schools", https://pm.gc.ca/en/news/news-releases/2017/11/24/prime-minister-delivers-apology-former-students-newfoundland-and.

29　For Canada's official language of clauses, see articles 16-23 of the 1982 Constitution Act; For the provinces overriding power, see article 33 of the 1982 Constitution Act. For Supreme Court of Canada's composition, see article 6 of the Supreme Court Act.

港國安法》的立法目的不應限於法教義學視角和自然正義視角，也有必要理解《國安法》的國家公共政策和管治視角。《國安法》的立法目的不是簡單地填補基本法第 23 條的空白，也不是由於北京希望終結香港自治和自由，而是要解決在北京看來引發香港國家安全隱患的管治危機。從《國安法》的立法內容來看，宣示國家主權、強調國家立法權威、要求香港公職人員效忠等規定，都與此有關並具有一定的正當性。但同時也應當注意到，《國安法》的規定也存在過度規範的內容，主要表現在抑制司法覆核權及在法律中規定宣傳教育等內容。前者顯示北京對司法機構的政治傾向有所擔心，但這些規定有可能損害香港司法公信力，並進一步引發香港社會的信任危機。而《香港國安法》中有關宣教的內容因不具有法律上的可實施性，容易引發曲解和過分解讀。

　　本文也認為，國家認同問題是多數國家都要面臨的問題。從比較法的角度來看，立法不能當然地促進國家認同。尤其是帶有強制同化色彩的立法，其作用可能適得其反。如果立法能夠促進族群和解與族群合作，則更有可能緩解族群矛盾並促成國家認同。具體到《香港國安法》，其目的不止是預防和懲罰犯罪，真正需要解決的是產生分離主義傾向的身份認同危機。如何回應由集體身份認同產生的分離主義傾向以及其他形式的對抗與衝突？《國安法》能夠起到先發制人的作用，但其只能防止最壞的情況，不足以彌合裂痕。香港需要通過更加包容的渠道促進政治參與與和解。

第二部分

《香港國安法》司法適用與人權保障

中國刑法中危害國家安全罪的法理

黎宏　清華大學法學院教授

一、導言

　　從世界範圍來看，各國刑法均將危害國家政權的獨立統一、領土完整、國體和政體安全的行為規定為最嚴重的犯罪。中國內地也不例外。中國內地《刑法》分則第一章就是有關危害國家安全罪的規定，共有十二個罪名，即：背叛國家罪（第 102 條），分裂國家罪，煽動分裂國家罪（第 103 條），武裝叛亂、暴亂罪（第 104 條），顛覆國家政權罪，煽動顛覆國家政權罪（第 105 條），資助危害國家安全犯罪活動罪（第 107 條），投敵叛變罪（第 108 條），叛逃罪（第 109 條），間諜罪（第 110 條），為境外竊取、刺探、收買、非法提供國家秘密、情報罪（第 111 條），資敵罪（第 112 條）。按照內地《刑法》第 106 條、第 113 條的規定，上述犯罪之中，除了煽動分裂國家罪、煽動顛覆國家政權罪、資助危害國家安全犯罪活動罪、叛逃罪之外，其他犯罪中，對國家和人民危害特別嚴重、情節特別惡劣的場合，可以判處死刑；同時，對犯危害國家安全罪的，可以並處沒收財產。

　　按照內地刑法理論的通說，中國現行的國家政權的獨立統一、領土完整、國體和政體，是中國各族人民在中國共產黨的領導下，經過長期艱苦卓絕的奮鬥取得的勝利成果，是各族人民的根本利益所在，也是建設社會主義現代化強國、實現中華民族偉大復興的根本保障。因此，危害國家安全的行為，是一切犯罪中最為重大的犯罪，內地現行刑法之所以將其置於《刑法》分則各章之首，原因就在於此。[1]

　　以下，我在簡要敘述內地《刑法》中危害國家安全罪的歷史演變之後，就危害國家安全罪的存在價值以及司法適用，談談自己的看法。

---

[1]　謝望原、郝興旺：《刑法分論》（第二版），中國人民大學出版社 2011 年版，第 3 頁；高銘暄、馬克昌主編：《刑法學》（第九版），北京大學出版社、高等教育出版社 2019 年版，第 142 頁。

二、危害國家安全罪的歷史變遷

內地《刑法》中的危害國家安全罪是從「反革命罪」發展演變而來的。「革命」一語,通常在原義和轉義兩種含義上使用。原義,如中國古代「湯武革命」,其是指暴力奪取政權;「反革命罪」中的「革命」則是取其轉義,指政權穩定、國家安全。[2] 因此,「反革命」就是指與革命政權對立,進行破壞活動,企圖推翻革命政權。

(一)從「反革命行為」到「反革命罪」

根據有關歷史資料,將反革命行為規定為犯罪,並非中國共產黨政權的首創,而是源自國民黨創建的民國時期。1927 年 3 月 30 日,武漢國民政府頒佈的《反革命罪條例》是中國內地刑法史上最早由革命政權公佈的專門規定反革命罪的單行刑事法規。其將意圖顛覆國民政府,或推翻國民革命之權力,而為各種敵對行為者,以及利用外力,或勾結軍隊,或使用金錢,而破壞國民革命之政策者,均認定為反革命行為。這種做法之後被中國共產黨領導的革命根據地政權所採用。如 1934 年頒佈的《中華蘇維埃共和國懲治反革命條例》就是其例。其中規定,凡一切圖謀推翻或者破壞蘇維埃政府及工農民主革命所得到的權利,意圖保持或者恢復豪紳地主資產階級的統治者,不論用何種方法,都是反革命行為。

建國後最具代表性的懲治反革命犯罪的立法是 1951 年 2 月 21 日中央人民政府公佈的《中華人民共和國懲治反革命條例》,這個條例一直適用到 1980 年內地第一部《刑法》施行時為止,為解放初期鎮壓反革命運動提供了法律依據和標準。其中第 2 條規定了反革命罪的概念,即「凡以推翻人民民主政權,破壞人民民主事業為目的之各種反革命罪犯,皆依本條例治罪」。其第 3 條至第 13 條具體規定了反革命的罪名:背叛祖國罪(第 3 條),煽動叛變罪(第 4 條),叛變罪(第 4 條),持械聚眾叛亂罪(第 5 條),間諜罪(第 6 條),資敵罪(第 6 條),參加反革命特務或者間諜組織罪(第 7 條),利用封建會道門進行反革命活動罪(第 8 條),反革命破壞罪(第 9 條),反革命殺人、傷人罪(第 9 條),反革命挑撥與蠱惑罪(第 10 條),反革命偷越國境罪(第

2　賈濟東、張娟:《從「反革命」到「危害國家安全」——「反革命罪」流變考》,《湖北社會科學》2013 年第 3 期,第 158 頁。

085

11 條），聚眾劫獄罪、暴動越獄罪（第 12 條），窩藏、包庇反革命罪犯罪（第 13 條）。

　　1979 年頒佈的中華人民共和國成立之後的第一部《刑法》在分則第一章中規定了「反革命罪」，其中，第 90 條明確規定：「以推翻無產階級專政的政權和社會主義制度為目的的、危害中華人民共和國的行為，都是反革命罪」。在具體罪名上，1979 年刑法雖然有所增刪和修改，但基本上還是延續了《懲治反革命條例》的基本內容。其中，考慮到新中國已經成立三十多年了，歷史反革命已經肅清殆盡，在反革命的定義（「各種反革命罪犯」）中再包括歷史反革命已經沒有現實意義，因此，把這一部分內容予以刪除；同時，總結「文化大革命」十年浩劫的歷史教訓，避免對敵鬥爭擴大化，因此，對反革命罪的犯罪構成嚴格限定，在刑法第 90 條中規定了反革命罪的定義，按照該定義，構成反革命罪，必須同時具備兩個要件：一是客觀上要有反革命行為，即危害中華人民共和國的行為；二是主觀上要有反革命目的，即以推翻無產階級專政的政權和社會主義制度為目的。二者缺一不可。[3]

（二）從「反革命罪」到「危害國家安全罪」

　　1988 年底，由有部分刑法專家、學者參與討論起草的《刑法》修改稿，將《刑法》分則第一章的類罪名「反革命罪」修改為了「危害國家安全罪」，並刪除了有關「反革命目的」的規定。此一修改，猶如一石激起千層浪，在學界引起了巨大反響。有教授立即發文，稱其是「一個危險的抉擇」，認為其會給「人民民主專政帶來危害」、「將把我國的刑事立法引入歧途」、「取消反革命目的會混淆罪與非罪的界限」。[4] 相反地，同意該種修改的學者則以「反革命罪不是嚴格的法律概念」、「反革命罪名與『一國兩制』相矛盾」、「沿用反革命罪名不利於維護國家主權和尊嚴」等為由，認為上述修改是「一個科學的抉擇」，[5] 由此而展開了「反革命罪」存廢的討論。

　　實際上，反對說和贊成說之間，多半還是概念之爭，並沒有太大的實質

3　高銘暄：《中華人民共和國刑法的孕育誕生和發展完善》，北京大學出版社 2012 年版，第 85 頁。

4　何秉松：《一個危險的抉擇——對刑法上取消反革命罪之我見》，《政法論壇》（中國政法大學學報）1990 年第 2 期，第 69 頁以下。相同見解，參見陸翼德：《對反革命罪名存廢的再認識》；劉天功等：《談談反革命罪認定中的幾個問題》，載楊敦先、趙秉志、周其華、趙國強主編：《刑法發展與司法完善》（續編），吉林大學出版社 1990 年版，第 431-449 頁。

5　王勇：《「危險何在？」》，《政法論壇》（中國政法大學學報）1991 年第 2 期；侯國雲：《一個科學的抉擇——與何秉松教授商榷》，《政法論壇》（中國政法大學學報）1991 年第 3 期，第 8 頁以下。

性區別。[6] 主張修改反革命罪的贊成說，並不是要取消反革命罪章中的罪刑，而僅僅是修改其名稱，對其內容進行修改和調整，使現行刑法中的反革命罪的規定更加合理，做到名副其實而已，和反對說之間並沒有本質上的衝突。也正因如此，在 1997 年將 1979 年《刑法》中的「反革命罪」改為「危害國家安全罪」時，並沒有遇到太大的阻礙。時任全國人大常委會副委員長王漢斌在 1997 年 3 月 6 日第八屆全國人大五次會議上所作的《關於〈中華人民共和國刑法（修正草案）的說明〉》中指出，將現行刑法中的「反革命罪」修改為「危害國家安全罪」，更有利於打擊危害國家安全的犯罪活動。

1997 年《刑法》對 1979《刑法》中的反革命罪的主要修改之處如下：

1. 將《刑法》分則第一章的類罪名從「反革命罪」變更為「危害國家安全罪」。

2. 刪除原《刑法》第 90 條「以推翻無產階級專政的政權和社會主義制度為目的的、危害中華人民共和國的行為，都是反革命罪」的規定；將原《刑法》第 92 條「陰謀顛覆政府、分裂國家的」規定拆分為兩條，即「組織、策劃、實施分裂國家、破壞國家統一活動的」（《刑法》第 103 條）、「組織、策劃、實施顛覆國家政權、推翻社會主義制度的」（《刑法》第 105 條）；將原《刑法》第 93 條「策動、勾引、收買國家工作人員、武裝部隊、人民警察、民兵投敵叛變或者叛亂的」修改為「組織、策劃、實施武裝叛亂或者武裝暴亂的」、「策動、脅迫、勾引、收買國家機關工作人員、武裝部隊人員、人民警察、民兵進行武裝叛亂的」（《刑法》第 104 條）。另外，針對現實出現的一些與境外組織和個人相勾結，進行危害國家安全活動的現象，特別增加「與境外機構、組織、個人相勾結」，實施危害國家主權、領土完整和安全，分裂國家，武裝叛亂，顛覆國家政權和推翻社會主義制度的規定，以便應對這類犯罪行為於法有據。

3. 將《刑法》第 102 條「以反革命標語、傳單或者其他方法宣傳煽動推翻無產階級專政的政權和社會主義制度的」修改為「煽動分裂國家的」和「以造謠、誹謗或者其他方式煽動顛覆國家政權和推翻社會主義制度的」，不再使用反革命宣傳煽動罪的罪名。

4. 將原反革命罪規定中實際上屬於普通刑事犯罪的行為，如「聚眾劫獄或者組織越獄的」、「製造、搶奪、盜竊槍支、彈藥的」等，歸入《刑法》其

6　趙秉志主編：《刑法爭議問題研究》（下卷），河南人民出版社 1996 年版，第 62 頁。

他章節之中，按普通刑事犯罪處理。

　　1979 年《刑法》中反革命罪原有十五條，修改為危害國家安全罪之後，減少為十二條。原《刑法》中沒有列入危害國家安全罪的反革命條款，被分別編入危害公共安全罪和妨害社會管理秩序罪之中。這次修改《刑法》中反革命罪的時代背景，按照當時《刑法》修改的主導者王漢斌的說法，是考慮到我們國家已經從革命時期進入集中力量進行社會主義現代化建設的歷史新時期，憲法確定了中國共產黨對國家事務的領導作用，從國家體制和保衛國家整體利益考慮，從法律角度來看，對危害中華人民共和國的犯罪行為，規定適用危害國家安全罪比適用反革命罪更為合適。[7]

三、危害國家安全罪的存在價值

（一）危害國家安全罪中的「國家安全」

　　危害國家安全罪，顧名思義，就是侵害國家安全的犯罪。但「國家安全」是一個非常抽象的概念，學界通說認為，所謂國家安全是一個國家處於沒有危險的客觀狀態，也就是一個國家沒有遭受外部威脅和侵害——即外患，也沒有內部的混亂和疾患——即內亂的客觀狀態，包括十個方面的基本內容：國民安全、領土安全、主權安全、政治安全、軍事安全、經濟安全、文化安全、科技安全、生態安全、信息安全。其中最基本、最核心的是國民安全。[8] 2014 年 4 月 15 日，習近平主持召開的中央國家安全委員會第一次會議在上述十種國家安全之外，增加了「核安全」。但上述意義上的「國家安全」，屬於政治意義上的即廣上的國家安全，其在 2015 年通過的《中華人民共和國國家安全法》中得以體現。該法第 2 條規定：「國家安全是指國家政權、主權、統一和領土完整、人民福祉、經濟社會可持續發展和國家其他重大利益相對處於沒有危險和不受內外威脅的狀態，以及保障持續安全狀態的能力」。按照這種理解，所謂國家安全是一個國家處於沒有內憂外患的客觀狀態之外，還包括保障這種客觀狀態持續的能力。

　　但是，就《刑法》中「危害國家安全罪」中的「國家安全」而言，顯然不能這麼理解。因為，按照上述「國家安全」定義理解刑法中的「危害國家

7　參見王漢斌在 1997 年 3 月 6 日第八屆全國人大五次會議上所作的《關於〈中華人民共和國刑法（修正草案）〉的說明》。

8　劉躍進主編：《國家安全學》，中國政法大學出版社 2004 年版，第 51-52 頁。

安全罪」，則其幾乎要涵蓋《刑法》分則所規定的全部內容。換言之，按照上述理解，《刑法》當中所規定的全部犯罪行為，均可上升為危害國家安全的行為；《刑法》中所有的犯罪，均可理解為危害國家安全的犯罪。如污染環境罪（刑法第 330 條）是破壞生態、資源安全的行為；非法利用信息網絡罪（刑法第 287 條之一）是破壞網絡安全的行為；故意殺人罪（刑法第 232 條）、盜竊罪（刑法第 264 條）是破壞國民安全的行為。按照這種寬泛的理解，將《中華人民共和國刑法》更名為《中華人民共和國國家安全法》也毫不過分。但這顯然是不合適的。

內地刑法學說一般均從中國《刑法》分則第一章所規定的罪名當中歸納總結「危害國家安全罪」中的「國家安全」的內涵，認為中國《刑法》中的「危害國家安全罪」中的「國家安全」，特指中國的主權、領土完整與安全，以及人民民主專政的政權和社會主義制度的安全。[9] 具體而言，包括以下幾個基本內容：一是國家主權、領土完整和安全；二是人民民主專政的政權和社會主義制度。[10] 本文同意這種見解。以下從三個方面，對中國《刑法》中的危害國家安全罪進行敘述：

首先，從危害國家主權、領土完整和安全方面來危害國家安全。其中，國家主權，是指一個國家作為國際人格者，在其領域內所擁有的最高權力。這種權力，本質上和國家獨立密切相關，即國家可以按照自己的意志獨立處理本國事務而不受其他國家或者外來勢力的干涉。這一點，在聯合國大會 1974 年通過的三個文件即《建立新的國際經濟秩序宣言》、《建立新的國際經濟秩序行動綱領》、《各國經濟權利和義務憲章》中都有體現。如《各國經濟權利和義務憲章》在第 1、2 條中規定：「每個國家有依照其人民意志選擇經濟制度以及政治、社會和文化制度的不可剝奪的主權權利，不容任何形式的外來干涉、強迫或者威脅」。這種國家主權的獨立性，體現在以下兩個方面：一是對內統治權，即國家在其領土範圍內，頒佈其認可的適當的憲法和法律，行使其認為適當的行政管理權，建立其武裝力量，確立其國家形式、政治和經濟體制，在其領土和主權管轄範圍內能夠排他地行使權力，並對其

9　高銘暄、馬克昌主編：《刑法學》（第九版），北京大學出版社、高等教育出版社 2019 年版，第 318 頁。

10　高銘暄、馬克昌主編：《刑法學》（第九版），北京大學出版社、高等教育出版社 2019 年版，第 318 頁；阮齊林：《中國刑法各罪論》，中國政法大學出版社 2016 年版，第 12 頁；陳興良主編：《刑法學》（第三版），復旦大學出版社 2016 年，第 564 頁。

國民具有優先管轄的權力。[11] 因此，實施或者煽動實施分裂國家、製造民族分裂，破壞國家統一；武裝叛亂、暴亂者割據一方，或者顛覆政權行為，均為嚴重危及國家生存、對抗國家對內統治權的行為，構成危害國家安全的犯罪。二是對外獨立權，即在國際關係中，國家可以獨立自主地處理其國際事務，如接受和派遣外交使節，參加國家會議，簽訂或加入國際公約，與他國締結條約或者協定。[12] 勾結外國或者境外機構、組織、個人，建立傀儡政權，使主權國家直接或者間接淪為他國附庸，或者勾結外國，與之簽訂軍事、經濟方面的不平等條約，出賣國家軍事、經濟自主權的行為，都是侵害作為國家主權的對外獨立權的行為，屬於危害國家安全的犯罪。與國家主權緊密相關的，是作為國家行使主權的對象和範圍的領土，其是國家的重要構成因素之一。領土從屬於國家主權及其管轄權，對於主權國家的生存和發展具有重要意義。沒有領土，「國家」以及國家主權便無從談起，因此，破壞國家領土的完整和統一的行為是危害國家安全罪的重要行為之一。從此意義上講，勾結外國，出賣國家領土的割讓行為；以「地區獨立」為名，實施分裂或者煽動分裂國家的行為；組織、策劃、實施武裝叛亂或者暴亂，實行地方割據，意圖建立獨立王國的行為；中國公民投入國內敵對勢力或者國際上與中國為敵的國家，為其效勞，或者在被俘、被捕之後投降敵人實施危害國家安全的投敵叛變行為、參加間諜組織或者接受間諜組織及其代理人的任務，或者為敵人指示轟擊目標，危害國家安全的間諜行為；為境外的機構、組織、人員竊取、刺探、收買、非法提供國家秘密或者情報的行為；戰時供給敵人武器裝備、軍用物資資敵的行為，都是分裂國家和破壞國家統一的危害國家安全的行為。

其次，從危害人民民主專政的國家政權和社會主義制度方面來危害國家安全。如刑法第 105 條規定的顛覆國家政權罪、煽動顛覆國家政權罪，就以「顛覆國家政權、推翻社會主義制度」作為其行為要件。其中，國家政權是指一個國家的政體的統治體制，或者一個特定的行政管理當局，具有多種含義：在政府、政治和外交領域是指一個國家的政體的統治體制；在國際上指一個國家的特定的行政管理當局；在社會學範疇是指一個社會的制度，或者一個社會的秩序。但就法學來講，它是指掌握國家主權的政治組織及其所掌

11　王鐵崖主編：《國際法》，法律出版社 2019 年版，第 77 頁。

12　王鐵崖主編：《國際法》，法律出版社 2019 年版，第 77 頁。

握的政治權力，就是憲法學上所謂的「國體」，按照中華人民共和國的締造者
毛澤東的理解，就是「社會各階級在國家中的地位」，其決定著一個國家的國
家性質。中國的「國體」，就是憲法第 1 條所規定「中華人民共和國是工人階
級領導的、以工農聯盟為基礎的人民民主專政的社會主義國家」，因此，提及
顛覆國家政權，「工人階級領導的、以工農聯盟為基礎的人民民主專政」政
權首當其衝。國家政權有層級之分，包括中央政權和地方政權；國家政權還
有職能之分，包括立法機關、司法機關、行政機關以及領導一切的中國共產
黨的機關。但刑法上並沒有將顛覆政權的行為限定為中央政權，也沒有限定
為立法機關。從此意義上講，組織、策劃、實施武裝叛亂或者暴亂，圍攻作
為國家政權組織的各級權力機關、行政機關、司法機關、軍事機關以及中國
共產黨的各級組織機關，或者以造謠、誹謗或者其他方式煽動、顛覆國家政
權、推翻中國共產黨領導的行為，都是顛覆國家政權的危害國家安全的行為。

　　問題是如何理解「推翻社會主義制度」。所謂社會主義制度，就中國的現
實而言，是一個開放的、歷史的、不斷發展的概念，是中國共產黨自新中國
成立以來不斷探索的問題。按照馬克思主義的經典理論，社會主義制度首先
是一種社會形態，是優於且高於資本主義的一種社會制度；其次，是指一種
基本制度，作為一個制度體系，其包含有多個層次。[13] 就當今所稱的社會主義
制度，經典表述體現在中共十八大報告中。其中明確指出，「中國特色社會主
義制度，就是人民代表大會制度的根本政治制度，中國共產黨領導的多黨合
作和政治協商制度、民族區域自治制度以及基層群眾自治制度等基本政治制
度，中國特色法律體系，公有制為主體、多種所有制經濟共同發展的基本經
濟制度，以及建立在這些制度基礎上的經濟體制、政治體制、文化體制、社
會體制等各項具體制度」。鑒於中國共產黨領導對於中國社會主義制度建設的
重大意義和關鍵作用，中共十九大報告明確指出「中國特色社會主義最本質
的特徵是中國共產黨的領導」，並且在 2018 年 3 月通過的《憲法修正案》中，
將其寫入憲法第 1 條第 2 款，成為憲法條款。由此看來，「社會主義制度」是
一個含義極為廣泛的概念，其除了包括社會形態這一層次之外，還包括基本
經濟制度、基本政治制度、基本文化制度、基本社會建設制度和社會主義法
律體系。就其中的基本政治制度而言，包括人民民主專政（國體）、人民代表
大會制度（政體）、中國共產黨領導的多黨合作和政治協商制度（政黨制度）、

13　秦宣：《中國特色社會主義制度的多層次解讀》，《教學與研究》2013 年第 1 期，第 14 頁以下。

民族區域自治制度（民族制度）和基層群眾自治制度等具體制度。如此說來，內地《刑法》第105條所規定的顛覆國家政權類犯罪所指向的對象，即「國家政權」和「社會主義制度」，二者之間實際上有部分重合，即「社會主義制度」中包含作為國家基本政治制度的「人民民主專政政權」。但是，從刑法解釋的角度來看，既然在「顛覆國家政權」之後接著規定「推翻社會主義制度」，則這裏的「社會主義制度」應當具有和「國家政權」不同的內涵，從文意上看，二者所表達的是不同的意思。

從本文的角度來看，中國《刑法》第105條規定中的「社會主義制度」，可以歸結為一句話，就是「中國共產黨的領導」。這一點從中國憲法、法律以及中國共產黨的代表大會報告中有關社會主義本質內涵的變遷中能總結出來。如前所述，社會主義制度的內涵豐富，除了政治、文化意義之外，也包括經濟制度、法律制度等，而這些制度，在新中國成立之後特別是1978年「改革開放」政策實施之後，一直處於不斷變化之中。這一點，在經濟制度的領域尤為顯著，從最初的完全的計劃經濟，到後來的計劃經濟為主、市場經濟為輔，但現在的中國特色的社會主義市場經濟，中間不斷地在進行調整變化。這種調整變化，某種意義上講，就是對前一階段的制度進行「顛覆」或者說「推翻」，但中國司法機關從未將這種社會主義計劃經濟體制改革視為「推翻社會主義制度」。同樣，在文化體制、社會體制甚至某些政治體制的領域當中也能看到這種情況。由此看來，「推翻社會主義制度」，應當具有更加實際的內涵。從新中國建立以降特別是改革開放以後的歷史發展過程來看，無論是經濟體制、文化管理體制還是法律體制一直處於不斷改革變化之中，政治體制改革也沒有間斷，但這些改革均是在中國共產黨的領導之下進行的。換言之，社會主義制度中的政治、經濟、文化、社會制度在不斷變化即被「推翻」，唯一不變的是，上述制度的變化都是在中國共產黨的領導之下進行的。由此看來，刑法中的「推翻社會主義制度」，應當不是指推翻社會主義的經濟制度，也不是指推翻社會主義的文化或者社會管理制度，更不是指推翻社會主義的法律制度，而是指與前述不同的推翻「中國共產黨的領導」。

「中國共產黨的領導」，意味著通過中國共產黨這個政治組織，將生活在中國這個國土範圍之內的人和各種組織協調起來，使之作為一個整體。一方面，中國共產黨的領導是不可否認的近代歷史事實。國家統合是一個非常艱辛的事業，也是一個非常重大的課題，有時需要經過殘酷的過程才能實現。中華民族在整合國家的歷史過程中，也是如此，甚至經歷了「伏屍百萬、流

血漂櫓」的過程。[14] 就近代歷史來看，中國先後經歷了立憲君主制和國民國家的嘗試，但均以失敗而告終，歷史最終選擇中國共產黨領導下的多黨合作方式這樣一個國家統合方式。自新中國成立之後的七十多年來，內無內戰、外禦外侮，國家正在從一個積貧積弱的農業國快速地向現代工業國發展，一躍而成為世界第二大經濟體，應當說，中國共產黨一元領導的國家統合方式，從中國近現代史的發展來看，總體上是成功的，適合中國國情。另一方面，中國共產黨的領導也為建國以來歷次憲法所認可，具有法律上的依據。在新中國的五部根本法中，《共同綱領》中「工人階級領導」的規定間接地表明了中國共產黨的領導；「五四憲法」則在序言中規定了中國共產黨的領導；「七五憲法」首次將黨的領導寫入條文；「七八憲法」延續了這一做法；「八二憲法」同樣在序言中對黨的領導做出明確規定；2018 年 3 月修憲，「黨的領導」再次被寫入憲法。與「七五憲法」和「七八憲法」不同的是，現行憲法中「黨的領導」存在於作為總綱的國家根本制度條款中，且以「中國特色社會主義最本質特徵」的形式呈現，從而使得其比社會主義的其他諸多特徵更加具有獨特性和穩定性，[15] 也表明該特徵是中國特色社會主義的諸多特徵中最為重要的特徵。從此意義上講，推翻社會主義制度，意味著就是要改變社會主義的最本質特徵，即中國共產黨的領導。因此，組織、策劃、實施顛覆或者以造謠、誹謗或者其他方式煽動推翻「中國共產黨的領導」的，就要構成顛覆國家政權類的犯罪。

最後，國家工作人員通過叛逃的方式危害國家安全。《刑法》第 108 條所規定的投敵叛變罪、《刑法》第 109 條規定的國家機關工作人員在履行公務期間，擅離崗位，叛逃境外或者在境外叛逃的行為（叛逃罪）就是其例。就投敵叛變行為罪而言，其是指中國公民主動投靠與中國處於敵對關係的勢力，或者在被捕、俘虜之後投降變節的行為。成立本罪，不要求行為人具有「為敵人效勞」或者「實施危害國家安全行為」的條件。因為投敵叛變，本身就具有增強敵方力量、削弱中國力量；提高敵方聲威、動搖我方軍心的效果，因此，實施投敵叛變行為本身就具有威脅中國國家安全的效果。叛逃罪的場合也是如此。只要公職人員在履職期間擅離崗位，叛逃境外或者在境外叛逃即可成立，不管其動機、目的如何，也不問行為人叛逃之後是否投靠了境外

14　林來梵：《憲法學講義》（第三版），清華大學出版社 2018 年版，第 188 頁。

15　劉怡達：《中國共產黨的領導與中國特色社會主義的憲法關聯》，《武漢大學學報》（哲學社會科學版）2021 年第 3 期，第 30 頁以下。

的機構或者組織，甚至也不要求叛逃者從事了危害國家安全的具體活動。換言之，叛逃罪是抽象危險犯。這主要是因為，作為本罪主體的國家機關工作人員或者掌握國家秘密的國家工作人員，與一般老百姓不同，本來就有忠誠於國家、忠誠於其工作崗位的職責，[16] 其在履行公務期間，擅離崗位，逃往境外或者在境外脫逃，本身就是違背其作為公職人員應當對國家盡忠的表現；加之國家機關人員熟悉中國政治、經濟、文化等各個領域的情況，甚至掌握著一些不為人知的國家秘密或者內部情況。這類人一旦叛逃，不僅會對國家公職人員的整體形象造成破壞，還會因為其所掌握的國家秘密洩露，為境外的一些對中國不友好的國家、組織或者個人所利用，從而對中國國家安全帶來直接威脅。因此，這種一般公民的投敵行為，或者公職人員的叛逃行為，儘管其主體身份通常並不顯赫，而且危害程度也不及背叛國家罪，分裂國家罪或者煽動分裂國家罪，武裝叛亂、暴亂罪，顛覆國家政權罪或者煽動顛覆國家政權罪嚴重，但公職人員的身份以及影響，仍會對國家安全造成不能忽視的危害。

（二）「國家安全」在刑法上的地位

危害國家安全的犯罪，在當今世界的各種刑法當中，都是作為最為嚴重的犯罪加以規定的，這一點，從國外主要國家的刑法中就能看出。如日本《刑法》第二編（犯罪）中，首先就規定了破壞國家統治機構，或者在其領土之內排除國家主權行使權力，或出於瓦解其他憲法所規定的基本統治秩序的目的而實施暴力的內亂罪（第 77 條），以及與外國通謀，致使其對日本行使武力的外患罪（第 78 條），並規定對其可以判處死刑。德國《刑法》對有關國家安全的犯罪規定更加完備，其在分則第一章（背叛和平、內亂和危害民治的法治國家）中將背叛和平、內亂、危害民主法治國家，在第二章（背叛國家和危害外部安全）中將背叛國家、公開洩露國家秘密、背叛國家的特務活動等，在第四章（針對憲法機構及在選舉和表決時的犯罪行為）中將針對憲法機構的恐嚇、對聯邦總統和憲法機構成員恐嚇、破壞選舉，在第五章（針對國家防衛的犯罪行為）中將針對聯邦防衛等進行擾亂性宣傳、危害安全的情報活動、危害安全的攝像、為外國的防衛活動進行招募等，均規定為犯

16　〔日〕大塚仁：《刑法各論》（下卷），青林書院新社 1971 年版，第 548 頁。

罪，並規定最高可以判處終身自由刑。[17] 法國《刑法》第四卷第一編第一章（叛國罪與間諜罪）中，將向外國交付全部或者部分國家領土、武裝力量或者物資罪，與外國通謀罪，向外國提供情報罪，破壞罪，提供假情報罪規定在其中，在第二章（其他危害共和國制度或者國家領土完整罪）中，列舉了謀反罪與策劃謀反罪，暴動罪，篡奪指揮權、招募武裝力量和煽動非法武裝罪，在第三章（其他危害國防罪）中，列舉了危害軍事力量安全罪及危害涉及國防之保護區域罪、危害國防機密罪、危害情報部門罪等，並規定最高可以判處終身自由刑。[18]

中國也不例外。刑法對危害國家安全的犯罪予以最為嚴厲的處罰，這從以下幾個方面就能看出：

一是有法定行為即構成犯罪。從比較法的角度來看，中國內地《刑法》分則在有關犯罪的規定上的一個重要特點是，在罪狀的規定上，除了實行行為之外，通常還有「情節嚴重」、「造成嚴重後果」、「數額較大」之類的伴隨情節或者後果要求，其主要是基於處罰效率和成本的考慮，將一些有危害但不是特別嚴重的違法行為交由《治安管理處罰法》等行政法規處理，客觀上也具有對犯罪的成立範圍進行限定的效果。但是，危害國家安全罪的場合，則沒有這種限定，有行為即構成，並不要求發生具體後果或者伴隨有某種情節。如背叛國家罪（第 102 條），只要有「勾結外國，危害中華人民共和國主權、領土完整和安全的」行為，即構成本罪。同樣，分裂國家罪（第 103 條），也是只要有「組織、策劃、實施分裂國家，破壞國家統一」的行為，即可構成。其他犯罪，如武裝叛亂、暴亂罪（第 104 條），顛覆國家政權罪（第 105 條），資助危害國家安全犯罪活動罪（第 107 條）、投敵叛變罪（第 108 條）的場合，也均是如此。這種規定方式，在中國《刑法》分則其他章節當中很難見到。

二是處罰階段提前，將部分危害國家安全行為的未完成形態規定為獨立犯罪。由於中國《刑法》總則中對犯罪預備、犯罪未遂、犯罪中止等故意犯罪的未完成形態有單獨規定，看似《刑法》分則中所規定的一切犯罪均處罰

17　參見《德國刑法典》，馮軍譯，中國政法大學出版社 2000 年版，第 63-85 頁。

18　參見《最新法國刑法典》，朱琳譯，法律出版社 2016 年版，第 184-191 頁。

其未遂、中止、預備形態，但實際上，從相關刑法學說[19]以及司法解釋來看，中國刑事司法實踐總體上還是呈現出「以處罰既遂犯為原則、以處罰未遂犯為例外、以處罰預備犯為例外的例外」的現狀。對《刑法》分則所規定的普通犯罪而言，除了殺人、搶劫、強姦、放火等一旦既遂便會造成不可挽回的嚴重後果，必須嚴加防範的特別嚴重的犯罪類型之外，對於絕大多數犯罪來說，是不處罰其預備形態的，甚至連未遂形態都較少處罰。但是，這一點對於絕大多數危害國家安全罪來說，並不適用。如就分裂國家罪，武裝叛亂、暴亂罪，顛覆國家政權罪而言，一旦既遂，後果便不堪設想。特別是在國家政權被顛覆之後，誰審判誰，情況還不好說。因此，這種犯罪，在預備階段即有組織、策劃行為就構成犯罪，更不用說了在著手之後因為行為人意志以外的原因而未得逞的未遂狀態了。

三是處罰範圍從寬，煽動、教唆、幫助等共犯行為亦為正犯。刑法立法的慣例是，以處罰正犯——即行為人親自著手實施犯罪的實行犯為原則，以處罰並不親自動手實施犯罪，而是通過正犯而引起侵害法益結果的幫助、教唆等共同犯罪為例外。如中國刑法當中規定有故意殺人罪，而沒有將教唆或者幫助他人故意殺人的行為單獨規定為罪；規定有盜竊罪，而沒有將教唆或者幫助他人盜竊的行為單獨規定為罪。對於上述教唆或者幫助他人犯罪的共犯，通常視情依照《刑法》總則的相關規定處理。但是，在危害國家安全罪的場合，將共犯作為正犯單獨規定，即共犯正犯化的情形則非常常見。如就分裂國家罪、顛覆國家政權罪而言，親自實施分裂國家、顛覆國家政權的行為固然構成犯罪，但以造謠、誹謗或者其他方式煽動分裂國家、破壞國家統一，煽動顛覆國家政權、推翻社會主義制度的教唆行為（廣義教唆）也獨立構成犯罪。同樣，背叛國家、分裂國家、武裝叛亂暴亂、顛覆國家政權等危害國家安全的行為固然構成犯罪，但以提供經濟支持的形式為上述犯罪提供幫助的，也單獨構成犯罪（第 107 條）；同樣，戰時以供給敵人武器裝備、軍用物資方式幫助敵人的，單獨成罪（第 112 條）。

四是處罰嚴厲。由於國家安全是憲法和法律當中最為重要的保護法益，因此，世界各國刑法對於危害國家安全的犯罪，均以最為嚴厲的刑罰手段加

19　中國刑法學的通常見解認為，間接故意犯和過失犯沒有犯罪的預備、未遂、中止等未完成形態，直接故意犯罪雖說可以存在上述未完成形態，但並不意味著一切直接故意犯罪的罪種和具體案件都可以存在這些犯罪的停止形態。高銘暄、馬克昌主編：《刑法學》（第九版），北京大學出版社、高等教育出版社 2019 年版，第 142 頁。

以應對，中國也是如此。按照中國《刑法》第 113 條的規定，背叛國家罪，分裂國家罪，武裝叛亂、暴亂罪，投敵叛變罪，間諜罪，為境外竊取、刺探、收買、非法提供國家秘密、情報罪，資敵罪，對國家和人民特別嚴重、情節特別惡劣的，可以判處死刑。換言之，中國《刑法》分則中的危害國家安全罪總共才十二個罪名，其中有八個罪名屬於死罪，約佔到中國《刑法》中死罪罪名的六分之一，為其他犯罪類型所不見。另外，犯危害國家安全罪的，可以並處沒收財產，即沒收犯罪分子個人所有財產的一部或者全部。沒收這種刑罰方法的背後，具有否定犯罪人的權利能力的一面，從個人尊嚴的角度來看，令人難以接受，作為一種刑罰方法而存在，在現代社會中爭議較大。[20]適用這種刑罰的，除了貪利型犯罪之外，通常都是判處死刑的犯罪，意味著對犯罪分子從生命到財產全部予以剝奪和否定。對危害國家安全罪規定可以適用沒收財產，也意味著對這類犯罪進行最為嚴厲的否定評價。[21]

四、危害國家安全罪的認定 —— 以煽動顛覆國家政權罪為例

中國當今政治、經濟以及社會局勢整體上處於穩定狀態的和平建設時期，相較於其他罪名，《刑法》中的危害國家安全罪較少適用。另外，危害國家安全罪的保護法益比較抽象，入罪門檻比較低，一旦廣泛適用，不可避免地會引發人們政治上的考慮，因此，中國司法機關對於本罪的適用向來持審慎態度。近年來，從相關的新聞報道來看，有關危害國家安全罪，適用較多的罪名是刑法第 105 條第 2 款所規定的煽動顛覆國家政權罪，即以造謠、誹謗或者其他方式煽動顛覆國家政權、推翻社會主義制度的行為，其法定刑為 5 年以下有期徒刑、拘役、管制或者剝奪政治權利；首要分子或者罪行重大的，為 5 年以上有期徒刑。

從比較法的角度來看，煽動顛覆國家政權行為入罪，並非中國所獨有。如法國《刑法》第 412 至 418 條規定有煽動武裝反抗國家政權或者對抗部分人民群眾的煽動非法武裝罪；[22] 德國《刑法》第 86 條也將散發（包括以數據存儲方式公之於眾）被聯邦憲法法院宣佈為違憲政黨或者被確認為這一政黨的

---

20 馬克昌主編：《刑罰通論》，武漢大學出版社 1995 年版，第 231 頁；〔日〕大谷實著：《刑事政策學》（新版），黎宏譯，中國人民大學出版社 2009 年版，第 152 頁。

21 陳興良主編：《刑種通論》（第二版），中國人民大學出版社 2007 年版，第 312 頁。

22 參見《最新法國刑法典》，朱琳譯，法律出版社 2016 年版，第 188 頁。

替代性政黨或者社團的宣傳品，違反憲法秩序或者違反國民共同理想、被確認應當禁止的社團之替代性組織宣傳品的行為規定為犯罪。[23] 另外，西班牙《刑法》第 477 條、第 488 條；[24] 瑞典《刑法》第 18 章第 1 條 [25] 也有類似的規定。

但是，煽動行為入罪涉及侵犯公民言論自由的敏感話題，因此在將其入罪時，必須慎重。就各國通例來看，煽動行為入罪的標準，大致上可以分為兩種：一是煽動使用暴力的才構成犯罪。如意大利《刑法》第 272 條規定，在意大利領域內宣傳和煽動以暴力建立某一社會階級對其他階級的專政、以暴力方式壓迫某一社會階級，或者以暴力方式推翻國家現行的社會制度或者經濟制度，或者宣傳摧毀社會的任何政治和法律制度的，處 1 年至 5 年有期徒刑。[26] 二是煽動以暴力以外的方式對抗政府的，也可以構成犯罪。如泰國《刑法》第 116 條規定，除了煽動民眾使用武力或者暴力，變更國家法律或者政府以外，煽動民間騷亂與仇恨、足以導致國家動亂，或者使民眾違反國家法律的，構成犯罪。[27] 中國刑法採取了後一種方式，即成立本罪，不要求以煽動實施暴力顛覆政府的方式，以造謠、誹謗或者其他方式煽動人們採取「和平」、漸進手段顛覆國家政權、推翻社會主義制度的亦可。[28]

本罪在客觀上表現為以造謠、誹謗或者其他方式煽動顛覆國家政權、推翻社會主義制度的行為。其中，所謂造謠，是指無中生有，製造、散佈敵視中國國家政權和社會主義制度的言論，從而混淆公眾視聽。所謂誹謗，是指捏造並散佈虛假事實，詆毀中國國家政權和社會主義制度。其他方式，是指造謠、誹謗以外的能夠引起人們仇視中國國家政權和社會主義制度的方式，如肆意誇大、渲染中國社會中存在的問題，許諾將來的政權和制度比現在的好，以引起人們對現實政權和社會主義制度的不滿等。煽動的內容，是「顛覆國家政權、推翻社會主義制度」，即採取暴力等不法手段使國家政權、社會主義制度覆滅。[29] 由於本罪屬於煽動犯罪，因此，要求造謠、誹謗或者其他方式實施的煽動行為必須是公然實施的，否則就只能構成顛覆國家政權罪的教唆犯。

---

23 《德國刑法典》，徐久生、莊敬華譯，中國法制出版社 2000 年版，第 99 頁。

24 《西班牙刑法典》（截止 2015 年），潘燈譯，中國檢察出版社 2015 年版，第 224-227 頁。

25 《瑞典刑法典》，陳琴譯，北京大學出版社 2005 年版，第 34 頁。

26 《意大利刑法典》，黃風譯，中國政法大學出版社 1998 年版，第 87 頁。

27 《泰國刑法典》，吳光俠譯，中國人民公安大學出版社 2004 年版，第 28 頁。

28 于志剛主編：《危害國家安全罪》，中國人民公安大學出版社 1999 年版，第 190、193 頁。

29 張明楷：《刑法學》（第五版）（下），法律出版社 2016 年版，第 682 頁。

從相關判例來看，成立本罪，首先必須具有以造謠、誹謗或者其他方式煽動不特定多數人「用某種手段發動政變或武裝叛亂，推翻現政權」的行為。行為人僅僅發表不同意見，其中不包含號召人們顛覆國家政權、推翻社會主義制度的內容的話，便屬於憲法所保護的言論自由，不足以構成犯罪，由此而將個人的思想言論和犯罪嚴格區分開來。[30] 如在「李保成、李某甲、楊某甲、楊某乙、杜某某煽動顛覆國家政權案」中，被告人李保成為某教會地區負責人。2014 年 10 月 14 日，其召集楊某甲、楊某乙、杜某某在其住處開會，稱受耶和華指點，為挽救國家遭受帝國主義的侵略，欲成立「金花愛民黨」領導國家，後其草擬《「愛民黨」會議精神》讓楊某甲複印，向信眾發放。之後，李保成三次在教會骨幹成員以及分會點負責人會議上講述《「愛民黨」會議精神》，宣佈成立「金花愛民黨」、「金花人民永和國」，宣佈北京改名為「仙督」，改國名為「金國」，國家性質為「富產階級」。之後，在 2015 年 4 月 15 日，李保成、楊某甲、楊某乙、杜某某組織帶領二百餘名信眾，列隊沿當地世紀大道、人民路、光明路、黃洋路等路段示威遊行，並沿街呼喊「炮打司令部、砸爛公檢法」、「金花愛民黨萬歲、金花人民永和國萬歲」等內容宣傳口號。後被公安機關攔截、疏散。法院認為，被告人李保成利用宗教信仰，並假藉耶和華旨意成立「金華愛民黨」、「金花人民永和國」為由，夥同被告人楊某甲、李某甲、楊某乙、杜某某，以教會會議和遊行示威等形式向群眾宣傳「砸爛公檢法」、「金花愛民黨」、「金花人民永和國」等煽動顛覆國家政權、推翻社會主義制度的言論，其行為構成煽動顛覆國家政權罪。[31] 本案當中，被告人李保成等若僅僅是草擬《「愛民黨」會議精神》而未散發的話，就只能認定為一種言論表達，難以認定為本罪。但其後面的一系列行為，即多次在教會骨幹成員以及分會點負責人會議上講述上述會議精神；擅自宣佈成立「金花愛民黨」、「金花人民永和國」；擅自宣佈北京改名為「仙督」，改國名為「金國」，國家性質為「富產階級」；組織二百多人在當地中心區域進行非法遊行，喊出「砸爛公檢法」的口號，這些明顯違反憲法以及相關法律規定的行為，已經超出了「言論表達」的範疇，達到了實施「顛覆國家政權、推翻社會主義制度」的行為的程度，因而被認定為犯罪。同樣，在「江天勇煽動顛覆國家政權案」中，被告人多次赴境外參加以推翻國家政權為內容的

30　謝望原、郝興旺：《刑法分論》（第二版），中國人民大學出版社 2011 年版，第 17、18 頁。

31　上述內容，參見河南省南陽市中級人民法院刑事判決書，（2015）南刑三初字第 00006 號。

培訓，向境外反華勢力申請炒作熱點案件的資金支持。2013 年，江天勇與一些律師發起成立了「中國保障人權律師服務團」，通過該平台以「維權」為幌子，插手、炒作國內熱點案件。2015 年以來，江天勇針對周某某顛覆國家政權案等案件，通過歪曲事實、煽動他人在公共場所非法聚集滋事、利用輿論挑起不明真相的人員仇視政府等方式，攻擊和誹謗國家現行政治制度，煽動他人顛覆國家政權、推翻社會主義制度，嚴重危害國家安全和社會穩定。2016 年 10 月，江天勇指使謝某（因涉嫌犯煽動顛覆國家政權罪被依法採取強制措施）的妻子編造了「謝某在羈押期間遭受酷刑」的系列文章，在互聯網上炒作。江天勇還將前述文章及境外網站歪曲事實的報道大量轉發，並鼓動他人轉發，煽動民眾對現行體制和司法機關的不滿。法院經審理認為，被告人江天勇以顛覆國家政權、推翻社會主義制度為目的，通過在互聯網上發佈文章、接受境外媒體采訪、炒作熱點案事件等方式抹黑國家政權機關，攻擊憲法所確立的制度，煽動顛覆國家政權、推翻社會主義制度，其行為已構成煽動顛覆國家政權罪。[32]

但是，僅有煽動行為，甚至是使用了非常尖銳激烈甚至是反動措辭的場合，也不一定被認定為煽動顛覆政權罪，還要看行為人實施煽動行為的動機以及相關效果。如在「劉美廷、韓麗芳煽動顛覆國家政權案」中，法院查明，2015 年 7 月至 2017 年 4 月，被告人劉美廷、韓麗芳為發泄對相關單位和部門依法做出的處理結果的不滿情緒，多次在若干微信群中轉發微信收藏夾中所收藏的「2017 年中共滅亡的日子到了，起義造反吧，只有中共滅亡，我們才能生存，中共不亡，我們必亡，起來，中華民族到了最危險的時候，大刀向，共匪的頭上砍去」、「統治當局的暴政，才是社會動蕩的根源……總有一天，統治當局，必然會被國民的奮起反抗，徹底推翻。這一天，已經進入倒計時」等毀損黨的領導和政府形象，攻擊中國人民民主專政和社會主義制度的內容，並向美駐華使館官員發出所謂「求救信」，妄稱有關部門打壓訪民。對於上述事實，被告人劉美廷及其辯護人提出，被告人劉美廷在微信中所發的內容是為了泄憤，是由於自己上訪一直沒有得到解決，沒有攻擊和推翻國家和社會主義制度的目的，也沒有對國家的安全造成影響，該行為不構成煽動顛覆國家政權罪，應宣告被告人劉美廷無罪。

32　曾妍：《江天勇煽動顛覆國家政權罪一審獲刑二年當庭表示不上訴》，《人民法院報》2017 年 11 月 21 日，第 03 版。

被告一方的這一辯護意見為法院所部分採納。法院認為，被告人劉美廷的行為只是對其父母被害一案和其弟故意傷害一案的處理結果不滿，出於泄憤動機而實施的，沒有顛覆國家政權、推翻社會主義制度的目的，故被告人劉美廷的行為不構成煽動顛覆國家政權罪。但同時認為，被告人劉美廷、韓麗芳為了泄憤而在微信群中捏造事實攻擊黨和國家領導人，詆毀國家形象，多次在多個多人的微信群發佈多條含有煽動顛覆國家政權、推翻社會主義制度等內容的信息，並向美駐華使館官員發出所謂「求救信」，妄稱有關部門打壓訪民，擾亂社會公共秩序，情節嚴重，構成尋釁滋事罪。最終，法院認定被告人劉美廷、韓麗芳構成尋釁滋事罪，而不是煽動顛覆國家政權罪。[33]

中國刑法學的傳統見解認為，在煽動類危害國家安全犯罪的認定上，一定要劃清本罪與群眾中的落後言論、不滿言論、政治錯誤的界限。區分二者的關鍵在於，看行為人主觀上是不是具有把群眾煽動起來顛覆國家政權和推翻社會主義制度的目的。[34]上述劉美廷、韓麗芳煽動顛覆國家政權案的審判結果，某種意義上講，便是這種審判思路的體現。但實際上，煽動顛覆國家政權罪，儘管從行為性質上看，屬於沒有結果或者情節要求的行為犯，但因為其所侵害的法益是國家安全，因而只有在實施該行為，必然會對國家安全產生抽象危險的場合才能成立。實施煽動行為，是不是具有「顛覆國家政權、推翻社會主義制度」的抽象危險，其判斷，必須結合實施煽動行為的人的身份背景、主觀動機、所處的時空環境，煽動行為的內容、針對對象、付諸實施的可能性等諸種要素加以綜合判斷。[35]就上述「劉美廷、韓麗芳煽動顛覆國家政權案」中所查明的事實而言，首先，發佈上述煽動信息者，都是極為尋常的百姓，傳播內容的影響力有限；其次，傳播空間僅限於其所加入的數個微信群，傳播對象基本上是數人，不是不特定的多數人；最後，傳播內容儘管言辭極為尖銳甚至稱得上是反動，但細看之下，會發現其完全就是一種空洞無物的謾罵，並沒有讓人能夠信服的內容，特別是可以操作的實際內容（成立刑法中的「教唆」，必須是該教唆行為使對方產生了行為所針對的具體對象和行為方式等內容的認識，而所謂「大刀向『共匪』頭上砍去」並沒有達到

33　山西省運城市中級人民法院刑事判決書，（2018）晉 08 刑初 8 號。

34　周道鸞：《中國刑法分則適用新論》，人民法院出版社 1997 年版，第 35 頁；于志剛主編：《危害國家安全罪》，中國人民公安大學出版社 1999 年版，第 214 頁；王作富主編：《刑法分則實務研究》（上）（第四版），中國方正出版社 2010 年版，第 10 頁。

35　黎宏：《刑法學總論》（第二版），法律出版社 2016 年版，第 74 頁。

這種程度）。總之，上述案件中被告人的行為僅僅是一種「罵大街式」的對執政黨和人民政府不滿情緒的宣洩，因此，法院認定上述被告人的行為不構成危害國家安全的犯罪的理解是合理的。

五、結語

國家將危及其存在的侵害行為，作為最嚴重的犯罪，予以最嚴厲的制裁，這是其自我防衛本能的體現，故古今中外的刑法對於危害國家安全的犯罪，處罰階段最早、處罰範圍最寬、所處刑罰最重。中國也不例外。但是，物極必反，乃是一般的道理。雖說是「國家安全」，所以要從嚴保護，但「國家安全」是一個極為抽象的概念，其具體所指和財產、人身等相比，內容非常模糊，而且，因為只要實施法定行為即夠罪，不要求造成具體的危害後果，因此，在其適用上，難免會產生侵害公民個人權利特別是言論自由的危險。在此意義上講，針對人類社會進入 21 世紀之後國際社會發生的巨大變化以及中國當今所面臨的新形勢，結合中國憲法以及刑法的相關規定，總結中國對多年來有關危害國家安全犯罪的審判實踐經驗，參考國際社會的相關做法，對中國刑法中危害國家安全罪的法理進行深入探討，並在此基礎上探索劃定中國危害國家安全罪的處罰範圍，是一項具有重要意義的課題。

顛覆國家政權罪和煽動顛覆國家政權罪的司法適用考察

陳璿　中國人民大學法學院副教授

一、導言

顛覆國家政權罪和煽動顛覆國家政權罪分別規定在中國《刑法》第 105 條第 1 款和第 2 款中，屬分則第一章規定的危害國家安全類犯罪。從當前的研究現狀來看，刑法理論界對這兩個罪名的關注不多。本文試圖藉助中國裁判文書網、北大法寶案例檢索系統、《人民法院刑事指導案例裁判要旨通纂》等案例來源收集相關的判例，並對其進行梳理，初步介紹這兩個罪名在實踐當中的適用情況。需要指出的是，由於涉及這兩個罪名的一些案件關乎國家機密，未予公開，故本文的整理只能以目前可見的裁判文書為分析材料。

二、顛覆國家政權罪

按照中國《刑法》第 105 條第 1 款的規定，顛覆國家政權罪的實行行為是：組織、策劃、實施顛覆國家政權、推翻社會主義制度的行為。根據國內刑法學界通說的理解，「顛覆」和「推翻」是指採取暴力等不法手段使國家政權和社會主義制度歸於覆滅。[1] 本罪不僅包括「實施」，也即實行顛覆國家政權的行為，而且還包括在此之前的組織、策劃行為，這被許多學者稱為「把有關犯罪行為的共謀、預備、教唆、幫助行為實行行為化」。[2] 本罪所說的顛覆國家政權，既可以是顛覆政權的整體，也可以是顛覆中央或者地方的某一個政權機關；本罪所說的推翻社會主義制度，既可以是推翻制度的整體，也可以是推翻制度中的政治、經濟、軍事、文化、教育等某一方面。[3] 較為典型的案件

1　參見張明楷：《刑法學》，法律出版社 2016 年版，第 682 頁。

2　參見王作富主編：《刑法分則實務研究》（上），中國方正出版社 2013 年版，第 2 頁。

3　參見高銘暄、馬克昌主編：《刑法學》，北京大學出版社、高等教育出版社 2017 年版，第 326 頁。

包括：

1.「黃金秋顛覆國家政權案」。法院以顛覆國家政權罪判處被告人 12 年有期徒刑，剝奪政治權利 4 年。法院認定有罪的事實依據是：首先，被告人在境外新聞網站上組織、策劃成立「中華愛國民主黨」，並制定黨章，確定該組織的目標是反對和推翻中國的國家政權。其次，被告人在互聯網上發佈入黨申請書，招募了多名預備黨員，還發表了大量文章具體指導如何開展該組織工作的方法，唆使他們成立支部、發展黨員。最後，被告人歸國後先後在昆明、綿竹、連雲港等地，上網發表文章或發放名片，宣傳該組織的「思想」，為顛覆國家政權積極進行組織活動。[4]

2.「鄧某、曲某顛覆國家政權案」。法院認定被告人成立本罪的理由在於，被告人糾集他人意圖成立秘密組織，為組織、策劃、實施顛覆國家政權，推翻社會主義制度製造條件。相關的事實依據在於，被告人不僅口頭上要求改變政治體制，而且還實施了以下行為：（1）組織成立團體和保安公司，計劃利用公司作掩護發展武裝力量，搞清當地糧食儲備和部隊駐紮情況，通過部隊的戰友去做士兵的工作，改變士兵的思想觀念。（2）計劃利用與兵工廠的關係組建部隊。（3）提出鬥爭策略，要求建立核心團隊，佔領政治、道德上的制高點，不放棄最後的鬥爭，做到師出有名，構建活動經費和資金來源的秘密渠道等。這些事實說明，被告人已經開始為推翻國家政權開展組織、人事、策略等多方面的籌備和規劃。[5]

3. 對於「陳樹慶顛覆國家政權案」，法院認定被告人實施了組織、策劃、實施顛覆中國國家政權、推翻中國社會主義制度的行為，認定的事實依據是：[6]（1）被告人加入以奪取政權、推翻現有制度為宗旨的非法組織（該組織的「宣言」、「章程」表明）。（2）以該非法組織及其個人名義撰寫多篇文章並在境外網站發表，誹謗、污衊、攻擊中國國家政權和社會主義制度，並極力美化該非法組織，企圖擴大該非法組織的影響力，這已超越公民言論自由的合法權利的界限。（3）多次向不特定人員宣傳該組織的理念、宗旨，積極物色、發展組織成員。

以上這些以顛覆國家政權罪定罪處刑的案件，其共同點在於：第一，行

4　參見陳興良、張軍、胡雲騰主編：《人民法院刑事指導案例裁判要旨通纂》（上卷），北京大學出版社 2018 年版，第 1-2 頁。

5　參見山東省青島市中級人民法院刑事判決書，（2015）青刑一初字第 40 號。

6　參見浙江省高級人民法院刑事裁定書，（2016）浙刑終 310 號。

為人組建或者加入了明確以推翻國家政權和現有社會制度為目標的組織；第二，行為人實施了充實組織成員和擴大組織影響力的活動，具有一套相對比較完備的施行顛覆活動的計劃和策略。

值得注意的是，《香港國安法》第 22 條所規定的「顛覆國家政權罪」，其罪狀描述比內地《刑法》更為具體。而且，除了有「推翻、破壞中華人民共和國憲法所確立的中華人民共和國根本制度」和「推翻中華人民共和國中央政權機關或者香港特別行政區政權機關」之外，還包含了「嚴重干擾、阻撓、破壞中華人民共和國中央政權機關或者香港特別行政區政權機關依法履行職能」以及「攻擊、破壞香港特別行政區政權機關履職場所及其設施，致使其無法正常履行職能。」

三、煽動顛覆國家政權罪

所謂煽動顛覆國家政權罪，是指以造謠、誹謗或者其他方式煽動顛覆國家政權、推翻社會主義制度的行為。造謠、誹謗是指編造、捏造歪曲、損害、詆毀污衊國家政權和社會主義制度的事實，煽動行為旨在鼓動不特定人或者多數人顛覆國家政權、推翻社會主義制度。接下來，以現有可見的不多判例分析一下本罪司法適用的情況。

1.「欒凝煽動顛覆國家政權案」。經審理查明，自 1999 年國家宣佈取締「法輪功」，並將「法輪功」認定為邪教組織後，被告人一直繼續練習「法輪功」。他曾向多個黨和國家機關、事業單位、人民團體、公司、企業的工作人員及小區住戶郵寄郵件共 526 封，郵件內裝有宣揚「法輪功」及具有煽動顛覆國家政權、推翻社會主義制度內容的《縱觀天下》、《明慧週報》等宣傳材料。從被告人處查獲的無綫電設備均為「偽基站」，經計算機司法鑒定，從上述「偽基站」中提取到宣揚「法輪功」及具有煽動顛覆國家政權、推翻社會主義制度內容的大量信息記錄。法院認定，被告人欒凝在其傳播的郵件中以造謠、誹謗的方式散佈有損於國家政權和社會主義制度的言論，其行為符合煽動顛覆國家政權罪的構成要件，應當以煽動顛覆國家政權罪定罪，判處其有期徒刑四年。[7]

2.「王某甲煽動顛覆國家政權案」。本案中，被告人王某甲先後在湖南省

7　參見寧夏回族自治區銀川市中級人民法院刑事判決書，（2018）寧 01 刑初 41 號。

張家界市和湘潭市開辦了兩期「中功」培訓班，每期參學人員近二十人。其間，王某甲利用培訓授課之機，向參學人員散佈誹謗、詆毀中國共產黨的言論，並在明知《九評共產黨圖文版》等書中含有大量煽動顛覆國家政權、推翻社會主義制度的內容的情形下，仍上網下載後進行複製，繼而將複製的材料及其非法獲得的《九評共產黨圖文版》等，向參學人員散發。法院認為，上訴人王某甲明知違禁出版物及複製材料中載有煽動顛覆國家政權、推翻社會主義制度的內容，而予以宣傳、印製、傳播，危害國家安全，其行為已構成煽動顛覆國家政權罪，判處有期徒刑三年，剝奪政治權利一年。[8]

3.「劉美廷、韓麗芳煽動顛覆國家政權案」。在本案中，被告人劉美廷因對其父母被害一案和其弟故意傷害一案的處理結果不滿，屢次上訪，未達目的。於是，就利用互聯網，通過微信發佈攻擊中國共產黨和政府的言論，其中也有「起義造反」、「滅亡中共」等激烈言辭。檢察機關指控其構成煽動顛覆國家政權罪。庭審中，被告人劉美廷及其辯護人提出，被告人劉美廷在微信中所發的內容是為了洩憤，是因為自己上訪一直沒有得到解決，沒有攻擊和推翻國家和社會主義制度的目的，也沒有對國家的安全造成影響，該行為不構成煽動顛覆國家政權罪，應宣告被告人劉美廷無罪。[9]法院最終部分地採納了該辯護意見，判決認定：第一，被告人劉美廷的行為只是為了洩憤，而沒有顛覆國家政權、推翻社會主義制度的目的，故被告人劉美廷的行為不構成煽動顛覆國家政權罪。第二，為了洩憤而在微信中捏造事實攻擊黨和國家領導人，詆毀國家形象，其行為嚴重破壞社會秩序，已構成尋釁滋事罪。以尋釁滋事罪分別判處兩名被告人四年和三年有期徒刑。

中國審判實踐對於煽動顛覆國家政權罪的適用，總體持較為謹慎的態度。以「劉美廷、韓麗芳煽動顛覆國家政權案」為例，本案中，法院將追求顛覆國家政權的目的作為本罪的主觀構成要件，以此限制了本罪的成立範圍。法院儘管最終仍然認定行為人構成犯罪，但是以尋釁滋事罪而不是煽動顛覆國家政權罪論處，對於行為人在刑法上的處理仍然有明顯的差別。因為，煽動顛覆國家政權罪屬危害國家安全罪，尋釁滋事罪則屬妨害社會管理秩序罪。法院是否認定行為人成立危害國家安全罪，與許多刑罰制度的適用密切相關。例如，就累犯制度來說，犯危害國家安全罪的犯罪分子，其成立

---

8 參見湖北省高級人民法院刑事裁定書，（2013）鄂刑一終字第 00091 號。

9 參見山西省運城市中級人民法院刑事判決書，（2018）晉 08 刑初 8 號。

累犯的條件就比其他一般犯罪的要寬鬆。又如，按照司法解釋的規定，對於危害國家安全之罪犯的減刑、假釋應當嚴格掌握。事實上，通過觀察司法實踐的情況可以看到，有不少案件，如果確實事出有因（如對司法機關的處理不滿、對政府部門徵地拆遷青苗補償費不滿等），行為人只是單純在微信等網絡媒體上散佈攻擊國家政體、領導人的信息以宣洩不滿情緒，而沒有與境外以顛覆國家政權為宗旨的組織及其宣傳物有明顯勾連，則儘管公安機關起先以煽動顛覆國家政權罪立案偵查，但法院往往持較為慎重的態度，最後都以行為人缺少顛覆國家政權的意圖，僅認定其構成尋釁滋事罪。[10]

　　本來，按照刑法理論的通說，本罪主觀方面既可以包括直接故意，也可以包括間接故意。[11] 司法實踐的這種做法，實際上將本罪的主觀方面限定在了直接故意之上，雖然未必符合刑法學的一般原理，但在一定程度上有利於限制本罪名的適用。

10　參見聶某某尋釁滋事一審刑事判決書，甘肅省敦煌市人民法院刑事判決書，（2014）敦刑初字第 268 號；馬德勝尋釁滋事一審刑事判決書，海城市人民法院刑事判決書，（2019）遼 0381 刑初 353 號；潘振娟尋釁滋事罪二審刑事裁定書，廣西壯族自治區欽州市中級人民法院刑事裁定書，（2019）桂 07 刑終 79 號。

11　參見高銘暄、馬克昌主編：《刑法學》，北京大學出版社、高等教育出版社 2017 年版，第 327 頁。

跟著錢的氣味：
實施《香港國安法》所需的介面

羅沛然　大律師（英格蘭及威爾斯和香港）

一、引言

《中華人民共和國香港特別行政區維護國家安全法》（以下簡稱《香港國安法》）在 2020 年 6 月 30 日由第十三屆全國人民代表大會常務委員會第二十次會議通過，並於同日由同一會議決定將《香港國安法》加入列於《中華人民共和國香港特別行政區基本法》（以下簡稱《香港基本法》）附件三的全國性法律。香港特區行政長官於同日晚上在香港按照《香港特區基本法》第 18 條第 2 款公佈《香港國安法》，並指明《香港國安法》自 2020 年 6 月 30 日晚上 11 時起在香港特區實施。

《香港國安法》是一部綜合性法律，內容包括原則和目的的宣示和界定、組織的建立、具體罪行的訂定、管轄權的適用，以及案件的偵查、起訴和審判的程序。[1]

《香港國安法》在第三章訂定四類罪行，其中訂立罪名禁止以金錢或其他財務資助實施分裂國家、顛覆國家政權和恐怖活動，[2] 也禁止從外國或境外勢力接受資助以危害國家安全。[3]《香港國安法》亦說明干犯該法訂明的罪名的刑事後果，包括有期徒刑、罰金，以及追繳、沒收犯罪得益。[4] 能否有效地根據《香港國安法》防止、檢控及懲處該法訂立的罪名，需要相關的執行和司法機構有權限去辨別、追蹤、限制、凍結、追繳及沒收代表這等資助或得益的金錢及其他無形財產。

1　饒戈平：《香港特別行政區維護國家安全法：學習與解讀》，《港澳研究》2020 年第 3 期，第 5-6 頁。

2　《香港國安法》第 21 條，第 23 條及第 26 條。

3　《香港國安法》第 30 條。

4　對於適用自然人的判處，見《香港國安法》第 21 條，第 23 條，第 26 條及第 30 條。對於適用公司、團體等法人或者非法人組織的判處，見《香港國安法》第 31 條。另外，《香港國安法》第 32 條訂明，因實施該法規定的犯罪而獲得的資助、收益、報酬等違法所得以及用於或者意圖用於犯罪的資金和工具，應當予以追繳、沒收。

本文藉著探討讓有關的調查人員、檢控人員和法庭能完成這要求的《香港國安法》條文和它派生的條文，以看清《香港國安法》、內地法律和香港特區法律就《香港國安法》的行使管轄和有效實施而建立的介面／連結／對接，和與這等介面／連結／對接恰當運作有關的便利及限制。

通過本文的初步探討，可得到三點觀察：第一、《香港國安法》對法律適用的說明沒有同時改動被指定適用的香港特區法律或容許被指定適用的香港特區法律，以實質地適應《香港國安法》的模式而接通應用。第二、《香港國安法》本身對其在香港運作的模式有規定，而這等規定可讓香港特區法律的個別具普遍適用效力的條文為《香港國安法》的實施提供便利。第三、在香港特區適用因啟動《香港國安法》第 55 條管轄的內地國家法、刑法及刑事程序法規，如何使其在港有效應用，還需要調研、完善和透明化。

二、行使管轄及應用調查權

《香港國安法》第 40 條規定，香港特區對該法規定的犯罪案件行使管轄權，但該法第 55 條規定的情形除外。這條文劃下了行使管轄的兩條綫路，即一般而言，由香港特區的維護國家安全的機構對《香港國安法》規定的犯罪案件行使管轄，[5] 但如適用第 55 條規定的情形，[6] 則相關的危害國家安全犯罪案件就由中央人民政府在香港特區設立的駐港維護國家安全公署的工作部門，以及指定的中國內地檢察機關及中國內地法院行使管轄。

按實際情況考慮，可以區分三種不同的維護國家安全機構在香港特區應用調查權的情況：情況一，由香港特區的維護國家安全的機構應用調查權；情況二，由駐港維護國家安全公署立案，自此應用調查權；及情況三，案件本由香港特區的維護國家安全的機構立案及調查，後經中央人民政府批准後，改由駐港維護國家安全公署繼續調查。

上文提供了一個框架，讓法律同業能較有條理地考慮《香港國安法》的

5　《香港國安法》第二章第二節規定了香港特區的維護國家安全的機構，即香港特區維護國家安全委員會、香港特區警務處的維護國家安全部門（即警務處組織下的國安部門，該部門下設立國家安全處），以及香港特區律政司的專門處理國家安全犯罪案件的檢控部門。

6　對於《香港國安法》第 55 條是否適用，需要中央人民政府批准，而有關的請求可由香港特區政府或駐港維護國家安全公署提出。

執行。鑒於筆者學識所限，下文將主要說明應用調查權的情況一，也就應用調查權的情況二及情況三稍作談論，望收拋磚引玉之效。

三、由香港特區的維護國家安全的機構應用調查權

《香港國安法》第 41 條第 1 款訂明：「香港特別行政區管轄危害國家安全犯罪案件的立案偵查、檢控、審判和刑罰的執行等訴訟程序事宜，適用本法和香港特別行政區本地法律。」

《香港國安法》第 43 條第 1 款接著訂明香港特區政府警務處維護國家安全部門辦理危害國家安全犯罪案件時，可以採取「香港特別行政區現行法律准予警方等執法部門在調查嚴重犯罪案件時採取的各種措施」，並可以按照香港特區行政長官會同香港特區維護國家安全委員會制定的實施細則，採取《香港國安法》第 43 條第 1 款規定的七項措施。

這條文標示兩類香港特區政府警務處的國安部門辦理《香港國安法》下的危害國家安全犯罪案件時可採用的執法措施。第一類是香港特區現行法律。第二類是《香港國安法》依據其第 43 條第 1 款加入的七項措施。

香港特區現行法律給予警方的調查權力，可分為一般性的調查權力和對個別特定種類犯罪的調查權力。一般性的調查權力適用調查嚴重犯罪案件和並非嚴重犯罪案件，例如《警隊條例》（香港法例第 232 章）第 50 條有關逮捕、扣留與保釋涉嫌犯罪人士及檢取涉嫌犯罪有關的財產的權力。

香港特區也有現行法律給予警方及其他執法機關針對個別特定種類犯罪的特別調查權力。這等針對個別特定種類犯罪的現行法律包括《販毒（追討得益）條例》（香港法例第 405 章），《有組織及嚴重罪行條例》（香港法例第 455 章），《聯合國（反恐怖主義措施）條例》（香港法例第 575 章），《打擊洗錢及恐怖分子資金籌集條例》（香港法例第 615 章）[7]及《實體貨幣及不記名可轉讓票據跨境流動條例》（香港法例第 629 章）。

可是，這等針對個別特定種類犯罪的現行法律內的調查或偵查的權力是否就是《香港國安法》第 43 條第 1 款所指的「香港特別行政區現行法律准予警方等執法部門在調查嚴重犯罪案件時採取的各種措施」，還存在疑問。在

7　《打擊洗錢及恐怖分子資金籌集條例》旨在規定金融機構及指定非金融機構（包括律師、會計師、地產代理及信託或公司服務提供者）須遵守客戶盡職審查和備存紀錄措施。

此方面，主要的問題是這等針對個別特定種類犯罪的現行法律多數是具有針對性地賦予警方等執法部門在調查或偵查某種類的犯罪時可運用的權力。例如，《有組織及嚴重罪行條例》第 II 部的偵查權力和第 III 部沒收犯罪得益的權力，[8] 適用偵查該條例訂明的「有組織罪行」或者「指明的罪行」，而該條例訂明的「有組織罪行」和「指明的罪行」的釋義都不直接涉及《香港國安法》下的四類危害國家安全犯罪。[9] 又例如，《聯合國（反恐怖主義措施）條例》雖然有指明和凍結財產的權力和就處理恐怖分子財產施加禁制的權力，也有就違反該條例的罪行為執法機關提供特有的調查權力及檢取、扣留和充公財產的權力，但是這條例針對的是被聯合國委員會指定為恐怖分子的人士和懷疑是屬於這等恐怖分子的財產。[10]

儘管可以把《香港國安法》第 43 條第 1 款所指的「香港特別行政區現行法律准予警方等執法部門在調查嚴重犯罪案件時採取的各種措施」作一個脫離有關的香港特區法律的背景和立法目的的解釋，以有關的權力是「警方等執法部門在調查嚴重犯罪案件時採取的措施」為接通的介面，容許香港特區政府警務處的國安部門取而用之，但這說法明顯「斷章」，忽略有關的香港特區現行法律對有關權力的適用的規制和約制，看來是頗為牽強的解釋。

所以，筆者認為，《香港國安法》第 43 條第 1 款雖然有意適用香港現行法律，但被指定適用的香港特區法律主體並不明確，而這條文也沒有同時明文改動被指定適用的香港特區法律或容許被指定適用的香港特區法律，以實質地適應《香港國安法》的模式而接通應用。

然而，仍然有個別的香港特區法律條文因為其本身內容的普遍性而對《香港國安法》下的罪行適用。

《有組織及嚴重罪行條例》第 25A 條要求所有在香港特區的人向獲授權的公職人員披露他知悉或懷疑是代表從可公訴罪行得益的財產。[11] 這條文針對的

8　《有組織及嚴重罪行條例》第 II 部訂定了提供資料或物料的權力，而第 III 部訂定了限制、押記和變現財產的權力。

9　見《有組織及嚴重罪行條例》第 2（1）條，附表 1 及附表 2。例如，由 2 名或以上的人所犯的，而且涉及相當程度的策劃及組織，以及有人在身體或心理上受嚴重傷害或有人有受該等傷害的相當程度的危險的引起可能危害生命財產的爆炸的犯罪，符合該條例的「有組織罪行」，但看來並不符合《香港國安法》第 24 條的「恐怖活動罪」，原因是「恐怖活動罪」的定義必要地包含為脅迫以圖實現政治主張的元素。

10　見《聯合國（反恐怖主義措施）條例》第 2（1）條，第 2 部，第 4A 部，第 4B 部及第 5 部。

11　《販毒（追討得益）條例》和《聯合國（反恐怖主義措施）條例》也有類似的條文，施加同樣的披露要求。

主體是「可公訴罪行」，而《香港國安法》下的罪行屬「可公訴罪行」。[12]

此前，為了打擊洗錢及恐怖分子資金籌集，香港特區設立「聯合財富情報組」（Joint Financial Intelligence Unit），由獲授權的警務處及海關人員組成，負責管理香港的可疑交易報告制度，其職責在於接收、分析及儲存可疑交易報告（Suspicious Transaction Report），並且將可疑交易報告送交適當的本地或海外執法機構或世界各地的財富情報組織處理。

現在，香港的銀行及金融機構已被告知，「聯合財富情報組」的可疑交易報告制度適用知悉或懷疑與《香港國安法》下的罪行相關的交易或財產，應通過「聯合財富情報組」管理的通報系統披露。[13] 同時，香港的銀行及金融機構與警方現有的「同意 / 不同意信函」（consent/no consent letter）行政安排也適用，[14] 讓警方能通過銀行及金融機構的自願合作得到凍結存有可疑資金、得益或財產的戶口的效果。

由此可見，《香港國安法》本身對其在香港運作的模式的規定可讓香港特區法律的個別具普遍適用效力的條文為《香港國安法》的實施提供便利。

香港特區政府警務處的國安部門也可使用《香港國安法》依據其第 43 條第 1 款加入的七項措施。這等措施與偵查資金、得益或財產相關的項目，可以包括：（1）要求人員回答問題和提交資料或者物料；（2）搜查處所等地；及（3）對用於或者意圖用於犯罪的財產、因犯罪所得的收益等與犯罪相關的財產，予以凍結，申請限制令、押記令、沒收令以及充公。香港特區行政長官會同香港特區維護國家安全委員會已為採取第 43 條第 1 款規定的七項措施制定了實施細則。[15] 本部分的餘下段落將閱讀關乎這三種措施的實施細則，並透過比對現行香港法律的類似命題的條文，提出幾點觀察。

《實施細則》附表 7 的《關於要求提供資料和提交物料的細則》設立的機制與《有組織及嚴重罪行條例》第 3 至 5 條訂定的機制相似，主要是通過律

---

12 《香港國安法》第 41 條。

13 見香港銀行公會《有關打擊洗錢 / 恐怖分子資金籌集的常見問題》（只有英文版本）第 64 及 65 項，載於 https://www.hkma.gov.hk/media/eng/doc/key-functions/banking-stability/aml-cft/FAQ_amlcft_sep_2020.pdf（最後訪問時間：2020 年 11 月 5 日）。

14 就「同意 / 不同意信函」行政安排的運作，見 *Interush Ltd and Another v. Commissioner of Police*, [2019] 1 HKLRD 892, [2019] HKCA 70（2019 年 1 月 17 日）（香港特區上訴法庭）。

15 即《中華人民共和國香港特別行政區維護國家安全法第四十三條實施細則》（由行政長官會同香港特別行政區維護國家安全委員會於 2020 年 7 月 7 日根據《中華人民共和國香港特別行政區維護國家安全法》第四十三條第三款制定）（下稱《實施細則》）。

政司向原訟法庭的指定法官申請提供資料或提交物料的命令操作，[16] 而機制也保護法律專業保密權，但也不可因提供資料或提交物料會傾向於使該人獲罪而拒絕遵從命令。這細則與《有組織及嚴重罪行條例》下的機制的不同之處是沒有要求制訂「實務守則」以說明有關的警務人員或其他獲授權人員應如何執行這細則。

《實施細則》附表 1 的《關於為搜證而搜查有關地方的細則》提供了兩個機制，分別是取得裁判官的手令搜查地方，及無需裁判官的手令搜查地方。就第一個機制，裁判官要信納有合理理由懷疑在某地方有任何指明證據〔即屬或包含（或相當可能屬或包含）危害國家安全罪行的證據的任何物件〕，才可發出手令，授權警務人員帶同所需的協助人員進入和搜查該地方。就第二個機制，要由職級不低於警務處助理處長的警務人員信納有合理理由懷疑在某地方有任何指明證據，有合理理由相信該證據是為偵查危害國家安全罪行，獲取和保存與危害國家安全罪行有關的證據或保護任何人的人身安全而必需的，及有任何原因，會使取得手令並非合理地切實可行，就可在無手令的情況下搜查該地方。鑒於香港特區政府警務處的國安部門的四位領導人員均是不低於警務處助理處長的警務人員，[17] 即是可由國安部門內部領導人員信納上述條件就可批准在無手令的情況下搜查地方。

《實施細則》附表 3 的《關於凍結、限制、沒收及充公財產的細則》設立的機制與《聯合國（反恐怖主義措施）條例》第 6 條訂定的機制相似，由保安局局長以書面通知指示除根據保安局局長批予的特許的授權外，任何人不得直接或間接處理某項被指明為「罪行相關財產」的財產，即干犯或企圖干犯危害國家安全罪行的人的財產，參與或協助干犯危害國家安全罪行的人的財產，或是任何用於或曾用於資助或以其他方式協助干犯危害國家安全罪行的財產。這書面通知可由保安局局長或原訟法庭的命令撤銷，也可經律政司申請，由原訟法庭發出的限制令或押記令取代。對於限制令或押記令申請需符合的條件，這細則除了可針對已就危害國家安全罪行提起檢控被告人的法律程序的人士提起申請，也可針對已就危害國家安全罪行拘捕而且有合理理由相信經進一步偵查後有可能被控以該罪行的人士或法庭信納將會被控以危

16　見《實施細則》第 3 條，而有關的「指定法官」為根據《香港國安法》第 44 條由香港特區行政長官指定的法官。

17　該四位領導人員有一位是警務處副處長，其他三位均是警務處助理處長。

害國家安全罪行的人士。[18] 這細則也訂定了一個和《有組織及嚴重罪行條例》第 25A 條相近的要求，要所有在香港特區的人向警務人員披露他知悉或懷疑是「罪行相關財產」的財產。

在完成討論應用調查權的情況一之前，還可就《實施細則》提出數點觀察：（1）《實施細則》可經由香港特區行政長官會同香港特區維護國家安全委員會修訂；（2）《香港國安法》第 14 條或許有效力排除以司法覆核訴訟對《實施細則》的內容及其後的修訂的合法性是否合乎《香港基本法》的挑戰；（3）《香港國安法》第 43 條第 2 款指明由香港特區維護國家安全委員會監督香港特區政府警務處的國安部門等執法機構採取該條第 1 款規定措施的情況。這項條文有可能實質上引導香港特區法院採取司法謙抑或迴避的取態，避免對香港特區政府警務處的國安部門等執法機構執行《實施細則》的行為進行司法覆核。至於是否如此，則要假以時日體現。

四、由中央人民政府在香港特區設立的駐港維護國家安全公署應用調查權

《香港國安法》第 55 條指明，在以下情形下，經中央人民政府批准，駐港維護國家安全公署對該法危害國家安全犯罪案件行使管轄權：（1）案件涉及外國或者境外勢力介入的複雜情況，香港特區管轄確有困難的；（2）出現香港特區政府無法有效執行本法的嚴重情況的；（3）出現國家安全面臨重大現實威脅的情況的。

《香港國安法》第 57 條訂明，根據該法第 55 條規定管轄案件時，駐港維護國家安全公署的立案偵查，適用《中華人民共和國刑事訴訟法》等相關法律的規定。第 57 條也訂明，根據第 55 條規定管轄案件時，第 56 條規定的執法機關依法行使相關權力，其為決定採取強制措施和偵查措施而簽發的法律文書在香港特區具有法律效力。對於駐港維護國家安全公署依法採取的措施，有關機構、組織和個人必須遵從。

翻查包括《中華人民共和國刑事訴訟法》等關於強制措施和偵查措施的相關法律可見，適用的法律，除了《中華人民共和國刑事訴訟法》外，也可

18　比照《有組織及嚴重罪行條例》第 14 條，可見即使原訟法庭同意發出限制令或押記令，有關的命令應以最長六個月為限，除非原訟法庭批准延長，每次最長六個月。

包括《中華人民共和國國家安全法》,《中華人民共和國反洗錢法》及《中華人民共和國反恐怖主義法》。法律執業者如果要全面理解駐港維護國家安全公署管轄案件時可以行使的偵查權力,以及採取的強制措施和偵查措施,就可能要從駐港維護國家安全公署屬於「國家安全機關」這一點理解其職權。[19] 按照《中華人民共和國國家安全法》第二章,國家安全機關在國家安全工作中依法行使偵查、拘留、預審和執行逮捕以及法律規定的其他職權,國家安全機關／公安機關的工作人員依法執行國家安全工作任務時,經出示相應證件,有權:(1)查驗人員的身份證明;(2)向有關組織和人員調查,詢問有關情況;(3)進入有關場所;及(4)查看或者調閱有關檔案、資料、物品。另外,國家安全機關為偵察危害國家安全行為等需要,根據國家有關規定,經過嚴格的批准手續,可以採取技術偵察措施,也可為維護國家安全的需要,查驗組織和個人的電子通訊工具、器材等設備、設施。以上的內容,只是「法律」規範的可能包括的內容,而從「法律」規範,可衍生其他種類和更為細化和具體的規範,例如「司法解釋」、「部門規章」及「規範性文件」。[20]

《香港國安法》第 57 條提述駐港維護國家安全公署等執法機關依法行使權力,其決定採取強制措施和偵查措施而簽發的法律文書在香港特區具有法律效力,必須遵從。單從《中華人民共和國刑事訴訟法》看,這等法律提及的文書,包括拘留證,[21] 逮捕證,[22] 執行檢查的證明文件[23],搜查證,[24] 查封、扣押清單,[25] 及凍結通知。[26] 可是,如上所述,「法律」規範之外,還有其他許多種類的規範,而每一個關於強制措施或偵查措施的規範運作時也可產生文件,

---

19 《香港國安法》第 48 條第 2 款訂明,駐港維護國家安全公署人員由中央人民政府維護國家安全的有關機關聯合派出。《中華人民共和國國家安全法》第 2 條訂明,國家安全機關是該法規定國家安全工作的主管機關,而國家安全機關和公安機關按照國家規定的職權劃分,各司其職,密切配合,維護國家安全。《中華人民共和國國家安全法》第 33 條訂明,公安機關依照該法規定,在執行國家安全工作任務時,適用《中華人民共和國國家安全法》有關規定。

20 從《國務院關於公安機關執法規範化建設工作情況的報告》(2020 年 8 月 10 日在第十三屆全國人民代表大會常務委員會第 21 次會議上)可得知,公安機關已制定完善《公安機關執法細則》,印發了關於現場執法、調查取證等工作規範,也下發文件推進受案立案制度改革。

21 見《中華人民共和國刑事訴訟法》第 85 條。

22 見《中華人民共和國刑事訴訟法》第 93 條。

23 見《中華人民共和國刑事訴訟法》第 130 條。

24 見《中華人民共和國刑事訴訟法》第 138 條。

25 見《中華人民共和國刑事訴訟法》第 142 條。

26 見《中華人民共和國刑事訴訟法》第 144 條。

譬如收集證據過程的筆錄，而它們會影響日後的定案。[27] 然而，這類文件是否也屬於第 56 條提及的「法律文書」，在香港特區具有法律效力，則可能需要確定。

五、由香港特區的維護國家安全的機構將案件轉由中央人民政府在香港特區設立的駐港維護國家安全公署調查

從上文引述《香港國安法》第 55 條的內容可知，可以因香港特區的情況變化而啟動由駐港維護國家安全公署調查違反《香港國安法》的危害國家安全行為的案件。這帶出一個可能，就是一件本來是由香港特區的維護國家安全的機構正在調查的案件，會因為第 55 條下的中央人民政府的許可而轉由駐港維護國家安全公署接手調查。

這一變化意味著一系列的技術問題，包括香港特區的維護國家安全的機構就有關案件已作的調查而取得的證據是否及如何轉交駐港維護國家安全公署，就有關案件正在進行的偵察、限制或凍結如何繼續，和就有關案件已經對相關人員所做的控制如何繼續。對於這等問題，尤其是某些涉及人員及財產的權利保護與人員及物品跨境運送的事情，期望駐港維護國家安全公署的工作部門和香港特區的維護國家安全的機構能夠通過建立協作機制，加強信息共享和行動配合而理順解決，[28] 而個其他事項更要在香港的第三方進行合作才可有效處理。[29]

上面的討論可見，在香港特區適用因啟動《香港國安法》第 55 條管轄的中國內地國家法、刑法及刑事程序法規，《香港國安法》提述它們的條文非常精簡，所以如何使其在香港特區有效應用，做到國務院港澳辦負責人所說的「全流程」的管轄，[30] 還需要調研、完善和透明化。

27　見《最高人民法院關於適用〈中華人民共和國刑事訴訟法〉的解釋》（2012 年 11 月 5 日最高人民法院審判委員會第 1559 次會議通過）〔法釋（2012）21 號〕第 73 條。

28　見《香港國安法》第 53 條第 2 款。

29　例如，在銀行或金融機構管理下的財物。

30　見《「一法可安香江」——國新辦舉行新聞發佈會介紹香港國安法的有關情況並答記者問》，新華網，2020 年 7 月 1 日，https://www.hmo.gov.cn/xwzx/zwyw/202007/t20200701_21984.html（最後訪問時間：2020 年 11 月 6 日）。

六、代結語

國務院港澳辦 2020 年 6 月 30 日就《香港國安法》發表的聲明強調,「法律的生命力在於實施,法律的權威也在於實施」。[31] 本文從追查金錢財物的角度查看實施《香港國安法》的途徑及權力來源,以一個主要是審閱法律條文和執法機制的方法學,初步點評該法在各個實施途徑設有的介面／連結／對接的效力。無可否認,本文只是開始對這範疇進行探索,希望能幫助相關學者和法律業者的進一步研究,以促進《香港國安法》的正確實施與恰當運作。

---

31 見《國務院港澳發表聲明:堅決擁護和支持實施香港國安法》,國務院港澳辦官方網站,2020 年 6 月 30 日,https://www.hmo.gov.cn/xwzx/zwyw/202006/t20200630_21970.html(最後訪問時間:2020 年 11 月 6 日)。

《香港國安法》司法適用的
「一致性解釋原則」

葉海波　深圳大學法學院教授

一、導論

　　《中華人民共和國香港特別行政區維護國家安全法》（以下簡稱《香港國安法》）於 2020 年 6 月 30 日通過，[1] 隨後被列入《中華人民共和國香港特別行政區基本法》附件三，[2] 香港特區行政長官於 6 月 30 日公佈該全國性法律，使之在香港實施，[3] 成為在香港實施的法律之一。[4] 至此，《香港國安法》被納入香港法律體系之中。《基本法》規定香港法院依照上述法律審判案件，《香港國安法》是香港法院審判案件的適用依據之一。但《香港國安法》頒佈實施以來，一些人指控該法抵觸、違反或者修改了《基本法》，[5]《香港國安法》與《基本法》的關係也引起熱烈的討論，[6] 這些疑問與爭論毫無疑問也是香港司法機關適用《香港國安法》必然面臨的挑戰。本文認為，從形式上看，雖然其規定的部分內容與《基本法》的規定並不一致，但《香港國安法》是一部極端特殊的法律——不僅是內容的特殊性，其制定過程也極為特殊，並且《香

1　《中華人民共和國主席令（第四十九號）》。

2　《全國人民代表大會常務委員會關於增加〈中華人民共和國香港特別行政區基本法〉附件三所列全國性法律的決定（2020 年 6 月 30 日第十三屆全國人民代表大會常務委員會第二十次會議通過）》，《人民日報海外版》2020 年 07 月 01 日第 02 版。

3　《2020 年全國性法律公佈》（2020 年第 136 號法律公告），《憲報（法律副刊 2 號）》第 24 卷第 44 期（號外），2020 年 06 月 30 日。

4　根據《基本法》第 18 條的規定，在香港實施的法律為：（1）基本法、（2）基本法第 8 條規定的香港原有法律、（3）香港立法會制定的法律、（4）列入附件三的經立法會立法實施或者行政長官公佈實施的全國性法律。

5　參見徐然：《人大常委制訂的「港區國安法」究竟違反幾多次〈基本法〉條文》，《立場新聞》2020 年 6 月 22 日。

6　參見林緻茵：《基本法與港區國安法：需要理順的法律問題》，《明報》2020 年 7 月 8 日；曾鈺成：《基本法大還是國安法大？》，思考 HK，2020 年 7 月 13 日；郝鐵川：《香港國安法是基本法的特別法並居優先執行地位》，《大公報》2020 年 7 月 13 日；陳端洪：《論香港維護國安法的法律地位》，《明報》2020 年 7 月 7 日。

港國安法》是香港法律體系的一部分。因此，在司法適用中，應當遵循「一致性解釋原則」，即以《基本法》的精神、價值和原則去解釋《香港國安法》，確保法律體系的實質和諧性。

一致性原則是《香港國安法》司法適用的核心原則和解釋方法。具體而言：（1）全國人大作出《全國人民代表大會關於建立健全香港特別行政區維護國家安全的法律制度和執行機制的決定》（以下簡稱全國人大香港維護國安決定），是行使《憲法》第 62 條第 14 項所規定的決定特別行政區制度的權力，（2）授權全國人大常委會以法律規定香港維護國家安全的制度與機制，是行使《憲法》第 31 條以法律規定特別行政區制度的權力——全國人大常委會制定《香港國安法》則是行使《憲法》第 67 條第 22 項「全國人民代表大會授予的其他職權」，因此，（3）《香港國安法》是與《基本法》同等性質和位階的法律，不存在《香港國安法》抵觸《基本法》的問題，當《香港國安法》與《基本法》不一致時，應當優先適用《香港國安法》。但是，（4）全國人大香港國安決定明確《香港國安法》列入《基本法》附件三並由香港特首公佈後在香港實施。因此，全國人大以自我限制的方式將《香港國安法》置於《基本法》的體系和框架之中，而不是聽由《香港國安法》與《基本法》一併組成香港特區內地位最高的法律，這進而意味著（5）《基本法》與《香港國安法》必須是一致的，這是國家最高立法機關的基本意志，在《香港國安法》實施和司法適用中，這一意志必須得到遵從和維護，因此（6）《香港國安法》司法適用的解釋必須遵循一致性原則。所謂一致性解釋原則，是指（7）凡是《香港國安法》中的規定與《基本法》的規定存在實質重疊時，必須採用依據《基本法》作出解釋的方法，凡是《香港國安法》中獨特的規定，因為《基本法》中只有原則規定，不存在抵觸《基本法》的問題，應當按《基本法》的精神加以解釋。

二、全國人大關於特別行政區的三項憲法權力

從程序上看，全國人大作出香港維護國安決定，授權就建立健全香港特別行政區維護國家安全的法律制度和執行機制制定相關法律，全國人大常委會根據授權制定《香港國安法》。全國人大及其常委會經常就行使憲法授予的職權作出決定，因此「決定」這個稱謂並不能作為區分某一份決定憲法性質的標準，而必須溯源某份決定背後的權源。全國人大香港維護國安決定是全

國人大行使憲法上關於特別行政區職權的結果。全國人大關於特別行政區的職權主要包括但不限於決定特別行政區的設立、決定特別行政區的制度、以法律規定特別行政區的制度。這三項權力是我們認識《香港國安法》的綫索。

從邏輯上看，這三項權力的行使應當遵循如下的步驟：（1）第一步：決定設立特別行政區，（2）第二步：決定特別行政區的制度，（3）制定法律規定在特別行政區實行的制度。這種邏輯上的程序意味著，第二步對制度內容的決定是第三步立法的直接淵源。通常，第三步所制定的法律，應當與第二步關於制度的決定在內容上具有一致性，而首要功能是以規範的方式表達第二步中確定的制度。如果全國人大再次行使第二步中的制度決定權，便會隨之啟動第三步的制度法制化的權力。

從憲法實施的情況看，這三項來源於《憲法》的權力在上世紀八十年代相繼實施。1984 年，《中英聯合聲明》簽訂；1990 年，全國人大決定設立特別行政區，通過《基本法》。這個順序看起來是第二步跑在了前頭，但考慮到香港問題是歷史遺留問題，夾雜著國際因素，這三步的邁出也相對特別。在《中英聯合聲明》中，中國政府決定設立特別行政區，並決定在特別行政區設立的制度和實施的政策。從中國《憲法》的規定看，全國人大常委會批准同外國締結的條約和重要協定，但《中英聯合聲明》由全國人大批准。個中緣由在於，「宣告中國將在港澳實行的政策和制度——這屬現行《憲法》第 62 條第 13 項授予全國人大的職權範圍，這恰是兩份聯合聲明必須由全國人大批准或者授權批准的原因」[7]。因此，總體上，這個過程大致與上述邏輯一致，全國人大決定設立特別行政區的同時決定特別行政區的制度，並隨後制定《基本法》。

全國人大的上述三項《憲法》權力並非一次性權力，可重複行使：否則要麼全國人大必須一次性作出一個萬全的決定和立法，要麼全國人大只能聽任不完善的制度得不到完善，這兩種情況都是不切實際的。如前所述，全國人大香港維護國安決定是再一次行使憲法第 62 條第 14 項的權力，隨後全國人大常委會根據授權制定《香港國安法》，是行使憲法第 32 條和第 67 條第 22 項的權力。從第 67 條第 22 項的規定看，憲法沒有禁止全國人大將《憲法》第 31 條中的權力授予全國人大常委會，全國人大常委會可以根據全國人大的授權制定《香港國安法》。

　　7　　葉海波：《特別行政區基本法的合憲性推定》，《清華法學》2012 年第 5 期。

三、《香港國安法》在國家法律體系中的位階

基於《香港國安法》與《基本法》諸多規定在形式上並不一致，因此，二者地位如何確定，成為理論上的一個難題。學者對此展開了探討，或者將《香港國安法》視為《基本法》的特別法[8]——但二者明顯為不同的機關制定，故特別法的理論解釋力有限；或者認為《香港國安法》位階低於《基本法》[9]——這顯然忽視了《香港國安法》經行政長官公佈實施後，二者實質內容一致，但程序有別，對這種差別的法律意義不應當視而不顧。本文試圖提出另一種解釋。

本文認為，《香港國安法》是基於全國人大的授權而制定的，因此，這一法律不是通常意義上《憲法》所規定的基本法律以外的其他法律（憲法第 67 條第 2 項），本文稱之為具有基本法律性質（實質地位）的其他法律（形式特徵）。從中國立法的程序看，全國人大制定的法律，通常由全國人大常委會提出法律案，全國人大審議通過。《基本法》的制定是一個例子。如果全國人大作出全國人大香港維護國安決定後，決定根據現行《憲法》第 31 條制定《香港國安法》，幾乎無疑問的是由全國人大常委會提出法律案後由全國人大審議通過。從立法實踐看，全國人大的審議通常不會對提出的法律案予以否決，對法律案作重大修訂後審議通過的情形亦非常鮮見。由此，可以推論的是，授權全國人大常委會制定《香港國安法》，也能體現全國人大的意志。全國人大事先作出全國人大香港維護國安決定，也確保全國人大的意志可以在全國人大常委會制定的《香港國安法》中得以充分貫徹和表達。因此，雖然《香港國安法》由全國人大常委會制定，但「全國人大香港維護國安決定」和「授權」兩個要素，使得這部法律並非基本法律之外的其他法律，而是應該與《基本法》一樣，屬於國家的基本法律之一。本文並不否定立法主體的差異導致的法律位階的區分，但《香港國安法》顯然是一個例外，因此僅從立法主體的角度來認識《香港國安法》，會遮蔽問題的實質。

《香港國安法》是基本法律，其與《基本法》的關係，也不是簡單的一般法與特別法關係。《基本法》第 23 條規定香港應自行立法維護國家安全，《香港國安法》直接規定預防、制止和懲罰的法律制度和機制。《香港國安法》的

8　參見郝鐵川：《香港國安法是基本法的特別法並居優先執行地位》，《大公報》2020 年 7 月 13 日。

9　參見林緻茵：《基本法與港區國安法：需要理順的法律問題》，香港政策研究所網站，http://www.hkpri.org.hk/research/detail/20200708-01（最後訪問時間：2020 年 10 月 19 日）。

本質是中央行使立法權，制定了一部在香港實施的維護國家安全的以刑事法為主體的法律。如果從法律的主體內容來看，《香港國安法》更應歸於中國《刑法》和《刑事訴訟法》等法律的特別法，而不是《基本法》的特別法。《香港國安法》中的確有關於保釋、法官等方面的規定，且與《基本法》的規定看起來不一致，但這並不是判定這些條款屬特別法範疇的充分根據。下文將分析，應當如何看待《香港國安法》的這些規定。

總之，《香港國安法》是基本法律，是對維護香港國安的單行規定，具有中國《刑法》和《刑事訴訟法》的特別法的意味，不能勉強將之定性為《基本法》的特別法，也不能簡單以立法主體之別來確定其與《基本法》的位階。

四、《香港國安法》在香港的位階

全國人大於 1990 年制定《基本法》後，《基本法》在香港回歸時便在香港自動實施，並無任何其他的本地立法或者行政長官宣佈實施的程序作為前綴。如上所述，全國人大常委會根據全國人大香港維護國安決定授權制定《香港國安法》，是與《基本法》同位階的基本法律，該法本可以直接在香港實施，不需要任何其他的程序。但全國人大香港維護國安決定規定全國人大常委會制定《香港國安法》後，應當將之列入《基本法》附件三，由行政長官公佈後在香港實施。這個規定和程序使《香港國安法》透過「列入」和「公佈」的程序進入《基本法》體系之中，但（1）這並不意味著《香港國安法》成為《中華人民共和國香港特別行政區《基本法》的一部分，倘若如此，《香港國安法》便不需要再在香港立法或者公佈實施，（2）恰恰相反，這使得《香港國安法》成為香港的本地法。

根據《基本法》第 18 條的規定，列入《基本法》附件三中的全國性法律由香港本地立法實施或者行政長官公佈實施，兩個程序具有選擇性和並列性，因此，無論是本地立法還是行政長官公佈實施，二者的法律效果都是一樣的：立法實施的方式使得全國性法律以香港本地立法的方式在香港實施；公佈實施雖然不以本地立法為前置程序，但效果也使全國性法律成為在香港實施的本地法律。全國人大香港維護國安決定規定全國人大常委會制定《香港國安法》並由行政長官公佈後在香港實施，只是限制特區選擇實施方式的權力，並不改變公佈實施後全國性法律成為在香港實施的本地法律的結果。《香港國安法》規定香港本地法律規定與之不一致的，適用《香港國安法》，

也表明了這一點。根據《基本法》第 11 條的規定，《基本法》在香港具有凌駕性地位，其他法律都不具有與《基本法》同等的法律地位，因此，《香港國安法》是位階低於《基本法》的在香港實施的法律。

《香港國安法》之所以由國家法律體系中與《基本法》相同位階的基本法律轉變為在香港實施時位階低於《基本法》的香港本地法律，形式上的原因是該法被列入《基本法》附件三並由行政長官公佈實施，而公佈法律是行政長官根據《基本法》第 48 條第 3 項享有的權力。根本的原因是全國人大香港維護國安決定要求將授權全國人大常委會制定的《香港國安法》列入《基本法》附件三。這一規定，如前所述，是一個自我限縮。這也是對全國人大常委會制定《香港國安法》時的一個指示：《香港國安法》應當符合《基本法》的精神和價值。正是這一點奠定了《香港國安法》適用時應當堅持與《基本法》一致性的解釋準則。

五、一致性解釋的展開

《基本法》第 2 條規定，香港依照《基本法》根據全國人大常委會的授權行使行政管理權、立法權、獨立的司法權和終審權。這裏的關鍵點是香港所有權力都源於《基本法》的規定，因此，基於《基本法》的凌駕地位，凡是涉及《基本法》所規定的事項和授權的權力，其行使均必須與《基本法》保持一致，不得抵觸或者違反《基本法》。

《香港國安法》處理的是維護國家安全的問題，這與《基本法》第 23 條密切相關。《香港國安法》制定後，香港仍有義務完成第 23 條的立法。客觀而言，《香港國安法》也沒有涵蓋第 23 條所規定的全部禁止行為。全國人大香港維護國安決定授予全國人大常委會的立法權並非一次性的，而是可以根據需要多次行使，這意味著全國人大常委會關於香港維護國家安全的立法會有更多的範疇在第 23 條之外。因此，從整體的角度看，《香港國安法》（及其他可能制定的同類相關法律）客觀上具有兩個功能：一是完成《基本法》第 23 條中部分內容的立法——香港仍可以自行立法對這些行為進行更為有效的禁止，更好地維護國家安全，但香港本地立法應當與《香港國安法》保持一致，可以在符合《香港國安法》的前提下將之加以細化；二是授權香港關於國安方面的相關權力——如恐怖活動罪等的規定便具有這個功能。這形同依據《基本法》第 20 條授予香港相關權力——需要說明的是，通過《基本法》

第 20 條授予香港的權力並非僅是授予香港對深圳灣口岸進行管轄這種類別，也包括中央管治權中的一部分權力授予香港，而這些權力可以對香港居民的行為構成限制。《香港國安法》也規定了中央在維護香港國家安全中的權力，由於中央對香港享有全面管治權，因此，這種規定並不意外，也並未抵觸《基本法》。基於這兩個功能，《香港國安法》在本質上具有具體化《基本法》第 23 條相關規定及授予香港新權力以實施《基本法》第 1 條和第 12 條的性質。這也是全國人大香港維護國安決定和《香港國安法》均將《基本法》作為依據，並要求《香港國安法》維護香港居民基於《基本法》享有的基本權利的緣由。

既然本質上《香港國安法》旨在實施《基本法》，而且是通過細化《基本法》規定和授予香港新權力兩種方式來展開，那麼，《香港國安法》司法適用中的一致性解釋便應當相應地以兩個路徑展開：

一是基於《基本法》的一致性解釋。《香港國安法》的內容凡是具有實施《基本法》第 23 條的性質的，均應當按照《基本法》的精神和價值加以解釋，使之符合《基本法》。這種解釋要求將《基本法》的精神和價值導入《香港國安法》，也可以通過解釋香港本地法的規定來獲得確定的內涵。如在「唐英傑危害國家安全案」中，香港法院通過解釋本地法的保釋規定，得出不應當保釋的結論，事實上也間接地明確了《香港國安法》中關於保釋的規定的部分含義。[10] 總之，無論採取何種方式，都是要在探明《基本法》相關含義的基礎上，進而探明《香港國安法》的內涵，實現二者間的一致性。

二是基於《香港國安法》的一致性解釋。《香港國安法》中的確有相關規定在形式上與《基本法》規定不一致，也有相關規定在《基本法》中存在空白。這類新授權性的規定主要是實施《基本法》第 1 條和第 12 條，而《基本法》中並沒有充分的實施這兩條的機制，因此，只要《香港國安法》中新授權香港的權力及在此基礎上建議的制度和機制有助於實現第 1 條和第 12 條的目標，便應當基於《香港國安法》的規定去解釋《基本法》的相關條款，進而實現二者間的一致性。當然，《香港國安法》的相關規定比較原則和抽象，在基於《香港國安法》解釋《基本法》後，也應當隨即根據《基本法》中的權利保障等精神和價值進一步地確認《香港國安法》中這些規定的確切含義，以防止在《基本法》解釋中將《香港國安法》作為決定因素。因此，這種基

　　10　*HKSAR v. Tong Ying Kit*, HCCP 463/2020 (25 August 2020).

於《香港國安法》的一致性解釋是一個雙向過程：基於《香港國安法》去識別《基本法》第 1 條和第 12 條的可能內涵（如要求建立相關機制維護國家安全），並基於《基本法》關於權利保障的價值返身去明確《香港國安法》中相關機制的內涵及相關權力的邊界。這可謂是一種目光在「《基本法》與《香港國安法》之間返轉」的過程。

六、結語

《香港國安法》的制定提出了《基本法》實施中的新命題，也使得《香港國安法》的司法適用面臨極大的挑戰。這些問題的解決要求以一個《憲法》體制的思維來認識《基本法》和《香港國安法》。在《香港國安法》經由列入《基本法》附件三並由行政長官公佈在香港實施後，並不存在《香港國安法》與《基本法》相抵觸的問題，而形式上的不一致也只是形式上的，在適用中必須經由一致性解釋的方法達成一致。這決定了《基本法》司法適用中的一致性解釋。這種解釋方法按不同情況分為：（1）基於《基本法》和香港其他法律的一致性解釋，即在解釋《基本法》和香港其他法律的過程中逼近《香港國安法》的真實含義，通過確定《基本法》和香港其他法律在這個解釋過程中的決定性地位來確保《香港國安法》與《基本法》的一致性；（2）基於《香港國安法》的一致性解釋，即在《香港國安法》填補《基本法》的空白的情況下，通過《香港國安法》的規定逼近《基本法》相關規定（如第 1 條和第 12 條以及關於司法的規定）的真實含義，進而基於《基本法》的其他規定返身來解釋《香港國安法》的這些相關規定。通過這個「往返」過程，顯現出《香港國安法》與《基本法》的直接連接，為價值相通的解釋結果的形成建立基礎。

高等法院敲響《香港國安法》下的第一槌： 從法律執業者的角度探討高等法院首份判詞 [1]

黃宇逸　執業大律師

一、導言

近日，高等法院原訟法庭由兩位法官組成的分庭審理有關《中華人民共和國香港特別行政區維護國家安全法》（以下簡稱《國安法》）的第一宗案件，並頒下判詞。儘管法庭以申請人誤用人身保護令程序為由駁回了他的申請，但法庭仍然繼續就申請人提出的一系列關於《國安法》的解釋和合憲性問題作出裁決。這些問題包括：（一）《國安法》第 42 條是否剝奪了推定保釋權；（二）行政長官根據《國安法》第 44 條指定的法官是否「獨立」；（三）《國安法》規定的最低刑期是否「抵消」了獨立司法權力的行使；及（四）《國安法》是否因欠缺英文官方或真確本而成為一部「不可通達」（inaccessible）的法律。本文旨在從法律執業者的角度出發，提供對第一個問題的見解。

二、背景簡介

2020 年 7 月 1 日，《國安法》頒佈後翌日，唐英傑因「狂亂駕駛」罪和《國安法》下的其他罪行而被警方逮捕。

2020 年 7 月 3 日，即唐被扣留兩天后，唐被控兩項控罪：（一）煽動分裂國家罪（違反《國安法》第 20 條和第 21 條）；及（二）恐怖活動罪（違反《國安法》第 24 條）。

2020 年 7 月 6 日，唐被帶到總裁判官 [2] 席前，總裁判官拒絕了唐的保釋申請，並下令將他還押至 2020 年 10 月 6 日舉行的下一次聆訊。

1　本文為筆者在「《香港國家安全法》理論與實踐學術研討會」（2020 年 9 月 11 日）的英文講辭之中文譯本，筆者感激北京大學法學碩士研究生孫晧邦為本文作出翻譯。

2　蘇惠德先生。

2020 年 8 月 3 日，為免繼續被羈留，唐向高等法院原訟法庭同時申請人身保護令 [3]〔根據《高等法院規則》（香港法例第 4A 章）第 54 號命令〕及保釋覆核 [4]〔根據《刑事訴訟程序條例》（香港法例第 221 章）第 9J 條〕。法庭下令在處理人身保護令申請後，再行處理保釋覆核申請。

2020 年 8 月 20 日，由周家明法官 [5] 和李運騰法官組成的原訟法庭分庭先行審理人身保護令申請，並在翌日作出判決。此項判決是關於《國安法》的首宗高等法院判決（以下簡稱判決）。[6]

三、法庭就人身保護令申請的裁決

法庭認為，申請人唐英傑誤用人身保護令的程序。他不應該透過人身保護令的程序試圖推翻總裁判官拒絕他取保候審的決定。正確的做法應該是根據《刑事訴訟程序條例》第 9J 條申請保釋覆核，而非申請人身保護令。

法庭的結論是立足於三個先前的原訟法庭案例 [7]（而其中一個案件是由終審法院首席法官張舉能法官在他任原訟法庭法官時審理的），在這些案例中，法庭一直強調人身保護令是一項「極其例外」（extraordinary）的司法救濟，只應在一般法律救濟（ordinary legal remedies）不適用的情況下使用。[8]

如法庭指出，唐英傑本身有權根據《刑事訴訟程序條例》第 9J 條申請保釋覆核，而他亦可在高等法院處理保釋覆核時一併提出與《國安法》部分條款的合憲性相關的爭議。[9]

因此，法庭認為，唐英傑並沒有任何理由不依正常程序申請保釋覆核。單單基於這個理由法庭便駁回了他的人身保護令申請，並判他支付訟費。[10]話雖如此，由於大律師對唐提出的四項實質理由作出了仔細的陳詞，為表尊重，法庭亦有對這些理由作出回應。[11]

3　憲法及行政訴訟 2020 年第 1601 號（*Tong Ying Kit v. HKSAR*, HCAL 1601/2020）。

4　刑事雜項案件 2020 年第 463 號（*HKSAR v. Tong Ying Kit*, HCCP 463/2020）。

5　周家明法官時任高等法院憲法及行政訴訟審訊表的專責法官。

6　*Tong Ying Kit v. HKSAR*, [2020] HKCFI 2133.

7　*Re Michael K Ogunade*, HCAL 20/2005(8 February 2005), paras. 12-14; *Darryl Penrice v. Secretary for Justice*, HCZZ 39/2015(30 June 2015), para. 8; *Re Johnny Mondesir*, [2019] HKCFI 2103, para. 9.

8　*Tong Ying Kit v. HKSAR*, [2020] HKCFI 2133, paras. 13, 15.

9　*Tong Ying Kit v. HKSAR*, [2020] HKCFI 2133, paras. 17-18.

10　*Tong Ying Kit v. HKSAR*, [2020] HKCFI 2133, paras. 19, 78.

11　*Tong Ying Kit v. HKSAR*, [2020] HKCFI 2133, para. 23. 申請人唐英傑有幸由戴啟思資深大律師代表。

就唐提出的四項議題，法庭均作出不利於唐的裁決：（一）《國安法》第 42 條是否剝奪了推定保釋權；（二）行政長官根據《國安法》第 44 條指定的法官是否「獨立」；（三）《國安法》規定的最低刑期是否「抵消」了獨立司法權力的行使；及（四）《國安法》是否因欠缺英文官方或真確本而成為一部「不可通達」（inaccessible）的法律。

基於時間關係，筆者將從一名法律執業者的角度只探討第一個議題，因該議題對執業者有最直接的影響。

四、推定保釋權

唐英傑提出的第一項理由是，《國安法》第 42 條「基於以下三個原因而不合憲：（一）該條基於有罪假定，（二）該條排除了給予保釋的推定，及（三）該條容許恣意拘留」。[12] 因《國安法》第 42 條第 2 款規定：「對犯罪嫌疑人、被告人，除非法官有充足理由相信其不會繼續實施危害國家安全行為的，不得准予保釋。」

唐英傑提出的**第一項論據**是「如要獲得保釋，申請人必須承認他已經實施了這些行為；或者，法官或裁判官必須認定申請人已實施有關行為和他將不會繼續實施這些行為」。法庭批評此論點「難以理解」，是「對條文的不合理詮釋」，「完全不合邏輯」。正確地理解第 42 條第 2 款，「繼續」僅僅意味著「一段持續的時間，即是，如批予保釋下的未來」。[13]

法庭在論證以上結論時，採用了由終審法院在一眾案例中確立的現代詮釋法例的方法，即考慮立法目的取向（purposive approach）。[14] 在考慮立法目的取向下，法庭應首先、第一時間便考慮法例的文意（context）和目的（purpose），而不應僅僅在往後出現歧義時才考慮文意和目的。

儘管法庭沒有明確指出在解釋《國安法》的時候適用了什麼詮釋規則，從法庭的判決可見，它實際上的確運用了普通法下的一些悠久存在的詮釋規則：

12　*Tong Ying Kit v. HKSAR*, [2020] HKCFI 2133, para. 25.

13　*Tong Ying Kit v. HKSAR*, [2020] HKCFI 2133, paras. 27, 29, 30.

14　*T v. Commissioner of Police*, (2014) 17 HKCFAR 593, paras. 194-195; *Vallejos Evangeline Banao, Also Known as Vallejos Evangeline B. v. Commissioner of Registration and Another*, (2013) 16 HKCFAR 45, paras. 75-77; *HKSAR v. Lam Kwong Wai and Another*, (2006) 9 HKCFAR 574, para. 63.

（一）法例必須整體地予以解釋（construed as a whole），不應被單獨抽取個別的用詞和句子出來解釋。[15] 唐提出的解釋與《國安法》第 5 條明確規定的無罪推定完全相悖；

（二）法庭假定立法機關無意讓法例產生不妥當、荒謬、異常或不合邏輯等的結果。這些推定能發揮多大的作用取決於個別詮釋的結果在何等程度上是不合理的：某個詮釋所導致的結果越不合理，越不可能代表立法機關有意使這樣不合理的結果發生。[16] 回歸到本案中，法庭認為唐提出的詮釋實屬「不合理」和「不合邏輯」；

（三）在切實可行的範圍內，法庭會對法例採納合乎憲法（《基本法》）的詮釋。[17]

諷刺的是，《國安法》第 42 條明明能作其他較寬鬆而合憲的詮釋，唐卻在本案之中嘗試說服法庭採納最嚴苛的詮釋。事實上，由政府一方提出的較寬鬆的詮釋恰恰是法庭最終接納的正確解釋。依我之見，即便法庭接納較嚴苛的詮釋為《國安法》第 42 條文義上的正確解釋，法庭充其量亦只會對《國安法》第 42 條予以符合《基本法》的補救性狹義詮釋（reading down），從實際效果來看，這個狹義詮釋只不過是回歸到政府提出的較寬鬆的詮釋。因此，我認為從一開始，申請人一方不僅可以、更加是應該主張這種較寬鬆的詮釋。

就唐英傑提出的**第二項論據**，唐認為《國安法》第 42 條排除了給予保釋的推定。《香港人權法案》第 5 條規定「候訊人通常不得加以羈押」。

法庭認為，《國安法》第 42 條第 2 款並沒有排除對任何被控危害國家安全罪行的人給予保釋的推定。該款規定的是一項不應給予保釋的特定情況，即「除非法官有充足理由相信其不會繼續實施危害國家安全行為的，不得准予保釋」。[18]

在被控危害國家安全罪行的人是否應給予保釋的問題上，法官需要解決的實質問題是：到底有沒有理由或原因相信被告人不會繼續實施「危害國家安全行為」，而「危害國家安全行為」所指的是《國安法》訂明的罪行，而非

15　*Town Planning Board v. Town Planning Appeal Board Nam Sang Wai Development Company Ltd*, [2014] 1 HKLRD 1056, para. 60.

16　*Leung Hon Wai v. Director of Environmental Protection and Another*, [2014] 5 HKLRD 194, para. 81.

17　*Sham Wing Kan v. Commissioner of Police*, [2017] 5 HKLRD 589, para. 48.

18　*Tong Ying Kit v. HKSAR*, [2020] HKCFI 2133, para. 36.

任何在某些意義上可被描述為危害國家安全的行為。[19]

在《刑事訴訟程序條例》第 9G（1）條下，如有實質理由相信被告人會在保釋期間犯罪，這便構成其中一項可拒絕保釋的理由。法庭認為，第 9G（1）條和《國安法》第 42 條兩者之間的著眼點或有不同，但第 42 條所造成的影響是「表面多於實際」（more apparent than real）。實際操作上，在絕大部分的保釋申請中，《國安法》第 42 條的適用並不大可能會導致不同的結果。[20]

在隨後保釋覆核的裁決理由中，法庭對上述觀察作出了一定規範。法庭指出：

> 為免誤解，所謂「第 42 條的影響表面多於實際」，法庭並非在暗示該條根本沒有削弱保釋的可推翻推定。法庭確實預見到，在某些特殊情況下，基於第 42 條的適用，在保釋問題上可能會得出不同的結果。然而，法庭認為，即使在這種情況下，在決定某人的保釋和個人自由問題上，審理保釋問題的法庭仍然保留擔當重要的角色（雖然重要性有所降低）……[21]

在《國安法》第 42 條與保釋問題之間的關係上，我認為法庭持有的是一種非常開明的看法，甚或能稱之為一種相當樂觀的看法。我相信從實踐的角度來看，《國安法》第 42 條第 2 款確實令被告人更加困難在裁判官席前取得保釋。即使法庭認為，舉證責任方面的考慮其實對法庭如何處理保釋問題上沒有很大的幫助，[22] 但本質上，《國安法》第 42 條第 2 款的實際效果，是對被告施加責任，要求被告使法庭信納他或她「將不會繼續實施危害國家安全行為」。

而就第三項論據，有見及法庭對《國安法》第 42 條的以上詮釋，再進一步考究該條是否容許恣意拘留，其實沒有太大意義。

五、仍然待決的問題

值得注意的是，法庭在判決中尚未解決一個極重要的問題，即法庭是否

19　*Tong Ying Kit v. HKSAR*, [2020] HKCFI 2133, para. 37.

20　*Tong Ying Kit v. HKSAR*, [2020] HKCFI 2133, para. 45.

21　*HKSAR v. Tong Ying Kit*, [2020] HKCFI 2196, para. 13. 這是筆者翻譯，並非官方中譯本。

22　*Tong Ying Kit v. HKSAR*, [2020] HKCFI 2133, para. 37.

有權裁決《國安法》是否違憲、無效或與《基本法》相抵觸。法庭指出：

> 《基本法》和《國家安全法》的相對地位的問題，以及如何解決採用普通的法例解釋方法下無法解決的、兩者之間的矛盾之處，均是舉足輕重的問題。在這方面，儘管第 62 條規定「香港特別行政區本地法律規定與本法不一致的，適用本法規定」，對「本地法律」是否涵蓋《基本法》，由於本案的判決無需處理這個問題，（政府一方的代表大律師）並沒有明言對這問題的答案，（而這做法實屬）可以理解。由於本申請的判決並不要求就這重大問題作出裁決，因此我們將這個問題留待日後確有需要時再行考慮。[23]

在我看來，這問題的學術意義大於實際意義。根據《國安法》第 65 條，該法的「解釋權屬於全國人民代表大會常務委員會」，因此，即使《國安法》的任何規定被認為與《基本法》相抵觸，在現實層面上，全國人民代表大會常務委員會亦有權作出它所認為與《基本法》一致的解釋。

附言：

（一）上文第四部提及「『危害國家安全行為』所指的是《國安法》訂明的罪行，而非任何在某些意義上可被描述為危害國家安全的行為」之觀察，其後在另一案中被終審法院推翻。見 *HKSAR v. Lai Chee Ying*, (2021) 24 HKCFAR 33 第 53（c）(ii) 段。

（二）上文第五部提及「仍然待決的問題」，終審法院其後在另一案中裁定，全國人大及其常委會根據《基本法》條文及當中程序進行的立法行為，達致《國安法》公佈成為特區法律，有關的立法行為，不可藉指稱《國安法》與《基本法》或適用於香港的《公民權利和政治權利國際公約》不符為由，進行憲制上的覆核。見 *HKSAR v. Lai Chee Ying*, (2021) 24 HKCFAR 33 第 37 段。

23　*Tong Ying Kit v. HKSAR*, [2020] HKCFI 2133, para. 26. 這是筆者翻譯，並非官方中譯本。

《香港國安法》與國際人權公約適用於香港特區的規定

楊曉楠　大連海事大學法學院教授

邊明燕　大連海事大學法學院法學碩士研究生

一、引言

2020 年 6 月 30 日，全國人大常委會通過《中華人民共和國香港特別行政區維護國家安全法》（以下簡稱《香港國安法》），同日列入《香港基本法》附件三，並由特區政府刊憲，以直接公佈的方式實施。《香港國安法》第 4 條規定：「香港特別行政區維護國家安全應當尊重和保障人權，依法保護香港特別行政區居民根據香港特別行政區基本法和《公民權利和政治權利國際公約》、《經濟、社會與文化權利的國際公約》適用於香港的有關規定享有的包括言論、新聞、出版的自由，結社、集會、遊行、示威的自由在內的權利和自由。」第 5 條規定：「防範、制止和懲治危害國家安全犯罪，應當堅持法治原則。」

《香港國安法》規定了四類危害國家安全的犯罪及其處罰，這些犯罪與刑罰的規定一定程度上會對基本權利的行使構成限制。同時，《香港國安法》又明確了人權保障原則與法治原則。這使得在《香港國安法》實施中，其與《香港基本法》、國際人權公約適用於香港的規定之間的關係備受各界關注，對這一關係的理解可能會影響到對《香港國安法》的解釋、執法行為的合法性等重要問題。本文將從《香港國安法》與國際人權公約適用於香港的規定兩者之間關係的視角對這一問題進行剖析。

二、兩者之間關係的複雜性

《香港國安法》與國際人權公約適用於香港的規定之間的關係是非常複雜的問題，這個問題的複雜性由國際人權公約在香港適用方式的多樣性，《香港

國安法》自身規定的平衡性，以及國際人權公約適用於香港的規定與《香港基本法》之間的交疊性所造成。

（一）國際人權公約適用於香港的方式是多樣的

一方面，三部公約適用於香港的情況並不相同，《公民權利和政治權利國際公約》通過《香港人權法案條例》適用於特區，絕大部分的條文以複製的方式直接引入香港本地立法；《經濟、社會與文化權利的國際公約》的部分規定則散見在不同的本地立法中；[1] 與兩個國際人權公約不同，國際勞工公約並非一個特定公約，而是由國際勞工組織制定的一系列公約構成。在《香港基本法》起草過程中，起草委員們曾就勞工問題進行過專題研究，該研究中指出，截止 1987 年 12 月，英國已經認可七十多項國際勞工公約，其中 48 項適用於香港，中國則通過 18 項勞工公約。[2]《經濟、社會與文化權利的國際公約》和國際勞工公約並無統一轉化的本地立法，後者更是開放性的公約，很難有統一的適用模式。另一方面，《香港基本法》第 39 條規定，「《公民權利和政治權利國際公約》、《經濟、社會與文化權利的國際公約》和國際勞工公約適用於香港的有關規定繼續有效，通過香港特別行政區的法律予以實施。香港居民享有的權利和自由，除依法規定外不得限制，此種限制不得與本條第一款規定抵觸。」香港法院對《基本法》第 39 條的理解為一種導入功能，《香港基本法》第 39 條第 1 款規定了國際人權公約適用於香港的規定繼續有效，通過特區法律來實施，這一規定導入三個國際人權公約，並進一步導入實施三個人權公約的本地立法。由於《經濟、社會與文化權利的國際公約》和國際勞工公約的本地化實施方式與《公民權利和政治權利國際公約》不同，所以，《香港基本法》第 39 條最直接的效果就是導入了香港人權法案，形成《香港基本法》與香港人權法案共同適用於基本法案件的類型。[3] 美國聯邦憲法權利法案中的第一至第八修正案在制定時僅限制聯邦權力，並未將州作為義務主體，對州行使治安權並無限制。但在第十四修正案通過後，聯邦最高

---

1 秦前紅、付婧：《香港法院如何適用〈經濟、社會、文化權利國際公約——以香港法院裁判經濟社會文化權利的實踐為中心〉》，《甘肅政法學院學報》2015 年第 5 期，第 13 頁。

2 《中華人民共和國香港基本法（草案）徵求意見稿諮詢報告（4）——專題報告》，載李浩然編：《香港基本法起草過程概覽》（下），三聯書店（香港）有限公司 2012 年版。

3 楊曉楠：《香港基本法的類型化司法適用》，《法學家》2018 年第 4 期，第 114 頁。

法院通過解釋十四修正案中的正當程序條款，[4] 建立了「融合理論／導入原則（incorporation doctrine）」，認為州也負有保護公民基本權利的義務，從而依據權利法案對州的行為進行審查。[5] 這種導入功能讓第十四修正案在美國憲法權利體系中有特殊的地位。與美國聯邦法院長期以來在「融合理論／導入原則（incorporation doctrine）」問題上的爭議相比，香港特區法院似乎毫不猶豫地採取了全部導入原則。[6] 在吳恭劭案[7] 判決中，香港終審法院依據香港人權法案[8] 對國旗條例和區旗條例的合基本法性進行了審查。有學者認為，這一做法實際上賦予了《公民權利和政治權利國際公約》以及香港人權法案本地憲制性法律的地位。[9] 內地學者對此持反對意見，認為回歸後香港的憲制基礎發生變化，《基本法》並未賦予人權公約憲法性地位。[10] 所以，在一定程度上，《香港國安法》與國際人權公約適用於香港的規定之間的關係受制於《香港國安法》與《基本法》第 39 條的關係。

《香港國安法》與《基本法》第 39 條的關係則更為複雜。全國人大通過《關於建立健全香港特別行政區維護國家安全的法律制度和執行機制的決定》（以下簡稱《決定》），其中第 6 條授權全國人大常委會制定香港特區維護國家安全的法律制度，即《香港國安法》。《決定》草案說明多次指出，《決定》及《香港國安法》均依據憲法和《基本法》作出，是「完善香港特別行政區

---

4 第十四修正案第一部分包括「任何州不得不經過正當程序剝奪任何人的生命、自由和財產（nor shall any State deprive any person of life, liberty, or property, without due process of law）」，其中「自由」的內涵是比較寬泛的，可以包括權利法案中的權利。

5 布萊克法官（Justice Black）建議使用全部導入原則（total incorporation），將權利法案中的所有權利都列入州義務的範圍，但這一觀點未被採納，美國聯邦最高法院採取的是選擇性導入原則（selective incorporation），但逐漸也導入了幾乎大部分權利法案中的權利。參見 *Duncan v. Louisiana*, 391 U.S. 145 (1968); Erwin Chemerinsky, *Constitutional Law* (Wolters Kluwer, 2013), 4th edition, p. 536; Richard Boldt and Dan Friedman, "Constitutional Incorporation: A Consideration of the Judicial Function in State and Federal Constitutional Interpretation", (2017) *Maryland Law Review* 76, p. 309; Louis Henkin, "'Selective Incorporation' in the Fourteenth Amendment", (1963) *Yale Law Journal* 73, p. 74.

6 *Swire Properties Ltd and Others v. The Secretary for Justice*, (2003) 6 HKCFAR 236.

7 *HKSAR v. Ng Kung Siu and Another*, [1999] 3 HKLRD 907; (1999) 2 HKCFAR 442.

8 《香港人權法案條例》第 II 部為「香港人權法案」，即對《公民權利和政治權利國際公約》具體權利的本地化規定，人權法案只是該條例的一個章節。條例第 I 部「導言」的第 3 條和第 4 條規定條例的效力，但未被採用為特區法律。

9 陳弘毅：《公法與國際人權法的互動：香港特別行政區的個案》，《中外法學》2011 年第 1 期，第 61 頁。

10 李薇薇：《〈公民權利和政治權利國際公約〉在香港的法律地位》，《法制與社會發展》2013 年第 1 期，第 45 頁。

同憲法和《香港基本法》實施相關的制度和機制」。《香港國安法》第 1 條規定，根據憲法、《基本法》和《決定》，「制定本法」。所以，《決定》對全國人大常委會的授權立法是附條件的，全國人大常委會在制定立法的時候應以符合《香港基本法》的方式制定《香港國安法》。而且，《香港國安法》被納入《基本法》附件三，以特區政府法律公告的方式在特區實施，說明其是一部特區的本地立法。根據《基本法》第 11 條，特區本地立法不應與《基本法》相抵觸。所以，應以符合《基本法》的方式實施《香港國安法》，或者說，《香港國安法》的實施需要以符合《基本法》的方式。但《香港國安法》第 2 條規定，「關於香港特別行政區法律地位的香港特別行政區基本法第一條和第十二條規定是香港特別行政區基本法的根本性條款。香港特別行政區任何機構、組織和個人行使權利和自由，不得違背香港特別行政區基本法第一條和第十二條的規定。」也就是說，《香港基本法》中第 1 條和第 12 條條款本身體現了《基本法》的根本目的，在效力層次上要優先於其他條款。這樣，在實施《香港國安法》的時候，就會產生層級性的效果：首先要使其實施符合《基本法》第 1 條和第 12 條的規定，其次也要使其實施符合《基本法》的其他條款，包括第 39 條的規定。這裏適用於香港的國際人權公約導入為第二個層次。

（二）《香港國安法》自身的規定較為複雜

對《香港國安法》第 4 條的解釋應該注意幾個方面：一是，第 4 條規定的公約範圍並非與《基本法》第 39 條完全等同，其未包括國際勞工公約適用於香港的情況。雖然《香港國安法》第 4 條中只提到了兩個公約和幾個特定的權利，但對被提及的規定和權利，只是起到一種強調的效果，其他所涉及的權利，即使沒有提及，也不應作出相反的理解。二是，這裏將《基本法》和兩個人權公約並列使用，強化了公約保護的權利，因為根據上述的分析，即使未有第 4 條的規定，《香港國安法》也應以符合《基本法》的方式實施。所以，不應將第 4 條理解為一種授權條款，而應理解為一種強化權利條款。三是，香港在回歸前沿用英國對國際法「雙軌制」處理的原則，[11] 除非本

---

11 陳弘毅教授將其稱為「二元」方式，參見陳弘毅：《公法與國際人權法的互動：香港特別行政區的個案》，《中外法學》2011 年第 1 期，第 58 頁；Michael Ramsden, "Dualism in the Basic Law: The First 20 Years", (2019) *Hong Kong Law Journal* 49, p. 239; *Ubamaka Edward Wilson v. Director of Immigration and Another*, (2012) 15 HKCFAR 743, para. 43.

地立法機關以成文法方式引入國際法，否則只有國家（英國）負有國際法義務，而且這種義務更多是道義上的約束力，香港本地法院不能直接適用國際公約，國際公約在香港無法律上的約束力。與《基本法》第 39 條相同，《香港國安法》第 4 條這裏依然使用了「適用於香港」的字眼，所以在香港本地立法中無直接實施的部分，理論上對《香港國安法》的實施不會有約束效果。四是，對於第 4 條本身的實施方式在《香港國安法》中並沒有規定。從體系解釋上看，第 4 條位於總則中的原則性條款，可以作為解釋《香港國安法》的指導性原則，施行機關在執行過程中應負有主動實施的義務。這種主動實施不僅限於行政機關的執法行為，也包括實施《香港國安法》的立法、行政機關和司法機關制定配套規範性文件和審理案件的行為。同時，也可能有被動實施的情況，例如當事人如果認為本地執行機關執行方式違反第 4 條的規定，在訴訟中可以提出質疑，下文將詳細闡述。

（三）《香港國安法》、《香港基本法》、國際人權公約適用於香港的規定所列明的權利具有一定的重疊性

除了《香港國安法》第 4 條明確規定國際人權公約適用於香港的規定，第 5 條規定：「防範、制止和懲治危害國家安全犯罪，應當堅持法治原則。法律規定為犯罪行為的，依照法律定罪處刑；法律沒有規定為犯罪行為的，不得定罪處刑。任何人未經司法機關判罪之前均假定無罪。保障犯罪嫌疑人、被告人和其他訴訟參與人依法享有的辯護權和其他訴訟權利。任何人已經司法程序被最終確定有罪或者宣告無罪的，不得就同一行為再予審判或者懲罰。」這一條文與《基本法》、《公民權利和政治權利國際公約》及香港人權法案對權利的規定不同，但也有交叉重疊。此外，《基本法》第 87 條規定了保留原有法律在香港適用的原則和當事人享有的權利，也包括了《香港國安法》第 5 條規定的內容。與第 4 條規定的原則性條款不同，第 5 條作出的具體規定，《基本法》和香港人權法案並未對第 5 條的適用增加新的條件和限制，而是與第 5 條一起共同構成保護犯罪嫌疑人訴訟權利的基礎。在這種情況而言，由於《香港國安法》對於香港法院來說是全新的立法，在過去的法律傳統中也並未有相關的判例可以對第 5 條的文本解釋作出參考。那麼，香港特區法院可能結合《基本法》和香港人權法案中相似條款的解釋作為參考，來具體適用《香港國安法》第 5 條的規定。

表 2 《香港國安法》、《香港基本法》和
香港人權法案對訴訟權利規定的比較

名稱	條文內容	比較
《香港國安法》第 5 條	防範、制止和懲治危害國家安全犯罪，應當堅持法治原則。法律規定為犯罪行為的，依照法律定罪處刑；法律沒有規定為犯罪行為的，不得定罪處刑。 任何人未經司法機關判罪之前均假定無罪。保障犯罪嫌疑人、被告人和其他訴訟參與人依法享有的辯護權和其他訴訟權利。任何人已經司法程序被最終確定有罪或者宣告無罪的，不得就同一行為再予審判或懲罰。	相同點： 第一，都規定了「疑罪從無」原則；第二，都規定了「任何人不因同一犯罪再度受罰」的原則。 不同點： 公約第 15 條是關於「刑法不溯及既往」原則的表述，判斷行為人是否在犯罪時構成犯罪的依據，不僅限於香港法律，還包括國際法。 《香港國安法》第 5 條是中國《刑法》典型的關於「罪刑法定」原則的表述，從「罪刑法定原則」可以推導出刑法「不溯及既往原則」。然而，學理一般認為，判斷行為人是否在犯罪時構成犯罪的依據，應為本國立法機關制定的刑法，而不包括國際法。這是《香港國安法》與《公民權利和政治權利國際公約》的不同之處。
《香港基本法》第 87 條	香港特別行政區的刑事訴訟和民事訴訟中保留原在香港適用的原則和當事人享有的權利。 任何人在被合法拘捕後，享有儘早接受司法機關公正審判的權利，未經司法機關判罪之前均假定無罪。	
香港人權法案	第 11 條 （一）受刑事控告之人，未經依法確定有罪以前，應假定其無罪。〔《公民權利和政治權利國際公約》第 14（2）條〕 （六）任何人依香港法律及刑事程序經終局判決判定有罪或無罪開釋者，不得就同一罪名再予審判或科刑。〔《公民權利和政治權利國際公約》第 14（7）條〕 第 12 條 （一）任何人之行為或不行為，於發生當時依香港法律及國際法均不成罪者，不為罪。刑罰不得重於犯罪時法律所規定。犯罪後之法律規定科減刑罰者，從有利於行為人之法律。〔《公民權利和政治權利國際公約》第 15 條〕	

三、《香港國安法》實施與國際人權公約
適用於香港條款的相互影響

從上文分析的幾種關係來看，《香港國安法》的實施受制於其第 4 條的解釋，同時，國際人權公約適用於香港條款所保護的權利和自由也會受到《香港國安法》具體條文適用的影響。由於《香港國安法》具體實施的條文過多，無法在文章中一一探討對每一條款保障權利的影響，這裏主要從宏觀層面討論制度上的影響問題。

（一）立法合基本法性審查的排除

這個問題包括兩個方面，一是《基本法》的適用是否需要與《香港國安法》一致。該問題在唐英傑案[12]中也被提出，《香港國安法》第 62 條規定「香港特別行政區本地法律規定與本法不一致的，適用本法規定」，其中「本地法律」是否包括《基本法》，法院擱置了對這一問題的處理。《香港國安法》是由全國人大常委會依據全國人大的決定制定的全國性法律，列入《香港基本法》附件三，通過公佈方式實施。在決定和本法制定的過程中，始終堅持依據憲法和《基本法》的原則。因此，筆者認為，這裏的本地法律不應包括《基本法》，《基本法》是全國人大制定的全國性法律，不會受制於《香港國安法》。

二是《香港國安法》是否會與《基本法》相衝突。換言之，這一問題的討論應集中於香港特區司法機構是否有權力審查《香港國安法》的合基本法性問題。《香港國安法》是全國人大常委會根據全國人大的決定制定，作為行使國家立法權這一國家主權基本內容的機關，全國人大制定決定的行為是不能由特區法院審查的，全國人大常委會依據授權作出的立法也不能受到特區法院的審查。終審法院在黎智英案中也闡明，「我等已裁定，本院沒有權力裁定國安法任何條文因與《基本法》或人權法不符而違憲或無效。然而，這絕非是說人權、自由和法治價值並不適用。相反，國安法第四條和國安法第五條明文規定，這些權利、自由和價值在引用國安法時須予以保護及堅持。」[13]

所以，無論對於《香港國安法》和《基本法》的關係作出何種理解，都不能在特區法院審查《香港國安法》的合基本法性問題。這一論斷的依據可以是

12　*Tong Ying Kit v. HKSAR*, HCAL 1601/2020 (21 August 2020), [2020] HKCFI 2015.

13　*HKSAR v. Lai Chee Ying*, FACC 1/2021 (9 February 2021), [2021] HKCFA 3.

《基本法》第 19 條，即法院對國防、外交等行為無管轄權，也可以認為地方法院不能審查主權者的主權行為。所以，即使法院可以享有一定的審查權，也不是審查《香港國安法》本身的合基本法性，而是在執行《香港國安法》中其他具體行政行為。總之，基於上述的討論，特區機構不能依據《香港國安法》審查《基本法》的條文，也不能根據《基本法》審查《香港國安法》條文。

（二）不可審查的其他行為

一是，除了對立法本身不可審查之外，《香港國安法》第 14 條規定，香港特別行政區維護國家安全委員會作出的決定不受司法覆核。但這一條文僅規定香港國安委工作不受香港特別行政區任何機構、組織及個人的干涉，以及香港國安委作出的決定不受司法覆核，沒有說明法院是否對香港國安委的所有行為都不具有管轄權。這裏的決定是狹義上的以決定為形式的抽象行為，還是任何主觀「決定」作出的任何行為，在這裏並不明確，在未來的案件中或許也會有討論，採取後者解釋的可能較大。《香港國安法》第 43 條規定，對香港警務處維護國家安全部門辦理危害國家安全案件的具體措施，由行政長官會同香港國安委制定實施細則，對於其制定的實施細則，特區法院應無權審查其合基本法性及合香港國安法性。

二是，根據《香港國安法》第 55 條，符合該條規定情形的案件，經法定程序，由香港國安公署行使管轄權。根據《香港國安法》第 56 條，香港國安公署管轄的特殊危害國家安全案件，由內地檢察院行使公訴權，由內地法院行使審判權。而且，《香港國安法》第 60 條規定，國安公署及其人員依據《香港國安法》執行職務的行為，不受香港特區管轄。也就是說，這一刑事訴訟過程從立案、偵查到審訊過程中可能涉及香港居民基本權利和自由的行為，也被排除在特區司法覆核的範圍之外。如有侵犯香港居民依據《基本法》和國際公約適用於香港的規定所保障的權利和自由，應根據內地的法律救濟方式處理。

（三）可審查的問題

那麼，哪些屬於特區法院可能會審查的問題呢？在確定《香港國安法》本身合基本法性的前提下，《香港國安法》授權執法機關進行執法。如果香港特區依據《香港國安法》制定本地立法，法院依然可以審查這一立法的合基本法性以及與《香港國安法》的一致性。對於香港本地其他機構制定的配套

性規範文件，除《香港國安法》明確授權特區政府會同香港國家安全委員會制定的《香港特區維護國家安全法第四十三條實施細則》外，如不是由香港國家安全委員會決定，也應在法院審查的範圍內。在唐英傑案中，當事人也挑戰了裁判法官依據《香港國安法》第 42 條作出的不予保釋的決定。[14] 總之，對於香港本地執法機關執行《香港國安法》的具體行為而言，除《香港國安法》明確排除的內容外，依然受制於香港本地法院的審查。

四、合基本法解釋的適用

由於排除了對立法和部分實施行為本地司法覆核的可能性，更大的可能性是法院以一種符合基本權利的方式來解釋《香港國安法》的條款，因為法院的解釋對於理解《香港國安法》而言至關重要。《香港國安法》第 65 條規定，本法解釋權屬於全國人大常委會，但這種解釋是一種規範層面的解釋，並不是具體案件適用中的解釋。在法律推理過程中，法院需要解釋條文，將其適用 / 涵攝到具體的事實中。根據《香港國安法》第 40 條，香港法院對除《香港國安法》第 55 條規定之外的情況行使管轄權。法院會在行使管轄權的過程中對《香港國安法》的條文進行具體解釋。

在唐英傑案中，高等法院原訟庭認為，在解釋《香港國安法》的時候，應以符合《基本法》第 28 條和香港人權法案第 5 條的方式解釋，還要以基本法解釋的方法、普通法解釋的方法解釋《香港國安法》，對於權利進行寬鬆解釋，對權利的限制進行狹義解釋。因此，原訟庭根據《香港國安法》第 5 條規定的無罪推定原則，將第 42 條中的「繼續」解釋為「繼續下來的一段時間」，而不是「繼續某一種犯罪行為」，因為根據無罪推定原則，前一行為並未被定性。[15] 雖然這種解釋終審法院在黎智英案 [16] 判決中已經推翻，但終審法院在判決中明確，「國安法第四十二（二）條必須以這些條文作為文理基礎來予以詮釋及應用。在盡可能情況下，國安法第四十二（二）條須獲賦予符合這些權利、自由和價值的意義和效力。」

14　*Tong Ying Kit v. HKSAR*, HCAL 1601/2020 (21 August 2020), [2020] HKCFI 2015.

15　*Tong Ying Kit v. HKSAR*, HCAL 1601/2020 (21 August 2020), [2020] HKCFI 2015, para. 30.

16　*HKSAR v. Lai Chee Ying*, FACC 1/2021 (9 February 2021), [2021] HKCFA 3.

五、結語

　　總而言之，可以預計，在未來絕大多數有關《香港國安法》的案件中，當事人極大可能會一直提及關於《基本法》和國際人權法適用於香港條款對《香港國安法》實施的影響，直到終審法院就絕大多數爭議問題逐一建立完整的方法論和判例解釋。這是未來《香港國安法》實施中的難點和重點。《香港國安法》給香港法院實施《基本法》帶來了很多新問題，這些新問題在過去大多未涉及，亟待香港法院和法律界用智慧和努力一同面對和解決。在這個過程中，應堅持「一國兩制」原則不動搖，堅持《憲法》和《基本法》共同構成特別行政區的憲制基礎。

將人權「讀入」國安法

章小杉　廣東外語外貿大學法學院講師

一、導言

2020 年 6 月 30 日於香港特別行政區刊憲實施的《中華人民共和國香港特別行政區維護國家安全法》（以下簡稱《香港國安法》或《國安法》）引起海內外的廣泛關注。《香港國安法》將指定行為確定為犯罪並規定相應的刑罰，對香港特區的人權保障有重要且深遠的影響。不同於其他限制基本權利的本地立法，《香港國安法》是中央立法機關制定並直接在香港特區公佈實施的法律。這意味著，香港法院無權審查或推翻《香港國安法》。《國安法》的頒行，似乎給香港特區的人權保障蒙上陰影，也令香港法律界人士備感憂慮。[1]但《國安法》的實施不必意味著人權的終結。《國安法》沒有並且不能取消人權法。國家安全與人權並非只能「二選一」。在《國安法》之下，人權保障仍有空間。本文主張，「讀入」作為一種憲法救濟和司法技巧，可用於調和《國安法》與人權法的潛在衝突。本文認為，將人權「讀入」《國安法》，不僅不違背《國安法》的初衷，而且有利於實現《國安法》的目的——懲治極少數違法犯罪行為，維護香港居民及其他人的合法權益。

二、《國安法》在香港特區的法律地位

《國安法》甫一公佈，其法律地位便引起熱議。[2]有論者認為《國安法》是

1　林祖偉：《港版〈國安法〉如何影響香港法律制度》，BBC News 中文版，2020 年 6 月 29 日，https://www.bbc.com/zhongwen/trad/chinese-news-53209530（最後訪問時間：2020 年 8 月 23 日訪問）；《香港大律師公會就〈中華人民共和國香港特別行政區維護國家安全法〉的聲明》，2020 年 7 月 1 日，https://www.hkba.org/sites/default/files/20200701%20-%20HKBA%20Statement%20on%20the%20HKSAR%20National%20Security%20Law%20%28C%29.pdf（最後訪問時間：2020 年 8 月 23 日）。

2　參見陳端洪：《論香港特區維護國安法的法律地位》，《明報》2020 年 7 月 7 日；林緻茵：《基本法與港區國安法：需要理順的法律問題》，《明報》2020 年 7 月 8 日；曾鈺成：《基本法大還是國安法大》，《am730》2020 年 7 月 13 日；郝鐵川：《香港國安法是基本法的特別法並居優先執行地位》，《大公報》2020 年 7 月 13 日，A14 版。

「第二基本法」，有論者認為《國安法》凌駕於《基本法》，也有論者認為《國安法》優先於《基本法》。經適當分析可知，《國安法》的法律地位與列於《基本法》附件三的全國性法律相同，即香港本地立法之上、《基本法》之下。

（一）香港特區的法律淵源

香港特區的法律淵源，在《中華人民共和國香港特別行政區基本法》（以下簡稱《基本法》）中有明確的規定——主要涉及《基本法》第 18 條、第 8 條和第 84 條。根據這些規定，在香港特區實行的法律主要包括：（1）《基本法》；（2）列於《基本法》附件三的全國性法律；（3）戰爭或緊急狀態下，中央人民政府命令在香港特別行政區實施的全國性法律（如有）；（4）不抵觸《基本法》的香港原有法律；（5）香港特別行政區立法機關制定的法律；（6）普通法適用地區的司法判例。此外，香港特區的法律淵源還包括：（7）《中華人民共和國憲法》（以下簡稱《憲法》或《中國憲法》）；及（8）國際條約。[3] 後兩項雖爭議較大，但非本文的重點，故在此不贅。

按照法律淵源的形式標準，可將香港特區的法律淵源分為成文法和不成文法。在香港特區實施的成文法，按照制定機關，可分為中央立法和本地立法。其中，中央立法主要包括《基本法》和列於《基本法》附件三的全國性法律；而本地立法主要包括立法會（局）制定的條例和經授權制定的附屬立法。[4] 在這四種成文法之中，沒有爭議的是：《基本法》高於條例，而條例高於附屬立法。[5] 而需要分析的是列於《基本法》附件三的全國性法律（以下簡稱附件三法律）在香港特區的法律地位。《國安法》在本質上，屬於附件三法律。[6] 釐定了附件三法律在香港特區的法律地位，便明確了《國安法》在香港特區的法律地位。

3　參見蕭蔚雲：《論中華人民共和國憲法與香港特別行政區基本法的關係》，《北京大學學報（哲學社會科學版）》1990 年第 3 期；陳弘毅、張增平、陳文敏、李雪菁編：《香港法概論（第三版）》，三聯書店（香港）有限公司 2017 年版，第 138 頁；鄒平學：《論憲法在香港特別行政區的效力與適用》，載王振民、梁美芬主編：《香港〈基本法〉的起草、理論與實踐》，浙江大學出版社 2018 年版，第 51-92 頁；吳慧：《香港的締約權以及條約在香港的法律地位》，《政治與法律》2007 年第 6 期；李薇薇：《〈公民權利和政治權利國際公約〉在香港的法律地位》，《法制與社會發展》2013 年第 1 期。

4　陳弘毅、張增平、陳文敏、李雪菁編：《香港法概論（第三版）》，三聯書店（香港）有限公司 2017 年版，第 35-44 頁；董立坤：《香港法的理論與實踐》，法律出版社 1990 年版，第 111 頁。

5　參見《基本法》第 11 條及《釋義及通則條例》（第 1 章）第 28 條。

6　《全國人民代表大會常務委員會關於增加〈中華人民共和國香港特別行政區基本法〉附件三所列全國性法律的決定》，2020 年 6 月 30 日第十三屆全國人民代表大會常務委員會第二十次會議通過。

（二）《國安法》高於香港本地立法

《國安法》第 62 條規定：「香港特別行政區本地法律規定與本法不一致的，適用本法規定。」即便沒有這一規定，《國安法》也高於香港本地立法，因為《國安法》作為一部附件三法律，是中央立法機關制定的法律。

從中國法來看，中央立法當然高於地方立法。《中華人民共和國立法法》（以下簡稱《立法法》）第 88 條規定：「法律的效力高於行政法規、地方性法規、規章。行政法規的效力高於地方性法規、規章。」（在《立法法》的語境下，全國人民代表大會及其常務委員會制定的規範性文件稱為「法律」，地方人民代表大會及其常務委員會制定的規範性文件稱為「地方性法規」）。雖然《立法法》並非在香港特區適用的法律，但是在中國當下的國家結構形式（單一制）和立法體制之下，中央立法高於（或曰凌駕於）地方立法，是一個必然的結論。[7] 事實上，在聯邦制國家，聯邦法也高於州法。

從香港法來看，中央立法也高於本地立法。《基本法》第 12 條明確，香港特別行政區是一個直轄於中央人民政府的地方行政區域。《基本法》第 2 條亦載明，香港特別行政區享有的高度自治區，包括立法權，源自全國人民代表大會（以下簡稱全國人大）的授權。根據《基本法》第 17 條第 3 款和第 160 條第 1 款，全國人民代表大會常務委員會（以下簡稱全國人大常委會）有權審查香港回歸前後的本地法律，並令其認為與《基本法》相抵觸的本地立法失效。附件三法律由全國人大或全國人大常委會制定，並經全國人大常委會決定在香港特區實施。由制定機關的法律地位可知，附件三法律高於香港本地立法。

在《國安法》之前，香港本地立法不太可能與附件三法律發生衝突。因為《基本法》第 18 條第 3 款已經明確，列入附件三的法律，限於有關國防、外交和其他按照本法規定不屬於香港特別行政區自治範圍的法律。也就是說，對於附件三法律所規制的事項，香港特別行政區本來就沒有立法權限，因而不太可能發生本地立法與附件三法律不一致的情形。[8]《國安法》的頒行，令中央立法與本地立法的衝突成為現實：《基本法》第 23 條將立法維護國家

---

7 中國《憲法》第 100 條第 1 款規定：「省、直轄市的人民代表大會和它們的常務委員會，在不同憲法、法律、行政法規相抵觸的前提下，可以制定地方性法規，報全國人民代表大會常務委員會備案。」

8 See Yash Ghai, *Hong Kong's New Constitutional Order: The Resumption of Chinese Sovereignty and the Basic Law* (Hong Kong: Hong Kong University Press, 1999), 2nd edition, p. 399.

安全的權力／責任賦予香港特別行政區，並且香港本地立法之中已有某些危害國家安全罪（如煽動叛亂罪和竊取官方機密罪等）的規定。既然《國安法》已有明確規定，並且根據以上分析，香港本地立法與《國安法》規定不一致的，須適用《國安法》的規定。

更加值得深思的是《國安法》與《香港人權法案條例》（香港法例第 383 章）的關係。眾所周知，《香港人權法案條例》是由港英時期的立法局制定的本地立法，原賦予其「凌駕性」地位的法律條款已為全國人大常委會所廢止。[9] 從制定機關來看，作為中央立法的《國安法》，理應高於作為地方立法的《香港人權法案條例》。然而，《香港人權法案條例》是《公民權利和政治權利國際公約》的轉化立法，《基本法》第 39 條明文規定《公民權利和政治權利國際公約》適用於香港的有關規定繼續有效，通過香港特別行政區的法律予以實施，任何限制香港居民享有的權利和自由的法律不得與國際公約的規定相抵觸，這又間接賦予了《香港人權法案條例》某種憲制性地位／功能。[10]《國安法》與《香港人權法案條例》的關係，由此變得複雜。理論上，《國安法》既然在香港特區實施，便推定為符合《基本法》（包括第 39 條）的規定。[11]《國安法》第 4 條也申明，在香港特區維護國家安全，須依法保護香港居民根據《公民權利和政治權利國際公約》享有的權利和自由。亦即，《國安法》與《香港人權法案條例》不應相互衝突。倘若《國安法》與《香港人權法案條例》被認為彼此衝突，那麼這種衝突不應視為兩部法律的衝突，而應看作《基本法》的兩個條款（第 18 條和第 39 條）的衝突。[12] 此時，應當採取一個整體的解釋

---

9   參見《全國人民代表大會常務委員會關於根據〈中華人民共和國香港特別行政區基本法〉第一百六十條處理香港原有法律的決定》，1997 年 2 月 23 日第八屆全國人民代表大會常務委員會第二十四次會議通過；陳弘毅：《香港回歸的法學反思》，《法學家》1997 年第 5 期；許崇德：《簡析香港特別行政區實行的法律》，《中國法學》1997 年第 3 期。

10 *Lau Cheong and Another v. HKSAR*, FACC 6/2001 (16 July 2002), (2002) 5 HKCFAR 415, [2002] 2 HKLRD 612, para. 32; *Gurung Kesh Bahadur v. Director of Immigration*, FACV 17/2001 (30 July 2002), (2002) 5 HKCFAR 480, [2002] 2 HKLRD 775, paras. 20-29; Johannes Chan, "The Status of the Bill of Rights in the Hong Kong Special Administrative Region", (1998) *Hong Kong Law Journal* 28 (2), pp. 152-155; Simon N. M. Young, "Restricting Basic Law Rights in Hong Kong", (2004) *Hong Kong Law Journal* 34 (1), pp. 109-132; 楊曉楠：《〈香港基本法〉第 39 條的教義學分析：權利體系與規範功能》，《華東政法大學學報》2020 年第 5 期。

11 See Yash Ghai, *Hong Kong's New Constitutional Order: The Resumption of Chinese Sovereignty and the Basic Law* (Hong Kong: Hong Kong University Press, 1999), 2nd edition, p. 397.

12 Yash Ghai, *Hong Kong's New Constitutional Order: The Resumption of Chinese Sovereignty and the Basic Law* (Hong Kong: Hong Kong University Press, 1999), 2nd edition, p. 451.

方法，並儘量在二者之間求取平衡。

（三）《國安法》低於《基本法》

　　《國安法》與《基本法》都是中央立法，但二者有位階之差。《國安法》不能優先於《基本法》，更加不能凌駕於《基本法》。這一點，同樣可從中國法和香港法兩個方面來論證。

　　從中國法來看，《基本法》是由全國人大根據《憲法》制定的，[13] 而《國安法》是全國人大常委會根據《憲法》、《基本法》和全國人大決定而制定的。[14] 雖然全國人大常委會是全國人大的常設機關，[15] 在全國人大閉會期間可行使全國人大的部分職權，[16] 但是二者的立法權限並不相同。由全國人大制定的規範性文件稱為基本法律，而由全國人大常委會制定的規範性文件稱為法律。[17] 刑事、民事、國家機構等特定事項只能由全國人大制定基本法律，全國人大常委會可在全國人大閉會期間，對全國人大制定的法律進行部分補充和修改，但是不得同該法律的基本原則相抵觸。[18] 全國人大有權改變或者撤銷全國人大常委會制定的不適當的法律。[19]《憲法》第 31 條明確規定，在特別行政區內實行的制度應由全國人大以法律規定。《國安法》係全國人大常委會根據全國人大的授權而制定，而全國人大的決定係依據《憲法》和《基本法》而作出（由於現時沒有更高的審查機關，只能推定全國人大的決定符合《憲法》和《基本法》），[20] 也就是說，由全國人大常委會制定的《國安法》須符合《憲法》和

13　參見《基本法》序言。

14　參見《全國人民代表大會關於建立健全香港特別行政區維護國家安全的法律制度和執行機制的決定》，2020 年 5 月 28 日第十三屆全國人民代表大會第三次會議通過；《香港國安法》第 1 條。

15　參見《憲法》第 57 條。

16　參見《憲法》第 67 條。

17　參見《憲法》第 62 條第 3 項和第 67 條第 2 項；《立法法》第 7 條。有關「基本法律」和「法律」的討論，參見韓大元、王貴松：《中國憲法文本中「法律」的涵義》，《法學》2005 年第 2 期；姚岳絨：《我國〈憲法〉第 126 條「法律」外延的界定》，《政治與法律》2010 年第 7 期；孔德王：《「基本法律」研究的現狀與展望》，《人大研究》2017 年第 11 期；韓大元：《全國人大常委會新法能否優於全國人大舊法》，《法學》2008 年第 10 期；馬英娟：《再論全國人大法律與全國人大常委會法律的位階判斷——從劉家海訴交警部門行政處罰案切入》，《華東政法大學學報》2013 年第 3 期。

18　參見《憲法》第 67 條第 3 項。

19　參見《立法法》第 97 條第 1 項。

20　《全國人民代表大會關於建立健全香港特別行政區維護國家安全的法律制度和執行機制的決定》，2020 年 5 月 28 日第十三屆全國人民代表大會第三次會議通過。

《基本法》，且不得超出全國人大決定的授權範圍。[21] 雖然當下很難設想《國安法》會因違憲或越權而遭全國人大撤銷，但是《國安法》與《基本法》有效力等級之差：《國安法》是《基本法》的下位法，其不得抵觸《基本法》的規定。

從香港法來看，《基本法》是一部憲制性法律，而《國安法》只是一部附件三法律。《基本法》第 11 條明文規定，香港特別行政區的制度和政策，包括社會、經濟制度，有關保障居民的基本權利和自由的制度，行政管理、立法和司法方面的制度，以及有關政策，均以本法的規定為依據。此外，全國人大曾於 1990 年 4 月 4 日作出決定，「香港特別行政區《基本法》是根據《中華人民共和國憲法》、按照香港的具體情況制定的，是符合憲法的。香港特別行政區設立以後實行的制度、政策和法律，以香港特別行政區基本法為依據。」[22] 這實質上確立了《基本法》在香港特區（除中國《憲法》之外）的至上地位（supremacy）。終審法院在「吳嘉玲案」判決中指出，中華人民共和國香港特別行政區基本法是根據中國《憲法》而制定，自 1997 年 7 月 1 日中國恢復對香港行使主權、香港特別行政區成立之時便成為香港特區的憲法。[23] 這一點，早為各界所承認和接受。《國安法》雖為在香港特區實施的中央立法，但不是香港特區的憲制性法律。事實上，《國安法》能夠在香港特區實施，正是因為被列入了《基本法》附件三（此處，可將《基本法》第 18 條視為「導入條款」）。理論上，如果不符合《基本法》的規定，《國安法》便不能在香港特區實施。

綜上所述，《國安法》與《基本法》不是同一位階的法律。《國安法》不能作為「新法」或「特別法」，優先於《基本法》適用。《國安法》與其他附件三法律一樣，法律地位在《基本法》之下。如果有任何優先次序，也應當是作為上位法的《基本法》優先於作為下位法的《國安法》。誠然，如學者指出，在實際上，很難寄希望於全國人大或全國人大常委會根據《基本法》來

21　參見《立法法》第 96 條第 1、2 項。又見林緻茵：《基本法與港區國安法：需要理順的法律問題》，《明報》2020 年 7 月 8 日；曾鈺成：《基本法大還是國安法大》，《am730》2020 年 7 月 13 日。

22　《全國人民代表大會關於〈中華人民共和國香港特別行政區基本法〉的決定》，1990 年 4 月 4 日第七屆全國人民代表大會第三次會議通過。

23　*Ng Ka Ling and Another v. The Director of Immigration*, FACV 14/1998 (29 January 1999), (1999) 2 HKCFAR 4, [1999] 1 HKLRD 315, para. 10.

審查《國安法》的合憲性。[24] 但是，在理論上，應當明確，在香港特區，《基本法》的地位高於《國安法》。

三、《國安法》與人權法的潛在衝突

香港居民的權利和自由受《基本法》和其他法律保護。《基本法》第 39 條明文規定，香港居民的權利和自由，除依法規定外不得限制，且此種限制不得與國際人權公約的要求相抵觸。《國安法》對言論自由等施加限制，因而與人權法有潛在的衝突。

（一）香港特區的人權保障

在香港特區，最重要的人權法是《基本法》和《香港人權法案條例》。

《基本法》第 4 條規定：「香港特別行政區依法保障香港特別行政區居民和其他人的權利和自由」。《基本法》第三章列舉了香港居民享有的權利和自由，它們包括：（1）居留權；（2）平等權；（3）選舉權和被選舉權；（4）言論、新聞、出版的自由，結社、集會、遊行、示威的自由，組織和參加工會、罷工的權利和自由；（5）人身自由，不受酷刑、任意或非法剝奪生命；（6）住宅和房屋不受侵犯；（7）通訊自由和通訊秘密；（8）遷徙、旅行和出入境自由；（9）信仰自由；（10）擇業自由；（11）學術研究、文藝創作和其他文化活動自由；（12）得到秘密法律諮詢、向法院提起訴訟、選擇律師、獲得司法補救的權利；（13）社會福利、勞工待遇、退休保障；（14）婚姻自由和自願生育的權利；（15）法律保障的其他權利和自由。《基本法》第 41 條將第三章規定的香港居民的權利和自由擴展至香港境內的其他人。[25] 此外，《基本法》第 6 條和第 105 條規定，私人和法人的財產權受保護。《基本法》第 87 條規定，任何人在被合法拘捕後，享有盡早接受司法機關公正審判的權利，未經司法機關判罪均假定無罪。

與此同時，《香港人權法案條例》第 II 部也列舉了受保障的權利，它們

24　"Hualing Fu on the Relationship Between Hong Kong's Basic Law and the National Security Law", HKU Legal Scholarship Blog, 12 August 2020, available at: https://researchblog.law.hku.hk/2020/08/hualing-fu-on-relationship-between-hong.html (accessed on 25 August 2020).

25　See Johannes Chan and C. L. Lim, "Interpreting Constitutional Rights and Permissible Restrictions", in Johannes Chan and C. L. Lim (eds.), *Law of the Hong Kong Constitution* (Hong Kong: Sweet & Maxwell, 2011), p. 471.

包括：（1）平等權；（2）生存權；（3）不受酷刑或不人道待遇或未經本人自
願同意的科學或醫學試驗；（4）不受奴役；（5）人身自由和安全；（6）被剝
奪自由的人應受人道待遇；（7）不因違約而被監禁；（8）遷徙往來自由；（9）
非經依法判定，不得驅逐出境；（10）在法院前平等及接受公正公開審問的權
利；（11）刑事訴訟被告人和被刑事定罪的人享有的無罪推定及其他刑事訴訟
最低保障權利；（12）不受追溯性刑罰；（13）被承認為法律人格；（14）私生
活、家庭、住宅、通信、名譽及信用不受非法侵擾或破壞；（15）思想、信念
及宗教自由；（16）意見和表達自由；（17）和平集會；（18）結社自由；（19）
婚姻自由，家庭受保護；（20）兒童基於未成年人身份應受必需之保護；（21）
參與公眾生活；（22）在法律前平等及受法律平等保護；（23）少數人的文化、
宗教和語言權利。

　　就受保障的權利和自由而言，《香港人權法案條例》與《基本法》有重
合之處。二者的差別主要在於：其一，《基本法》的遣詞更加寬鬆，而《香港
人權法案條例》的用語更加嚴格；其二，《基本法》規定的權利更加廣泛，包
括政治、經濟、文化和社會權利，而《香港人權法案條例》主要限於公民權
利和政治權利；其三，《基本法》權利編的約束對象不限於政府，而《香港人
權法案條例》只對政府和公共主管部門有約束力；其四，《基本法》沒有明確
規定各項權利是否得受限制，而《香港人權法案條例》區分了不可克減的權
利（non-derogable rights）和可克減的權利（derogable rights），並對限制特定
權利的理由和限度作了規定。[26] 總體而言，《基本法》和《香港人權法案條例》
相輔相成、相互補充，為香港居民的權利和自由提供了相對充分的保障。[27]

　　除《基本法》和《香港人權法案條例》外，香港居民的權利和自由還受
國際公約（如《消除一切形式種族歧視國際公約》、《公民權利和政治權利國
際公約》、《經濟、社會與文化權利的國際公約》、《消除對婦女一切形式歧視
公約》、《殘疾人權利公約》等）和其他本地立法（如《個人資料（隱私）條

26　Yash Ghai, *Hong Kong's New Constitutional Order: The Resumption of Chinese Sovereignty and the Basic Law* (Hong Kong: Hong Kong University Press, 1999), 2nd edition, pp. 422-446.

27　Simon N. M. Young, "Restricting Basic Law Rights in Hong Kong", (2004) *Hong Kong Law Journal* 34(1), pp. 109-132; Dinusha Panditaratne, "Basic Law, Hong Kong Bill of Rights and the ICCPR", in Johannes Chan and C. L. Lim (eds.), *Law of the Hong Kong Constitution* (Hong Kong: Sweet & Maxwell, 2011), p. 463; Po Jen Yap and Francis Chung, "Statutory Rights and De Facto Constitutional Supremacy in Hong Kong?", (2019) *International Journal of Constitutional Law* 17(3), pp. 836-859.

例》、《性別歧視條例》、《種族歧視條例》等）的保障。[28] 此外，根據《基本法》第 8 條，普通法作為香港的原有法律予以保留。[29] 也就是說，在 1997 年 7 月 1 日後，普通法之下的人權保障規則（比如推定法例沒有溯及力、刑法須作嚴格解釋、推定主觀故意為犯罪構成要件等）繼續有效。[30] 基於《基本法》和普通法賦予的司法權，特區法院在人權保障方面扮演了重要的角色。[31]

（二）限制基本權利的限制

《基本法》第 39 條規定：「《公民權利和政治權利國際公約》、《經濟、社會與文化權利的國際公約》和國際勞工公約適用於香港的有關規定繼續有效，通過香港特別行政區的法律予以實施。香港居民享有的權利和自由，除依法規定外不得限制，此種限制不得與本條第一款規定抵觸。」

根據《基本法》的規定和普通法的解釋，在香港特區限制基本權利須同時滿足三個條件：

第一，被限制的權利不屬於不可限制的權利。包致金法官在 Sakthevel Prabakar 案中指出，「某些權利在任何情況下都是不可克減的，這些權利構成了人權不可化約的核心。」[32] 陳兆愷法官在 Ubamaka 案中表達了類似的觀點，「基於權利的本質和被侵犯的後果，某些受香港人權法案保護的權利是絕

28　沈太霞：《守衛人權：香港特別行政區法院二十年》，三聯書店（香港）有限公司 2020 年版，第 30-37 頁；陳弘毅：《公法與國際人權法的互動：香港特別行政區的個案》，《中外法學》2011 年第 1 期；李薇薇：《〈公民權利和政治權利國際公約〉在香港的法律地位》，《法制與社會發展》2013 年第 1 期。

29　See *HKSAR v. Ma Wai Kwan David and Others*, CAQL 1/1997 (29 July 1997), [1997] HKLRD 761, paras. 8-30.

30　見羅敏威：《香港人權法新論》，香港城市大學出版社 2009 年版，第 41-50 頁；Johannes Chan and C. L. Lim, "Interpreting Constitutional Rights and Permissible Restrictions", in Johannes Chan and C. L. Lim (eds.), *Law of the Hong Kong Constitution* (Hong Kong: Sweet & Maxwell, 2011), p. 467.

31　See Justice France Stock, "Human Rights Litigation in the Hong Kong Special Administrative Region", (2001) *Oxford University Commonwealth Law Journal* 1(2), pp. 147-170; Johannes Chan, "Basic Law and Constitutional Review: The First Decade", (2007) *Hong Kong Law Journal* 37(2), pp. 407-447; Ramsden Michael, "Judging Socio-economic Rights in Hong Kong", (2018) *International Journal of Constitutional Law* 16(2), pp. 447-469; Lo Pui Yin, *The Judicial Construction of Hong Kong's Basic Law: Courts, Politics and Society after 1997* (Hong Kong: Hong Kong University Press, 2014), pp. 69-184; 沈太霞：《守衛人權：香港特別行政區法院二十年》，三聯書店（香港）有限公司 2020 年版。

32　*Secretary for Security v. Sakthevel Prabakar*, FACV 16/2003 (8 June 2004), (2004) 7 HKCFAR 187, [2005] 1 HKLRD 289, para. 66.

對的。」[33]《香港人權法案條例》第 5 條明確，在經當局正式宣佈緊急狀態下，得採取減免履行人權法案的措施，但減免措施不得引起純粹以種族、膚色、性別、語言、宗教或社會階級為根據之歧視或克減生存權、不受酷刑或不人道待遇或未經本人自願同意的科學或醫學試驗、不受奴役、不因違約而被監禁、不受追溯性刑罰、被承認為法律人格和思想、信念及宗教自由。[34] 如果某些權利在危及國本的緊急情況下都不得克減，那麼更加難以想象它們在其他情況下會被克減；然而，不可克減的權利並不必然是絕對的，某些不可克減的權利可受合法且合理的限定。[35] 特區法院尚未有機會梳理哪些權利是不可克減且絕對的，但是可以確定不受酷刑屬於絕對不可限制或克減的權利。[36] 平等權雖然接受有理可據的差別對待作為例外，但在本質上也屬於不可限制或克減的權利。[37]

第二，對權利的限制須「依法規定」（prescribed by law）。所謂「依法規定」，有形式和實質兩個維度：從形式上來看，對權利的限制必須以法律的形式作出；從實質上來看，限制權利的法律必須是可理解、可預見且明確的。[38] 梅師賢法官在岑國社案中闡釋，「依法規定」表明，有關法律必須符合「確定性」（legal certainty）原則和「易懂可解」（accessibility）要求；就「依法規定」的「法」而言，法的形式不限於制定法，也包括普通法。[39] 法的明確性（和易懂可解）旨在為市民就應當如何規範自身行為提供指引，以使其能夠（如

---

33 *Ubamaka Edward Wilson v. Secretary for Security and Another*, FACV 15/2011 (21 December 2012), (2012) 15 HKCFAR 743, para. 7.

34 參見《香港人權法案條例》第 5 條。

35 *Ubamaka Edward Wilson v. Secretary for Security and Another*, FACV 15/2011 (21 December 2012), (2012) 15 HKCFAR 743, paras. 106, 135.

36 楊曉楠：《對孔允明案判決的解讀——兼議香港終審法院的司法態度》，《中國法律評論》2016 年第 3 期；*Kong Yunming v. The Director of Social Welfare*, FACV 2/2013 (17 December 2013), (2013) 16 HKCFAR 950, para. 38; *Ubamaka Edward Wilson v. Secretary for Security and Another*, FACV 15/2011 (21 December 2012), (2012) 15 HKCFAR 743, paras. 1-9.

37 *Secretary for Justice v. Yau Yuk Lung Zigo and Another*, FACC 12/2006 (17 July 2007), (2007) 10 HKCFAR 335, [2007] 3 HKLRD 903, para. 22.

38 Johannes Chan and C. L. Lim, "Interpreting Constitutional Rights and Permissible Restrictions", in Johannes Chan and C. L. Lim (eds.), *Law of the Hong Kong Constitution* (Hong Kong: Sweet & Maxwell, 2011), p. 488.

39 *Shum Kwok Sher v. HKSAR*, FACC1/2002 (10 July 2002), (2002) 5 HKCFAR 381, [2002] 2 HKLRD 793, paras. 60-65.

有需要，在取得法律意見後）預見自己的行為可能導致的後果。[40] 終審法院在梁國雄案中指出，一方面要確保法律的明確性，另一方面又要避免法律過度僵化，這兩者之間難免出現矛盾，什麼是適當的明確性，須視乎有關法律所涉事項而定。[41] 在毛玉萍案中，梅師賢法官進一步闡釋，「刑事罪行必須在法律上予以清晰定義，使之易於理解，且必須予以充分準確地表述，使市民能夠預見——有需要時，在獲提供適當意見下能夠預見——其行為過程是否合法。但各界都接納，絕對的確定性是無法達到的，且會導致過分僵化。因此，各界皆承認，依法的規定必然會涉及某個程度的模糊性，而這些模糊之處可能需要由法庭澄清。」[42] 高等法院上訴法庭認為，在判定「依法規定」中的「法」時，法院須採用全面／整體的考察方法（holistic approach）。[43]

第三，對權利的限制須通過比例原則的檢驗。[44] 終審法院在吳恭劭案和梁國雄案中確定，限制權利須通過「比例測試」（the proportionality test），完整的比例測試包括：（1）是為了達致一個合法的目的；（2）採取的限制措施必須與該合法目的有合理關聯；（3）所採取的限制措施必須不超過為了達致合法目的所需的限度。[45] 在希慎案中，終審法院借鑒英國和歐洲法理，將比例原則由「三步」擴展為「四步」，第四步為「在保護個人利益與維護公眾利益之間取得合理平衡」。[46] 比例測試的第三步「必需程度」有兩種不同的標準：不超過必要限度（no more than necessary）和沒有明顯缺乏合理依據（manifestly

40 *Gurung Kesh Bahadur v. Director of Immigration*, FACV17/2001 (30 July 2002), (2002) 5 HKCFAR 480, [2002] 2 HKLRD 775, para. 34; *HKSAR v. Leung Kwok Hung and Others*, HCMA 16/2003 (10 November 2004), [2004] 3 HKLRD 729, para. 50.

41 *Leung Kwok Hung and Others v. HKSAR*, FACC1/2005 (08 July 2005), (2005) 8 HKCFAR 229, [2005] 3 HKLRD 164, para. 28.

42 *Mo Yuk Ping v. HKSAR*, FACC2/2007 (25 July 2007), (2007) 10 HKCFAR 386, [2007] 3 HKLRD 750, para. 61.

43 *Chee Fei Ming v. Director of Food and Environmental Hygiene and Another*, CACV 489/2018 (16 December 2019), [2020] 1 HKLRD 373, [2019] HKCA 1425, paras. 37-51; *Kwok Wing Hang and Others v. Chief Executive in Council and Another*, CACV 542/2019 (9 April 2020), [2020] HKCA 192, para. 313.

44 陳弘毅、羅沛然、楊曉楠：《香港及澳門特別行政區法院合憲性司法審查與比例原則適用之比較研究》，《港澳研究》2017 年第 1 期；鄭琳：《基本權利限制之限制——比例原則在香港特區合基本法審查中的發展與啟示》，《財經法學》2019 年第 6 期。

45 *HKSAR v. Ng Kung Siu and Another*, FACC 4/1999 (15 December 1999), (1999) 2 HKCFAR 442, [1999] 3 HKLRD 907, paras. 56-60; *Leung Kwok Hung and Others v. HKSAR*, FACC1/2005 (08 April 2005), (2005) 8 HKCFAR 229, [2005] 3 HKLRD 164, paras. 33-36.

46 *Hysan Development Co Ltd and Others v. Town Planning Board*, FACV 21/2015 (26 September 2016), (2016) 19 HKCFAR 372, paras. 64-80.

without reasonable foundation）；具體適用何種標準，取決於有關權利的重要性、權利被干預的程度、有關限制措施發起者的身份以及限制措施的本質和特徵。[47] 總體而言，當有關問題涉及社會的核心價值或基本理念，如生存權、不受酷刑、不受奴役、表達自由、和平集會、信仰自由、獲得公平審訊和無罪推定等，法庭會仔細審查相關措施是否「超過實現合法目的所必需的程度」，適用「最小侵害」標準；而當有關措施屬於政府的社會經濟政策，不涉及對基本權利的妨害或基於禁止理由的歧視時，適用「明顯缺乏合理依據」標準。[48]

（三）《國安法》對權利的限制

《國安法》作為一部兼具實體法、程序法和組織法屬性的綜合性法律，[49] 對香港特區的政治和法律體制與居民的權利和自由有重要且深遠的影響。從權利的角度來看，受《國安法》影響的權利，包括學術自由（第 9 條）、言論自由（第 9 條、第 20-30 條）、新聞自由（第 9 條、第 54 條）、信息自由（第 9 條、第 43 條）、結社自由（第 20-30 條）、和平集會（第 20-30 條）、財產權（第 25-27 條、第 43 條）、選舉權與被選舉權（第 35 條）、無罪推定和獲得保釋的權利（第 42 條第 2 款）、人身自由（第 43 條）、通訊自由（第 43 條）、獲得公平審訊的權利（第 55-57 條）等。上述權利受《基本法》和《香港人權法案條例》保護，其中言論自由、無罪推定、公平審訊等被視為社會的核心價值或基本理念。理論上，《國安法》對香港居民的權利和自由施加的限制，也需符合「權利類型」、「依法規定」和「合比例性」三個要求。遺憾的是，多個聯合國人權觀察員指《國安法》對權利和自由的限制未能滿足上述要求。[50]

47　*Hysan Development Co Ltd and Others v. Town Planning Board*, FACV 21/2015 (26 September 2016), (2016) 19 HKCFAR 372, paras. 81-123.

48　*Fok Chun Wa and Another v. The Hospital Authority and Another*, FACV 10/2011 (2 April 2012), (2012) 15 HKCFAR 409, paras. 75-81; *Kong Yunming v. The Director of Social Welfare*, FACV 2/2013 (17 December 2013), (2013) 16 HKCFAR 950, paras. 40-41.

49　《國新辦舉行香港特別行政區維護國家安全法新聞發佈會》，國務院新聞辦官方網站，2020 年 7 月 1 日，http://www.scio.gov.cn/xwfbh/xwbfbh/wqfbh/42311/43209/index.htm（最後訪問時間：2020 年 8 月 30 日）。

50　"Hong Kong Security Law 'May Break International Laws'", *The Guardian*, 4 September 2020, available at: https://www.theguardian.com/world/2020/sep/04/hong-kong-security-law-may-break-international-laws-china-human-rights-un (accessed on 5 September 2020).

四、特區法院憲法審查權的缺失

　　《國安法》的地位在《基本法》之下，且《國安法》與《基本法》有潛在衝突，並不意味著特區法院有權宣告《國安法》違憲和無效。事實上，特區法院無權審查全國人大或全國人大常委會的立法或其他行為，因而無權推翻《國安法》。

（一）香港法院的憲法審查權

　　香港法院進行憲法審查（constitutional review）在殖民年代早有先例。[51] 不同於英國本土，殖民地時代的香港有成文的憲法文件《英皇制誥》（Letters Patent）作為憲法審查的依據。在 Rediffusion (Hong Kong) Ltd 案中，英國樞密院確認香港法院有權審查立法局制定的法律超過法定權限或不符合程序要求。[52] 儘管如此，由於《英皇制誥》的規定過於寬泛，香港法院實質上很難據以審查本地立法的合憲性。直至 1991 年，《香港人權法案條例》通過和《英皇制誥》修訂，香港迎來了憲法審查的時代。《香港人權法案條例》並沒有賦予其自身特殊的憲制性地位，但同期修訂的《英皇制誥》規定立法局不得制定違反《公民權利和政治權利國際公約》限制香港居民的權利和自由的法律，而《香港人權法案條例》作為《公民權利和政治權利國際公約》的轉化立法，由此獲得了憲制性地位。[53] 在著名的「冼有明案」中，上訴法庭宣告立法局制定的《危險藥品條例》的特定條款因違反《香港人權法案條例》規定的無罪推定而被廢止。[54] 隨後，在 Lum Wai Ming 案中，高等法院判定《危險藥品條例》的特定條款因違反《英皇制誥》而無效。[55] 在 Chan Chak Fan 案和 Lee Miu Ling 案中，上訴法庭指出，任何違反《香港人權法案條例》的法律均屬違憲，並且將被作為人權守護者的法院推翻。[56] 也就是說，在「九七回歸」之前，香港法院已有六年的憲法審查經驗。

51　陳弘毅：《論香港特別行政區法院的違憲審查權》，《中外法學》1998 年第 5 期。

52　*Rediffusion (Hong Kong) Ltd v. Attorney-General of Hong Kong*, [1970] AC 1136, [1970] UKPC 12.

53　Yash Ghai, *Hong Kong's New Constitutional Order: The Resumption of Chinese Sovereignty and the Basic Law* (Hong Kong: Hong Kong University Press, 1999), 2nd Edition, p. 421.

54　*R v. Sin Yau Ming*, CACC 289/1990 (30 September 1991), [1992] 1 HKCLR 127.

55　*The Queen v. Lum Wai Ming*, HCCC 75/1991 (27 July 1992), [1992] 2 HKCLR 221.

56　*Chan Chak Fan and Another v. R*, CACC 328/1993 (17 March 1994), [1994] 2 HKCLR 17; *Lee Miu Ling and Another v. The Attorney General*, CACV 145/1995 (24 November 1995), [1995] 5 HKPLR 181.

　　1997 年 7 月 1 日，隨著新憲制秩序的啟動，香港的憲法審查進入了一個新紀元。《基本法》第 11 條第 2 款規定，「香港特別行政區立法機關制定的任何法律，均不得同本法相抵觸」；《基本法》第 19 條第 2 款規定，「香港特別行政區法院除繼續保留香港原有法律制度和原則對法院審判權所作的限制外，對香港特別行政區所有的案件均有審判權」；《基本法》第 8 條規定，「香港原有法律，即普通法、衡平法、條例、附屬立法和習慣法，除同本法相抵觸或經香港特別行政區的立法機關作出修改者外，予以保留。」這為香港法院在回歸後繼續行使憲法審查權奠定了基礎。由於《基本法》較《英皇制誥》更為規範、具體、可操作，《基本法》之下的憲法審查的範圍較回歸前更廣。也即，回歸後的香港法院擁有了更大的憲法審查權。[57] 回歸後第一宗憲法訴訟為「馬維騉案」，高等法院上訴法庭在該案判決中依據《基本法》第 19 條，認定香港法院有權審查立法會制定的法律的合憲性。[58] 隨後，在「吳嘉玲案」中，終審法院斷言，「在行使《基本法》賦予的司法權時，特區法院有義務執行和解釋《基本法》。毫無疑問，法院有權審查特區立法會制定的法律或行政機關作出的行為是否符合《基本法》，並且，若發現有不符合的情況，裁定有關法律和行為無效。行使此項管轄權事關責任而非自由裁量，因此，在發現任何不符合的情況時，法院有責任裁定有關法律和行為至少是不符合的部分無效。」[59] 在吳恭劭案中，終審法院裁定，根據《基本法》第 39 條第 2 款，對權利和自由的限制不得違反《公民權利和政治權利國際公約》。[60] 在「劉昌案」中，終審法院進一步確定，一項法律條款會因不符合《香港人權法案條例》而違憲無效。[61] 經過上述奠基性案例後，特區法院審查本地立法和行政行為的合憲性已成為一種常態，除少數學者表示質疑外，[62] 多數學者表示認可和

57　Yash Ghai, *Hong Kong's New Constitutional Order: The Resumption of Chinese Sovereignty and the Basic Law* (Hong Kong: Hong Kong University Press, 1999), 2nd edition, p. 306.

58　*HKSAR v. Ma Wai Kwan David and Others*, CAQL 1/1997 (29 July 1997), [1997] HKLRD 761, para. 132.

59　*Ng Ka Ling and Another v. The Director of Immigration*, FACV 14/1998 (29 January 1999), (1999) 2 HKCFAR 4, [1999] 1 HKLRD 315, para. 61.

60　*HKSAR v. Ng Kung Siu and Another*, FACC4/1999 (15 December 1999), (1999) 2 HKCFAR 442, [1999] 3 HKLRD 907, para. 40.

61　*Lau Cheong and Another v. HKSAR*, FACC 6/2001 (16 July 2002), (2002) 5 HKCFAR 415, [2002] 2 HKLRD 612, para. 32.

62　董立坤、張淑鈿：《香港特別行政區法院的違反基本法審查權》，《法學研究》2010 年第 1 期。

支持。[63]

（二）特區法院憲法審查權的限制

《基本法》第 19 條第 2 款規定：「香港特別行政區法院除繼續保持香港原有法律制度和原則對法院審判權所作的限制外，對香港特別行政區所有的案件均有管轄權。」《基本法》第 19 條第 3 款規定：「香港特別行政區法院對國防、外交等國家行為無管轄權……」

新憲制秩序啟動後，香港法院有權審查本地立法和行政行為的合憲性已無疑問，儘管法院有時會出於權力分立和可司法性的考慮，對特定的立法和行政行為選擇不予干預。[64] 存在廣泛爭議的是，特區法院能否審查全國人大和全國人大常委會的立法和其他行為。

在馬維騉案中，高等法院首席法官陳兆凱接納政府方代表律師的意見，認為特區法院無權質疑任何由主權者制定的法律或作出的行為的效力，理由是：在港英年代，香港法院無權挑戰英國國會通過的法律或女王會同樞密院作出的對香港發生效力的行為。[65] 這一段判詞受到了各界的批評，[66] 後在張麗華案中，陳兆凱法官作出更正，認為先前將特區法院比作殖民法院並不適當，並且主張在特定的案件中，特區法院有權審查全國人大制定或作出的涉及香港特區的法律或行為是否符合《基本法》。[67] 在「吳嘉玲案」中，終審法院斷言，特區法院有權審查全國人大及其常委會的立法行為是否符合《基本法》，

63　See Albert H. Y. Chen, "Constitutional Adjudication in Post-1997 Hong Kong", (2006) *Pacific Rim Law & Policy Journal* 15(3), pp. 627-682; Johannes Chan, "Basic Law and Constitutional Review: The First Decade", (2007) *Hong Kong Law Journal* 37(2), pp. 407-447; Po Jen Yap, "Constitutional Review under the Basic Law: The Rise, Retreat and Resurgence of Judicial Power in Hong Kong", (2007) *Hong Kong Law Journal* 37(2), pp. 449-474; 李緯華：《香港特別行政區法院是如何確立基本法審查權的》，《政治與法律》2011 年第 5 期；祝捷：《香港特別行政區終審法院法規審查的技術實踐及其效果》，《政治與法律》2014 年第 4 期；秦前紅、付婧：《在司法能動與司法節制之間——香港法院本土司法審查技術的觀察》，《武漢大學學報（哲學社會科學版）》2015 年第 5 期。

64　*C and Others v. Director of Immigration and Another*, FACV 18/2011 (25 March 2013), (2013) 16 HKCFAR 280, paras. 81-82.

65　*HKSAR v. Ma Wai Kwan David and Others*, CAQL 1/1997 (29 July 1997), [1997] HKLRD 761, para. 57.

66　Yash Ghai, *Hong Kong's New Constitutional Order: The Resumption of Chinese Sovereignty and the Basic Law* (Hong Kong: Hong Kong University Press, 1999), 2nd edition, p. 307.

67　*Cheung Lai Wah v. The Director of Immigration*, CACV 203/1997 (20 May 1998), [1998] 1 HKLRD 772, para. 23.

並且有責任在發現任何不符合的情況時宣告此類行為無效。[68] 終審法院認為，特區法院審查全國人大和全國人大常委會的行為是否符合《基本法》的權力來源於主權者，因為全國人大根據《中華人民共和國憲法》第 31 條制定了《基本法》；《基本法》是一部國家法，也是特區的「憲法」，如同其他憲法，違反《基本法》的法律無效；特區法院享有《基本法》賦予的獨立的司法權，當出現合憲性和有效性的問題，應由特區法院來裁決。[69] 這一段判詞引發了廣泛爭論和（來自內地的）激烈批評，[70] 後終審法院迫於壓力作出澄清，表示其沒有質疑全國人大常委會解釋《基本法》的權力，也沒有質疑全國人大及其常委會依據《基本法》的條文和程序行使任何權力，並且接受這種權力是不能質疑的。[71]

特區法院作為地方法院無權審查作為中央立法機關（全國人大和全國人大常委會）的立法和其他權力行為，這在內地學者看來是「不言自明」的道理，在香港特區卻並沒有獲得廣泛的認可和接受。這種差異與對《基本法》第 19 條的解釋及中央與特區關係的理解有關。在香港學者看來，殖民年代的香港法院無權審查英國國會和政府的行為，但這種原有法律對司法權的限制（《基本法》第 19 條第 2 款）隨著香港回歸已經不復存在，香港特區與中央的關係並不同於殖民地與宗主國的關係；並且，雖然《基本法》第 19 條第 3 款排除了特區法院對「國家行為」（act of state）的管轄權，但是按照普通法下的理解，「國家行為」僅指國防、外交之類的行為，不能擴大理解為中央政府作出的所有行為。[72] 然而，在內地學者看來，《基本法》第 19 條第 3 款規定的「國家行為」須理解為廣義的中央機關的權力行為（如中央人民政府任命行政長官、全國人大常委會增減《基本法》附件三法律等），[73] 也即，特區法院不能質

68　*Ng Ka Ling and Another v. The Director of Immigration*, FACV 14/1998 (29 January 1999), (1999) 2 HKCFAR 4, [1999] 1 HKLRD 315, para. 62.

69　*Ng Ka Ling and Another v. The Director of Immigration*, FACV 14/1998 (29 January 1999), (1999) 2 HKCFAR 4, [1999] 1 HKLRD 315, paras. 63-65.

70　參見佳日思、傅華伶、陳文敏主編：《居港權引發的憲法爭論》，香港大學出版社 2000 年版。

71　*Ng Ka Ling and Another v. The Director of Immigration*, FACV 14/1998 (26 February 1999), (1999) 2 HKCFAR 141, [1999] 1 HKLRD 577.

72　Yash Ghai, *Hong Kong's New Constitutional Order: The Resumption of Chinese Sovereignty and the Basic Law* (Hong Kong: Hong Kong University Press, 1999), 2nd edition, pp. 307, 319; C. L. Lim and Johannes Chan, "Autonomy and Central-Local Relations", in Johannes Chan and C. L. Lim (eds.), *Law of the Hong Kong Constitution* (Hong Kong: Sweet & Maxwell, 2011), p. 58.

73　胡錦光、劉飛宇：《論國家行為的判斷標準及範圍》，《中國人民大學學報》2000 年第 1 期。

疑任何中央根據《基本法》作出的權力行為。[74] 在基本法起草過程中,應當按照中國法或是普通法來理解「國家行為」也曾引起爭議。《基本法》第 19 條第 3 款早前的表述為「香港特別行政區法院對屬於中央人民政府管理的國防、外交事務和中央人民政府的行政行為的案件無管轄權」。當時似乎是認為,根據香港原有法律,香港法院不受理有關國防、外交和中央或地方政府政治性行為的案件,因而《基本法》第 19 條第 2 款足以限定特區法院管轄權的範圍。[75] 無論如何,根據《基本法》第 158 條,全國人大常委會享有最終解釋權,若全國人大常委會對《基本法》第 19 條作出解釋,認定香港法院無權審查中央機關的權力行為,香港法院須遵從。[76]

若從中央與香港特區的關係來看,則更容易理解,為何特區法院無權審查全國人大及其常委會的立法和其他行為。如學者指出,香港是國家之下的一個特區,香港法院的違憲審查所審查的對象也要限定在特區範圍之內,而不能逾越至國家層面,否則有悖於「一國兩制」。[77] 在舊憲制秩序之下,香港法院無權審查英國國會的立法和其他行為,這一限制在新憲制秩序之下不復存在,因為香港特區與中央的關係不同於殖民地與宗主國的關係,但是這不意味著香港法院從此就有權審查中央機關的權力行為的合憲性——香港特區的高度自治再高、再特殊,也不能超出中央與地方關係(《基本法》第 12 條)的維度。作為地方法院的特區法院,無權審查中央政府的行為,這是「一國兩制」的應有之義。事實上,在吳嘉玲案之後,特區法院意識到全國人大及其常委會的權威不可挑戰,並且在涉及全國人大常委會決定和在香港特區實施的全國性法律的案件中保持謙抑。[78] 在涉及全國人大常委會「831 決定」的司法覆核中,高等法院原訟法庭表示,「831 決定」作為全國人大常委會的決

---

74 吳天昊:《論香港特區法院司法管轄權的邊界》,《當代港澳研究》2013 年第 1 期;田瑤:《從「吳嘉玲案」看香港法院「違憲審查權」及其限度》,《比較法研究》2012 年第 6 期。

75 李浩然主編:《香港基本法起草過程概覽》(上),三聯書店(香港)有限公司 2012 年版,第 151-162 頁;見書中 1989 年 9 月 20 日《中央與香港特別行政區的關係專責小組第四次會議記錄》部分。

76 全國人大常委會曾應香港特區終審法院的請求對《基本法》第 13 條第 1 款和第 19 條作出解釋,但該解釋只是闡釋了中國政府在國家豁免問題上的立場,並無概括地闡釋香港法院的司法權的限制。見《全國人民代表大會常務委員會關於〈中華人民共和國香港特別行政區基本法〉第十三條第一款和第十九條的解釋》,2011 年 8 月 26 日第十一屆全國人民代表大會常務委員會第二十二次會議通過。

77 王書成:《司法謙抑主義與香港違憲審查權——以「一國兩制」為中心》,《政治與法律》2011 年第 5 期。

78 See Po Jen Yap, "Constitutional Review under the Basic Law: The Rise, Retreat and Resurgence of Judicial Power in Hong Kong", (2007) *Hong Kong Law Journal* 37(2), pp. 449-474.

定，不受香港法院的審查，因為法院沒有管轄權。[79] 在涉及「一地兩檢」安排的司法覆核中，高等法院原訟法庭重申，香港法院無權裁決全國人大常委會的決定在香港法之下是否有效。[80]

（三）特區法院無權推翻《國安法》

《國安法》與「23 條立法」的不同之處在於，《國安法》是一部中央立法；《國安法》與其他多數「附件三法律」的不同之處在於，《國安法》未經轉化立法而直接在香港特區公佈實施；也就是說，《國安法》是中央意志（或曰「主權者意志」）在香港特區直接落地。這決定了特區法院不能審查《國安法》的合憲性——即便認為《國安法》不能提供足夠的明確性或對權利施加了不合比例的限制，特區法院也無權宣告《國安法》違憲或無效。《國安法》有「違憲」的可能，但特區法院無權推翻《國安法》；這是一個「糾錯機制」的設計或曰「糾錯權限」的分配的問題。在「一國兩制」的憲制框架下，特區層面的「錯誤」應當在特區層面解決，中央層面的「錯誤」應當在中央層面解決。《國安法》顯然是一個中央層面的問題，因此，若《國安法》存在任何合憲性或有效性的問題，應留待中央機關來解決，特區法院不可「越俎代庖」。[81]《國安法》是全國人大常委會制定的法律，在當下中國的憲法體制之下，唯一有權審查、改變和撤銷全國人大常委會的決定或立法的是全國人大。[82] 當然，在可預見的日子裏，很難設想《國安法》會因違憲或越權而遭全國人大撤銷。但無論如何，特區法院無權推翻《國安法》。[83]

79　*Leung Lai Kwok Yvonne v. The Chief Secretary for Administration and Others*, HCAL 31/2015 (05 June 2015), para. 30.

80　*Leung Chung Hang, Sixtus v. President of Legislative Counsel*, HCAL 1160/2018 (13 December 2018), [2019] 1 HKLRD 292, [2018] HKCFI 2657, para. 62.

81　在吳恭劭案中，特區法院審查了《國旗及國徽條例》的合憲性，但《國旗及國徽條例》是為實施《國旗法》（一部「附件三法律」）而制定的本地立法，而不是《國旗法》本身。See *HKSAR v. Ng Kung Siu and Another*, FACC 4/1999 (15 December 1999), (1999) 2 HKCFAR 442, [1999] 3 HKLRD 907.

82　凌兵：《香港特別行政區基本法與全國人大立法權的界限——對香港特區終審法院居留權案判決的憲法思考》，《法治論叢》2003 年第 1 期。

83　在聯邦制國家奧利，若作為新法的聯邦一般法律與憲法規定相抵觸，即使該法違憲，也要首先遵守它；法律適用者只能力圖通過合憲解釋，限制該矛盾。見〔奧〕恩斯特 · A · 克萊默：《法律方法論》，周萬里譯，法律出版社 2019 年版本，第 84 頁。

五、「讀入」作為可能的調和方法

《國安法》與人權法有潛在衝突，但特區法院不能推翻《國安法》。在此情況下，特區法院須「另闢蹊徑」來確保香港居民的權利和自由在《國安法》之下繼續得到保障。「讀入」作為一種正當的憲法救濟和司法技巧，可用於調和《國安法》與人權法的潛在衝突。將人權「讀入」《國安法》，不僅不違背《國安法》的精神，反而有利於實現《國安法》的目的。

（一）「讀入」：一種正當的憲法救濟

「讀入」（reading in）是指在涉嫌違憲的法律條款中插入字句以使其符合憲法。[84] 這種看似悖離法律文義的解讀方法，作為一種正當的憲法救濟（constitutional remedy），已經在各個法域被廣泛運用。[85] 加拿大聯邦最高法院在 Schachter 案中指出，「『讀入』的目的在於，在憲法允許的限度內，儘量地忠於立法機關的計劃……讀入是一種類似於切割（severance）的正當的救濟手段，根據（憲章）第 52 條，在適當時，其被應用於實現憲章的目的並將法院對不違反憲章的其他部分的干預降至最低。」[86] 當然，「讀入」並不適用於所有情形；運用「讀入」，須滿足三個條件：（1）立法的目的是清晰的，並且「讀入」有利於實現該目的，或者相較於推翻，對該目的的干預更小；（2）司法機關為實現該目的而選用的手段不至於明確到令「讀入」成為對立法領域的不可接受的入侵；（3）「讀入」不致在實質上改變係爭立法計劃的本質。[87] 除加拿大聯邦最高法院外，南非憲法法院也將「讀入」視為一種正當的憲法救濟，用於確保法律的合憲性。[88]

在林光偉案中，「讀入」作為一種補救性解釋（remedial interpretation）

---

84 Daniel R. Fung & Peter H. H. Wong, "Constitutional Law and Litigation in the First Year of the Hong Kong SAR: Past Tends and Future Developments", (1998) *Hong Kong Law Journal* 28(3), pp. 336-355; Marius van Staden, "The Role of the Judiciary in Balancing Flexibility and Security", (2013) *De Jure (Pretoria)* 46(2), pp. 470-485.

85 Kent Roach, "Enforcement of the Charter — Subsections 24(1) and 52(1)", (2013) *Supreme Court Law Review*, 62(2d), pp. 473-537.

86 *Schachter v. Canada*, [1992] 2 S.C.R. 679.

87 *Schachter v. Canada*, [1992] 2 S.C.R. 679; *M. v. H.*, [1999] 2 S.C.R. 3.

88 *See National Coalition for Gay and Lesbian Equality v. Minister of Home Affairs*, 2000 2 SA 1 (CC); *S v. Manamela and Another (Director-General of Justice Intervening)* 2000 (3) SA 1 (CC); *Van Rooyen v The State*, 2002 5 SA 246 (CC).

技巧，被香港特區終審法院引進。梅師賢法官在判決書中寫道，「《基本法》已以默示方式賦予法庭必要的權力，作出超越一般普通法詮釋範圍的『補救性詮釋』……這種詮釋包括切割（severance）、讀入（reading in）、限縮（reading down）及剔除（striking out）等眾所周知的技巧。這些司法技巧獲其他法域負責解釋被質疑為抵觸憲定或法定人權和基本自由的法例並就有關法例的有效性與合憲性作出宣告的法院運用……法院現在運用補救性詮釋的理由是，這種詮釋使法院能夠在適當的情形下（儘管是以更改的方式）維持法例的有效性而非將之廢除。在這種意義上，法院對立法權的干預程度較不能作補救性詮釋時低，因為若法院不能作補救性詮釋，便只能宣告該法例違憲無效。事實上，我們可以安穩地假設，立法機構希望法例有效實施（即使效力有所減弱）而非完全無法實施，只要該有效實施與所制訂的法例並無基本或重要的分別……法院的默示權力附隨著責任，即對法例條款作出補救性詮釋，以儘量使其符合《基本法》。只有在這種解釋不可能作出時，法院才會宣告有關法例違反《基本法》，從而違憲和無效。」[89]

《國安法》涉及刑事罪行和刑事程序的部分，尤其是分裂國家和顛覆國家政權的規定，被指欠缺明確性從而違反人權要求和法治精神（一般而言，不論在普通法還是大陸法地區，刑法需足夠明確以使公眾知悉何種行為構成犯罪以及犯該罪的後果）。[90] 雖然我們很難據此斷言《國安法》違憲無效，但這些問題確實說明《國安法》並非盡善盡美。在此情境下，「讀入」作為一種正當且適當的憲法救濟，可用於增加《國安法》的明確性及調和《國安法》與人權法的潛在衝突。一方面，《國安法》作為一項中央立法，明確表達了主權者的意志，其權威和效力不容質疑；另一方面，《國安法》的實施不能取消人權法，也不能抵消政府的人權義務。這意味著，《國安法》和人權法必須在香港特區同時實施。換句話說，《國安法》並不是在真空中運作，在實施《國安法》時，必須考慮相關的人權要求。因此，在詮釋欠缺明確性的《國安法》條款時，將人權法的相關要求一併考慮，甚至將人權「讀入」《國安法》，能夠在尊重立法機關的目的的同時，尊重《基本法》對香港居民的權利和自由

---

89 *HKSAR v. Lam Kwong Wai and Another*, FACC 4/2005 (31 August 2006), (2006) 9 HKCFAR 574, [2006] 3 HKLRD 808, paras. 58-78.

90 "Hong Kong Security Law 'May Break International Laws'", *The Guardian*, 4 September 2020, available at: https://www.theguardian.com/world/2020/sep/04/hong-kong-security-law-may-break-international-laws-china-human-rights-un (accessed on 5 September 2020).

的承諾，從而實現調和《國安法》與人權法的潛在衝突的目的。

（二）「讀入」不違反《國安法》的精神

如學者指出，「讀入」作為一種偏離法律文義的詮釋方法，只有在有助於維護（vindicate）立法目的時方得適用。[91] 基於下述理由，將「人權」讀入《國安法》，不僅不違反《國安法》的精神，而且有利於實現《國安法》的目的。

首先，「保障香港特別行政區居民的合法權益」是《國安法》第 1 條載明的立法目的之一。《國安法》第 4 條亦明確規定：「香港特別行政區維護國家安全應當尊重和保障人權，依法保護香港特別行政區居民根據香港特別行政區基本法和《公民權利和政治權利國際公約》、《經濟、社會與文化權利的國際公約》適用於香港的有關規定享有的包括言論、新聞、出版的自由，結社、集會、遊行、示威的自由在內的權利和自由。」這種確切的措辭表明，《國安法》的制定和實施，目的不在於壓制人權。若《國安法》對人權有任何負面影響，也只可視為《國安法》的「副作用」。而將人權「讀入」《國安法》，有助於減輕《國安法》的「副作用」，因而有利於維護和實現《國安法》的目的。

其次，《國安法》是《基本法》的下位法，對下位法須作符合上位法的解讀。《國安法》第 1 條開宗明義：「為堅定不移並全面準確貫徹『一國兩制』、『港人治港』、高度自治的方針，維護國家安全，……，保障香港特別行政區居民的合法權益，根據中華人民共和國憲法、中華人民共和國香港特別行政區基本法和全國人民代表大會關於建立健全香港特別行政區維護國家安全的法律制度和執行機制的決定，制定本法。」《基本法》要求香港居民（和其他人）的權利和自由繼續得到保障。將人權「讀入」《國安法》，一方面是為了確保對《基本法》的人權承諾的尊重，另一方面也是為了確保《國安法》的合憲性。這也符合制定《國安法》的初衷。

再次，對刑法作嚴格解釋，對人權作寬鬆解釋，是公認的法律解釋規則。不論是在普通法法域，亦或是在大陸法法域，都遵循著對刑法作嚴格解釋的原則。[92]《國安法》的實體部分涉及罪行和處罰，也應當遵循嚴格解釋的原

---

91 Eric S. Fish, "Choosing Constitutional Remedies", (2016) *UCLA Law Review* 63, p. 322. See also *Schachter v. Canada*, [1992] 2 S.C.R. 679; *M. v. H.*, [1999] 2 S.C.R. 3.

92 Sam J. Friedman, "Criminal Law — Strict Construction of Penal Statutes", (1960) *Louisiana Law Review* 20; John Calvin Jeffries, "Legality, Vagueness, and the Construction of Penal Statutes", (1985) *Virginia Law Review* 71(2); 張愛艷：《罪刑法定原則及其司法化研究——以刑法解釋為視角》，《政法論叢》2006 年第 6 期。

則。在香港特區，終審法院在吳嘉玲案中確立，為了令香港居民充分享有憲法所保障的各項基本權利及自由，法院在解釋《基本法》第三章有關受保障的權利及自由的條文時，應該採納寬鬆的解釋（generous interpretation）。[93] 在《國安法》有關規定欠缺明確性時，將人權「讀入」《國安法》，符合刑法和人權法的解釋規則。《國安法》第 5 條亦申明，「防範、制止和懲治危害國家安全犯罪，應當堅持法治原則。法律規定為犯罪行為的，依照法律定罪處刑；法律沒有規定為犯罪行為的，不得定罪處刑……」因此，將人權「讀入」《國安法》，有助於維護《國安法》的目的。

（三）唐英傑案：一個示範

　　唐英傑因其 2020 年 7 月 1 日的涉案行為被捕，7 月 3 日被控《國安法》規定的分裂國家罪和恐怖活動罪，於 7 月 6 日申請保釋遭裁判法院總裁判官拒絕。[94]（《國安法》第 42 條第 2 款規定：「對犯罪嫌疑人、被告人，除非法官有充足理由相信其不會繼續實施危害國家安全行為的，不得准予保釋。」）唐英傑未就裁判官拒絕保釋的決定提起上訴，而是徑行向高等法院原訟法庭申請人身保護令（Habeas corpus）。[95] 申請方主張，唐英傑所受羈押為非法，具體理據有四：（1）《國安法》第 42 條剝奪了申請人基於無罪推定享有的推定為獲准保釋的權利；（2）總裁判官由行政長官指定，未能獨立行使司法權；（3）《國安法》為相關罪行設定最低刑罰，實質上取消了（neutralize）香港特區的獨立司法權；（4）《國安法》沒有官方或真確英文版，妨害了申請人根據《基本法》第 35 條選擇律師的權利。[96] 這四項理據實為對《國安法》合憲性的挑戰。

　　審理此案的周家明法官和李運騰法官指出，合憲性挑戰並非只能在司法覆核或人身保護令案中提出，在由高等法院審理的保釋案件中亦可提出合憲

93　*Ng Ka Ling and Another v. The Director of Immigration*, FACV 14/1998 (29 January 1999), (1999) 2 HKCFAR 4, [1999] 1 HKLRD 315, para. 77; *Leung Kwok Hung and Others v. HKSAR*, FACC 2/2005 (08 July 2005), (2005) 8 HKCFAR 229, [2005] 3 HKLRD 164, para. 16.

94　*Tong Ying Kit v. HKSAR*, HCAL 1601/2020 (21 August 2020), [2020] 4 HKLRD 382, [2020] HKCFI 2133, paras. 5-9.

95　*Tong Ying Kit v. HKSAR*, HCAL 1601/2020 (21 August 2020), [2020] 4 HKLRD 382, [2020] HKCFI 2133, para. 10.

96　*Tong Ying Kit v. HKSAR*, HCAL 1601/2020 (21 August 2020), [2020] 4 HKLRD 382, [2020] HKCFI 2133, para. 12.

性挑戰。[97] 人身保護令申請的核心問題在於，申請人是否被非法羈押。就此，周官和李官指出，申請人被羈押的根據是總裁判官於 7 月 6 日作出的還押命令，而根據《裁判官條例》（第 227 章），總裁判官有權作出該項命令，故申請人的羈押屬於合法，人身保護令申請因此不能成立。[98] 儘管如此，周法官和李法官仍然正面回應了申請人對《國安法》提出的四項合憲性質疑：（1）根據《刑事訴訟程序條例》（第 221 章）第 9G 條，若法庭有實質性理由相信被控人在保釋期間有犯罪的可能，則無須准予被控人保釋，《國安法》第 42 條只是換了一種方法表述，因此沒有違背無罪推定的要求；[99]（2）行政長官獲授權指定若干法官審理國安案件，但未指定特定法官審理特定案件，具體案件由哪位法官審理，仍由司法機關自行、獨立決定，在此機制下，總裁判官不能說不是「獨立」行使司法權；[100]（3）《國安法》為有關罪行設定了刑罰區間範圍，但並未規定具體案件應當判處的刑罰，因而不能說是干預了香港特區的司法獨立；[101]（4）《國安法》並非唯一沒有官方或真確英文版的法律，事實上，《基本法》和《國籍法》也沒有與中文版效力同等的英文版，但《基本法》和《國籍法》並未因此而被視為違憲，況且，申請人大可聘請精通中文的律師，申請人的代理律師亦可獲得相應的協助，《國安法》因沒有權威英文版而限制申請人選擇律師的權利的說法不能成立。[102]

在回應對《國安法》第 42 條的合憲性質疑時，周法官和李法官強調，成文法解釋不只是闡釋字面意思，對《國安法》須作目的和語境（purposive and contextual）解釋。[103] 基於此，法庭反對申請方對《國安法》第 42 條作斷章取義式解讀。就申請方提出的《國安法》第 42 條違反無罪推定，法庭特別指

97　*Tong Ying Kit v. HKSAR*, HCAL 1601/2020 (21 August 2020), [2020] 4 HKLRD 382, [2020] HKCFI 2133, para. 17.

98　*Tong Ying Kit v. HKSAR*, HCAL 1601/2020 (21 August 2020), [2020] 4 HKLRD 382, [2020] HKCFI 2133, paras. 20-22.

99　*Tong Ying Kit v. HKSAR*, HCAL 1601/2020 (21 August 2020), [2020] 4 HKLRD 382, [2020] HKCFI 2133, para. 43.

100　*Tong Ying Kit v. HKSAR*, HCAL 1601/2020 (21 August 2020), [2020] 4 HKLRD 382, [2020] HKCFI 2133, paras. 54-64.

101　*Tong Ying Kit v. HKSAR*, HCAL 1601/2020 (21 August 2020), [2020] 4 HKLRD 382, [2020] HKCFI 2133, para. 67.

102　*Tong Ying Kit v. HKSAR*, HCAL 1601/2020 (21 August 2020), [2020] 4 HKLRD 382, [2020] HKCFI 2133, paras. 72-74.

103　*Tong Ying Kit v. HKSAR*, HCAL 1601/2020 (21 August 2020), [2020] 4 HKLRD 382, [2020] HKCFI 2133, para. 28.

出，對《國安法》第 42 條應儘可能地在合理範圍內作符合《基本法》和《香港人權法案條例》的解釋，理由有三：（1）《國安法》第 4 條和第 5 條明確要求保障包括無罪推定在內的人權；（2）如所公認，法庭須對權利條款作寬鬆解釋，對限制權利的條款作嚴格解釋；（3）法院有責任守衛《基本法》和《香港人權法案條例》規定的基本權利。[104] 周法官和李法官指出，當考慮在具體案件中適用《國安法》第 42 條時，法庭有責任完整地考慮和實施無罪推定。（The court is bound to give full force and effect to the presumption of innocence when considering the application of Article 42 of the National Security Law in any given case.）[105] 至此，法庭已經向我們展示了如何對《國安法》第 42 條作符合《基本法》和《香港人權法案條例》的解釋，亦即如何將無罪推定「讀入」《國安法》。

值得一提的是，在此案中，政府方曾提出，鑒於《國安法》是全國人大常委會制定的全國性法律，特區法院未必可以普通法方法來解釋。對此，周法官和李法官回應，《基本法》同樣是全國人大常委會制定的全國性法律，同樣涉及「一國兩制」的交匯點，若《基本法》可以普通法方法解釋，則《國安法》亦可以普通法方法解釋。[106] 在其後的保釋裁決中，李法官重申，在解釋《國安法》第 42 條時，必須充分考慮《國安法》第 1 條申明的立法目的，以及《國安法》第 4 條和第 5 條對人權保障的承諾。[107] 唐英傑案判決是原訟法庭在充分意識到此案的影響力的基礎上作出的，[108] 說明特區法院在解釋《國安法》時有著「方法論的自覺」。

---

104 *Tong Ying Kit v. HKSAR*, HCAL 1601/2020 (21 August 2020), [2020] 4 HKLRD 382, [2020] HKCFI 2133, paras. 38-42.

105 *Tong Ying Kit v. HKSAR*, HCAL 1601/2020 (21 August 2020), [2020] 4 HKLRD 382, [2020] HKCFI 2133, para. 40.

106 *Tong Ying Kit v. HKSAR*, HCAL 1601/2020 (21 August 2020), [2020] 4 HKLRD 382, [2020] HKCFI 2133, para. 49.

107 *HKSAR v. Tong Ying Kit*, HCCP 463/2020 (25 August 2020), [2020] 4 HKLRD 416, [2020] HKCFI 2196, paras. 8-10.

108 *HKSAR v. Tong Ying Kit*, HCCP 463/2020 (25 August 2020), [2020] 4 HKLRD 416, [2020] HKCFI 2196, para. 33.

六、結語

　　《國安法》作為一部中央立法，清晰地表達了主權者的意志，其地位和效力不容挑戰。寄希望於特區法院推翻《國安法》或全國人大撤銷《國安法》並不切實際。當前應當思考的是如何確保人權在《國安法》之下繼續得到保障。雖然「推翻」（striking down）沒有可能，但是「讀入」（reading in）卻是可能且適當的。在詮釋《國安法》的條款，尤其是不夠明確的條款時，將人權法的要求一併考慮，甚至將人權「讀入」國安法，有助於緩解《國安法》與人權法的潛在衝突，降低《國安法》對權利與自由的潛在不利影響。這是一種迂迴的進路。當然，我們亦應當看到，「讀入」並不是一個萬能的方法，並且不能解決所有的問題——若全國人大常委會對《國安法》作出解釋，則特區法院必須遵從。無論如何，《國安法》的制定和實施，並不純然是一個法律問題，其他層面的問題應當尋求以其他途徑解決。

第三部分

國家安全機構、權力及制度借鏡

香港特區國安委如何行使職權並向本地負責

黃明濤　武漢大學法學院教授

楊雨晨　香港城市大學法律學院研究助理

一、引言

《中華人民共和國香港特別行政區基本法》第 23 條規定，「香港特別行政區應自行立法禁止任何叛國、分裂國家⋯⋯」。受困於有關「23 條立法」的巨大爭議，香港特區一直都未能完成這項憲制上的義務（亦是一種獲授權而享有的權力）。這意味著，香港特區長期存在維護國家安全方面的憲制與法律漏洞。以中央的視角看來，這漏洞經過香港近年政治問題（尤其是「反修例運動」）的催化發酵，已成為日益凸顯的國家安全風險，而「香港特別行政區完成 23 條立法實際上已經很困難」、「23 條立法有被長期『擱置』的風險」。[1]這正是《中華人民共和國香港特別行政區維護國家安全法》（以下簡稱《香港國安法》或《國安法》）出台的背景與動因。

《香港國安法》由中央而非特區制定，這並不符合「23 條立法」的最初設想，自然引起了港人對由《基本法》確認的「一國兩制」、「港人治港」、高度自治的原則的擔憂。不過，從該法的法律條文與法律實施來看，中央並未褫奪香港特區在維護國家安全方面的事權。相反，該法仍強調香港特區維護國家安全的憲制責任（第 3 條第 2 款）。按照《香港國安法》的設計，在香港特區設立的維護國家安全委員會（以下簡稱香港國安委或國安委）是領導特區履行前述憲制責任的法定機構。[2]

香港國安委於 2020 年 7 月 3 日成立。香港社會對這個機構的高度關切，無非圍繞著「權力」二字——它擁有並將行使什麼樣的職權？以及它的權力

1　語出全國人民代表大會常務委員會副委員長王晨 2020 年 5 月 22 日在第十三屆全國人民代表大會第三次會議上所作的關於《全國人民代表大會關於建立健全香港特別行政區維護國家安全的法律制度和執行機制的決定（草案）》的說明。

2　《香港國安法》第 12 條規定：「香港特別行政區設立維護國家安全委員會，負責香港特別行政區維護國家安全事務，承擔維護國家安全的主要責任，並接受中央人民政府的監督和問責。」

受何種監督、問責與制衡？鑒於此，本文主要根據《香港國安法》的條文，並基於「一國兩制」的精神與《基本法》的相關規定，探討國安委應該如何行使職權，以及應該如何向本地負責。

二、香港國安委如何行使職權

（一）規範層面：香港國安委職權的內容

如論香港國安委的職權如何行使，必先明確其職權具體為何。其職權的規範基礎，集中在《香港國安法》之中。這部中央立法直接創設了包括香港國安委在內的若干維護國家安全的機構，但對該等機構的「職權」的規定卻頗為特殊——通篇並未使用「職權」一詞，在規定香港特區或特區有關機構時，一律使用「職責」；僅在規定中央人民政府駐香港特別行政區維護國家安全公署（以下簡稱國安公署）、以及國安公署管轄案件中受指定的內地檢察機關與司法機關時，使用到了「權力」。這樣的立法語言不僅與中國《憲法》、《基本法》中的規定大相徑庭，也與《中華人民共和國國家安全法》（以下簡稱內地國安法）的規定也頗有不同——《憲法》、《基本法》中存在大量的「某機關行使某職權」式的規定，內地國安法則是「職權」與「職責」並用。理論上，職權與職責不過是一體兩面，《香港國安法》偏愛「職責」、「負責」等用語，一定程度上反映出立法者對香港特區未能盡到維護國家安全的憲制責任的不滿。[3] 拋開立法語言的傾向性不論，根據權責相統一的原則，我們認為香港國安委的主要職權，是指《香港國安法》第 12 條、第 14 條賦予香港國安委的若干項職責，相關規定如下：

第 12 條 香港特別行政區設立維護國家安全委員會，**負責香港特別行政區維護國家安全事務，承擔維護國家安全的主要責任**，並接受中央人民政府的監督和問責。

第 14 條第 1 款 **香港特別行政區維護國家安全委員會的職責為**：（一）分析研判香港特別行政區維護國家安全形勢，規劃有關工作，制定香港

3　法工委負責人表示，法律起草過程中，「注意把握、遵循和體現以下工作原則：……三是突出責任主體，著力落實香港特別行政區維護國家安全的憲制責任和主要責任……」。具體可見《全國人大常委會法工委負責人向十三屆全國人大常委會第十九次會議作的關於〈中華人民共和國香港特別行政區維護國家安全法（草案）〉的說明》，全國人大網，http://www.npc.gov.cn/npc/c30834/202006/f6fccaa395564e9e8dcbb3b24a5911aa.shtml（最後訪問時間：2021 年 4 月 25 日）。

特別行政區維護國家安全政策;(二)推進香港特別行政區維護國家安全的法律制度和執行機制建設;(三)協調香港特別行政區維護國家安全的重點工作和重大行動。

　　按照上述條文,《香港國安法》實際上採用了「概括 + 列舉」式的授權方式來規定香港國安委的主要職權。根據第 12 條,我們認為香港國安委概括地擁有維護香港特區國家安全的權力,但第 14 條列舉規定的職權是香港國安委的具體的、主要的職權。除此之外,《香港國安法》實際上還賦予香港國安委一些其他權力(見表一),這些權力更多是關乎國安委與其他機構之間的關係。香港國安委作為中央直接在港新設的本地機構,如何處理與其他機構(尤其是其他本地機構)的關係,直接關涉到「一國兩制」框架下香港特區的權力秩序,因此這些權力亦十分重要,後文還會具體談到。

表 3　香港國安委的其他權力

序號	權力	香港國安法
1	工作不受香港特別行政區任何其他機構、組織和個人的干涉	第 14 條 第 2 款
2	工作信息不予公開	
3	作出的決定不受司法覆核	
4	(警務處維護國家安全部門)承辦香港特別行政區維護國家安全委員會交辦的維護國家安全工作	第 17 條
5	(律政司國家安全犯罪案件檢控部門)檢控官由律政司長征得香港特別行政區維護國家安全委員會同意後任命	第 18 條
6	對警務處維護國家安全部門等執法機構採取本條第一款規定措施負有監督責任	第 43 條 第 2 款
7	授權香港特別行政區行政長官會同香港特別行政區維護國家安全委員會為採取本條第一款規定措施制定相關實施細則	第 43 條 第 3 款
8	行政長官在指定(負責處理危害國家安全犯罪案件的)法官前可徵詢香港特別行政區維護國家安全委員會和終審法院首席法官的意見	第 44 條

以上對香港國安委權力規範的梳理，從法律文本的層面回答了「香港國安委的職權是什麼」的問題。不過，立法語言的概括性與模糊性、法律實施的不確定性使得我們無法完全預知香港國安委將會如何行使它廣泛的權力。我們需要密切關注今後的權力實踐。從理論上分析，有以下兩個問題尤其值得關注，可能會對今後的權力實踐產生影響。其一，香港國安委的人員構成問題。國安委的組織人員以及他們的行事方式，直接決定了香港國安委實際如何運用職權。其二，香港國安委將如何回應社會質疑與爭議。持平來說，《國安法》是一部爭議巨大的法律，國安委也居於爭議其中。作為公權機關，香港國安委應當（shall）且必須（has to）回應香港社會對它的質疑與爭議，它的回應正體現在它如何行使職權上。

（二）組織層面：香港國安委成員的構成

香港國安委的組織架構與人事，由內而外地決定了它的權力如何行使。從組織層面，我們亦能清楚地觀察到香港國安委行使職權將受到哪些方面的（無論法律意義或政治意義上的）影響。《香港國安法》第 13 條明確規定了國安委的法定組成人員：

> 香港特別行政區維護國家安全委員會由行政長官擔任主席，成員包括政務司長、財政司長、律政司長、保安局局長、警務處處長、本法第十六條規定的警務處維護國家安全部門的負責人、入境事務處處長、海關關長和行政長官辦公室主任。
>
> 香港特別行政區維護國家安全委員會下設秘書處，由秘書長領導。秘書長由行政長官提名，報中央人民政府任命。

另外，該法第 15 條給國安委指定了一位國家安全事務顧問。顧問並無國安委成員的法定權力，但無疑將影響國安委成員的行使權力的決策。從這個意義上來說，國家安全顧問是香港國安委的特殊成員。因而，在此也須關注第 15 條的規定：

> 香港特別行政區維護國家安全委員會設立國家安全事務顧問，由中

央人民政府指派，就香港特別行政區維護國家安全委員會履行職責相關事務提供意見。國家安全事務顧問列席香港特別行政區維護國家安全委員會會議。

　　結合上述的規定，本文分析認為，香港國安委的人員構成，將呈現以下特點，並影響到國安委的權力運行：

　　其一，「重用武官」的特點明顯。香港國安委全部由特區政府高層領導組成，包括行政長官行政長官、三司司長、保安局局長、警務處處長、警務處維護國家安全部門的負責人、入境事務處處長、海關關長、以及行政長官辦公室主任，合計十位成員，紀律部隊的首長（包括保安局局長）就佔了五席。[4] 從香港國安委所肩負的職責——維護國家安全來說，它包括紀律部隊，特別是有執法權的紀律部隊的首長是應有之義。在中央看來，香港特區維護國家安全首重執法、打擊犯罪。[5] 但如果我們仍將香港國安委當做一個政策決策機構（policy maker），它全由政府官員組成，且半數為紀律部隊首長的組織特點，就存在不容忽視的問題。以行政會議為例，行政會議不僅包含特區政府「三司十三局」的全部首長，更吸納十六位非官守議員。這意味著行政會議能夠在聽取社會代表意見的情況下，統合、領導、協調特區政府的每個政策局。作為對比，香港國安委在很大程度上不具備作出全面性、民主性決策的組織基礎。這也就是說，它行使權力的重點將偏向於執法。

　　其二，「加強中央權力」的特點明顯。這可表現在以下三個方面：

　　首先，從人事任命上看，十位國安委成員中，中央擁有其中八席的直接任命權，剩下的「警務處維護國家安全部門負責人」由行政長官任命，但任命前須書面徵求國安公署的意見；「行政長官辦公室主任」雖由特區政府任命，但目前的權力實踐顯示，特首辦主任陳國基同時兼任香港國安委秘書

4　「紀律部隊」是香港的習慣說法。按照 wiki 百科的定義，紀律部隊是指受到特別紀律約束的部隊（部門），其招募、訓練、工作都與軍隊有些類似。香港紀律部隊負責維持香港內部安全、社會秩序、救災扶危及其他執法工作，包括警務處、入境處、海關、懲教署、消防處、政府飛行服務隊六個紀律部隊人員，以及廉政公署人員，總計七支正規紀律部隊、二支輔助紀律部隊。參見 https://zh.wikipedia.org/wiki/ 紀律部隊（最後訪問時間：2021 年 4 月 26 日）。

5　立法者認為，香港特區不僅存在 23 條立法缺失的弊病，其現行法律的有關規定也難以有效執行，維護國家安全的法律制度和執行機制都明顯存在不健全、不適應、不符合的「短板」問題，致使香港特別行政區危害國家安全的各種活動愈演愈烈。參見前注 1，全國人民代表大會常務委員會副委員長王晨的說明。

長，[6] 而後者職位須依法「由行政長官提名，報中央政府任命」。由特首辦主任兼任國安委秘書長，這做法如果成為今後的政治慣例，那麼特區政府在任命特首辦主任時，就不得不把中央人民政府的意見考慮在內。據此，中央擁有國安委中八席的直接任命權，剩餘的二席的任命權歸特區政府，但中央在法律上也保有相當的實質影響力。

其次，在負責制上，香港國安委須接受中央人民政府的監督和問責（《國安委》第 12 條）。僅從文義上看，第 12 條說的是中央人民政府有權問責（作為整體）的香港國安委，是否有權對個別委員進行問責、追責，則不無解釋空間。從《基本法》規定的中央與特區關係來看，中央人民政府在法律上有權問責行政長官（《基本法》第 43 條），而無權問責特區政府的其他官員。如果中央人民政府（國務院）在法律上有權追責個別國安委成員，那麼香港特區政府將在很大程度上喪失其高度自治的地位，要更類似於內地的一般地方政府。

最後，不得不提到由中央人民政府指派的國家安全事務顧問。按照法律規定，他／她只是「就香港特別行政區維護國家安全委員會履行職責相關事務提供意見」、「列席香港特別行政區維護國家安全委員會會議」。梁愛詩認為，「這位顧問只提供意見，沒有決定權」。[7] 從法律角度上看的確如此，國家安全事務顧問不是國安委的法定成員，並無法定的成員權力。但其「列席會議」與「提供意見」的法定權力，也確有機會影響到，甚至是左右香港國安委行使權力。按照最新的人事安排，香港中聯辦主任駱惠寧出任國家安全事務顧問。[8] 駱惠寧實際上身兼國務院港澳事務辦公室副主任、香港中聯辦主任、以及國家安全事務顧問三個職位，他「列席會議」無疑就代表著中央人民政府也參與到香港國安委的運作之中，他「提供意見」無疑就代表著中央人民政府的意見。這樣的國家安全事務顧問實際上將發揮日後中央對特區之間的領導、聯繫與監督之責，以確保中央的意志得到更好的貫徹。

如果將前述「重用武官」和「加強中央權力」這兩點結合起來看，那麼

6　2020 年 7 月 2 日，國務院根據行政長官林鄭月娥提名任命行政長官辦公室主任陳國基為香港特別行政區維護國家安全委員會秘書長。見 https://www.news.gov.hk/chi/2020/07/20200702/20200702_173222_498.html（最後訪問時間：2021 年 4 月 26 日）。

7　梁愛詩：《香港國安委的立法背景與主要內容評述》，載陳弘毅等主編：《香港國家安全法解讀：立法與管治》，中華書局（香港）有限公司 2020 年版，第 23 頁。

8　參見 https://www.news.gov.hk/chi/2020/07/20200703/20200703_134037_724.html（最後訪問時間：2021 年 4 月 28 日）。

我們將不難得出一個結論：中央將主導香港特區維護國家安全的宏觀政策，而香港國安委主要負責落實中央制定的政策。香港國安委依法也享有制定政策的權力（《國安法》第 14 條），但這類政策更多是對中央政策的落實與細化，屬執行層面、行動層面。綜合來看，香港國安委行使權力，將在前述的方面與程度上，受到中央的影響。長遠來看，這可能代表或預示著中央與特區關係的一種新現象，甚至新常態。

（三）實踐層面：香港國安委職權的應然面向

《香港國安法》出台後，相關的法律爭議不斷。香港國安委作為特區的新設機構，也面臨不少質疑。朱含博士將這些質疑總結為三個方面：（1）權力範圍廣泛但缺少清晰限定；（2）國安委有機會避免司法與立法監督；（3）由中央指派國家安全事務顧問，有可能為中央政府全面管治香港打開大門，有違「高度自治」的原則。[9] 本文將在第三部分專門討論國安委如何對本地負責、如何接受立法與司法監督的問題。此處先討論第（1）、（3）項質疑及其應對之道。

首先，香港國安委的確存在權力過於廣泛的問題，且這個問題在缺乏司法、立法的有力監督的情況下被放大了。以國安委的工作重點——國家安全執法領域為例，香港國安委實際上是執法機關的最高決策機構。它有權直接指揮警務處國家安全部門（第 17 條第 5 項），有權監督後者採取的調查措施並為相關措施制定實施細則（第 43 條），有權同意任命律政司國安檢控官（第 18 條）。這些規定確立了國安委對於國安法執法體制的掌控，使它在法律允許的範圍內，有機會主導國安犯罪檢控政策。與此同時，國安委又獲得了超越香港一般行政機構的優位職權。它的工作不受香港特區任何其他機構、組織和個人的干涉、工作信息不予公開、作出的決定不受司法覆核。這些規定導致香港立法會、法院無法像對其他政府機構那般地，對香港國安委進行法律監督與權力控制。暫且不論司法與立法的監督，從保障公民權利的立場出

9　朱含：《嵌入普通法的楔子：〈港區國安法〉法律爭議綜述》，https://papers.ssrn.com/sol3/papers.cfm?abstract_id=3623741（最後訪問時間：2021 年 4 月 26 日）。

發——正如《基本法》第 4 條與《國安法》第 4 條所宣示的[10]——香港國安委應當嚴格依法行使職權，首先強化對執法機構的監督。它的確承擔著監督執法權力的職權與職責，具體表現在：（1）領導、指揮警務處維護國家安全部門的權力（第 17 條）；（2）針對警務處維護國家安全部門在調查過程中採取的各類措施制定實施細則的權力（第 43 條第 3 款）；（3）對警務處維護國家安全部門等執法機構採取的調查措施的監督權力（第 43 條第 2 款）。香港國安委的這些權力，一方面可理解為領導指揮警務處維護國家安全部門更有力地辦理案件，另一方面也可理解為約束、監督其採取的措施處在法律的限度內，避免不當干涉香港居民的權利與自由。結合當前香港的局勢，正如《香港國安法》第 4 條所強調的，國安委應尤其注重保障香港居民的表達自由、結社、集會、遊行、示威的自由，維護國家安全不應當異化為打壓本地不同意見的理由。

其次，香港國安委的確存在權力規範過於模糊的問題，這主要體現在第 14 條第 1 款所列舉的幾項權力。《香港國安法》明顯使用到很多內地法律環境之中慣用的立法語言。例如第 14 條第 1 款，使用到了「分析研判（維護國家安全）形勢、規劃有關工作、制定（維護國家安全）政策；推進（維護國家安全）法律制度和執行機制建設；協調（維護國家安全）重點工作與重大行動」的用語——這些用語並非香港現有法律體系之中的常用語言，並且，就其概括性而言，更鮮見於規定香港政府機構職權的法律條文之中。香港對於該等用語的陌生，或許可通過參照內地的詞語含義與語文用法予以解決，但是法律實施是一個動態過程，這些典型的「內地語言」——內地近年來有越來越多這樣的空泛詞匯被寫進法律文件之中——則可能造成國安委（以及其他新設機構）在行使職權時的「水土不服」，要麼令執法部門無所適從，要麼令其握有太多酌情餘地。對此，香港國安委可以通過儘可能地兼容或參照本地現有法律的方式，使其權力規範從模糊走向具體。從目前公開信息來看，香港國安委確以這種方式行使職權，而非參照內地經驗或創設新的方式。2020 年 7 月 6 日香港國安委召開會議，由行政長官會同（in conjunction with）國安委行

---

10 《基本法》第 4 條規定：「香港特別行政區依法保障香港特別行政區居民和其他人的權利和自由。」《香港國安法》第 4 條規定：「香港特別行政區維護國家安全應當尊重和保障人權，依法保護香港特別行政區居民根據香港特別行政區基本法和《公民權利和政治權利國際公約》、《經濟、社會與文化權利的國際公約》適用於香港的有關規定享有的包括言論、新聞、出版的自由，結社、集會、遊行、示威的自由在內的權利和自由。」

使《香港國安法》第 43 條所授予的權力，制定《中華人民共和國香港特別行政區維護國家安全法第四十三條實施細則》。保安局長李家超在立法會聯席會議上表示，該《實施細則》中規定的七個措施中，「有四個措施其實是（在）現有法律裏都有這個做法，不過因為《國家安全法》訂立了一些新罪行，所以這些措施延伸到適用於《國家安全法》裏所訂的新罪行」。[11] 顯然，通過借鑒本地經驗，我們對於國安委職權的理解，可以不止於抽象的內地風格的法律文本，更可以具體化為符合本地習慣的權力行使模式。

最後，「高度自治」原則的確受到較大挑戰。但比之國家安全事務顧問的潛在影響，香港國安委更應當關注《國安法》第 55 條給「高度自治」帶來的更直接、更徹底的改變。按照《香港國安法》第 40 條規定「香港特別行政區對本法規定的犯罪案件行使管轄權，但本法第 55 條規定的情形除外」。這意味著法律原則上將國家安全事務的職責委於香港國安委等香港本地機構，從這個意義上來說，香港國安委之行使職權，總體上、原則上仍是特區高度自治的體現。但作為例外，也確有明文排除特區自治的條款，這就是第 55 條所規定的，在特定情況下直接由國安公署對國安犯罪案件行使管轄權，[12] 並由內地的檢察機關、法院適用內地法律處理[13]——儘管適用於較為極端的情況，但第 55 條一旦被激活，則表示（至少在特定階段或特定案件上）「兩制」遭到懸置，內地的執法、司法的權力與制度直接介入，並取代香港的執法、司法的權力與制度。故而，如果想要在目前的法律框架下，最大限度地保持香港特區對國家安全事務的「高度自治」，必須儘量避免第 55 條規定的特定情況發生。這些特定情況的共同點在於出現特區政府難以有效處置的嚴重國家安全威脅或情況。對此，香港國安委切實履行維護國家安全的主要責任，使特

11　參見立法會新聞公報：《保安局局長在立法會聯席會議有關〈港區國安法〉開場發言》，香港特區立法會官方網站，https://www.legco.gov.hk/yr19-20/chinese/panels/se/papers/ajlscase20200707cb2-1332-2-c.pdf（最後訪問時間：2021 年 4 月 23 日）。

12　《香港國安法》第 55 條規定：「有以下情形之一的，經香港特別行政區政府或者駐香港特別行政區維護國家安全公署提出，並報中央人民政府批准，由駐香港特別行政區維護國家安全公署對本法規定的危害國家安全犯罪案件行使管轄權：（一）案件涉及外國或者境外勢力介入的複雜情況，香港特別行政區管轄確有困難的；（二）出現香港特別行政區政府無法有效執行本法的嚴重情況的；（三）出現國家安全面臨重大現實威脅的情況的。」

13　《香港國安法》第 56 條規定：「根據本法第五十五條規定管轄有關危害國家安全犯罪案件時，由駐香港特別行政區維護國家安全公署負責立案偵查，最高人民檢察院指定有關檢察機關行使檢察權，最高人民法院指定有關法院行使審判權。」第 57 條規定：「根據本法第五十五條規定管轄案件的立案偵查、審查起訴、審判和刑罰的執行等訴訟程序事宜，適用《中華人民共和國刑事訴訟法》等相關法律的規定。」

區的國家安全問題在特區層面得到有效解決，即是避免兩制被「懸置」的有效辦法。從這個角度而言，香港國安委維護特區高度自治的責任，與維護特區國家安全的責任，可謂是一體兩面的問題。

三、香港國安委如何向本地負責？

香港國安委是根據《香港國安法》而設立的政府機構。從該法律在香港特區憲制之中的地位來看，其屬納入《基本法》附件三而在本地實施的「全國性法律」（national law）；其第 1 條特別交代，該法根據《憲法》、《基本法》和「人大決定」[14] 而制定，因此，該法所建立的各種制度，沒有跳出「一國兩制」政策的總體框架，沒有在根本上改變《基本法》所搭建的特區政制。香港國安委是特區政府架構之中的一個組成部分。

如果對比香港國安委與國安公署這兩家新設機構，可以發現，中央人民政府駐港國安公署，更可類比於「中聯辦」，是中央人民政府在香港特區的「法定派出機構」，[15] 但並不屬特區政制的一個組成部分。香港國安委則不同，這是一個嵌入特區政府架構之內的機構，而非代表中央、或由中央派駐的機構。但是，這個機構卻不是由《基本法》或本地立法予以創設，而是由《香港國安法》這樣一部「人大常委會立法」來予以創設，這確實很特殊。從立法或政制建構的角度來看，《香港國安法》的實施為「一國兩制」引入一些全新含義，似乎開啟了中央直接參與改造特區本地政制（除政改以外）的先例。但是，只要我們在最低限度上仍然堅持《基本法》在特區的主導地位——也就是憲制性地位，那麼，根據《香港國安法》第 12 條的表述，我們就仍然應當把香港國安委視作「特區機構」、「本地機構」，既然如此，作為一個憲制原則（a constitutional principle），她當然不應脫離於本地的監督，換句話說，香港國安委仍然需要向本地負責。

具體一點說，在回答香港國安委應當如何向本地負責這個問題時，我們需要從三個方面進行法律層面的分析。第一，《基本法》上哪些條文提供了問責、審查或制衡的規定，以及在此基礎上，本地法律所配套創設的相關制度，是否適用於香港國安委；第二，《香港國安法》上對於國安委職權的具體

14　指《全國人民代表大會關於建立健全香港特別行政區維護國家安全的法律制度和執行機制的決定》。

15　韓大元：《「一國兩制」與香港基本法理論研究》，《浙江社會科學》2020 年第 10 期，第 38 頁。

規定，賦予了她怎樣的特殊地位或豁免，從而在一定程度上排除、限制了問責，或者相反，規定了怎樣的特殊的問責事項或方式；第三，法治、分權、憲政主義等公法原則所引申出的一些要求或標準，對於香港國安委這類機構的運作及其問責方式，是否有一定的啟發或指引意義。

本文認為，香港國安委向本地負責，可以具體展現為以下兩個方面：

（一）接受立法會問責

《基本法》第 64 條規定，香港特別行政區政府必須遵守法律，對香港特別行政區立法會負責，本條並具體列舉了負責的方式，包括執行法律、向立法會作施政報告、答覆議員質詢、徵稅和公共開支須經立法會批准等。《基本法》第 73 條規定了立法會的職權，與問責政府機構有關的權力包括：審核、通過財政預算、批准稅收和公共開支、聽取行政長官施政報告並進行辯論、對政府提出質詢、辯論任何公共利益問題、接受香港居民申訴並作處理。第 73 條在最後專門授權立法會傳召作證和提供證據的權力〔《立法會（權力與特權）條例》對此項權力有進一步規定[16]〕，以便行使上述所列各項職權。

以上分別從特區政府和立法會的角度作出的規定，綜合起來理解，可以概括出在一般意義上，立法會所擁有的問責政府（及其組成部門）的權力類型：（1）瞭解信息並發表意見。不論是行政長官通過施政報告向立法會交代總體情況，還是立法會經由質詢或是處理申訴的程序，其核心在於令政府向立法會公開其運作，以此為基礎，立法會及個別議員能夠代表本地居民作出反饋、提出批評。傳召作證以及要求提供證據的權力，首先也是起到了強制公開政府信息的作用。（2）財政控制。編列預算，可以反映政府的施政計劃，對於預算的審核及通過，給予立法會重要的權力對政府的工作予以事先參與、審視及影響。對於公共開支的批准，則可以更加精細、具體地控制政府的行動。相比於信息公開及給予意見，財政控制權更加賦予立法會一種強勢的地位，讓政府不能不重視與立法會的良好溝通與互信關係，避免閉門造車式的政策制定或是執法。

《香港國安法》第 14 條規定，香港國安委的工作不受特區任何其他機構、組織和個人的干涉，工作信息不予公開。如考慮到與立法會的關係，這一規定該如何理解？「任何其他機構」（institution），應理解為包含了作為立法機關

16 參見《立法會（權力及特權）條例》第 9-12 條。

的立法會，但是，什麼是「干涉」（interference）？《基本法》第 73 條第 6 項授權立法會「就任何有關公共利益問題進行辯論」，如辯論主題是與香港國安委的人員、運作或個案有關，是否構成「干涉」？《基本法》中使用了「干預」（interfere）與「干涉」（interference）兩個不同中文概念（兩概念英文翻譯均來自《基本法》官方英文本），可以幫助我們更好地理解《香港國安法》的規定。韓大元教授認為，「干預」一般指介入，不同於「干涉」。如《香港基本法》第 63 條（律政司主管刑事檢察）、第 85 條（法院獨立審判）均規定「不受任何干涉」，這裏的「干涉」（interference）有一定的貶義，強調刑事檢控與法院不受其他任何機關、個人的消極影響，以體現刑事檢控與司法的獨立性。[17] 而「干預」一般解釋為介入某一行為的過程，既有合理干預、也有不合理干預，法律並不一律排斥干預。照此理解，《香港國安法》僅是禁止特區其他機構、組織和個人不當干涉香港國安委的運作，對其自主性、獨立性產生消極影響，並不是意圖杜絕立法會等機關依照《基本法》或其他法律的規定從而與國安委形成的一切權力關係。

「工作信息」（information relating to the work of the Committee）的範圍是什麼？是任何與香港國安委有關的信息，還是指內部會議過程及其記錄（如第 14 條第 1 項所謂的分析形勢、規劃工作、制定政策）而不包括組成人員信息（如國安委秘書長的提名標準、薪酬標準、個人利益申報等）？此外，一旦有相關信息已經由香港國安委主動公開，本條所規定的「不予公開」是否就不再適用，從而可以成為發起質詢、接受申訴並作出處理，乃至納入政府施政報告？

《香港國安法》第 19 條直接涉及香港國安委開支問題。本條特別規定，從特區政府「一般收入」之中撥出專門款項用於香港國安委開支，並且，僅需行政長官批准，財政司長即可作此開支安排，「不受香港特別行政區現行有關法律規定的限制」。很顯然，本條是針對現有法律的規定，為香港國安委的開支特別設立的「綠色通道」。本條的一個直接效果是，現有法律對於政府開支的限制不能適用於香港國安委，而且，立法會對於公共開支的批准權，在此也被行政長官的「批准權」所取代。本條還引發一個疑問，即政府預算案，是否仍應當包含香港國安委的預算？2021 年 2 月特區政府發佈 2021-2022 年度的財政預算案，其中列明一項八十億元的「非經常性撥出專門款項支付關

於維護國家安全的開支」，[18] 那麼立法會審核、通過財政預算的權力仍有對香港國安委運作進行某種控制的功能。《香港國安法》第 19 條的最後一句要求「財政司長需每年就該款項的控制和管理向立法會提交報告」，其立法原意應當是，以「提交報告」的方式代替問責程度更強的「審核」、「通過」、「批准」等法律程序，令香港國安委的運作更少受到制約。不過，香港國安委開支年度報告在提交至立法會之後，是否可以成為辯論或表決的對象，則不無想象空間。

我們認為，香港特區立法會根據《基本法》上所賦予的監督權力，結合《國安法》賦予的特殊豁免，仍然保有對香港國安委的運作進行問責的一些具體形式：1. 基於「已公開信息」的辯論，又可分為（1）就施政報告之中香港國安委（如列入）相關內容的辯論、（2）就預算案之中香港國安委預算部分，或是《香港國安法》第 19 條所指「年度報告」展開的辯論、（3）從「公共利益」角度就香港國安委發起辯論；2. 基於「未公開信息」或「非強制公開信息」的個案處理，如上文所述，《香港國安法》儘管豁免了香港國安委的信息披露義務，但不妨礙立法會從其他合法途徑獲知相關信息，又可分為（1）接受香港居民有關香港國安委之申訴而啟動的處理程序（《基本法》第 73 條第 8 項）、（2）質詢程序。上述以辯論為主要形式的問責，在法律上並無強制香港國安委赴立法會接受問詢，或提供資料的效果，除非另有法律明確規定；而一旦與申訴或質詢程序有關，除非有法律明確豁免或排除相關義務，那麼香港國安委必須配合立法會完成相關的程序，這是《基本法》所確立的問責方式，不容許被架空或繞開。

來自立法會的問責，不是「干涉」。因為香港國安委依照《國安法》第 14 條第 1 款[19] 的自身運作仍然保持獨立，其政策制定、執法機制建設、內部研判會議等工作程序並無立法會介入的空間，法律上也沒有授予立法會否決的

18　該項預算同時注明，根據《中華人民共和國香港特別行政區維護國家安全法》，經行政長官批准，香港特別行政區政府財政司司長應當從政府一般收入中撥出專門款項支付關於維護國家安全的開支並核准所涉及的人員編制，不受香港特別行政區現行有關法律規定的限制。此項八十億元的撥款屬上述的專門款項，用以支付關於維護國家安全未來數年的開支。見香港政府發佈的《截至二零二二年三月三十一日為止的財政年度預算》，https://www.budget.gov.hk/2021/chi/pdf/sum_exp_c.pdf（最後訪問時間：2021 年 4 月 25 日）。

19　《香港國安法》第 14 條第 1 款規定：「香港特別行政區維護國家安全委員會的職責為：（一）分析研判香港特別行政區維護國家安全形勢，規劃有關工作，制定香港特別行政區維護國家安全政策；（二）推進香港特別行政區維護國家安全的法律制度和執行機制建設；（三）協調香港特別行政區維護國家安全的重點工作和重大行動。」

權力或任何其他權力去分享或制約香港國安委自身的職權。換個角度來看，立法會的辯論屬立法會明確享有的權力，也是代議制社會的議會機構的固有權力、通常權力，問責的典型方式，絕不是「干涉」。這個過程給香港國安委帶來的「壓力」，恰恰是問責的應有之意，是「一國兩制」所保障的「港人治港」、高度自治的組成部分。

（二）接受司法制衡

《香港國安法》包含有專門條文規定了與司法機關有關的問題，因此，香港特區維護國家安全制度與司法機關的關係，需要將《基本法》與《香港國安法》結合起來理解，並且應注意，《基本法》是《香港國安法》的立法依據。

根據《基本法》第 80 條，香港特區各級法院是特區的「司法機關」，行使審判權；第 19 條規定，特區法院享有獨立的司法權和終審權，就管轄權而言，除回歸前已有的限制、以及第 19 條所列的「國家行為」之外，並無更多限制。又根據《基本法》第 8 條和 2001 年的莊豐源案，[20] 普通法在特區予以保留，不止是實體法，也包括普通法上的司法制度與解釋方法。原則上來說，以普通法視角來看，香港國安委作為特區本地的政府機構（governmental institution/authority），是不能超脫於法院的管轄權之外的。

《香港國安法》關於司法制度的引人注目之處在於：其一，創設了「指定法官」制度，國安案件在被提起檢控而提交至相應級別法院之時，其審理法官為行政長官根據《國安法》第 44 條的權限與程序而指定的法官；其二，為香港國安委豁免「司法覆核」（《香港國安法》第 14 條第 2 款）。本文在此不討論國安案件刑事審判程序問題，而是聚焦於第 14 條第 2 款的「司法覆核豁免條款」。

第一個問題是，《香港國安法》對於《基本法》所確立的特區法院管轄權所作的改變。鑑於《香港國安法》經由列入《基本法》附件三而直接在香港實施，因此，相關條文就已經是香港特區法律的一部分。《基本法》第 83 條規定，「各級法院的組織和職權由法律規定」。《香港國安法》實施後，其對於法院司法覆核管轄權的規定，應當屬所謂「職權」由「法律」規定的情形。因此，法院的管轄權已經被《香港國安法》此條文進行了限縮。

---

20 《基本法》第 8 條規定：「香港原有法律，即普通法、衡平法、條例、附屬立法和習慣法，除同本法相抵觸或經香港特別行政區的立法機關作出修改者外，予以保留。」又參見「入境事務處處長訴莊豐源案」（*Master Chong Fung Yuen v. Director of Immigration*, HCAL 67/1999）。

第二個問題是，免於司法覆核的是香港國安委「作出的決定」，那麼，此處的「決定」是什麼含義？本文前一部分已經對香港國安委的職權作了一番梳理。我們認為，對於已經授予香港國安委的權力，當其為了行使該權力而完成某種具有外部效果的程序、文書、或動作時，就是作出了「決定」。也就是說，香港國安委的任何一項「決定」，必須依託於一項具體的法定權力，其並非能夠任意決定任何事情；與此同時，「決定」不是指內部工作流程、人事行政管理上的決定，而必須是將法律效果施加於外部——比如，其制定的政策將影響到相關人士或機構的權利、財產等——的決定。政府機構的內部決定原本就不屬「司法覆核」程序所管轄的對象，因此，與《國安法》此處的豁免規定沒有關係。

根據香港國安委的職權，其可能作出的決定有以下幾類：（1）就維護國家安全作出工作規劃的決定；（2）就維護國家安全發佈政府政策的決定；（3）根據維護國家安全相關法律建立執行機制的決定；（4）為監督警務處國安處採用調查措施而作的決定（第 43 條第 2 款）；（5）就是否同意律政司國家安全犯罪檢控部門檢控官提名人選而作的決定（第 18 條第 1 款）；（6）就接受行政長官關於指定法官人選的諮詢而作的決定（第 44 條）；（7）為制定《國安法》第 43 條第 1 款之實施細則而（由行政長官會同香港國安委）作的決定。需要指出的是，雖然《香港國安法》僅在第 14 條規定不受司法覆核，但香港國安委的決定所依據的授權條文，則不限於第 14 條的範圍。

如果以上所列香港國安委所作決定均不受司法覆核，那是否意味著香港國安委完全不會受到來自於特區法院的審查或制衡？本文認為，行政長官會同香港國安委制定的實施《香港國安法》第 43 條第 1 款之細則（如經由 2020年第 139 號法律公告而實施的《中華人民共和國香港特別行政區維護國家安全法第四十三條實施細則》），有可能在國安案件審判程序（而非司法覆核程序）中受到基於基本權利的合憲性審查（rights-based constitutional review）。從這個意義上講，法院仍然有機會審查香港國安委的（基於《香港國安法》的）授權立法，以確保《基本法》所確認的權利得到落實與保護。

四、結論

《香港國安法》在特區層面創設了香港國安委並規定了其「負責香港特別行政區維護國家安全事務」的各項職權。香港國安委的組織人事展現出「重

用武官」與「加強中央權力」的特點，意味著香港國安委行使職權將聚焦執法領域，且主要是對中央政策的落實。香港國安委的權力還面臨著社會上的諸多質疑，因此它行使職權應當對這些質疑有所回應：應當加強對執法機構的監督以約束過於廣泛的權力；應當盡可能兼容或參考本地現有法律以解決權力規範的模糊性；應當盡可能避免第 55 條規定的排除特區管轄的情況發生，以最大程度維持特區高度自治。此外，國安委並未走出《基本法》的框架之外，因此作為本地機構，其不應當脫離於本地的監督或問責。立法會根據《基本法》享有問責、監督政府的權力，儘管香港國安委獲得「工作不受干涉、信息不予公開」的豁免，但這些「豁免」不是絕對的、全然的，結合《基本法》與《國安法》的規定，立法會仍然可以，且應當進行特定的問責。這問責並不代表立法會享有否決或其他影響香港國安委獨立性的權力，因此並不構成「干涉」。香港國安委同樣無法完全超然於法院的管轄——儘管它的決定不受司法覆核，但行政長官會同香港國安委就第 43 條制定的實施細則，仍可能在國安案件的審判中，受到基於基本權利的合憲性審查（rights-based constitutional review）。

《香港國安法》之下行政長官的權力

盧兆興　香港大學專業進修學院文理學院教授

洪松勛　香港教育大學社會學系助理教授

一、引言

　　一般而言，行政長官是香港特別行政區的首長及代表人物。香港成為獨立的施政區域，是由於「鴉片戰爭」和及後清朝政府與英國簽訂的多個條約，分別將香港和九龍半島割讓，以及租借新界，使其成為宗主國下的殖民統治之地，實行以香港總督為中心的管治模式。在中英兩國達成政權交接協議後，參照港督統治香港的方式，中央在港成立特別行政區，以香港行政長官為首實施管治。而 2020 年 6 月 30 日由全國人大常委會通過的《香港國安法》又賦予行政長官以一定的角色，亦加強了國家的權力影響。本文希望透過權力概念的思考，從歷史演變角度，以香港總督和特區成立後的行政長官為綫索，檢視現時在《香港國安法》之下行政長官的權力。

二、權力的概念

　　權力（power）是人類社會一種廣泛存在的現象，東西方古代哲學文獻都曾作廣泛探討，無論如何都不可能弄清真正的權力概念，但不同的研究角度拓展了權力研究的視野，作出不同的闡釋和分類。權力是影響乃至控制別人行為（conduct）、行動（actions）和信念（beliefs）的能力，是社會學、政治學、國際關係與國際政治學的核心概念。

　　現代政治學的興起與對權力的分析密不可分。政治權力（political power）指稱在政治生活中發生的、涉及人們之間利益的、帶有強制性的一種影響與被影響、制約（constraint）與服從（obey）、支配（dominating）與被支配（dominated）的關係。國家權力或管治權是一種特殊的政治權力，是通過國家政權發生的政治權力關係。因此，國家層面的強制性權力（coercive power）

是建立在人民懼怕（fear）的基礎上，國家權力會設有警察、軍隊、法庭、監獄等合法的武力機關，以執行國家權力的強制性，將其加諸於抵抗者或者犯罪者身上。

現代民族國家權力（state power）體現在公民社會（civil society）[1]對國家的忠誠投入（royalty input）上，國家與人民建立了具認受性權力（legitimacy power）關係。這民主的認受性地位（democratic legitimacy status）建立在政治參與的權利（right of political participation）上，成為現時一般而言最具代表性的民主的、資本主義的現代民族國家。雅諾斯基（Thomas Janoski）提出了公民社會的領域概念（spherical concept），有助於理解國家權力（圖1），更可以將一般權力分辨為在國家環境中各個體領域關係的相互依存因素（factors of interdependence）。

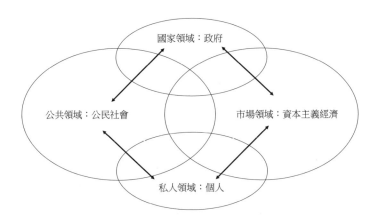

圖1　公民社會中的公共領域和私人領域的概念圖[2]

在國家領域（state sphere）中的政府擁有和執行國家權力。政府的強制性權力就是建立在軍隊、警察、司法系統上。而政府政策輸出（government policy output）要符合公共領域中的社會價值、道德和公義，政策能照顧黎民百姓（multitudes）和市民大眾（the general people）需求，促使其投入政治忠誠，支持政府施政。而民主國家中的公民社會依靠守護社會公義、公眾利益

1　Jürgen Habermas, *The Structural Transformation of the Public Sphere: An Inquiry into a Category of Bourgeois Society* (Cambridge: Polity, 1962).

2　Thomas Janoski, Citizenship and Civil Society: *A Framework of Rights and Obligations in Liberal, Traditional, and Social Democratic Regimes* (West Nyack: Cambridge University Press, 1998), p. 13.

和監察政府，倡議公共利益和市民意願（public interests and will of citizens）。而民主社會的重要政治權利就是言論自由（freedom of speech）、司法獨立（an independent judiciary）和民主政治（democracy politics），其忠誠投入顯現出對公共秩序的遵從（public order deference）和活躍的政治參與。個體對權力的遵從不是來自於恐懼，而是權利的認受性和所帶來的反抗權力（resisting power）可能導致的懲罰（punishment）。

而國家中另存有市場領域。自資本主義市場經濟出現，資本累積（capital accumulation）和利潤最大化（profit maximization）為資本主義最關鍵的核心價值。國家政權政策的輸出要維繫有利的營商環境，政治穩定的社會有利於商業經營，而鼓勵經濟的誘因是市場會為政府提供可管理的（manageable）、可審計的（accountable）和負責任的（responsible）稅收。任何個人的國民可以十分疏離，但或多或少都會投入到公民社會或市場領域中去，成為不同程度的社會或經濟參與主體。

然而，在不民主的國家中，公民社會的空間相對狹小，公民的影響能力受到支配或限制。由於政治上沒有了民主選舉制度的調節機制（regulating mechanism），而國家的認受性權力建立在社會的穩定性上，所以運用其強制性權力壓制反對力量的情況變得十分普遍。權力關係建立在人類意識的形成以及語言符號衍生的支配關係上，政治的權力會利用人類文明、社會固有的對個人本能的壓制及其引發的不滿現象——如話語論述中被政治、經濟力量強制灌輸、支持的觀念（indoctrinating, supporting ideas）——而形成文化霸權的支配（hegemonic domination）。個體對權力的遵從是來自於恐懼，而權利的認受性所帶來的反抗亦可能導致強制性武力的懲罰與鎮壓。但是國家對權力的行使只依賴暴力的話，則會形成暴政，國家設法利用國家武力使權力穩固，維持社會穩定的同時構成反對力量的武力挑戰，但由於現代軍事武備的不對稱（asymmetrical），民眾的反抗很難得以成功。這類的政府通常都會招致緊張的國際關係，如近些年的泰國、委內瑞拉和智利等國家。[3] 這類國家的市場遠離自由經濟體，通常有國家權力壟斷市場經濟的情況出現。

---

3 《從香港到智利 全球抗議「遍地開花」的原因》，BBC News 中文版，2019 年 10 月 22 日，https://www.bbc.com/zhongwen/trad/world-50135120。

香港自英國統治下所形成的地位特殊，香港政府所運用的權力不能直接等同於國家權力，而是由香港總督（Hong Kong governor）代表英國國家權力管治香港。港英政府建構了全球最自由的經濟體之一，成為世界自由市場的學習楷模。政府政策的調節機制促成香港市民大眾對政府投入忠誠，歷史上很少受到嚴重的挑戰，而當反抗運動出現時社會上的利益群體通常都能夠動員支持政府，包括在最嚴峻的省港大罷工和「六七暴動」，政府都能夠獲得利益群體投入忠誠支持。這個情況顯現出的特殊性是，當時的香港沒有民主的政治制度，公民社會中沒有民主的政治權利，但卻有開放的市場經濟。同時，市民大眾享有高度的宗教信仰、知識學術和言論自由，社會媒體在自由競爭的情況下成為強而有力的政府監察媒體，廣泛地開拓了香港的公共空間，而政府亦十分少有打壓公民社會。而民主政治在最後期才開始有限度的建立。

香港特別行政區的建立同樣具有類似的特殊情況，隨著《香港特別行政區基本法》的實施，國家權力不會直接施行影響力。香港特別行政區行政長官（Chief Executive）代表了中華人民共和國國家權力管治香港。香港特別行政區具有公民權責關係（citizenship）的公民社會的存在，成為政府政治權力的交互作用的載體（interacting carrier）。從正面看，政府政策的輸出，獲得市民大眾支持，促成其投入政治忠誠支持政府施政；與此同時，民主政治的投入突顯了政治上的反對聲音，當反對派別在政治上表現為公民社會對政府的監察作用時，凸顯出政府施政管治上的認受性危機（legitimacy crisis）。但是，香港自從 1984 年中英談判踏入議程，國家領導人鄧小平提出「一國兩制」、「港人治港」、高度自治以來，公民社會的政治權利一直是香港最尖脫的問題（the most critical problem），如何實行民主政制向來都是社會爭議的核心，而且動搖了公共空間權力的平衡（power of balance），挑戰了國家權力的威信（authority of state power）和政府的認受性地位（legitimating status of government），使得管治上產生了危機，這就是市民大眾投入忠誠的認受性危機。這個不完整的民主制度在香港施政上具有關係微妙的弔詭作用（paradoxical function）。

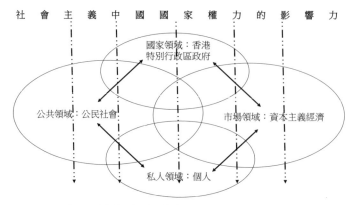

社 會 主 義 中 國 國 家 權 力 的 影 響 力

國家領域：香港特別行政區政府

公共領域：公民社會

市場領域：資本主義經濟

私人領域：個人

圖 2　香港特別行政區在中國國家權力下的分析框架

　　而在香港特別行政區內，國家權力顯現的分析框架詳見圖 2。在沒有國家權力直接影響香港特別行政區施政的情況下，公民社會與特區政府成為獨立的交互作用關係（參考圖 1）。一般的情況，特區施政的政策輸出要獲得市民大眾的信任，促使其投入政治忠誠而維持了有效施政；相反，這種類型失效的最近似例子是首任行政長官董建華因為基本法 23 條立法的失敗，失去市民投入的忠誠因而辭去職位。而在特區施政不斷缺失和民主直接選舉中普選問題未能最終解決之下，國家權力的介入情況逾來逾明顯，多次的社會運動中，反對派的社會運動與親北京力量的動員成為社會角力所在。情況顯示，國家權力在不同領域進行滲透，與香港自身的公民社會權力展開競爭，在政府施政上爭取支持。中國國家權力更直接影響香港可以說是 2014 年國務院發表白皮書並宣稱中央對香港擁有全面管治權，2015 年中國《國家安全法》將港澳納入其管核範圍，2016 年全國人大常委會就立法會議員宣誓問題釋法和2020 年通過了《香港國安法》。[4]2019 年香港的反修例運動影響深刻，國家政權的權力更直接影響到香港的情勢，香港特別行政區行政長官的權力機制發生了深刻變化，有關的情況仍然在變更，亦有必要重新閱讀和理解。

　　以下部分會由港英政府開始，以香港總督的權力作為分析的起點，從而過渡到香港特別行政區行政長官的權力，再從近期國家安全立法所引起的改變來探討行政長官的權力問題。

4　林朝暉、梁俊傑和蔡家俊：《「一國兩制」的變與不變》，《香港 01》2020 年 12 月 29 日，https://
　　www.hk01.com/%E5%91%A8%E5%A0%B1/567758/%E4%B8%80%E5%9C%8B%E5%85%A9%E5%88%B6-
　　%E7%9A%84%E8%AE%8A%E8%88%87%E4%B8%8D%E8%AE%8A。

三、殖民時期香港總督的權力及其轉變

> 總督只須在預備好的文件上簽簽名，便可以平穩定度過他的任期，
> 對於不願有所作為的人來說，這簡直是個天堂。
>
> ——德輔[5]（第十任香港總督，1887-1891）

> 在一個殖民地裏，總督的權威僅次於上帝。
>
> ——葛量洪[6]（第二十二任香港總督，1947-1957）

1841 年 1 月 25 日英軍登陸香港島，1 月 26 日舉行升旗儀式，為香港開埠之始。1842 年清朝在鴉片戰爭中戰敗，與英國簽訂《南京條約》，英國正式開始統治香港。從此，英國君主是香港的最高統治者，而香港總督（Governor of Hong Kong）是由英國派駐香港的英國君主代表，由英皇委任，共歷 28 任，上任時須宣誓效忠英皇。初期的港督，除了管治香港外，亦為遠東區的軍隊統領（Commander-in-Chief of the Armed Forces）和在華商務總監（Chief Superintendent of the Trade of British Subjects in China）的職責。1843 年，英國頒佈《英皇制誥》（Hong Kong Letters Patent）及《皇室訓令》（Hong Kong Royal Instructions），作為統治香港的憲制性文件，兩者規定了香港總督的權力、行政局及立法局的具體安排等。

1843 年的《英王制誥》規定派駐香港總督，授予其廣泛的統治權，主要包括：

（1）有諮詢定例局後制定香港法律和法例的全權；

（2）有權召開議政局會議，後者的任務是提供諮詢，協助港督制定政策；

（3）有執掌和使用香港殖民地公章的全權；

5　德輔（Sir George William Des Vœux），1834 年 9 月 22 日至 1909 年 12 月 15 日在世。在任期間，1888 年 5 月 30 日山頂纜車起始營運，為亞洲第一條纜索鐵路，亦是香港首個機動運作的公共運輸工具。而香港電燈成立，在 1890 年 12 月 1 日下午 6 時開始為香港島部分地區提供電力，標示著香港重要的現代化建設的起步。

6　葛量洪（Sir Alexander William George Herder Grantham），1899 年 3 月 15 日至 1978 年 10 月 4 日在世。任內見證了中國的國共內戰，及中國共產黨取代中國國民黨，並於 1949 年建立了新政權。在他的帶領下，港府作出多項重大措施，成功使香港克服重重困難，並且建構出香港在戰後的基本格局，使香港漸漸從轉口港轉型為以製造業為主的出口港。

（4）有代表英王授予私人或團體土地的全權；

（5）有權委任按察司及太平紳士；

（6）有將任何香港官員停職之權；

（7）有權赦免罪犯或減刑；

（8）有權豁免五十鎊以下之罰金；

（9）香港所有文武官員和居民都應服從港督。

歷任港督於就職典禮上，在首席按察司監誓下，分別宣讀效忠宣誓、受任宣誓及司法宣誓三項誓詞。

表 4　歷任港督於就職典禮上宣誓

中文誓詞	英文誓詞
效忠宣誓 本人，XXX，謹遵法律宣誓：本人必竭誠向女王伊麗莎白二世陛下及其繼位人效忠。此誓。	**Oath of Allegiance** I, XXX, swear that I will be faithful and bear true allegiance to Her Majesty Queen Elizabeth the Second, Her Heirs and Successors, according to law. So help me God.
受任宣誓 本人，XXX，謹此宣誓：本人奉委為香港總督，並為女王伊麗莎白二世陛下效力，一定盡忠職守，努力服務。此誓。	**Official Oath** I, XXX, swear that I will well and truly serve Her Majesty Queen Elizabeth the Second in the office of Governor of Hong Kong. So help me God.
司法宣誓 本人，XXX，謹此宣誓：在奉委為香港總督及其後可能出任宣誓及聲明條例第三附表所指之任何其他司法職位時，定當為女王伊麗莎白二世陛下效力，盡忠職守，努力服務，並遵行香港法律與習俗，以不懼、不偏、不私、無私、無欺之精神，為全體民眾主持正義。此誓。	**Judicial Oath** I, XXX, swear that I will well and truly serve Our Sovereign Lady Queen Elizabeth the Second in the office of and in any other judicial office specified in the Third Schedule to the Oaths and Declarations Ordinance to which I may be appointed, and I will do right to all manner of people after the laws and usages of this Colony, without fear or favour, affection or ill will. So help me God.

第一任港督砵甸乍（Sir Henry Pottinger）依據《英皇制誥》成立港英政府，設立了議政局（後改為行政局，the Executive Council）和定例局（後改為立法

局，the Legislative Council）。行政局是香港最高諮詢機關，立法局負責訂立法例，總督主持香港的行政機關行政局和立法機關立法局，全部成員亦由港督委任。在施政上，兩局只擔任顧問及輔助角色，港督權力極大。1844 年，香港最高法院成立，香港奉行司法獨立，這種法律制度和法治精神，影響香港至今。除了兩局議員外，總督亦有委派法官和太平紳士的權力，並有權對政府所有公務員採取紀律行動。港督在立法、土地處理、法官及公職人員的任命、赦免，最高法院及地方法院法官的任期等方面的權力，均有法律規定，港督須按規定行事。這種政治體制，一百多年來沒有實質性的變化。只是到了八十年代，當英國得知中國政府要收回香港後，才開始推行代議政府政制。

在設置港督的同時，賦予權力成立立法局、行政兩局和法院，這體現了三權分立（separation of powers），相互制約，均衡權力的理念。[7] 總督決策需要聽取行政局的建議，在訂立法律條文時需要諮詢立法機關的意見，確保香港和平、有秩序和管治良好的法例及條例，也必須要有總督的簽署才可以生效。[8] 香港是一個受法律保障、自由度極高的國際城市，卻不是一個民主政府。其權力來源沒有選舉的成份，只需向英國負責，不需要向香港市民負責。港督的權力是由英國宗主國由上而下式的授權，由英女皇任命及委託，總督集政府大權於一身，是典型的總督制政府。香港總督向來是殖民地部負責挑選人選；但自中國人民共和國加入聯會國起始，即 1971 年以後，改由外交部負責挑選（on the advice of the Foreign Secretary），一般為外交官出身；而最後一任總督彭定康則是政治家，曾任保守黨主席。1985 年香港立法局開始引入選舉制度，直至 1991 年立法局第一次以普及的直接選舉選出部分議員。但局上所討論的一切議案或法案最終仍需要得到總督同意並簽署才可通過，換言之，總督對所有議案和法案皆有否決權。但無論如何，香港的殖民政權的認受性具有一定鞏固的基礎。[9]

港督和行政長官的憲制權力有明顯的異同，港英政府和特區政府在憲制框架上有著很大分別。在港英時期，所有未被寫入憲法文件的權力都歸屬於

---

7   關詩珮：《親近中國？去中國化？從晚清香港「總督」的翻譯到解殖民「特首」的使用》，《編譯論叢》 2010 年 9 月第三卷第二期，第 1-31 頁，https://ctr.naer.edu.tw/v03.2/ctr030221.pdf。

8   《立法機關的歷史》，香港特區立法會官方網站，https://www.legco.gov.hk/general/chinese/intro/hist_lc.htm。

9   劉兆佳：《香港人的政治心態》，中信出版集團 2016 年版，第 206 頁。

英國政府，總督享有被視為不受限制和任意的特權。總督直接向英皇負責，並且獲得英皇的酌情授權。[10] 十分明顯，行政長官沒有這種「剩餘權力」。

四、基本法下行政長官的權力

1997 年 7 月 1 日，中華人民共和國對香港恢復行使主權，實施以《中華人民共和國香港特別行政區基本法》為基礎的管治。這個特別行政區（Special Administrative Region）的出現，標誌著香港原有的資本主義社會制度和生活方式不變，除國防和外交等國家事權外，香港享有高度自治權，包括行政管理權、立法權、獨立的司法權和終審權。港督任期結束後，行政長官一職在「一國兩制」的原則下產生，以管治新成立的香港特別行政區。香港特別行政區行政長官，是香港特別行政區的首長，代表香港特別行政區。自 1997 年 7 月 1 日開始，以香港的角度來說，行政長官大致代替了英國殖民統治時期的「香港總督」，行使香港特別行政區政府首腦的權責。在香港特區，行政長官享有最高的憲制性與政治性的地位。[11]

《基本法》規定了宣誓效忠制度，其中第 104 條規定：「香港特別行政區行政長官、主要官員、行政會議成員、立法會議員、各級法院法官和其他司法人員在就職時必須依法宣誓擁護中華人民共和國香港特別行政區基本法，效忠中華人民共和國香港特別行政區。」香港特別行政區這一規定既是對世界各國任職宣誓制度的通常作法的接受，也是基於特別行政區法律地位和行政長官憲制角色本身的必然要求。[12] 行政長官就任誓詞為：

> 本人［姓名］，謹此宣誓，本人就任中華人民共和國香港特別行政區行政長官，定當擁護《中華人民共和國香港特別行政區基本法》，效忠中華人民共和國香港特別行政區，盡忠職守，遵守法律，廉潔奉公，為香港特別行政區服務，對中華人民共和國中央人民政府和香港特別行政區負責。

---

10 姚旻岐、鄺智浩：《從香港總督到行政長官：政府首長的權力運用》，《評台》2016 年 11 月 17 日，https://www.pentoy.hk/?p=17015。

11 劉兆佳：《香港 21 世紀藍圖》，香港中文大學出版社 2000 年版，第 3-4 頁。

12 李曉兵：《從港督到特首：兼論香港憲制秩序與行政長官的憲制角色》，愛思想網，2016 年 5 月 6 日，http://m.aisixiang.com/data/99353.html。

作為中國憲法所規定的一個高度自治的特別行政區的首長和代表，行政長官具有領導香港特別行政區政府以及負責執行《基本法》和依照《基本法》適用於香港特別行政區的其他法律等重要職權，那麼，如何保證向中央政府和特別行政區負責便成為問題，宣誓效忠制度就是這樣的一個制度設計。而宣誓本身也是由行政長官的憲制角色和法律地位所決定的。[13] 香港特區政府描述行政長官的職責是：「行政長官是香港特別行政區的首長，也是香港特別行政區政府的首長，負責執行《基本法》、簽署立法會通過的法案和財政預算案、公佈法律、決定政府政策，並發佈行政命令。行政長官由行政會議協助決策。」[14]《基本法》第 48 條明確列明，香港特別行政區行政長官可以行使下述職權：

（1）領導香港特別行政區政府；

（2）負責執行本法和依照本法適用於香港特別行政區的其他法律；

（3）簽署立法會通過的法案，公佈法律；簽署立法會通過的財政預算案，將財政預算、決算報中央人民政府備案；

（4）決定政府政策和發佈行政命令；

（5）提名並報請中央人民政府任命下列主要官員：各司司長、副司長，各局局長，廉政專員，審計署署長，警務處處長，入境事務處處長，海關關長；建議中央人民政府免除上述官員職務；

（6）依照法定程序任免各級法院法官；

（7）依照法定程序任免公職人員；

（8）執行中央人民政府就本法規定的有關事務發出的指令；

（9）代表香港特別行政區政府處理中央授權的對外事務和其他事務；

（10）批准向立法會提出有關財政收入或支出的動議；

（11）根據安全和重大公共利益的考慮，決定政府官員或其他負責政府公務的人員是否向立法會或其屬下的委員會作證和提供證據；

（12）赦免或減輕刑事罪犯的刑罰；

（13）處理請願、申訴事項。

13　李略：《港澳特區政治制度相同點分析——「一國兩制」和行政長官制》，《一國兩制研究》2010 年 7 月第 1 期，第 69-72 頁，https://www.ipm.edu.mo/cntfiles/upload/docs/research/common/1country_2systems/2009_1/p69.pdf。

14　香港特區政府：《行政長官的職責》，https://www.yearbook.gov.hk/2001/chtml/02/02-01f.htm。

比較港督和行政長官的憲制權力，現代法治精神不僅要求行政長官遵守法律，更重要的是自我約束和公正地行使權力。而在殖民統治時期，總督享有被視為不受限制和任意的特權，未被寫入憲法文件的權力都歸屬於宗主國，即英國政府；總督直接向英皇負責，並且獲得英皇的酌情授權。由於港督和行政長官都不是由香港人直接選舉產生，其管治的認受性完全建基於他們對捍衛法治和自由的承諾。[15]港督只須向英皇問責，但行政長官同時向中央人民政府以及香港社會負責。

行政長官是香港特區行政主導政治體制的核心。[16]然而，行政長官的權力卻由《基本法》授權，意指權力只限於內在解釋的權力，而香港特區政府亦沒有剩餘權力。[17]各級公職人員在行使所享權力時，必須真誠、公正，並依照法律授予其權力之目的，不越權，亦不違理性。因此，行政長官所作的任何決定均須符合權力設立的目的：維護程序公義及保障公眾利益。因此，行政長官應該比港督在行使權力時擁有更高的自我約束，而不應以推進自己的政治或個人議程為目的，並應按照公共利益行事，以維護法治精神。[18]

根據《香港基本法》，行政長官對中央人民政府和香港特別行政區負責。《香港基本法》附件一規定香港特別行政區行政長官的產生辦法，行政長官由一個具有廣泛代表性的選舉委員會根據本法選出，由中央人民政府任命。根據《香港特別行政區基本法》第 45 條規定：「香港特別行政區行政長官在當地通過選舉或協商產生，由中央人民政府任命。行政長官的產生辦法根據香港特別行政區的實際情況和循序漸進的原則而規定，最終達至由一個有廣泛代表性的提名委員會按民主程序提名後普選產生的目標。」2007 年 12 月 29 日，全國人大常委會通過了《關於香港特別行政區 2012 年行政長官和立法會產生辦法及普選問題的決定》，決定了香港將在 2017 年可以普選產生行政長官，另於 2020 年可以普選立法會。

15　姚旻岐、酈智浩：《從香港總督到行政長官：政府首長的權力運用》，《評台》2016 年 11 月 17 日，
　　https://www.pentoy.hk/%E5%BE%9E%E9%A6%99%E6%B8%AF%E7%B8%BD%E7%9D%A3%E5%88%B0%
　　E8%A1%8C%E6%94%BF%E9%95%B7%E5%AE%98%EF%BC%9A%E6%94%BF%E5%BA%9C%E9%A6%9
　　6%E9%95%B7%E7%9A%84%E6%AC%8A%E5%8A%9B%E9%81%8B%E7%94%A8/。

16　劉兆佳：《香港社會的政制改革》，中信出版集團 2016 年版，第 276 頁。

17　王振民：《中央與特別行政區關係》，三聯書店（香港）有限公司 2014 年版。

18　姚旻岐、酈智浩：《從香港總督到行政長官：政府首長的權力運用》。

五、各任行政長官任期間重要政策爭議

> 香港特別行政區行政長官是香港特別行政區的首長,代表香港特別行政區。
>
> 香港特別行政區行政長官依照本法的規定對中央人民政府和香港特別行政區負責。
>
> ——《基本法》第 43 條

在殖民統治的憲制框架下,港督只須向英皇直接問責。但《基本法》要求行政長官不單向中央人民政府負責,同時向香港特別行政區負責。因此,如果行政長官像以往的港督般,只求按照主權國家訂定的憲制界限行使權力,並不足以達到《基本法》的問責要求。他更要自我克制地履行公責,方能維護香港社會的整體利益。

從 1997 年香港特別行政區成立以來至今(2021 年),24 年歷史中,四任行政長官施政面對的挑戰和問題不少,並不是隨便認為「一國兩制」在香港成功地實施就可以輕輕帶過的。[19] 其中《香港 01》社論對二十年特區的評論極為弔詭:「香港回歸之後的各種折騰,是以一種失敗的方式證實了「一國兩制」的成功。」[20] 雖然第四任行政長官任期還未完結,但她的施政肯定是極具爭議的,期間有不少評論認為她難以施政下去。[21] 無論如何,中央與香港特區的施政權威都應該是在嚴峻的挑戰之下的。下表簡要地列出各任行政長官施政期間的爭議情況。

19　洪沙:《四任特首和香港 20 多年的風風雨雨》,《德國之聲》2019 年 6 月 17 日,https://www.dw.com/zh/%E5%9B%9B%E4%BB%BB%E7%89%B9%E9%A6%96%E5%92%8C%E9%A6%99%E6%B8%AF20%E5%A4%9A%E5%B9%B4%E7%9A%84%E9%A3%8E%E9%A3%8E%E9%9B%A8%E9%9B%A8/a-49233725。

20　《香港回歸 20 年　一國兩制「失敗地成功」》,《香港 01》2017 年 7 月 3 日,https://www.hk01.com/%E7%A4%BE%E8%AB%96/101729/01%E5%91%A8%E5%A0%B1%E7%A4%BE%E8%AB%96-%E9%A6%99%E6%B8%AF%E5%9B%9E%E6%AD%B820%E5%B9%B4-%E4%B8%80%E5%9C%8B%E5%85%A9-E5%88%B6-%E5%A4%B1%E6%95%97%E5%9C%B0%E6%88%90%E5%8A%9F。

21　蘇爔琳:《香港:回顧歷任行政長官》,《Plataforma 平台》2019 年 11 月 15 日,https://www.plataformamedia.com/zh-hant/2019/11/15/%E9%A6%99%E6%B8%AF%EF%BC%9A%E5%9B%9E%E9%A1%A7%E6%AD%B7%E4%BB%BB%E8%A1%8C%E6%94%BF%E9%95%B7%E5%AE%98/。

表 5　各任行政長官的爭議政策及事件

政策事件	重大爭議和失誤事件
教育改革	推行多項教育改革政策，如中學實施母語教育、辦學理念的中小學銜接、成立具法人身份的法團校董會、擴大高等教育普及率至 60%、推行中小學教師語文基準試、廢除小學升中學的學能測驗、建議推行三三四高中教育改革等，增加教育界的壓力，改革漫無方向，只能在爭議聲中通過執行。
建屋計劃	1997 年宣佈每年興建 85,000 個房屋單位，期後亞洲金融風暴爆發，樓價急跌，政府一直並無表明政策改變而消失。
藥港計劃	1998 年始，擬提高香港對中藥的認證能力，及令香港承包更多中藥生意。中藥港雖大作宣傳但成果不彰，後來計劃已不知所終。
數碼港計劃	2000 年始，擬興建數碼信息為主的經濟項目，但大部分資金還是流向房地產。
推行強制性公積金	強積金管理費過高及欠缺透明度，僱員不能自由選擇投資信託機構，僱主可以用強積金的僱主供款部分來抵銷長期服務金或遣散費。
領匯計劃	領匯以商業原則營運公屋商場，對轄下商場大幅加租及停車場，不再向一些小商戶續約，引入更多大型連鎖店，被指罔顧基層民生。
基本法第 23 條立法	2002 年底政府推出諮詢，建議履行《香港基本法》第 23 條規定，立法禁止任何叛國罪、分裂國家行為、煽動叛亂罪、顛覆國家罪及竊取國家機密等涉及國家安全的罪行。當中很多地方引起市民憂慮，擔心出現以言入罪、因知情不報而被定罪等問題，影響到言論自由、新聞自由的保障，市民應有的權利被剝削。引發大規模遊行示威反對立法。
07 和 08 年雙普選	2004 年 1 月 7 日成立香港政制發展專責小組，但 4 月 6 日，全國人大常委會對《香港基本法》附件一和附件二作出解釋，同年 4 月 26 日，全國人大常委會否決了於 2007 年行政長官選舉及 2008 年立法會選舉中實行普選。政府利用中央的決定阻礙了香港的發展。
香港三次人大釋法	1999 年居留權爭議「2004 年香港政治制度改革」2005 年前任餘下的任期釋法都引起爭議，被部分人士認為是破壞香港司法獨立。

注：表格左側「政策事件」欄外標有「董建華」。

曾蔭權	政制改革方案遭到否決	2005 年首次推出政改方案,引起香港社會各界熱烈討論,泛民主派普遍反對。最後泛民主派立法會成員投反對票,政改方案未能通過。2007 年 3 月,港府發表綠皮書收集民間對普選的意見,諮詢後將會有終極普選方案。12 月 29 日的《全國人民代表大會常務委員會關於香港特別行政區 2012 年行政長官和立法會產生辦法及普選問題的決定》,否決 2012 年的行政長官及立法會選舉實行普選。當中明確了 2017 年香港特別行政區行政長官選舉可以普選產生,及後立法會的選舉亦可以採用全部議員由普選產生的辦法。
	引入銷售稅	建議除了招來市民的強烈反對。宣佈香港政府已不再奉行積極不干預政策,結果引起了很大的爭論。
	改善環境質素	在 2006 年年中的時候推出一項名叫「藍天行動」的計劃,冀望能夠減少香港的污染排放。不少環保團體指出,中國內地工廠及香港發電廠近年排放出大量的廢氣,使香港的空氣品質在近年不斷惡化,政府無能力改善。
	三司十二局副局長風波	2007 年 5 月 3 日公佈重組政府架構方案;為擴大政治問責制,另於 2008 年 5 月 20 日委任首批副局長,但有些並非所屬政策的專業人士,更有傳媒發現其中五個副局長及三個政治助理持有外國國籍或居留權。
	資產審查生果金	對施政報告提出擬就生果金引入資產審查,民間團體擬發動長者遊行,隨即遭到各大政黨表態反對,設入息審查的建議決定擱置。
	慳電膽事件	2009 年 10 月 14 日,曾蔭權發表《施政報告》,提出向全港住戶派發 100 元購買慳電膽現金券。惹來利益輸送之嫌。事件對曾蔭權的聲譽造成影響,及嚴重到損害其誠信,宣佈收回慳電膽現金券的計劃。
	涉嫌貪污	特首任期快將結束時,被披露出多項涉嫌與商界利益輸送的醜聞,涉嫌貪污而被香港的媒體冠以「貪曾」的稱號。
	房屋問題	任內香港樓價由 2003 年的谷底反覆上升,至 2008 年後美國實行量化寬鬆政策,供樓的按揭利率跌至歷史新低點,令樓價不斷颷升。任行政長官的七年間,長期把公營房屋的建屋量及拍賣土地數量維持在低水平。面對人口持續增長,曾蔭權政府沒有積極開發土地應付未來發展需要,造成日後土地供應短缺,樓價居高不下。
	貧富懸殊惡化	任內貧富懸殊加劇,統計處公佈 2011 年吉尼係數為 0.537,較 06 年 0.533 惡化。

曾蔭權	兩地矛盾加劇	任內無設法堵塞法律漏洞，導致每日有大量雙非孕婦來到香港產子、數千學童往返深圳與新界北上課。內地自由行遊客大幅上升，導致租高企物價上漲，並且加劇水貨客問題。從2001年至2011年間，雙非嬰兒累積達十七萬人。近日小一派位，有本地家長哭訴，雙非學童搶走北區學位，令子女要跨區上學。社會怒火愈燒愈烈，政府反應遲鈍，更是束手無策，人口政策只是「人口無策」。
梁振英	山頂住宅僭建	2012年6月20日，《明報》揭發於貝璐道4號裕熙園的居所，僭建了一個面積約110平方呎的玻璃棚。屋宇署檢查梁宅時，揭發僭建多達六處，包括雜物房、車位上蓋和一個超過三百呎的地庫。
	五司十四局	在其競選政綱中建議「重組政府架構」，由原來的三司十二局變為「三司二副司十四局」，為政務司長及財政司長各設立一名副司長，另重組各局，新設文化局、科技及通訊局，其擴大政府方案並未被接納。
	涉嫌收取澳洲企業款項	2014年10月澳洲傳媒《Fairfax Media》報道，梁振英2011年與一間澳洲企業達成協議，分兩年收取四百萬英鎊，折合約港幣五千萬元，收款時已經上任特首。
	政改方案	民主派認為中央無心實行真正的普選，發動「佔領中環」社會運動，對人大常委決定表示不滿，最終有關的普選方案沒有被通過。
	呼籲失蹤者提供資料	在2015年10月至12月間發生了銅鑼灣書店股東及員工失蹤事件，其中一名失蹤者李波懷疑在香港境內被中國內地執法人員擄走，梁振英回應事件時稱「希望李波本人提供資料」，惹來抨擊及揶揄。
	「香港獨立」運動	2014年「佔中」期間，人民日報曾發表評論文章，聲稱其背後的陰謀是「港獨」，不少支持群體立持主張。
	立法會宣誓	民主派議員宣誓正式就任時，因誓詞中言語和行為而發生政治風波，並導致六名民主派立法會議員被褫奪資格。
林鄭月娥	三隧分流	林鄭月娥在第二份施政報告提出三隧分流，希望解決交通擠塞問題。由於立法會跨黨派議員不支持，因此撤回。
	大埔巴士翻側	公路雙層巴士事故，揭示勞工問題嚴重，司機工作量超越負荷，影響到公眾安全，後引發司機薪酬調整風潮。

林鄭月娥	延續強硬路綫	四名議員在擔任九個月職權後裁定取消議員資格,泛民主派在立法會補選失利,多年來社會運動的領袖先後獲判有罪入獄,社會氣氛緊張。
	沙中綫偷工減料	港鐵建造沙田至中環綫期間有關施工質量的問題,包括剪短鋼筋、鄰近建築物沉降超標,以及建造部分結構時出錯。事件牽涉多個興建中的車站,通車日期被逼延誤。
	明日大嶼願景	2018 年度施政報告中提出的大嶼山發展計劃,分階段填海興建人工島,填海面積達一千七百公頃。社會對項目的推行、帶來的效益及影響都有不同見解,未有共識。
	修訂《逃犯條例》引發社會運動	2019 年 2 月政府提出修改《逃犯條例》和《刑事互助條例》,當中刪除原有條文訂明引渡法例不適用於中國內地、澳門和台灣的限制引來外界關注。反對修例建議的團體發起第三次遊行,引發 6 月 9 日近百萬人的遊行,政府沒有即時停止修例。
	警方暴力使社會衝突	6 月 12 日政府計劃法案二讀,引發大批市民佔據路面,警方使用暴力解散聚集市民。政府採取強硬路綫,幾個月武力衝突沒法使市民平靜下來。其中多次關鍵性的運動包括群眾包圍警察總部、佔領立法會大樓、包圍中聯辦損毀國徽、「反赤納粹」運動、「國殤日」遊行,政府管治威信盡失。
	親政府派別區選大敗	11 月周梓樂死亡引發多所大學及鄰近地區的破壞。最後理工大學的包圍戰中,在警方佔盡武力的優勢下,大量人士被捕,隨後的區議會選舉,民主派大勝得 389 席,佔八成議席。
	肺炎疫情管理	一整年多的肺炎出現四波疫情,管理問題嚴重,明顯比鄰近地區如台澳失色,感染比例偏高。[22]
	押後立法會選舉	政府引用緊急法押後選舉,後再取消四名民主派立法會議員資格,引致更多辭職,及後違反只限緊急立法承諾,推行多項爭議性政策。

　　基本法第 23 條規定香港特區「應自行立法禁止任何叛國、分裂國家、煽動叛亂、顛覆中央政府及竊取國家機密的行為,禁止外國的政治性組織或

22　根據研究,香港第一波來自內地返港人士;第二波來自歐美旅客或留學生;第三波是豁免檢疫的海員;第四波疫情則來自有尼泊爾病毒株的病毒,相信同樣來自入境人士。《香港新冠疫情反覆爆發 各項應對措施被指漏洞遍地》,BBC News 中文版,2020 年 11 月 27 日,https://www.bbc.com/zhongwen/trad/chinese-news-55098393。

團體在香港特別行政區進行政治活動，禁止香港特別行政區的政治性組織或團體與外國的政治性組織或團體建立聯繫」的責任。2002 年特區政府希望為國家安全問題立法，在香港社會引來極大迴響，成為香港大規模反對政府的社會運動的起點。這個條例草案最後在立法會中沒有獲得足夠支持票而被撤回，此舉不僅影響了特別行政區行政機關和立法機關之間的信任，也讓行政長官在同時面對中央政府和特別行政區時施政困難。與此同時，香港要求民主選舉的意見不絕於耳，成為香港社會運動中的最大能量來源，歷屆行政長官均不能不面對。2010 年的「五區公投」運動不可忽視，[23] 事件最終導致政制改革的方案首次及唯一一次，在民主黨提出修訂的方案的前提下，獲得足夠票數在立法會獲得通過。[24] 其餘的每一次提出均因爭議不絕而徒勞無功，社會分裂。

　　這一時期，基本法作為全國性法律中的特殊法律，聲明全國性法律不在香港實施，只有附件三所列的全國性法案例外（圖 3），這成為特區施政的理想模式（ideal model）。香港特區管治具有高度的政治認受性地位（political legitimacy status），[25] 香港公民社會得到發展和尊重，國家政權權力沒有滲入香港特別行政區（比較圖 1 和圖 2），公民社會與特區政府交互作用，對特區政府的施政和政策作出回應。董建華和曾蔭權施政都能夠負責任地回應市民大眾的訴求，能夠承認施政上引起爭議和失誤的問題。

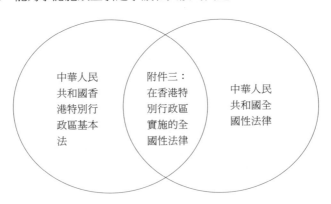

中華人民共和國香港特別行政區基本法

附件三：在香港特別行政區實施的全國性法律

中華人民共和國全國性法律

圖 3　全國性法律與基本法的平衡關係圖

23　呂意：《香港觀察：五區公投是成功？是失敗？》，BBC News 中文版，2010 年 5 月 18 日，https://www.bbc.com/zhongwen/trad/china/2010/05/100518_hkreview_byelection_lvyi。

24　《港府接受民主黨提出的政改方案》，BBC News 中文版，2010 年 6 月 21 日，https://www.bbc.com/zhongwen/trad/china/2010/06/100621_hongkong_political_reform。

25　劉兆佳：《香港社會的民主與管治》，中信出版集團 2016 年版，第 155 頁。

　　從香港特別行政區踏入第十六個年頭開始情況發生了根本變化。不論是梁振英還是林鄭月娥擔任行政長官，都使香港社會關係緊張。當然，這種緊張關係是隨著中國政策與世界格局的變遷而形成的，香港特別行政區的核心問題亦是由於政制改革所帶來的一系列問題所導致的。2013 年 11 月，香港特區基本法委員會主任李飛重申了三個堅定不移：中央對 2017 年行政長官實行普選的立場是堅定不移的，行政長官普選辦法必須符合《香港基本法》的規定和全國人大常委會決定的立場是堅定不移的，行政長官必須由愛國愛港的人擔任的立場是堅定不移的。[26] 這說明，在香港公民社會看來，中央似乎根本不會實行真正的「普及而平等」的選舉，而 2014 年 7 月 15 日，行政長官梁振英向全國人大常委會提交《關於香港特別行政區 2017 年行政長官及 2016 年立法會產生辦法是否需要修改的報告》，根本沒有將香港公民社會所注意到的「普及而平等」的選舉的意見反映上去。8 月 31 日《全國人民代表大會常務委員會關於香港特別行政區行政長官普選問題和 2016 年立法會產生辦法的決定》中表達了行政長官提名程序中的基本要求，是「行政長官的法律地位和重要職責所決定的，是保持香港長期繁榮穩定，維護國家主權、安全和發展利益的客觀需要。行政長官普選辦法必須為此提供相應的制度保障。」[27] 人大「831 決定」對香港人的選舉權和被選舉權實際上作出不合理限制，[28] 並非「普及而平等」，甚至被批評為違反聯合國《公民權利和政治權利國際公約》所規範的普選基礎，不為泛民主派所接受，[29] 因此，在香港立法會投票過程中，特區政府提交的政改方案被否決。政制改革最終在立法會未能獲得通過，也意味著香港民主化進程再次遭遇重大障礙。2017 年香港特區行政長官選舉將繼

26　李飛：《全面準確地理解基本法　為如期實現普選而努力》，中聯辦官方網站，2013 年 11 月 22 日，
　　http://www.locpg.hk/zyzc/2013-11/22/c_125938246.htm。

27　可參考《全國人民代表大會常務委員會關於香港特別行政區行政長官普選問題和 2016 年立法會產
　　生辦法的決定》，2014 年 8 月 31 日，https://www.basiclaw.gov.hk/gb/basiclawtext/images/basiclawtext_
　　doc25.pdf；《全國人大常委通過關於香港政改問題的決定》，中國外交部駐港特派員公署官方網
　　站，2014 年 8 月 31 日，http://www.fmcoprc.gov.hk/chn/zt/sgzc/t1186997.htm。

28　《人民日報評論員：依法推進香港普選是中央堅定不移的立場》，《人民日報》2015 年 6 月 3 日，
　　http://opinion.people.com.cn/n/2015/0605/c1003-27106562.html。

29　《羅致光發信籲民主黨提政改修訂盡最後努力加入優化元素》，《明報》2015 年 5 月 14 日，https://
　　news.mingpao.com/ins/%E6%B8%AF%E8%81%9E/article/20150514/s00001/1431583952316/%E7%BE%85
　　%E8%87%B4%E5%85%89%E7%99%BC%E4%BF%A1%E7%B1%B2%E6%B0%91%E4%B8%BB%E9%BB%A
　　8%E6%8F%90%E6%94%BF%E6%94%B9%E4%BF%AE%E8%A8%82-%E7%9B%A1%E6%9C%80%E5%BE%
　　8C%E5%8A%AA%E5%8A%9B%E5%8A%A0%E5%85%A5%E5%84%AA%E5%8C%96%E5%85%83%E7%B4
　　%A0。

續沿用 2012 年一千二百人選舉委員會選舉的辦法，《香港基本法》所確定的普選目標的實現前景無望。

張曉明 2015 年 9 月 12 日在「紀念《基本法》通過廿五周年的研討會」上發言，指出「中央對香港特別行政區實行管治的主要途徑和抓手，就是行政長官。包括中央處理與香港特別行政區有關的外交和國防事務、任免主要官員、解釋基本法等，都是通過行政長官這個環節進行的。」「行政長官由中央政府任命，代表整個特別行政區向中央政府負責，包括負責執行基本法，執行中央人民政府就基本法規定的有關事務所發出的指令等。行政長官是特別行政區行政機關的最高首長，享有行政決策、人事任免等廣泛權力。不僅如此，行政長官還負責聯結立法機關，對立法會的產生辦法有同意權，對涉及公共開支、政治體制和政府運作的特殊政策法案有專屬提案權，對立法會通過的不符合香港特別行政區整體利益的法案有一定的發回權，對拒絕通過政府提出的財政預算案或其他重要法案的立法會有一定的解散權等。行政長官還負責聯結司法機關，對推薦法官的獨立委員會部分人選有委任權，對各級法院法官有任命權，對刑事罪犯有赦免或減輕刑罰的權力等。」「行政長官具有超然於行政、立法和司法三個機關之上的特殊法律地位，處於特別行政區權力運行的核心位置，在中央政府之下、特別行政區三權之上起著聯結樞紐作用。這是行政長官履行對中央政府負責的責任所必需的，也是中央政府對香港特別行政區實行有效管治所必需的。」[30]

香港回歸後最主要的政治矛盾就是民主政制的發展，香港社會近年的嚴重撕裂亦源於政改的失敗。沒有了民主的政治性代表制度，對香港社會的人心有很大影響，「佔中」之後興起的「港獨」思潮也和民主的遙遙無期有關。[31]無論是梁振英，或是後來當選的林鄭月娥，壓逼的政策初時確實很成功，但招來嚴重的後果，引來反對派強烈的反抗。2019 年這時期的爭議是前所未有的。

30　張曉明：《正確認識香港特別行政區政治體制的特點》，中聯辦官方網站，2015 年 9 月 12 日，http://www.locpg.hk/jsdt/2015-09/12/c_128222889.htm。

31　李芃紫：《不能迴避的政改問題》，《眾新聞》2017 年 2 月 17 日，https://www.hkcnews.com/article/1971/%E4%B8%8D%E8%83%BD%E8%BF%B4%E9%81%BF%E7%9A%84%E6%94%BF%E6%94%B9%E5%95%8F%E9%A1%8C。

六、國家安全與香港特別行政區

從整體社會看，一個領導的階層如果能夠追得上社會變遷的速率，這社會也可以避免因社會變遷而發生的混亂。

—— 費孝通

中華人民共和國於 2015 年 7 月 1 日頒佈《中華人民共和國國家安全法》，內容共有 7 章 84 條。該法中申明了中國共產黨一黨執政的合法性，稱中國要堅持「中國特色社會主義制度」、「社會主義先進文化前進方向」、抵制「不良文化」。該法第 25 條規定「中國必須防範和懲治網絡攻擊和散佈『違法有害信息』等行為，以維護國家網絡空間主權」，第 28 條規定「中國反對一切形式的恐怖主義和極端主義」。另外，該法第 11 條還規定：「維護國家主權、統一和領土完整，是包括香港、澳門、台灣同胞在內的全中國人民的共同義務。」香港和澳門加入國安法內，屬於「宣示和原則性的要求」。[32] 香港特區政府在該法頒佈後表示：「香港有維護國家安全的責任，有關法律不在香港特別行政區實施，特區政府沒有計劃就《基本法》第二十三條立法。」[33] 香港政治評論人士則認為，就「國家安全」立法實質上是要保障中國「政權安全」，反映了北京「很擔心」所謂的「外部勢力」透過港澳來「演變大陸的社會」。[34] 國家安全日益嚴峻，對外面臨安全發展利益，對內維護政治安全及社會穩定雙重壓力，各種可預見及不可預見風險明顯增加，例如恐怖主義活動、網絡安全等問題。

---

32 《外界對中國國安法如何付諸實施表達關注》，BBC News 中文版，2015 年 7 月 3 日，https://www.bbc.com/zhongwen/trad/china/2015/07/150703_china_national_security_law_reax。

33 香港特區政府新聞公報：《特區政府就〈中華人民共和國國家安全法〉發表聲明》，https://www.info.gov.hk/gia/general/201507/01/P201507010363.htm。

34 《中國正式通過「國安法」：首次納入港澳》，BBC News 中文版，2015 年 7 月 1 日，https://www.bbc.com/zhongwen/trad/china/2015/07/150701_china_national_security_law。

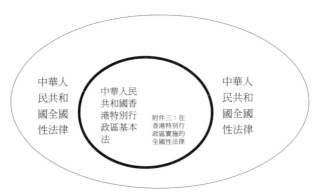

中華人民共和國全國性法律

中華人民共和國香港特別行政區基本法

附件三：在香港特別行政區實施的全國性法律

中華人民共和國全國性法律

圖 4　香港特別行政區基本法在全國性法律中的憲制性地位

　　香港律政司司長袁國強表示毋須過分擔心。《國家安全法》在其他國家，美國、英國、加拿大、法國等，很早已經有，而且現今國際社會關係這樣複雜，國家在這時候通過這條法例，這法例不是針對香港。[35]《基本法》第 18 條規定，「全國性法律除列於《基本法》附件三者外，不在香港特別行政區實施。根據第 18 條，全國人大常委會在決定對列於附件三的法律作出增減時，先徵詢基本法委員會和香港特區政府的意見。第 18 條又規定，列於附件三的法律，限於有關下述三個範疇的法律：（a）國防；（b）外交；及（c）其他按《基本法》規定不屬於香港自治範圍的法律。[36]台灣地區大陸委員會發表聲明，指出中國大陸方面通過的「國家安全法」，未正視兩岸分治現實以及尊重台灣人民對維持台海現狀的堅持，不利於兩岸關係良性互動發展。[37]

　　香港「佔領中環」運動後社會反抗意識高漲，政府加強對公民社會的壓逼。2015 年中，特區政府的政改方案未獲立法會通過後，年底區議會選舉多人被取消參選資格。在 2015 年 10 月至 12 月間，發生了銅鑼灣書店人員失蹤事件，香港人林榮基和李波被捕消息流出，李波更懷疑在香港境內被中國內

35　香港特區政府新聞公報：《律政司司長談〈國家安全法〉》，香港特區政府新聞署官方網站，2015 年 7 月 5 日，https://www.info.gov.hk/gia/general/201507/05/P201507050696.htm。

36　香港特區立法會秘書處：《在香港實施全國性法律》，香港立法會官方網站，https://www.legco.gov.hk/research-publications/chinese/essentials-1516ise07-applying-national-laws-in-hong-kong.htm。

37　台灣陸委會：《大陸片面通過「國家安全法」，未正視兩岸現實及尊重台灣民意，我政府再次表達不滿》，陸委會新聞稿編號第 036 號，2015 年 7 月 1 日，https://www.mac.gov.tw/News_Content.aspx?n=B383123AEADAEE52&sms=2B7F1AE4AC63A181&s=0950F39C1EA92DEA；嚴思祺：《台灣朝野一致反對大陸「國家安全法」》，BBC News 中文版，2015 年 7 月 2 日，https://www.bbc.com/zhongwen/trad/china/2015/07/150702_taiwan_china_security_law_reax。

地執法人員擄走，[38] 社會嘩然。2016 年 2 月 9 日農曆新年的晚上，旺角街頭因小販擺賣的問題人群聚集，數百名示威者聚集在山東街及砵蘭街交界處與警方武力對峙，演變成一夜的騷動。[39] 其中參與的人士為本土政治組織本土民主前綫，最後被控暴動罪入獄。2016 年 9 月立法會選舉再有多人被取消參選資格，部分人士當選後亦因宣誓問題經全國人大常委會釋法後取消議員資格。2017 年，國家主席習近平訪港三日，在出席活動期間發表講話，強調任何危害國家主權安全、挑戰中央權力和《基本法》權威、利用香港對內地進行滲透破壞的活動，都是對底綫的觸碰，都是絕不能允許的。[40] 中央官員的強硬態度，並未有效阻嚇漸起的「港獨」思潮。多間大學及中學仍有「港獨」聲音出現，有大學民主墻張貼「港獨」標語。2018 年起，發動「佔中」人士及更多參與社會運動的人士開始被捕和審訊，標誌著更多人因政治審判被判入獄，加上立法會議席補選中民主派連番落敗失去更多席位，立法會上反對的力量減少，泛民主派力量受壓。

林鄭月娥看準這個時機，在 2019 年 2 月提出逃犯修訂條例，[41] 引起香港社會和國際的反對。[42] 移交罪犯到中國內地審訊的議題極具爭議，引起了大規模的社會運動，其焦點是反政府，在反抗政治上表現為沒有公平的選舉制度而政府可以隨意以不公義的議會通過法案來壓逼香港人。反修例運動中，

---

38 劉輝：《關於香港書商失蹤事件處理的建議——致全國人大常委會》，《明報》2016 年 6 月 21 日，https://news.mingpao.com/ins/%E6%96%87%E6%91%98/article/20160621/s00022/1466473222177/%E3%80%90%E9%8A%85%E9%91%BC%E7%81%A3%E6%9B%B8%E5%BA%97%E4%BA%8B%E4%BB%B6%E3%80%91%E9%97%9C%E6%96%BC%E9%A6%99%E6%B8%AF%E6%9B%B8%E5%95%86%E5%A4%B1%E8%B9%A4%E4%BA%8B%E4%BB%B6%E8%99%95%E7%90%86%E7%9A%84%E5%BB%BA%E8%AD%B0-%E8%87%B4%E5%85%A8%E5%9C%8B%E4%BA%BA%E5%A4%A7%E5%B8%B8%E5-%A7%94%E6%9C%83%EF%BC%88%E6%96%87-%E5%8A%89%E8%BC%9D%EF%BC%89。

39 《撐小販變通宵騷亂 警向天開槍 磚頭亂飛街頭起火 85 人受傷》，《明報》2015 年 2 月 9 日，https://news.mingpao.com/ins/%E6%B8%AF%E8%81%9E/article/20160209/s00001/1454990721713/%E3%80%90%E7%9F%AD%E7%89%87-%E6%97%BA%E8%A7%92%E9%A8%B7%E4%BA%82%E6%87%B6%E4%BA%BA%E5%8C%85%E3%80%91%E6%92%90%E5%B0%8F%E8%B2%A9%E8%AE%8A%E9%80%9A%E5%AE%B5%E9%A8%B7%E4%BA%82-%E8%AD%A6%E5%90%91%E5%A4%A9%E9%96%8B%E6%A7%8D-%E7%A3%9A%E9%A0%AD%E4%BA%82%E9%A3%9B%E8%A1%97%E9%A0%AD%E8%B5%B7%E7%81%AB85%E4%BA%BA%E5%8F%97%E5%82%B7。

40 《習近平：「一國兩制」在香港遇到了新問題》，BBC News 中文版，2017 年 7 月 1 日，https://www.bbc.com/zhongwen/trad/chinese-news-40466101。

41 《逃犯條例修訂週五刊憲》，香港政府新聞網，2019 年 3 月 26 日，https://www.news.gov.hk/chi/2019/03/20190326/20190326_134406_382.html。

42 《逃犯條例：「反送中」等五個還需搞明白的問題》，BBC News 中文版，2019 年 6 月 12 日，https://www.bbc.com/zhongwen/trad/chinese-news-48612503。

除了幾次上百萬人的參與外，很多行動都是十分激烈的，他們意圖製造社會的不穩和破壞，來影響香港的經濟狀況，來回應香港政府隨意立法和警方使用暴力來對付示威者。社會破壞的情況十分驚人，如眾多商場損毀、銀行破壞、交通要道和鐵路堵塞等。其中一些抗爭者提到「不惜一切手段玉石俱焚」（mutual destruction whatever the cost）式的「攬炒」。[43] 其中好些行動是具有政治符號象徵意義（political symbolic meaning）的，包括包圍警察總部、佔領立法會、圍堵中聯辦並損毀國徽、要求外國政府來對付中國、「反赤納粹」和「國慶日遊行」，都挑戰國家和香港政府的管治權威。年青人的行動是具有犧牲精神的，運動中有超過一萬人被捕，他們被送上法庭受審，但香港政府似乎完全偏離了司法公正的手法，為了盡力使到年青人入罪而採用了不用陪審團的檢控，[44] 亦因為這個原因至今為止任何參與運動的抗爭者不會被判處較高的刑期。但是，這些激烈的行動沒有打擊運動支持者的信心。2019 年 11 月的區議會選舉，泛民主派大幅度獲得勝利，回應了政府對抗爭者破壞社會的聲明。到了 2020 年 7 月，泛民主派在立法會選舉中自行舉行初選，參與投票人數達 61 萬，[45] 可預料 9 月的選舉，泛民主派會大勝，而政府只有借疫情而推延選舉。[46] 這些事件促成香港國家安全立法的理由。

《基本法》第 18 條亦訂明，全國人大常委會決定宣佈戰爭狀態，或因香港內發生香港政府不能控制的危及國家統一或安全的動亂而決定香港進入緊急狀態，中央人民政府可發佈命令將有關全國性法律在香港實施。從中央地方關係的角度看，中央決定制定《香港國安法》是由於特區的政治運動從 2012 年到 2019 年愈來愈嚴重，故此《國安法》的頒佈可以落實 2014 年中央對港有關履行《基本法》的白皮書，體現中央對特區的「全面管治權」。[47]2019 年 11 月初，中共十九屆四中全會有關香港的決定，內容包括完善中央政府和

43 Mina Tumay, "If We Burn, You Burn With Us: Hong Kong Protests Escalate", *Impaker*, 4 September 2019, https://impakter.com/if-we-burn-you-burn-with-us/.

44 香港特區立法會秘書處：《立法會二十二題：把陪審團制度延用於區域法院》，香港特區立法會官方網站，2020 年 10 月 21 日，https://www.info.gov.hk/gia/general/202010/21/P2020102100489.htm。

45 王霜舟、Elaine Yu、Tiffany Mau：《香港民主派初選：60 萬選民投票，抗議領袖獲支持》，《紐約時報中文版》2020 年 7 月 14 日，https://cn.nytimes.com/china/20200714/hong-kong-elections-security/zh-hant/。

46 《香港立法會選舉因疫情延後一年，反對派稱政府「怕輸」》，BBC News 中文版，2020 年 7 月 31 日，https://www.bbc.com/zhongwen/trad/chinese-news-53608720。

47 《觀點：香港白皮書——被誤讀的「全面管治權」》，BBC News 中文版，2014 年 6 月 13 日，https://www.bbc.com/zhongwen/trad/china/2014/06/140613_qiangshigong_hk_white_paper。

特區關係的機制。[48]2020 年 5 月 28 日，全國人民代表大會召開會議，通過了針對香港特別行政區制定國家安全法的決議，因為中國政府認為 2019 年下半年香港的反修例運動竟然要求外國進入，干預香港特別行政區事務。[49]6 月 20 日，全國人大發佈了《香港國安法》草案摘要。[50]6 月 30 日全國人大常委會根據《憲法》、《基本法》和全國人大的《決定》，制定《中華人民共和國香港特別行政區維護國家安全法》，並於同日根據《基本法》第 18 條，將《香港國安法》列入《基本法》附件三。隨後，行政長官公佈自同日晚上 11 時起在特區實施。《香港國安法》條文共 6 章 66 條，分別提到各種罪行及刑期、國家安全委員會、中央駐港維護國家安全公署、個別案件不設陪審團等內容，刑期最高至終生監禁。其中罪行包括顛覆國家政權、分裂國家、恐怖活動和外部勢力干預。特區政府在同日公佈實施這部全國性法律，標誌著香港特區在國家安全方面的缺口得以有效堵塞，在防範、制止和懲治危害國家安全的罪行方面變得有法可依。全國人大常委會法工委主任沈春耀強調，中央充分考慮了香港維護國安的現實需要和特區的實際情況，明確在香港特區維護國家安全，特區擔負主要責任。「這方面絕大部分工作，包括執法檢控和司法工作都由特區去完成，絕大多數案件都交給特區辦理。這充分體現了「一國兩制」原則，體現了對香港法律的尊重。」[51]

林鄭月娥認為中央從國家層面為香港特區維護國家安全立法，是體現對「一國兩制」的堅持、對完善「一國兩制」制度體系的決心，聲稱是捍衛國家主權、安全和領土完整，維護人民的福祉，體現了中央對特區的高度信任。[52]執行《國安法》的警務處和律政司已相繼按法律成立專職部門，警務處國家

---

48 張曉明：《堅持和完善「一國兩制」制度體系》，中國共產黨新聞網，2019 年 12 月 11 日，http://theory.people.com.cn/BIG5/n1/2019/1211/c40531-31500075.html。

49 《特首歡迎人大通過有關國安法決定》，香港特區政府新聞網，2020 年 5 月 28 日，https://www.news.gov.hk/chi/2020/05/20200528/20200528_160846_055.html。

50 丘弘彬：《關於〈中華人民共和國香港特別行政區維護國家安全法（草案）〉的說明》，人民網，2020 年 6 月 21 日，http://npc.people.com.cn/n1/2020/0621/c14576-31754045.html。

51 沙半山：《港版國安法細節曝光！中央將在港設國安公署　專門法官由特首指派》，《香港 01》2020 年 6 月 20 日，https://www.hk01.com/%E6%94%BF%E6%83%85/487607/%E6%B8%AF%E7%89%88%E5%9C%8B%E5%AE%89%E6%B3%95%E7%B4%B0%E7%AF%80%E6%9B%9D%E5%85%89-%E4%B8%AD%E5%A4%AE%E5%B0%87%E5%9C%A8%E6%B8%AF%E8%A8%AD%E5%9C%8B%E5%AE%89%E5%85%AC%E7%BD%B2-%E5%B0%88%E9%96%80%E6%B3%95%E5%AE%98%E7%94%B1%E7%89%B9%E9%A6%96%E6%8C%87%E6%B4%BE。

52 《特首：國安公署是重要夥伴》，香港特區政府新聞網，2020 年 7 月 8 日，https://www.news.gov.hk/chi/2020/07/20200708/20200708_102554_044.html。

安全處的負責人已經就職，而律政司司長也已委任首批專職檢控官。就成立國安公署，特區政府認為公署會分析研判特區維護國家安全形勢，就維護國家安全重大戰略和重要政策提出意見和建議；監督、指導、協調、支持香港特區履行維護國家安全職責；收集分析國家安全情報信息；並按《國安法》在特定情形下依法辦理國家安全犯罪案件。中央對特區充分信任，賦予特區維護國家安全的主要任務，但中央有需要保留權力，去處理極少數特區力所不及的危害國家安全情況，確保在任何情況下國家安全都萬無一失。[53]

《香港國安法》規定，香港成立維護國家安全委員會處理國安工作，由行政長官擔任主席。該法第 14 條指，委員會工作不受香港其他機構、組織和個人干涉，不公開工作訊息，所作決定不受司法覆核；其承擔維護國安責任，接受北京中央監督和問責，多個與國安相關的司局長及紀律部隊首長出任委員。香港行政長官有權委任專門處理國安案件的法官，律政司可以決定是否設有陪審團以及決定是否閉門審訊。該法第 16 條規定，警隊將設立維護國安部門，部門主管由行政長官經徵詢駐港國安公署意見後任命。律政司同樣也要成立專門的國安案件檢控部門，部門主管同樣由特首經徵詢「駐港國安公署」意見後任命。北京則會在香港另設駐港國家安全公署，此公署不受香港特區管轄，是負責收集分析國安情報，並監督、指導、協調和支持港府維護國安的職責。公署將有機會負責立案偵查，在此情況下，所有司法程序將按照中國《刑事訴訟法》規定，意味香港執法、司法部門都不能夠處理這些案件。[54] 法例第 60 條指出，公署人員執行職務時，不受港府管轄，享有香港法律規定的其他權利和豁免。[55] 該法條文以中國內地施行的大陸法系為基礎撰寫，並非香港所採用的普通法系之論述，為對接香港法律體系，條文附有有關指明用詞與注釋說明用詞。這種情況之下，《香港基本法》已經不可能獨立於國家法律之外（圖 5）。

此法各罪行的定義太廣泛，很多行為都有可能變相犯法，例子多不勝數，而更關鍵的是，該法最終解釋權不在本港法院，並凌駕於本港法例。[56] 這

53　同上。

54　《香港〈國安法〉：BBC 詳盡梳理五大爭議》，BBC News 中文版，2020 年 7 月 1 日，https://www.bbc.com/zhongwen/trad/chinese-news-53250603。

55　《港區國安法解讀：國安委、國安公署權力一把抓》，聯合新聞網，2020 年 7 月 1 日，https://udn.com/news/story/121127/4671787。

56　葉巧琦：《港區國安法有凌駕性　人大常委會有最終解釋權》，《NOW 新聞》2020 年 7 月 2 日，https://news.now.com/home/local/player?newsId=396508。

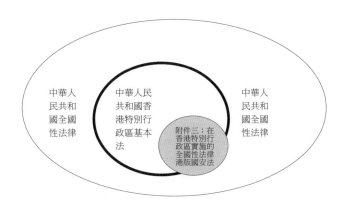

中華人民共和國全國性法律

中華人民共和國香港特別行政區基本法

附件三：在香港特別行政區實施的全國性法律港版國安法

中華人民共和國全國性法律

圖 5 《香港國安法》立法對香港基本法的影響

些罪行是作為「一國兩制」設下的底綫，亦即是中央政府不可接受的底綫，《國安法》對其進行刑事處罰。《國安法》將具中國特色的法治概念套用至香港，一方面強調國家機構及人員須遵守法律、保障人權，但實際上卻不受本港的管轄或獨立法院監察。[57] 該法第 55 條指出，駐港國安公署在三種情況下，可對案件行使管轄權：第一，案件涉外國和境外勢力介入的複雜情況，港府管轄確有困難；第二，出現港府無法有效執行本法的嚴重狀況；第三，出現國安面臨重大威脅。在駐港國安公署介入行使管轄權下，所有的偵察和司法過程依循中國內地法律：偵查立案工作由公署負責，檢察工作由中國最高人民檢察院指定相關檢查機構行使，審判則由中國最高人民法院指定相關法院進行，並完全依照中國的《刑事訴訟法》規定。[58]《國安法》下的分裂國家罪和顛覆國家政權罪，是將「旨在分裂國家」和「旨在顛覆國家政權」列為罪行，相當於管控市民大眾的思想和動機，與本港刑事罪行一貫只是看犯罪意圖不同。針對的不止是香港人，外國公民在外地的行為同樣受法例規管，即外國人在香港以外觸犯該法，只要踏入香港境內，即有可能被檢控，「超越了國內域外管轄權只適用於中國公民的概念」，中國刑法有「保護管轄」的概念，有關做法是域外管轄的一種。[59]

香港國安法賦予行政長官多項權力，部分權力較《基本法》賦予行政長

57 《全球受管 違法外國人來港可被控 稱比「預想最差」更差 張達明「溫提」：全世界需熟國安法》，《明報》2020 年 7 月 2 日。

58 丘弘彬：《沈春耀：駐港國安公署只對極少數嚴重危害國家安全的犯罪案件行使管轄權》，人民網，2020 年 7 月 1 日，http://npc.people.com.cn/BIG5/n1/2020/0701/c14576-31766770.html。

59 《全球受管 違法外國人來港可被控 稱比「預想最差」更差 張達明「溫提」：全世界需熟國安法》，《明報》2020 年 7 月 2 日。

官的權力更大、所受制衡更小，而中央亦可透過駐港國安公署參與任命律政司和警務處國安部門負責人的決定（表6）。《香港國安法》生效後，港府隨即設立的國安委員會和北京派駐的國安公署，被賦予超然地位，難被監督，有違「法律面前、人人平等」原則，亦不符《基本法》原有設計。

表 6　香港國安法立法前後中央及特首權力比較 [60]

	以往的權力制衡	《國安法》下新增權力
中央政府	由香港自行處理特區事務	指派國家安全事務顧問，列席國家安全委員會會議
	執法、檢控和審判權分別由各執法部門、律政司、各級法院行使；香港法院對國防、外交等國家行為無管轄權	在三種情況下對國安案件行使管轄權，執法、檢控和審判權均由國安公署和內地機構管轄
	駐港解放軍亦不受香港法庭管轄，但《駐軍法》規定駐軍不能干預特區地方事務	在港設國安公署，人員執行職務不受特區管轄；國安公署負責監督、指導香港維護國安工作，亦會加強對外國非政府組織、新聞機構等管理
特區行政長官	行政長官領導特區政府，政府要向立法會負責，包括定期作施政報告、答覆議員質詢等	擔任國安委員會主席，委員會不受特區其他機構干涉，工作信息不公開，其決定不受司法覆核挑戰
	財政預算案要經立法會審批和通過，稅收和公共開支要經立法會批准	批准財政司長從政府一般收入撥出維護國安開支並核准人員編制，不受特區法律限制
	法官由獨立委員會推薦，行政長官任命；只有在無力履行職責或行為不檢下，特首才可根據終院首席法官任命的不少於三名當地法官組成的審議庭建議，予以免職	在各法院指定法官審理國安案件，凡有危害國家安全行為，可終止其指定法官資格
	若案件涉及的部分資料，一旦披露會損害公眾利益，可由政務司長發出證明書申請豁免披露，由法庭決定是否披露	發出證明書決定案件是否涉及國安、國家秘密，證明書對法院有約束力，若涉及國家秘密可不公開審案

　　60　《特首權力擴　法政匯思：不符基本法分權設計》，《明報》2020 年 7 月 2 日。

　　按照以往的司法覆核制度，一旦法院判定提出者勝訴，就算行政長官作出的行政決定也可被推翻；不過，《香港國安法》提到由行政長官主持的維護國家安全委員會作出的決定不受司法覆核。該法例第 47 條亦訂明，若法院審理案件遇上有關證據是否屬國家秘密的認定問題，應先取得行政長官認證。《國安法》看來不但削弱了法院制衡行政機關的權力，亦分薄了立法會部分權力。[61]

　　制定《香港國安法》對遏制香港特別行政區的自治權力具有直接影響，從國家司法權力滲透層階（the hierarchy of state jurisdiction power penetration）的分析可以理解到，國家權力在國安法立法後得到重整（表 7）。司法權力的管轄分成五個層面：(1) 國家域外、(2) 中央享有、(3) 中央與特區共有、(4) 特區行使和（5）特區自治範圍。有關各種問題在五個層面的管轄中顯露出來。第一層是域外法權，所針對的是外部力量和外國組織危害國家安全的案件的管轄權力，比如香港特區政府管轄範圍以外的另一個敏感問題便是國際間諜活動。第二層由中央政府對敏感事項的專屬管轄權組成，例如香港特別行政區中內地人的洗錢活動，因為人們可以回想起 2017 年 1 月四季酒店內地商人蕭建華的「綁架」事件。北京和香港特別行政區共享的第三層司法管轄權，比如 12 名因偷渡而被判罪的香港人，他們因違反中國《刑法》而在內地被拘留，並可能因涉嫌違反國安罪行而被遣送回香港。第四層司法管轄區具有複雜性，其中包括教育、言論自由和司法任命的問題，該層管轄權之所以存在爭議，是因為香港地方法院的法官參與了對國家安全犯罪案件的裁決。因此，處理國家安全罪行的法院法官的判決和言論將越來越受到政治正確的親北京精英和媒體的審查。第五層，對香港內部事務的管轄權屬於香港特別行政區的自治範圍，包括諸如刑法、商業犯罪、侵權和其他不涉及北京—香港特別行政區關係的「高階政治」的問題。

61　余錦賢：《國安法賦予特首大權 未見制衡機制》，《信報》2020 年 7 月 2 日，http://www1.hkej.com/features/article?q=%23%E6%B8%AF%E7%89%88%E5%9C%8B%E5%AE%89%E6%B3%95%E6%94%BF%E7%B6%93%E5%B0%88%E6%AC%84%23&suid=1453833483。

表 7　國家司法權力滲透層階

層階	《香港國安法》條文
國家域外司法權力	第 54 條　駐香港特別行政區維護國家安全公署、外交部駐香港特別行政區特派員公署會同香港特別行政區政府採取必要措施，加強對外國和國際組織駐香港特別行政區機構、在香港特別行政區的外國和境外非政府組織和新聞機構的管理和服務。 第 55 條　有以下情形之一的，經香港特別行政區政府或者駐香港特別行政區維護國家安全公署提出，並報中央人民政府批准，由駐香港特別行政區維護國家安全公署對本法規定的危害國家安全犯罪案件行使管轄權： （1）案件涉及外國或者境外勢力介入的複雜情況，香港特別行政區管轄確有困難的； （2）出現香港特別行政區政府無法有效執行本法的嚴重情況的； （3）出現國家安全面臨重大現實威脅的情況的。 第 60 條　駐香港特別行政區維護國家安全公署及其人員依據本法執行職務的行為，不受香港特別行政區管轄。
中央管轄的司法權力	第 11 條　香港特別行政區行政長官應當就香港特別行政區維護國家安全事務向中央人民政府負責，並就香港特別行政區履行維護國家安全職責的情況提交年度報告。 第 48 條　中央人民政府在香港特別行政區設立維護國家安全公署。中央人民政府駐香港特別行政區維護國家安全公署依法履行維護國家安全職責，行使相關權力。 第 53 條　駐香港特別行政區維護國家安全公署應當與香港特別行政區維護國家安全委員會建立協調機制，監督、指導香港特別行政區維護國家安全工作。
國家與特區共同管轄的司法權力	第 12 條　香港特別行政區設立維護國家安全委員會，負責香港特別行政區維護國家安全事務，承擔維護國家安全的主要責任，並接受中央人民政府的監督和問責。 第 15 條　香港特別行政區維護國家安全委員會設立國家安全事務顧問，由中央人民政府指派，就香港特別行政區維護國家安全委員會履行職責相關事務提供意見。國家安全事務顧問列席香港特別行政區維護國家安全委員會會議。 第 18 條　香港特別行政區律政司設立專門的國家安全犯罪案件檢控部門，負責危害國家安全犯罪案件的檢控工作和其他相關法律事務。該部門檢控官由律政司長徵得香港特別行政區維護國家安全委員會同意後任命。

特區行使的司法權力	第5條　防範、制止和懲治危害國家安全犯罪，應當堅持法治原則。法律規定為犯罪行為的，依照法律定罪處刑；法律沒有規定為犯罪行為的，不得定罪處刑。 第8條　香港特別行政區執法、司法機關應當切實執行本法和香港特別行政區現行法律有關防範、制止和懲治危害國家安全行為和活動的規定，有效維護國家安全。 第9條　香港特別行政區應當加強維護國家安全和防範恐怖活動的工作。對學校、社會團體、媒體、網絡等涉及國家安全的事宜，香港特別行政區政府應當採取必要措施，加強宣傳、指導、監督和管理。
特區自治範圍內的司法權力	第41條　香港特別行政區管轄危害國家安全犯罪案件的立案偵查、檢控、審判和刑罰的執行等訴訟程序事宜，適用本法和香港特別行政區本地法律。 第42條　香港特別行政區執法、司法機關在適用香港特別行政區現行法律有關羈押、審理期限等方面的規定時，應當確保危害國家安全犯罪案件公正、及時辦理，有效防範、制止和懲治危害國家安全犯罪。

在《香港國安法》的作用下，香港特區的自治權被削減。北京採用中國的「法制主義」，以《國安法》為手段，試圖阻嚇示威者、政治對手，立即穩定香港，並警告香港人民違反國家安全的危險。從這個層面理解，可以看見國家權力滲入香港特別行政區：由原本權力運用只能在特區施行的情況（圖3及圖4）變為國家權力滲入特區，市民大眾可以感受到國家權力的直接施行（圖5），公民社會的作用和功能受到國家權力的壓制（圖6）。可以總結的問題是，《香港國安法》施行後，國家權力直接介入香港特區，特區行政長官已淪為國家權力擴張的載體，成為國家權力穩定香港公民社會的主角。行政長官已經失去了原有管治香港的角色，在國家安全問題上要對中央負責。國家權力的擴大，一方面削弱了特區行政長官的權力，另一方面介入了香港公民社會的權利。行政長官作為中央與地方的中介，變成只有向中央政府負責。在管治香港的問題上，行政長官必定要執行《香港國安法》，後者對香港公民社會的壓逼源於行政長官必須執行《香港國安法》所要求的管治性能（governmentality）。在行政長官述職的問題上，史無前例的是林鄭月娥以視像形式向國家主席習近平及國務院總理李克強述職，更史無前例的是中聯辦主

任以「黨書記」的形式坐在旁邊等待林鄭月娥向中央述職，[62] 這充分顯示了行政長官在中央政府的角色定位變化。

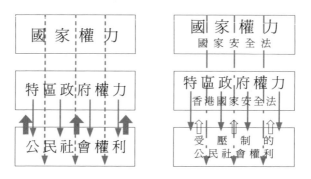

圖 6　國家安全法立法前後國家權力與公民社會的抗阻能力比較

　　中央政府、香港特區政府和建制派認為，《香港國安法》可以「止暴制亂」，為香港帶來穩定，強調《國安法》只影響一小撮人。維護國家安全乃天經地義之事，立法原意相信沒人反對，從多個主張「港獨」或自決的政黨組織在法例生效前紛紛宣佈解散，可見《香港國安法》的震懾威力。只不過在成熟的公民社會，行政機關有權便有責，國家政權與行政長官因國安之名獲賦巨大權力，致使公民社會的權利（圖 6）有被極大削弱的風險，而其責任如何擔負？無力感與惶恐困擾著很多香港人，人們為《國安法》感到憂慮，擔心動輒就被扣上危害國安之罪名，這個機制（mechanism）在《香港國安法》中體現出來。一旦被落案起訴，香港的司法制度是否還能確保審訊公平公正地進行令人擔憂，《國安法》中「不受司法覆核」、「不得保釋」、「閉門審訊」、「沒有陪審團」等規定與字眼，也教人聞而生畏。[63] 事實上，生效前夕，多個本土組織宣佈解散或主要成員退出，另外有討論區會員被要求刪除過往言論，甚至說不想過往言論導致被捕或影響移民，亦有人選擇這個時候離開香港。

62　鄭寶生、羅家晴：《林鄭述職｜習近平憂港疫情　讚林鄭敢於擔當　慰問受美制裁官員》，《香港 01》2021 年 1 月 27 日，https://www.hk01.com/%E6%94%BF%E6%83%85/580150/%E6%9E%97%E9%84%AD%E8%BF%B0%E8%81%B7-%E7%BF%92%E8%BF%91%E5%B9%B3%E6%86%82%E6%B8%AF%E7%96%AB%E6%83%85-%E8%AE%9A%E6%9E%97%E9%84%AD%E6%95%A2%E6%96%BC%E6%93%94%E7%95%B6-%E6%85%B0%E5%95%8F%E5%8F%97%E7%BE%8E%E5%88%B6%E8%A3%81%E5%AE%98%E5%93%A1。

63　秦逸渢、林間：《再解〈港區國安法〉：人權保障與審訊公平，到底有沒有空間？》，《端傳媒》2020 年 7 月 10 日，https://theinitium.com/article/20200710-opinion-national-security-law-conflict/。

《國安法》頒佈後，特區的暴力遊行和行為已經減少很多，故此《國安法》有它的威儀（deterrent）作用。從威儀的角度來說，國安法短期來說是成功的。

從政治學的角度來說，如果特區的政治運動從 2003 年到 2019 年不繼發展，不僅是因為公民社會漸漸壯大，社會運動的動能加強了，也是因為特區政府解釋政策、推銷政策、說服市民和團體接受新政策的能力薄弱（weak capacity），那麼，《國安法》仍然是治標不能治本。治本之策略還是要提升特區政府的管治能力（governing capacity）。而公民社會的作用是與政府力量交互作用，其正面的作用是監察政府施政面向正確的方向。不幸的情況是公民社會在爭取民主與自由的過程中演變成反政府的力量，以公民不服從和公民抗命形式與政府周旋。

可預見的是中央和特區在管治上仍存在兩大挑戰。首先是香港管治的強硬路綫大失民心。在抗爭者對社會大肆破壞的情況下，2019 年 11 月的區議會選舉破記錄的支持抗爭的泛民主派陣營大勝，獲得的選票從未有過的多。立法會選舉仍然是有限民主制度，政府在面對 2020 年 9 月立法會選舉可能大敗的情況下惟有借助肺炎疫情推遲選舉。實際上，不論是立法會選舉，或是 2022 年 12 月行政長官選舉中提名委員會的選舉，雖然制度上的有限民主已有利親北京派系，但親北京派系還可能得不到足夠的票數穩住政局，其中提出修改選舉安排的情況可見他們自己都預見這些可能的選舉結果。[64] 支持北京力量還未能正面面對「普及平等」的民主選舉問題，可見其政策施政的不足之處。

其次的問題是外國以人權為理由反對中國。當香港國家安全立法消息傳出時，美加英澳、歐盟嚴重關切香港局勢。立法後外國認為中國政府已改變了「一國兩制」的本質，日本、歐盟等相繼作出反應。美國宣佈取消對香港部分特殊待遇，2020 年 7 月 14 日生效的《香港自治法案》，授權美國政府以經濟制裁方式懲罰損害香港自治的中國內地、香港官員和實體。8 月 7 日，美國政府對十一名處理香港特區事務的官員實施了制裁，其中包括香港特區行政長官林鄭月娥與中國中央政府駐香港聯絡辦公室主任駱惠寧。[65] 8 月 19 日，美國國務院表示，已經通知香港暫停或終止有關移交逃犯、移交被判刑人

64　美秋：《堵塞選舉漏洞　方能貫徹愛國者治港》，大公文匯網，2021 年 2 月 21 日，https://www.tkww. hk/a/202102/21/AP6031ab6ce4b0661d5571bdaf.html。

65　《香港〈國安法〉：美國制裁 11 名中港官員　中聯辦主任稱白費勁》，BBC News 中文版，2020 年 8 月 8 日，https://www.bbc.com/zhongwen/trad/chinese-news-53704276。

員、豁免國際船運利得稅共三項雙邊協議。而澳大利亞、英國、加拿大、芬蘭、法國、德國、愛爾蘭、紐西蘭和荷蘭等其他國家也暫停了與香港特區的引渡條約。[66] 歐盟成員國外長 12 月 7 日舉行會議，通過建立類似美國《馬格尼茨基法案》（Magnitsky Act）的「全球人權制裁制度」，制裁侵犯人權的個人及組織。[67] 美國非政府組織「人權觀察」2021 年 1 月 14 日發表本年度《世界人權報告》，指中國政府視人權為「根本威脅」，又指面對中國政府「加強鎮壓」，香港人前所未見地抵抗，呼籲各國政府採取一致行動抵抗北京。歐洲議會在 2021 年 1 月 21 日正式通過決定，建立「全球人權制裁制度」，制度下歐盟可制裁全球各地涉及侵犯人權及虐待行為的個人、實體及團體。[68] 可預見的，中國在外交上的壓力大大增加。[69]

在現時的情況下，《國安法》第 7 條說明特區政府應盡快完成《香港基本法》規定的維護國家安全立法，完善相關法律。但是特區政府由於弱勢，要完成本地 23 條立法去體現維護國家安全還有一段時間。特區政府還有責任通過學校、社會團體、媒體、網絡等開展國家教育，提高特區居民的國家安全意識和守法意識。在這方面，特區政府剛剛開展工作。現在問題是，學校老師是否願意推行政府希望達到的國家安全教育，十分成疑。要求教師教導學校守法當然不成問題，但希望藉此變成教育灌輸和壓逼公民社會的教育，似乎不大可能。《國安法》對特區管治的一個重要影響是，它給不少香港市民和外國一個印象，即是中央政府以直接管治（direct rule）方式來管治香港。英國在香港殖民統治時期採取直接和間接（indirect rule）管治相結合的方式，其中比較傾向利用本地社會精英去管理香港，它的間接管治方式的特色比較

66　《香港國安法：多國暫停逃犯移交協議 學者指突顯對港信心動搖》，BBC News 中文版，2020 年 7 月 22 日，https://www.bbc.com/zhongwen/trad/chinese-news-53496032。

67　歐敬洛：《歐盟通過成立全球人權制裁制度 可針對侵犯人權的個人及組織》，《香港 01》2020 年 12 月 8 日，https://www.hk01.com/%E5%8D%B3%E6%99%82%E5%9C%8B%E9%9A%9B/558902/%E6%AD%90%E7%9B%9F%E9%80%9A%E9%81%8E%E6%88%90%E7%AB%8B%E5%85%A8%E7%90%83%E4%BA%BA%E6%AC%8A%E5%88%B6%E8%A3%81%E5%88%B6%E5%BA%A6-%E5%8F%AF%E9%87%9D%E5%B0%8D%E4%BE%B5%E7%8A%AF%E4%BA%BA%E6%AC%8A%E7%9A%84%E5%80%8B%E4%BA%BA%E5%8F%8A%E7%B5%84%E7%B9%94。

68　徐崇哲：《歐洲議會挺香港民主 籲制裁林鄭月娥》，中央通訊社，2021 年 1 月 22 日，https://www.cna.com.tw/news/firstnews/202101220006.aspx。

69　安德烈：《不理北京警告 拜登延續四國聯盟》，法國國際廣播電台，2021 年 2 月 21 日，https://www.rfi.fr/tw/%E4%B8%AD%E5%9C%8B/20210218-%E4%B8%8D%E7%90%86%E5%8C%97%E4%BA%AC%E8%AD%A6%E5%91%8A-%E6%8B%9C%E7%99%BB%E5%BB%B6%E7%BA%8C%E5%9B%9B%E5%9C%8B%E8%81%AF%E7%9B%9F。

明顯。故此，如果在《國安法》實施時期，中央政府儘量把權力下放給特區政府，特別是警察、海關、入境署、律政司和教育部門，來間接管治國安問題會比較好，這會給香港市民和外國一個比較寬鬆的形象。有些市民和外國對《香港國安法》反應比較大，因為他們不明白哪些政治言論和行為屬於紅綫，哪些事務屬於特區自治範圍。但是隨著法庭處理愈來愈多有關國安的案例，政治紅綫將會愈來愈清楚，自治範圍的事務也會愈來愈明顯。但是有一大挑戰是在實行《國安法》的時候，如果某些特區部門——例如是警察，履行過於用力（"excessive" or "hard" implementation）的話，不少普通市民可能會產生恐懼，故此在履行《國安法》的時候，怎樣達到溫和地履行（moderate implementation）或者是合適履行（appropriate implementation），將會十分考驗未來幾年特區的管治技巧和藝術。

　　這裏所要強調的是特區政府本身的管治能力（governing capacity）太過低下。高官問責制在 2002 年推出之後未有好好訓練一批政治上熟練的政治官員，而另一方面傳統的高級公務員太過保守，奉行「儘量不作為便不錯誤」的行事方式，故此特區政府高層管治出現嚴重的脫節（disconnect），即高級公務員的表現和政治任命官員的表現，大家都缺乏合作、缺乏協調、缺乏遠見。公務員體制的政策科（policy bureau）看來沒有在政策方面做到良好計劃和大膽創新，大部分政策都是依循舊的方法而只作出少量修改就當作完成任務。

　　要解決特區政府管治能力不足的問題，改善社會分化嚴重的問題，可有以下的一些建議：第一，重新建立互信（trust），現在整個特區管治體制充滿不信任（distrust）。要加強信任，特區需要多些中間人（intermediaries or middlemen）去加強反對派和政府之溝通，改善反對派和中央之關係。回歸 24 年來，特區的中間人愈來愈少。偉大的領導人鄧小平說過，香港特區的管治需要左中右三批人，左的多點，中間也有，但是回歸之後，特區領導階層差不多全部都是左派的紅人，中間派的人愈來愈少，故此統戰工作受到前所未有的挫敗。把中間派引領回特區領導各層面，把中間人發展多點作為有效渠道，才是建立互信的第一步。其他互信的措施包括加強行政會議成員和立法會議員的非正式溝通，加強立法會議員和官員之正式和非正式溝通。2019年之社會運動產生原因很大程度是立法會內各黨派鬥爭，結果反對派走上街頭，造成危害國家安全的結果。第二，特區政府的智囊，特別是政策創新與統籌辦事處（Policy Innovation Coordination Office），應該舉辦多些議會，包

括網上會議以連繫私營的智囊。回歸以來特區智囊很多，但一盤散沙，毫無整合工作。第三，房屋改革必須加速，「劏房」的情況多年沒有改善，而且不少輪候公屋的市民要等起碼五年才能獲得分配房屋，政府部門太慢處理申請個案，這個情況必須立刻改善，增加房屋的措施，包括增加土地供應，研究有沒有方法和可能性修改新界丁屋政策，讓更多公共和私人房屋能夠興建。第四，教育改革已經開始，但是對中國認識的國民歷史教育還是不能對應。理想來說，國家民族的歷史教育應合理地安排。第五，特區政府多年來缺乏青年政策和體育教育。體育政策對年青人發展很重要，但有些體育會管治失當（例如足球），特區政府也多年來未有好好協調有關體育組織法使其發揮應有的功能。第六，如果本地 23 條立法，是不是對維護國安有幫助呢？如果 23 條立法是先決條件，隨後便可啟動政治改革的討論。第七，無論如何，如果香港重開政改討論，是不是香港反對派應該重新考慮和支持 2014 年的「831 方案」呢？如果接受「831 方案」，特區市民可直選行政長官，把特區自治體現，証明「一國兩制」是可行和成功的。在完善選舉制度後，思考民主化的可能，候選人應該參選前宣誓，擁護《基本法》和《國安法》。第八，地區行政改革多年來都被忽視。特區政府應該加快改革地方行政，包括改善政務專員（District Officers）和區議員的關係，包括把十八個區議會合併成為市政局，去處理街道衛生、環境及食物安全的問題。區議會如果改革，可以增加更多的職權，落實參與地方的社區建設工作，可以處理地區旅遊這些不影響區議會諮詢的角色之事務。第九，政治運動的產生是由於特區社會階級矛盾愈來愈嚴重，社區照顧與社區關懷的工作應該加以推廣，增加社會福利以改善貧富懸殊的情況。第十，現在特區政府可動用大量財政資源去幫助企業和個人渡過肺炎疫情的同時，長遠來說，政府必須改革稅制（tax reform），包括採納累進稅（progressive tax）、拍賣稅（auction tax）、房地產稅（increased property tax）及遺產稅（inheritance tax）等間接稅種，使到貧富懸殊情況真的改善。實際上，稅制在特區 24 年都未有好好改革。

　　總括來說，《國安法》的頒佈對穩定香港特區有肯定的作用，對特區政府的影響都是在紀律部隊、司法和教育部門方面。但是《國安法》還是治標不治本，根本問題是要推動和加強特區管治的能量。特區政府管治能量薄弱，沒有扭轉殖民統治時期英國人執政的基本局面。港人長期倚賴高級公務員系統管治特區，但是不少高級公務員缺乏遠見，政府出於任人為親的惡習而沒有廣招不同的人才，施政方向單一而不能多元化廣泛接納不同意見的人士參

與政府管治。雖然有部分高級公務員非常優秀，但是特區仍是缺乏管治人才，特別是對政治敏感的人才，領導層管治方向單一，只尋求政治正確而沒有真正瞭解分析時局，這成為管治上最大的敗筆。故此，加強特區管治能力是未來特區發展的首要工作任務。特區高層官員應該要加強他們對政治的培訓，否則他們還是「政治盲」，仍然是只知道管理但不知道政治的官員。《國安法》對香港管治的影響短期來說肯定是能穩定社會的，但是在執行《國安法》方面，如果履行太過偏重於政治問題，會產生反效果。如何能適可而止地執行，既可維護國家安全，也不影響市民對特區「高度自治」的信心，是未來特區執行《國安法》的一大挑戰。

七、總結

香港的歷史變遷是有其軌跡可尋的，但沒有依從什麼歷史的必然因果關係，這是一個特殊的地方。真實的殖民統治經驗可以借鑒，管治的權力由殖民時期的香港總督過渡到特區行政長官是一個活生生的例子，香港人仍然是希望見到「港人治港」和高度自治。2019 年的反修例運動是史無前例的，《國家安全法》對現時的社會穩定有所幫助，但換來的是國家權力對社會不同層面的滲透。特區行政長官的施政依從中央政府的要求，加強穩定香港社會，同時可見的是香港社會受到了國家權力滲入，以往香港社會相對的自由開放，到如今所造成的情形是國家權力滲透到香港特區市民大眾裏，使得香港的自由空間受到了一定的限制。《香港國安法》之下行政長官的自主權力有限，影響市民對特區高度自治的信心，是未來特區執行《國安法》的一大挑戰，也增加了中國與其他國家外交關係的緊張性。

論對駐港國安公署人員的監察監督

王建學　天津大學法學院教授

一、問題的提出

　　2020 年 6 月全國人大常委會通過《香港特別行政區維護國家安全法》（以下簡稱《香港國安法》），設立中央人民政府駐香港特別行政區維護國家安全公署（以下簡稱國安公署），作為中央人民政府派駐香港特別行政區維護國家安全的專門機關。《香港國安法》的通過和國安公署等機構的設立，有助於在香港填補關於國家安全的立法和執法漏洞，從而實現「完善法律制度，彌補缺失，排除隱患」的效果。[1] 從憲法角度來看，有關國家安全的問題特別是如何監督國家安全機關從來都是既敏感又棘手的。一方面，設立國家安全機構維護國家安全從而為全體國民創造一個安全安定的生活環境是國家必須承擔的基本職責；另一方面，國家安全機構在執法過程中可能造成的人權侵害又常常引發人們的潛在擔憂。這種擔憂並非空穴來風，從各國的普遍實踐看，國家安全機關侵害人權的事例比比皆是。有學者指出，「國家正在日益訴諸於『國家安全』相關的理由，從而允許使用各種豁免法治的手段。」[2]

　　在此背景下，就有必要構建和完善針對國家安全機構的有效監督機制。這不僅可以在法律上防範國家安全機構濫用職權，從而實現尊重和保障人權的基本目標，也有助於在政治上消除人們對國家安全機構的擔憂。《香港國安法》不僅確立了人權原則和法治原則，而且專門規定了對國安公署的監督。其第 50 條分三款規定：「駐香港特別行政區維護國家安全公署應當嚴格依法履行職責，依法接受監督，不得侵害任何個人和組織的合法權益。」「駐香港特別行政區維護國家安全公署人員除須遵守全國性法律外，還應當遵守香港特別行政區法律。」「駐香港特別行政區維護國家安全公署人員依法接受國家

---

[1]　魏健馨：《〈香港維護國家安全法〉的幾點解讀》，《天津日報》2020 年 7 月 2 日，4 版。

[2]　Maura Conway, Lee Jarvis, Orla Lehane, Stuart Macdonald, Lella Nouri and Theodore Christakis, *National Security, Terrorism and the Legality of Secret Surveillance: The Case of France* (Amsterdam: IOS Press, 2017), p. 136.

監察機關的監督。」在國家監察體制改革的大背景下，該條第 3 款關於國家
監察機關監督的規定特別引人注目。這不僅涉及如何防止國安公署濫用職權
並從反面促進其嚴格依法充分準確履職，而且涉及《憲法》、《香港特別行政
區基本法》（以下簡稱《基本法》）、《監察法》等的有效銜接等重要問題。

　　本文旨在結合《憲法》、《基本法》、《監察法》的相關制度和條文對《香
港國安法》第 50 條第 3 款進行初步釋義，從而明確該條款的基本內涵，特別
是國家監察機關的主體形式、受監察監督的對象範圍以及相關的法律適用標
準等。對這些問題的系統分析有助於促進《香港國安法》的實施，但筆者水
平有限，因此錯誤在所難免，懇請方家不吝指教。

二、監察監督的主體形式

　　《香港國安法》第 50 條第 3 款的「國家監察機關」應當結合《憲法》和《監
察法》進行理解，它不應指《憲法》中的各級監察委員會，而是國家監察委
員會依《監察法》派駐或派出的監察機構或監察專員，其基礎是國家監察委
員會對中央國家機關派出機構的屬人管轄權。

（一）特別行政區不設立監察委員會

　　《香港國安法》第 50 條第 3 款的「國家監察機關」一語源於 2018 年《憲
法》修正案以及修憲後頒佈的《監察法》。2018 年修正後的《憲法》第 123 條
規定：「中華人民共和國各級監察委員會是國家的監察機關。」就層級而言，
《憲法》第 123 條中的國家監察機關表現為第 124 條規定的「國家監察委員會
和地方各級監察委員會」，其中，國家監察委員會（以下簡稱國家監委）是第
125 條的「最高監察機關」。無論是國家監委還是地方各級監委，都與國家的
行政機關、審判機關、檢察機關一樣，必須依《憲法》第 3 條第 4 款由人民
代表大會產生，對其負責，並受其監督。

　　乍看起來，《香港國安法》的前述規定並不排除國家在香港特別行政區設
立監察委員會的選項。不過，這種選項並不能得到制憲原初意圖的支持。因
為憲法中的監察機關即各級監察委員會是以人大為基礎，同時以行政機關、
審判機關、檢察機關作為同儕機關的，即所謂人大之下「一府一委兩院」的

政權構架。[3] 而眾所周知，根據《憲法》和《基本法》的規定，香港特別行政區享有行政管理權、立法權、獨立的司法權和終審權，具有高度自治的憲制地位，並且以行政長官、政府、立法會和特區法院等為管治機構。特別行政區既不設立人大也不實行人大制度，當然就沒有設立監察委員會的規範空間。

更為根本的問題是，《憲法》在創設各類國家機構時是否有意將其權限在地域上延伸至特別行政區。這取決於《憲法》是否直接對特別行政區有效。早期理論一般認為《基本法》作為「憲法的特別法」代替憲法在特別行政區發生效力，[4] 最新理論則強調《憲法》和《基本法》共同構成特別行政區的「憲制基礎」，[5] 二者共同創設了特別行政區的「特殊地方憲制秩序」。[6] 因此，在最低限度上必須承認，《憲法》和《基本法》根據「一國兩制」原則在內地和特別行政區之間建立了一種「制度屏障」。由此，內地和特別行政區在屏障兩邊實行各不相同的制度。按照鄧小平同志的說法，「大陸實行社會主義制度，香港實行資本主義制度」，「北京除了派軍隊以外，不向香港特區政府派出幹部」。[7] 二者分別適用《憲法》和作為憲法特別法的《基本法》，這種屏障阻卻了在特別行政區設立《憲法》中的普通國家機構的可能性。因此，香港特別行政區不能像普通地方一樣設立地方各級監委。相應地，《香港國安法》第50條的國家監察機關只可能解釋為中華人民共和國國家監察委員會，即只有國家監委才可能對香港這一區域享有監察管轄權。

（二）國家監委不對香港進行地域管轄

國家監委是否可能對香港享有監察管轄權？如果答案是肯定的，這種管轄的性質是什麼？在回答此類問題前必須首先明確一個前提，即：《基本法》和「一國兩制」的制度屏障是否適用於《憲法》所設置的最高國家機關或中央國家機關。此問題之所以成立是因為，「中央擁有對香港特別行政區的全面

3　秦前紅：《我國監察機關的憲法定位——以國家機關相互間的關係為中心》，《中外法學》2018年第3期，第557頁。

4　李琦：《特別行政區基本法之性質：憲法的特別法》，《廈門大學學報（哲學社會科學版）》2002年第5期，第15頁。

5　胡錦光、劉海林：《論特別行政區憲制基礎的變遷及其意義》，《武漢大學學報（哲學社會科學版）》2020年第4期，第145頁。

6　朱福惠：《憲法實施與特別行政區憲制秩序之形成》，《東南學術》2018年第2期，第152頁。

7　鄧小平：《一個國家，兩種制度》（一九八四年六月二十二日、二十三日），載鄧小平：《鄧小平文選》（第三卷），人民出版社1993年版，第58頁。

管治權，既包括中央直接行使的權力，也包括授權香港特別行政區依法實行高度自治。對於香港特別行政區的高度自治權，中央具有監督權力。」[8] 學界通常認為，「對特區而言，管治權的『所有權主體』只能是中央國家機關，而管治權的『行使權主體』則可以是中央國家機關，也可以是被授權主體——地方行政區域」。[9] 那麼，能否由中央管治權中推導出中央國家機關對香港享有必然的管轄權？

筆者認為答案是否定的，否則《憲法》和《基本法》所建立的高度自治就會喪失存在空間。比如，雖然中央政府接受特區行政長官的述職，接受終審法院首席法官任命或免職的備案，但並不對特別行政區的行政事務或司法案件進行管轄，相反，必須由特別行政區的管治機構按照《基本法》所確立的高度自治原則對本地行政和司法進行日常管轄。就與監察反腐相關的事權劃分而言，《基本法》和「一國兩制」同樣賦予特別行政區以高度自治權，表現在包括國家監委在內的各級監察機關，僅在內地範圍內實現監察全覆蓋，而不對特別行政區的公職人員進行監察管轄。事實上，在監察體制改革以前，黨的紀律檢查機關、檢察院的反貪部門等也都不對後者行使管轄權。特別行政區的反腐職責由其自身的廉政公署等承擔，並在《基本法》和特區法律框架內自主運轉。

近年學界在討論央地關係時傾向將特別行政區納入中國憲法的地方或行政區域範疇，從而將中央與特別行政區的關係納入廣義央地關係的範疇，[10] 甚至成為憲法第 3 條第 4 款央地兩個積極性原則的涵攝範圍。[11] 這種關於央地關係和行政區域的看法又進一步強化了中央的全面管治權。筆者認可特別行政區屬憲法中的地方和行政區域範疇，其與中央的關係屬廣義央地關係範疇，但反對將中央和特別行政區的關係納入憲法第 3 條第 4 款的涵攝範圍，因為這違反憲法第 3 條第 4 款的制憲原初意圖。

至於特別行政區作為地方和行政區域的準確含義，則需要結合《憲法》

8　《「一國兩制」在香港特別行政區的實踐》，中國國務院新聞辦官方網站，2014 年 6 月。

9　鄧莉、杜承銘：《「一國兩制」下中央對特別行政區全面管治權之釋義分析——兼論全面管治權與高度自治權的關係》，《吉首大學學報（社會科學版）》2018 年第 5 期，第 72 頁。

10　參見鄭毅：《論我國憲法文本中的「中央」與「地方」——基於我國〈憲法〉第 3 條第 4 款的考察》，《政治與法律》2020 年第 6 期，第 79 頁。

11　參見宋小莊：《論「一國兩制」下中央和香港特區的關係》，中國人民大學出版社 2003 年版；苗泳：《中央地方關係中的民主集中制研究》，法律出版社 2016 年版，第 261 頁；王逸冉：《中央對於香港特別行政區的「全面管治權」研究》，《現代法治研究》2018 年第 3 期，第 65 頁。

和《基本法》在特定語境中作具體分析。特別行政區畢竟單獨規定於《憲法》第 31 條，不屬第 30 條所規定的普通行政區域範疇。[12] 考慮到「一國兩制」和高度自治，國家監委不能在特別行政區直接行使一般性的地域管轄權，特別行政區也不應屬於國家監委所管轄的行政區域。這同樣是《基本法》和「一國兩制」作為制度屏障的結果。

（三）派駐或派出監察機構或監察專員作為監督主體

《憲法》和《基本法》既不允許在特別行政區設立地方監委，也不允許國家監委對特別行政區行使一般性的地域管轄權。那麼，《香港國安法》第 50 條第 3 款的規定是否會淪為一紙空文呢？非也，答案在《監察法》第 12 條當中。《監察法》進一步細化和擴展了憲法規定的國家監察機關，在各級監察委員會以外增加了由其所派駐或派出的監察機構、監察專員。《監察法》第 12 條規定：「各級監察委員會可以向本級中國共產黨機關、國家機關、法律法規授權或者委託管理公共事務的組織和單位以及所管轄的行政區域、國有企業等派駐或者派出監察機構、監察專員。」國家監委雖然不能對特別行政區行使地域管轄權，但可以向駐港中央國家機構派駐或派出監察機構、監察專員。

《監察法》第 12 條設置了兩類派駐或派出形式：一種是向機關、組織和單位派駐或派出，[13] 另一種是向所管轄的行政區域派駐或派出。根據前文的分析，特別行政區既然不屬各級監委的一般地域管轄範圍，也就不應被理解為《監察法》第 12 條所謂的「所管轄的行政區域」。否則，就會導致前文所述的制度屏障消失，損害《基本法》和「一國兩制」原則。作為對比，鄉鎮屬該條的行政區域，基層監委可以向其轄區內的鄉鎮派駐或派出監察機構、監察專員，從而實現對該鄉鎮的所有公職人員的監察全覆蓋。質言之，各級監委向所管轄的行政區域派駐或派出監察機構、監察專員是以其本身具有地域管轄權為基礎的，既然國家監委不對香港享有地域管轄權，也就沒有基於地域管轄權對香港派駐或派出監察機構、監察專員的前提。

由此，《香港國安法》的國家監察機關就只能存在一種理解，即國家監委

12　《憲法》第 30 條第 1 項規定：「全國分為省、自治區、直轄市」。《基本法》第 12 條規定：「香港特別行政區是中華人民共和國的一個享有高度自治權的地方行政區域，直轄於中央人民政府。」

13　其中所派駐或派出的「國家機關」包括國家機關的派出機關或派出機構，參見秦前紅、石澤華：《〈監察法〉派駐條款之合理解釋》，《法學》2018 年第 12 期，第 66 頁；馬懷德主編：《〈中華人民共和國監察法〉理解與適用》，中國法制出版社 2018 年版，第 58 頁。

向國安公署這一機構派駐或派出監察機構、監察專員，從而實現對後者的監察監督。那麼，這種派駐或派出具有何種性質呢？一方面，需要注意到國安公署在性質上屬於人民政府職能部門的派出機構。《香港國安法》第 48 條第 2 款規定：「駐香港特別行政區維護國家安全公署人員由中央人民政府維護國家安全的有關機關聯合派出。」因此，國安公署的派出者是中央人民政府的職能部門，包括國家安全部、國防部、公安部等。[14] 從行政法的角度來講，職能部門的派出機構（即使採取聯合派出的方式）既不是獨立的行政主體，也不享有固有的行政職權，其主體獨立性和職權均來自於《香港國安法》作為法律的授予。另一方面，需要注意到國家監委對國安公署派駐或派出監察機構或監察專員，係基於一種特殊的屬人管轄權，而非一般性的地域管轄權。目前學界和實務界在理解《監察法》第 12 條時普遍混淆屬人和屬地的差別，並由此連帶混淆了對機構的派駐和對行政區域的派駐，比如普遍將街道、地區、盟誤以為行政區域，但它們其實是地方人民政府派出機關（行政公署、街道辦）的活動區域，[15] 希望此種錯誤不要繼續發生在《香港國安法》第 50 條第 3 款的理解上。國家監委對國安公署人員的監察監督，應當視同為其對其他駐外機構的公職人員的監察監督，比如外交部的駐外人員（駐外使領館的公職人員）、國有企業的駐外管理人員等。

至於到底向國安公署派駐或派出監察機構還是監察專員，《香港國安法》並沒有明確規定。從立法意圖上講，《監察法》也刻意留下了較大空白，由此國家監委具有一定的自主裁量空間。不過，應當考慮到，「監察委員會是設置派駐、派出監察機構還是監察專員，應遵循實際需要，根據監察對象的多少、任務輕重而定。」[16] 目前，國安公署的人員規模等尚不確定，筆者認為其

---

14 《國家安全法》第 2 條規定：「國家安全機關是本法規定的國家安全工作的主管機關。國家安全機關和公安機關按照國家規定的職權劃分，各司其職，密切配合，維護國家安全。」《國防法》第 22 條規定：「中國人民武裝警察部隊在國務院、中央軍事委員會的領導指揮下，擔負國家賦予的安全保衛任務，維護社會秩序。」第 27 條規定：「中央軍事委員會統一領導邊防、海防和空防的防衛工作。地方各級人民政府、國務院有關部門和有關軍事機關，按照國家規定的職權範圍，分工負責邊防、海防和空防的管理和防衛工作，共同維護國家的安全和利益。」

15 參見中共中央紀律檢查委員會法規室、中華人民共和國國家監察委員會法規室：《〈中華人民共和國監察法〉釋義》，中國方正出版社 2018 年版，第 99 頁；江國華：《中國監察法學》，中國政法大學出版社 2018 年版，第 63 頁；馬懷德主編：《〈中華人民共和國監察法〉理解與適用》，中國法制出版社 2018 年版，第 49 頁。

16 中共中央紀律檢查委員會法規室、中華人民共和國國家監察委員會法規室：《〈中華人民共和國監察法〉釋義》，中國方正出版社 2018 年版，第 98 頁。

監察監督可以優先採取派駐或派出監察專員的形式，如果監察專員的形式未來不能滿足監察工作需要，則進一步派駐或派出監察機構。此外，考慮到特別行政區還存在其他的中央政府派出機關或其職能部門派出機構，比如中央人民政府駐香港特別行政區聯絡辦公室、外交部駐香港特別行政區特派員公署等，可以由國家監委派駐或派出監察機構，對這些機構統一進行監督。

三、監察監督的對象範圍

在確定監察監督的主體形式後，還須進一步分析其監督的對象範圍。應當對《監察法》和《香港國安法》的相關內容進行統一解釋，在分析國安公署的職權和國家監察機關職責的基礎上，既實現監察機關的監督有效性又保證國安公署的職能自主性。

（一）國安公署監察全覆蓋

《監察法》在制定過程中，按照「監察全覆蓋」的原則，不僅將所有行使公權力的公職人員納入監察對象範圍，而且將所有監察對象的職務違法和職務犯罪行為全部納入監察監督的內容。其對象和內容主要體現在《監察法》第 11 條關於監察委員會三大職責的規定，其中包括：（一）對公職人員依法履職、秉公用權、廉潔從政從業以及道德操守情況進行監督檢查；（二）對涉嫌貪污賄賂、濫用職權、玩忽職守、權力尋租、利益輸送、徇私舞弊以及浪費國家資財等職務違法和職務犯罪進行調查；（三）對違法的公職人員依法作出政務處分決定，對履行職責不力、失職失責的領導人員進行問責，對涉嫌職務犯罪的，將調查結果移送人民檢察院依法審查、提起公訴，向監察對象所在單位提出監察建議。

從機關定位和權力屬性上講，國家安全機關屬各級人民政府的職能部門，不過其圍繞維護國家安全的核心功能而享有的權力則具有複合性的特點，既包括刑事司法權也包括行政執法權。2015 年《國家安全法》第 42 條規定：「國家安全機關、公安機關依法搜集涉及國家安全的情報信息，在國家安全工作中依法行使偵查、拘留、預審和執行逮捕以及法律規定的其他職權。」此外，該法第 75 條還規定，「國家安全機關、公安機關、有關軍事機關開展國家安全專門工作。」根據《反間諜法》及《反間諜法實施細則》的規定，國家安全機關還承擔著反間諜等專門工作任務。

就刑事司法權而言，全國人大常委會曾在 1983 年的一項決定中解釋憲法第 37 條和第 40 條，認為國家安全機關「承擔原由公安機關主管的間諜、特務案件的偵查工作，是國家公安機關的性質，因而國家安全機關可以行使憲法和法律規定的公安機關的偵查、拘留、預審和執行逮捕的職權。」[17] 就行政權而言，國安安全機關可以在刑事司法的範疇以外廣泛運用各種行政調查、強制甚至處罰手段，實現維護國家安全的職能。在權力複合性這一特點上，國家安全機關與公安機關類似，不過前者的權力行使過程具有更強的專業性和秘密性。從監察全覆蓋的意義上講，國家安全機關工作人員在刑事訴訟法、行政法意義上所採取的全部職能行為，都應屬於監察機關的監督範圍。

國安公署的職責大體是內地《國家安全法》等法律賦予國家安全機關的職責。《香港國安法》第 49 條賦予國安公署的職責包括四個方面：（一）分析研判香港特別行政區維護國家安全形勢，就維護國家安全重大戰略和重要政策提出意見和建議；（二）監督、指導、協調、支持香港特別行政區履行維護國家安全的職責；（三）收集分析國家安全情報信息；（四）依法辦理危害國家安全犯罪案件。從《香港國安法》與《中國國家安全法》的比較來看，國安公署的職責與國家安全機關的基本職責大體相仿，僅在監督、指導、協調、支持香港特別行政區履行相關職責上較為特殊。不過，由於國安公署是由中央人民政府維護國家安全的有關機關聯合派出，因此，國安公署的機構定位與組織結構，以及其所行使的職權可能存在一定的特殊性，除國家安全機關的全部職能以外，還可能具有某些衍生自軍事權等權力的安全職能。這種特殊性可能會對監察機關的全覆蓋監督造成一定影響。不過可以肯定的是，在監察對象和內容的全覆蓋上，國安公署人員不應當存在任何例外。

（二）對監察調查對象的限縮解釋

《監察法》本著「實現國家監察全面覆蓋」、「深入開展反腐敗工作」的立法意圖，堅持反腐敗無禁區、全覆蓋、零容忍，以雷霆萬鈞之勢高壓反腐，[18] 由此在很多方面擴大了監察機關監督和調查的對象範圍。這種情況突出體現

---

17 《關於國家安全機關行使公安機關的偵查、拘留、預審和執行逮捕的職權的決定》（1983 年 9 月 2 日第六屆全國人民代表大會常務委員會第二次會議通過），《中華人民共和國國務院公報》1983 年第 19 期，第 858 頁。

18 李建國：《關於〈中華人民共和國監察法（草案）〉的說明——2018 年 3 月 13 日在第十三屆全國人民代表大會第一次會議上》，《全國人民代表大會常務委員會公報》2018 年第 2 期，第 156 頁。

在其大量規定並有效拓展了監察機關對有關單位、有關人員、涉案人員的調查，由此相關單位和人員必須承擔其《監察法》項下的相關義務。比如，《監察法》第 18 條規定：「監察機關行使監督、調查職權，有權依法向有關單位和個人瞭解情況，收集、調取證據。有關單位和個人應當如實提供。」第 22 條規定的留置對象不僅包括被調查人，還包括「涉嫌行賄犯罪或者共同職務犯罪的涉案人員」。第 23 條規定：「監察機關調查涉嫌貪污賄賂、失職瀆職等嚴重職務違法或者職務犯罪，根據工作需要，可以依照規定查詢、凍結涉案單位和個人的存款、匯款、債券、股票、基金份額等財產。有關單位和個人應當配合。」第 24 條規定：「監察機關可以對涉嫌職務犯罪的被調查人以及可能隱藏被調查人或者犯罪證據的人的身體、物品、住處和其他有關地方進行搜查。」前述規定賦予監察機關巨大的權力，而有關單位、有關人員與涉案人員則處於較為被動的地位，其權利也容易被監察機關的調查措施所限制或侵害。

國安公署在特別行政區履行維護國家安全職責特別是依法辦理危害國家安全犯罪案件的過程中，必然涉及特別行政區範圍內的單位和個人。由此，就國安公署人員的監察監督而言，可能產生的疑問是，駐港國家監察機關是否享有《監察法》所賦予的針對有關單位、有關人員與涉案人員的權力，特別是當有關單位、有關人員與涉案人員附屬於特別行政區的法律管轄權的情況下，國家監察機關是否能夠對其進行相關調查？

筆者認為，從《香港國安法》的立法目的來看，雖然第 50 條第 3 款規定國安公署人員依法受到國家監察機關的監督，但整部《香港國安法》充分考慮到維護《基本法》的權威和特別行政區法律體系的獨立性，因此，不宜將特別行政區的有關單位、有關人員和涉案人員納入國家監察機關的管轄範圍。換言之，在特別行政區範圍內，應當對《監察法》的相關條款進行適當的限縮解釋，從而實現維護《基本法》和「一國兩制」原則的立法目的。

（三）監察監督有效性與國安職能自主性的平衡

國家安全機關的職責和活動具有專業性和秘密性的特點，因此對國家安全機關及其工作人員的監督也具有一定的特殊性，這種監督不得不區別於對普通行政機關和司法機關及其工作人員的監督。如學者指出，「國家安全工作本身具有很強的保密性，社會公眾對此知之甚少，因此作為監督主體之一的社會公眾對國家安全機關的執法活動實際上不可能起到太大的監督作用」，因

此「主要應依靠和完善國家監督」。[19] 從內地的相關實踐來看，從國家內部實現對國家安全機關的監督也非易事。

在監察體制改革以前，無論是學界還是實務界，都較少關注對國家安全機關及其工作人員的監督問題，相關案例或事例似不多見。在監察體制改革以來，國家監察機關對國家安全機關工作人員的監督作用似乎也並不突出。根據筆者的統計，在目前全國各級監察委員會所公佈的監察案例和事例中，尚未發現涉及對國家安全機關工作人員進行監察監督的。從監察法上講，各級國家安全機關作為同級人民政府的組成部門，顯然屬監察監督的對象和範圍。在尚未發現相關案例事例的背後，可能存在三方面原因：一是監察機關尚未對國家安全機關採取監督手段；二是雖然進行監督但未發現違法違紀等情況；三是雖然存在違法違紀情況，但由於國家安全事項存在保密要求，因此相關案例事例沒有公佈。無論真實原因為何，都必須承認，監察機關對國家安全人員的監督籠罩著一層神秘的面紗。

對國安公署人員的監察監督必然經歷一個從無到有的摸索過程，必須結合未來的實踐不斷積累經驗。籠罩在國家安全人員監察監督之上的那層神秘面紗能否揭開，還有待於結合《香港國安法》作進一步的實踐觀察。在此過程中，監察監督必須執中行權，既防不足又防過度，易言之，國家監察機關既要實現對國安公署人員的有效監督，又要維護和保障其依法充分履行維護國家安全的法定職責。在監察體制改革初期，即有學者第一時間關注監察有效性與被監察機關職能自主性的問題。比如秦前紅教授認為，國家監察機關對人大機構和審判機關的監督必須尊重議會自律原則、審判獨立原則。[20] 從一般理論上講，權力制約不能破壞權力間的平衡，不能侵害受監督機關的權力的「核心領域」。[21] 儘管對國安公署人員的監察監督具有特殊性，但作為基本準則，其未來制度構建和相關實踐必須在維護國安公署的職能自主性和實現國家監察機關監督有效性之間實現基本平衡。

四、監察監督的法律適用

國家監察機關對國安公署人員的監督行為當然應當適用全國性的監察性

19　李敏：《論對國家安全機關行使職權的監督》，《法學雜誌》2003 年第 4 期，第 24 頁。

20　秦前紅、葉海波等著：《國家監察體制改革研究》，法律出版社 2018 年版，第 145-148 頁。

21　參見許宗力：《法與國家權力》，台北月旦出版股份有限公司 1993 年版，第 308 頁。

法律，除《監察法》以外，還包括《公職人員政務處分法》以及相關紀檢監察規範。但存有疑問的是，監察行為是否應適用或參照適用香港特別行政區的本地法律？

（一）監察監督法律適用的原理推導

本部分所謂的法律適用主要是指國家監察機關在監察執紀的過程中所應遵循的法律規則，這些規則主要是用於規範國家監察機關的行為和程序，從而保證監察監督本身的合法性與適當性。由於對國家監察機關的行為和程序發揮限制性作用，法律適用的選定同時也涉及被監察人實體性權利和程序性權利的保障問題。

如前文所述，基於《基本法》和「一國兩制」原則的制度屏障作用，國家監委不應對香港特別行政區享有一般性的地域管轄權，因此，它必須以派駐或派出監察機構或監察專員的方式對國安公署人員進行監督。這種監督應當視同為發生在另一法域的屬人性的人事執法行為，其法律適用的準據法問題可以通過下列兩項類比來加以明確。

第一種情況，國家監委通過向駐外使領館派駐或派出監察機構或監察專員的方式對駐外使領館公職人員進行監察監督，其監督行為雖然發生在中國國境以外，但因外交人員和領事人員在不同程度上豁免接受國法律，[22] 而使領館區域按照國際法視同為中國管轄地並適用中國法律，因此，該監察監督行為應當僅適用中國法律，與當地法律無涉。

第二種情況，國家監委通過向駐外國有企業派駐或派出監察機構或監察專員的方式對國有企業駐外管理人員進行監察監督，因國有企業及其駐外管理人員並不享有任何外交特權和豁免，因此其職務違法特別是職務犯罪行為必須受當地法律管轄，因此派駐或派出監察機構或監察專員的監督行為就必須以尊重當地法律作為前提，不得以違反當地法律的方式採取監督措施。

國家監察機關對駐港中央國家機構的監督，應當考慮到對《基本法》和「一國兩制」原則的尊重，也應當維護特別行政區法律秩序的自足性和獨立

22　根據 1961 年《維也納外交關係公約》第 31 條，外交代表即使館館長和使館外交職員對接受國之刑事管轄享有豁免，但根據 1963 年《維也納領事關係公約》，領事官員則不享有刑事豁免。就對其監察監督而言，其中既包括職務違法也針對職務犯罪，職務違法屬行政法上的人事或政務處分，毫無疑問應適用中國法律，但領事官員的職務犯罪因涉及刑事問題，因此並不排除牽涉接受國法律和管轄的可能。

性。雖然，《香港國安法》第 50 條第 3 款的規定排除了香港本地執法機構特別是廉政公署對國安公署人員的監督，而將其監督專門委任於國家監察機關，但該法第 2 款明確規定了國安公署人員除須遵守全國性法律外，還應當遵守香港特別行政區法律。[23] 因此，國家監察機關在監察執紀的過程中，也應當既遵守全國性的監察類法律法規，又符合特別行政區本地的法律標準。此處所謂符合，既包括積極意義上服從和尊重，也包括消極意義上不與當地法律標準相抵觸。

（二）監察監督法律標準衝突 —— 以留置為例

在留置等問題上，內地法律制度與特別行政區法律及國際人權公約的衝突特別突出，因此，本部分以留置為例分析香港監察監督的具體法律適用。在討論這一問題之前，必須首先認識到，監察體制改革過程中所創設並由《監察法》所確立的留置制度以極大強度縮減了人身自由的保障。早在監察體制改革試點階段，就有學者指出留置在強度上不亞於逮捕因此與《憲法》第 37 條有所抵觸，「立法機關不能創設一項強度與逮捕相當的措施。而試點中的留置措施就是與逮捕實質相當的人身自由強制措施，受憲法約束的立法機關缺乏相應的立法權限。」[24]《監察法》正式規定的留置制度在四方面極大限制了《憲法》中的人身自由。首先，從時間長度上看，留置超過了《刑事訴訟法》規定的逮捕和拘留。留置的最長期限是三個月，特殊情況下可以延長一次，延長時間不得超過三個月。根據中央紀委和國家監委的解釋，留置期間發現「新罪」還可以重新計算留置期限。[25] 其次，犯罪嫌疑人根據《刑事訴訟法》在第一次被訊問或者採取強制措施之日起即有權委託辯護人，而留置不受《刑事訴訟法》調整，因此在限制人身自由的同時排除了律師的介入。[26] 再次，留置

23　國安公署人員違反香港特別行政區法律可能會構成職務違法或職務犯罪，因此駐港國家監察機關有權就此進行監督，但這並不意味著特區法律適用於國家監察機關的監察活動。

24　張翔、賴偉能：《基本權利作為國家權力配置的消極規範 —— 以監察制度改革試點中的留置措施為例》，《法律科學》2017 年第 6 期，第 34 頁。

25　中共中央紀律檢查委員會法規室、中華人民共和國國家監察委員會法規室：《〈中華人民共和國監察法〉釋義》，中國方正出版社 2018 年版，第 198 頁。

26　這一問題在監察體制改革試點階段和《監察法》起草過程中受到強烈關注，不少學者提出反對意見，比如秦前紅教授指出：「無論採納何種外在形式或語詞表達，在監察委員會職務犯罪調查（偵查）權係由人民檢院轉隸而享有的背景下，既然當前辯護律師在偵查階段即可介入，無理由未來監察委員會職務犯罪調查階段律師不得介入」。參見秦前紅、石澤華：《監察委員會留置措施研究》，《蘇州大學學報（法學版）》2017 年第 4 期，第 17 頁。

措施缺乏來自監察機關以外的獨立司法機構的審查或覆核，而《刑事訴訟法》中的限制人身自由措施配置了檢察機關的審查。最後，在通知規則上，監察機關在對被調查人採取留置措施後應當在二十四小時以內，通知被留置人員所在單位和家屬，但有可能毀滅、偽造證據，干擾證人作證或者串供等有礙調查情形的除外。有礙調查的情形消失後，應當立即通知被留置人員所在單位和家屬。

留置是監察機關在調查過程中所採取的一種性質含混的強制措施（介於行政措施和司法措施之間或兼含二者），《監察法》將《刑事訴訟法》的「偵查」改為「調查」，試圖以一字之差來迴避《刑事訴訟法》對刑事強制措施的限制。但從實質上講，作為極大限制人身自由的手段，留置並不能游離於《公民權利和政治權利公約》（以下簡稱《公約》）第9條的保護範圍。[27]《公約》第9條第3款規定：「任何因刑事指控被逮捕或拘禁的人，應被迅速帶見法官或其他經法律授權行使司法權力的官員，並有權在合理的時間內受審判或被釋放。等候審判的人受監禁不應作為一般規則，但予以開釋時應保證於審訊時、於司法程序之任何其他階段、並於一旦執行判決時，候傳到場。」第4款規定：「任何因逮捕或拘禁被剝奪自由的人，有資格向法庭提起訴訟，以便法庭能不拖延地決定拘禁他是否合法以及如果拘禁不合法時命令予以釋放。」其中第3款既要求在逮捕後迅速由獨立的司法官員進行審查，也要求「審前拘禁不應作為一般規則……審前拘禁只應基於某些實質性的理由——諸如隱匿證據、再次犯罪或潛逃的危險——而限制使用，並且時間應該儘可能地短」。[28]可以明顯看到，留置措施與《公約》存在多處衝突。首先，留置不像刑事逮捕那樣受到作為獨立司法機關的檢察機關的審查，僅僅上級監察機關的審查批准並不能滿足《公約》對人身自由的保障要求。其次，留置以審前拘禁作為一般規則，並且其時間也難以符合《公約》的要求，儘管聯合國人權事務委員會強調第9條第4款的「不拖延」問題必須在個案的基礎上進行評估，但將近三個月的期間被認定為「在原則上過長」。[29]最後，再考慮到律師不能介入、

---

27 基於《公約》的目標和宗旨，該條的逮捕和拘禁應作廣義解釋，這意味著第9條不承認超出這兩種情況之外的任何其他剝奪自由的形式。參見〔奧〕曼弗雷德·諾瓦克：《民權公約評注》，孫世彥、畢小青譯，生活·讀書·新知三聯書店2008年版，第168頁。

28 〔奧〕曼弗雷德·諾瓦克：《民權公約評注》，孫世彥、畢小青譯，生活·讀書·新知三聯書店2008年版，第176頁。

29 〔奧〕曼弗雷德·諾瓦克：《民權公約評注》，孫世彥、畢小青譯，生活·讀書·新知三聯書店2008年版，第178頁。

通知規則的例外等。

　　儘管《公約》至今未得到中國政府批准因此在中國內地不具有法律效力，但它在香港特別行政區卻是有效適用的法律規則。《基本法》第 39 條規定：「《公民權利和政治權利國際公約》、《經濟、社會與文化權利的國際公約》和國際勞工公約適用於香港的有關規定繼續有效，通過香港特別行政區的法律予以實施。」[30]《香港人權法案條例》第 5 條關於人身自由和安全的規定[31] 在制定中比照了《公約》第 9 條。經過《香港人權法案條例》的轉化，香港法院在司法實踐中將《公約》與人權法案作為同一級法律援引。[32] 特區法院在司法實踐中將普通法傳統、國際人權法和基本法融為一爐，[33] 這種融合在人身自由保護方面亦較明顯。就特別行政區本地的廉政反腐而言，廉政公署有逮捕權，但該逮捕權受到保釋、司法覆核和人身保護令等多重限制，根據《廉政公署條例》第 10A 條關於逮捕後的程序的規定，如有人被廉署人員逮捕並被扣留在廉政公署辦事處，除非該人在被帶到裁判官席前之前已獲釋，否則須在其被捕後 48 小時內，在切實可行範圍內儘快被帶到裁判官席前。」[34]

　　事實上，在《監察法》起草過程中，曾有學者基於香港法律實踐考察嫌疑人通過獲得律師幫助權、與親友通話權、沉默權、申請保釋權、申請人身保護令的權利、申請釋放權及要求損害賠償權等實現對廉署調查權的動態控制，並建議監察法草案通過賦予監察對象基本權利來對監察機關發揮監督作用，[35] 但可惜此類建議未能獲得採納。

（三）相關法律標準的選擇建議

　　在監督和調查國安公署人員的過程中，國家監察機關如果運用《監察法》

30　關於該條起草過程中的各種爭議，可參見楊曉楠：《〈香港基本法〉第 39 條的教義學分析：權利體系與規範功能》，《華東政法大學學報》2020 年第 5 期，第 33-36 頁。

31　其內容參見香港法例第 383 章《香港人權法案條例》，https://www.elegislation.gov.hk（最後訪問時間：2020 年 10 月 1 日）。

32　參見李薇薇：《〈公民權利和政治權利國際公約〉在香港的法律地位》，《法制與社會發展》2013 年第 1 期，第 44 頁。

33　參見黃明濤：《普通法傳統與香港基本法的實施》，《法學評論》2015 年第 1 期，第 39 頁；陳弘毅：《公法與國際人權法的互動：香港特別行政區的個案》，《中外法學》2011 年第 1 期，第 56 頁；楊曉楠：《香港基本法的類型化司法適用》，《法學家》2018 年第 4 期，第 112 頁。

34　參見香港法例第 204 章《廉政公署條例》——第 10A 條逮捕後的程序第（6）款，https://www.elegislation.gov.hk（最後訪問時間：2020 年 10 月 1 日）。

35　參見陽平：《論我國香港地區廉政公署調查權的法律控制——兼評〈中華人民共和國監察法（草案）〉》，《政治與法律》2018 年第 1 期，第 37、42 頁。

所規定的所有監察措施或手段，必然會產生與特別行政區法律及特別行政區適用的國際公約相違背的情況。留置措施不符合特別行政區對人身自由的保障標準，不宜在特別行政區範圍內應用。因此，筆者建議國家監委在對其駐港監察機構或監察專員作出授權時，明確排除留置措施。恰好《監察法》第13條規定派駐或者派出的監察機構、監察專員根據授權履行職責，此處所謂的「根據授權」通常被理解為派出它的監察機關的具體臨時授權，由此賦予監察委員會更多自主判斷權。[36] 國家監委在具體塑造如何監督國安公署的問題上就有比較大的操作空間。除留置措施以外，也應當在一般意義上總結、整理相關的法律標準，準備好相關法律標準的銜接預案。[37] 總之，需要完善對被調查人的人身自由保障機制，必要時《監察法》需作出相應修改，從而更好地體現人權保障的要求。

五、結語

2020 年 7 月 8 日，國安公署剛剛揭牌成立，[38] 其如何運作仍有待未來的實踐觀察。《香港國安法》第 50 條第 3 款如何實施目前也尚不明朗，國家監委至今仍未向國安公署派駐或派出監察機構或監察專員。因此，本文所作的分析主要屬理論推導和沙盤推演。筆者希望通過理論分析促進《香港國安法》的良好實施，在國家安全和基本人權之間實現良好的平衡。塑造內在平衡的監督機制有助於在維護國家安全的同時保障人權，最終助益於「一國兩制」行穩致遠。既有效監督國安公署人員依法履職，又充分保障國安公署人員的合法權利，在根本上也應當屬於前述平衡的組成部分。

36　秦前紅、石澤華：《〈監察法〉派駐條款之合理解釋》，《法學》2018 年第 12 期，第 71 頁；中共中央紀律檢查委員會法規室、中華人民共和國國家監察委員會法規室：《〈中華人民共和國監察法〉釋義》，中國方正出版社 2018 年版，第 102 頁。

37　實際操作中當然還存在一個選項，即先將監察對象調回內地再採取留置措施，從而避免與特區法律相衝突。

38　陳穎：《中央人民政府駐香港特別行政區維護國家安全公署在香港揭牌》，《人民日報海外版》2020 年 7 月 9 日第 3 版。

國際法視角下的香港國家安全法：
以《中英聯合聲明》為例

王江雨　香港城市大學法律學院教授

一、導論

2020 年 6 月 30 日上午，全國人民代表大會常務委員會通過《中華人民共和國香港特別行政區維護國家安全法》（以下簡稱《香港國安法》或者《國安法》）；當天下午，全國人大常委會決定將其列入《中華人民共和國香港特別行政區基本法》附件三的適用於香港的「全國性法律」清單；隨即香港特別行政區行政長官林鄭月娥公佈，自 2020 年 6 月 30 日晚上 11 時起，該法在香港特別行政區實施。一天之內，從上午法律在北京制定到晚上在香港生效實施，整個過程一氣呵成，展示了中央政府以法律手段穩定香港的強大政治意願和特區政府在此特定問題上的強大執行力。

就大的背景而言，《香港國安法》的出台是中央政府為了應對 2019 年的香港「修例風波」所造成的對「一國兩制」秩序的巨大破壞而採取的政法性質的措施。從北京的角度看，出台《國安法》的理由是香港回歸以後出現了「一些不利於『一國兩制』順利實施甚至有違『一國兩制』方針、挑戰『一國兩制』原則底綫的現象和問題」。[1] 最嚴重的，如國務院港澳辦主任夏寶龍指出的，是《逃犯條例》修訂風波中出現的如下現象：

> 進入 2019 年，香港情況更加惡化，「修例風波」爆發，一時間，「港獨」猖獗、「黑暴」肆虐、「攬炒」橫行、「恐怖」升級，搞「顏色革命」的各種激進破壞活動肆無忌憚，外國勢力指手畫腳，深度干預，其結果，導致香港陷入曠日持久的動亂，法治被嚴重踐踏，社會被嚴重撕裂，經濟受到嚴重沖擊，香港的國際形象嚴重受損。[2]

1　《夏寶龍關於『愛國者治港』致辭（全文）》，紫荊網，2021 年 3 月 1 日，http://hk.zijing.org/2021/0301/842029.shtml。

2　同上。

「修例」風波中，曾有聲音表示，香港的情況已經到了危急階段，以至於需要中央「出手」，出動駐港解放軍平定亂局。[3] 以全國最高立法機關為香港制定一部《國家安全法》的方式來解決問題，既沒有對香港的局面坐視不理，也沒有動用武裝部隊來協助整頓香港治安，這一點出乎很多人的意料，但確實是執兩用中的恰當手段。《國安法》實施以後這一段時間，香港的政治局勢迅速走向穩定，成規模的遊行抗議局面已經基本消失。[4]

不令人意外的是，《香港國安法》在海外也遭到一些批評。其中一種意見是，該法律違反國際法，損害香港的人權和自由。[5] 早在全國人大常委會要制定《國安法》的消息剛傳出來時，英國政府就不斷發表官方評論，稱具體內容尚不為外界所知的該法會違反具有法律約束力的《中英聯合聲明》，從而違反中國的國際法義務。[6]《國安法》通過生效後，英國外交部再次聲明該法構成對《中英聯合聲明》的「明確和嚴重的」（clear and serious）的侵犯。[7] 英國最新一期的《香港半年報告》則正式宣佈，「中國已經進入持續不遵守《中英聯合聲明》的狀態」。[8] 國際律師協會（International Bar Association）及其下屬的人權研究所（Human Rights Institute）的幾位領導人物聯署發表公開信，[9] 對

---

3 《〈逃犯條例〉出動解放軍？劉兆佳：已到出手邊緣》，《香港 01》2019 年 8 月 8 日，https://www. hk01.com/%E6%94%BF%E6%83%85/361226/%E9%80%83%E7%8A%AF%E6%A2%9D%E4%BE%8B-%E5 %87%BA%E5%8B%95%E8%A7%A3%E6%94%BE%E8%BB%8D-%E5%8A%89%E5%85%86%E4%BD%B3- %E5%B7%B2%E5%88%B0%E5%87%BA%E6%89%8B%E9%82%8A%E7%B7%A3-%E5%91%82%E7%A7 %89%E6%AC%8A%E6%96%99%E6%A9%9F%E6%9C%83%E7%B4%B0。又見社評：《出動解放軍是下下策，香港否極終會泰來》，《信報》2019 年 7 月 29 日，https://www1.hkej.com/features/article?q=%2 3%E5%8F%8D%E4%BF%A1%E4%BE%8B%E5%B0%88%E6%AC%84%E6%96%87%E7%AB%A0%23&su id=2759966758。

4 從中央政府的角度講，這是「東方之珠重回正軌」，見《國安立法，香港安瀾》，新華社香港，2020 年 12 月 28 日，http://www.xinhuanet.com/gangao/2020-12/28/c_1126916346.htm。

5 見《港版國安法：英國等 27 國要求北京撤回決定》，《香港 01》2020 年 7 月 1 日，https://www. hk01.com/%E5%8D%B3%E6%99%82%E5%9C%8B%E9%9A%9B/492537/%E6%B8%AF%E7%89%88%E5% 9C%8B%E5%AE%89%E6%B3%95-%E8%8B%B1%E5%9C%8B%E7%AD%8927%E5%9C%8B%E8%A6%81 %E6%B1%82%E5%8C%97%E4%BA%AC%E6%92%A4%E5%9B%9E%E6%B1%BA%E5%AE%9A。

6 UK Foreign Ministry, "The Six-Monthly Report on Hong Kong – 1 January to 30 June 2020", 23 November 2020, p. 10.（以下簡稱 UK Six-Monthly Report on Hong Kong, November 2020）

7 Ibid, p. 13.

8 UK Foreign Ministry, "The Sixth-Monthly Report on Hong Kong – 1 July to 31 December 2020", 10 June 2021, p. 4.（以下簡稱 UK Sixth-Monthly Report on Hong Kong, June 2021）(It mentioned, "We have therefor now declared China to be in a state of ongoing non-compliance with the Joint Declaration".)

9 "China's National Security Law for Hong Kong Contrary to Rule of Law", https://www.ibanet.org/article/ C4379ED1-73B9-4394-8A59-F21878676598.

《國安法》做了如下三點定性，即該法：（1）與國際法規範相抵觸；（2）不符合法治及基本人權；（3）與《香港基本法》不一致。[10] 此外，聯合國一些人權方面的工作組主席和特別報告員也發表聯合聲明，指責《國安法》的規定不符合《世界人權宣言》、《公民權利和政治權利國際公約》等，從而違法中國在國際法之下的義務（international legal obligations）。[11]

需要注意的是，國際法本身一般不對主權國家制定的國內法妄加評判，這是基於當代國際社會（所謂的「威斯特伐利亞時代」）的基本特徵，[12] 即國家構成一國的最高主權，國家之間彼此平等，互不干涉內政，國家之上沒有更高的主權。國際法則被定義為「各國認為在他們彼此交往中有法律約束力的習慣和條約規則的總體」。[13] 但是主權並不是絕對的，而是受到一國的國際法義務的限制，後者或者是由國家通過條約主動承擔的義務，或者是基於習慣國際法而應當接受的義務。換言之，如果某項國內立法涉及到一國的國際義務，那麼就產生了國際法上的相關性。從這個角度來審視《香港國安法》的國際法處境，涉及到三個問題：第一，《國安法》是不是違反《中英聯合聲明》之下中國的條約義務？第二，《國安法》的規定是否違反中國在國際人權法之下的國際法義務？第三，《國安法》的若干域外管轄條款是否違反習慣國際法？

本文限於篇幅，將重點探討《國安法》是否違反《中英聯合聲明》，並是否進而違反中國的國際法義務的問題。這裏面有如下若干層次的問題：

一、《中英聯合聲明》是否為具有國際條約或協定性質的國際法文件，為中英雙方設定義務？

二、即使認可《中英聯合聲明》為國際條約或協定，它是否仍然現在有效？

10　Ibid.

11　"Mandates of the Special Rapporteur on the promotion and protection of human rights and fundamental freedoms while countering terrorism; the Working Group on Arbitrary Detention; the Special Rapporteur on extrajudicial, summary or arbitrary executions; the Special Rapporteur on the promotion and protection of the right to freedom of opinion and expression; the Special Rapporteur on the rights to freedom of peaceful assembly and of association; the Special Rapporteur on the situation of human rights defenders; and the Special Rapporteur on minority issues", OL CHN 17/2020 (1 September 2020).

12　王江雨：《國際秩序，走不出的「威斯特伐利亞體系」》，《新京報》2015 年 8 月 4 日，http://opinion.people.com.cn/n/2015/0804/c1003-27406963.html。

13　《奧本海國際法》上卷第一分冊，老特派特修訂，王鐵崖、陳體強譯，商務印書館 1989 年版，第3頁。

三、即使《中英聯合聲明》是有效的國際法文件，《國安法》的規定是否違反了其中任何條款？

二、《中英聯合聲明》的國際法性質

《中英聯合聲明》由中英雙方於 1984 年 12 月 9 日在北京正式簽訂，簽字方為中國總理趙紫陽和英國首相瑪格麗特‧撒切爾，即兩國政府的最高首腦。《聲明》包括主文八個條款，三個附件，及若干雙方交換的備忘錄。《中英聯合聲明》於 1985 年 5 月 27 日生效，並由中英兩國政府於同年 6 月 12 日在聯合國登記。[14]

關於《中英聯合聲明》是否為有約束力的國際條約，一開始就沒有一致的看法，雖然總體上看認為它構成條約的意見略佔上風。[15] 質疑性觀點的起點是，如果它是作為國際法淵源的條約的話，它為什麼僅僅被冠以「聲明」，而不是直接稱為「條約」或是「協議」？條約法的基本原理可以對此提供一個理解的角度。《維也納條約法公約》將條約定義為「國家間所締結而以國際法為準之國際書面協定，不論其載於一項單獨文書或兩項以上相互有關文書內，亦不論其特定名稱如何」。[16] 換言之，不可以因為某項協議的名稱而接受或者否定其國際法效力。[17] 事實上，國際條約性文件還曾使用過如下名稱：憲章、盟約、組織憲章、規約、公約、協定、議定書、總文件、宣言或聲明、換文、臨時協定、諒解備忘錄等。[18] 對此，國際法院在「西南非洲案」（初步異議）（1962 年）的判決中曾指出，「術語並不是確定一個國際協議或承諾的性質的決定性因素。在國家和國際組織的實踐以及國際法的司法實踐中，（條約名稱）的用法是多種多樣的。（在國際上）有很多不同種類的文件，但它們都

---

14 *United Nations Treaty Series*, Volume 1399 (1985), available at: https://treaties.un.org/doc/publication/unts/volume%201399/v1399.pdf.

15 Roda Mushkat, "The Transition from British to Chinese Rule in Hong Kong: A Discussion of Salient International Legal Issues", (1986) *Denver Journal of International Law & Policy* 14(2), pp. 191-192.

16 《維也納條約法公約》（1969 年 5 月 23 日訂於維也納，1980 年 1 月 27 日生效），中文版見 https://www.un.org/chinese/law/ilc/treaty.htm.

17 James Crawford, *Browlie's Principles of Public International Law* (Oxford University Press, 2019), 9th edition, p. 355. (It mentioned, "The form or title of the instrument, for example a joint communique, is not decisive".)

18 李浩培：《國際法的概念和淵源》，貴州人民出版社 1994 年版，第 60-66 頁；又見王鐵崖主編：《國際法》，法律出版社 1995 年版，第 402-405 頁。

具備了條約約定的性質」。[19]

如李浩培先生所指出的，任何條約都必須具備三個要素：「（1）具有締約能力的至少兩個國際法主體作為條約的主體；（2）這些主體對於作為條約的客體事項有按照國際法產生、改變和廢止相互權利義務的意思；（3）這些主體的意思表達已達成一致」。[20] 以此來判斷《中英聯合聲明》的國際法性質，《中英聯合聲明》是中國與英國兩個主權國家在基於平等地位的嚴肅認真長期談判後，再由雙方政府首腦換文簽字，這個事實就能滿足第（1）和第（3）要素。那麼雙方是否有依照國際法產生和改變權利義務的意思？這一點首先要從雙方相關的政府文件中去尋找意思表示。

英國政府從一開始就對《中英聯合聲明》的國際法性質頗為強調，雖然並沒有特別解釋為什麼要捨「條約」或「協定」而用「聲明」作為名稱。英國外交部長向國會提交的《中英聯合聲明》審議文件對《聲明》的國際法律性質做了如下強調：[21]

> 《中英聯合聲明》的主體文件和三個附件] 的每一部分都具有同等的地位，而其整體則形成一個正式的國際協議（a formal international agreement），所有的部分都具有法律約束力。這種國際協議是兩個主權國家的最高形式的承諾。

在中華人民共和國方面，國務委員兼外交部長吳學謙 1984 年在提請全國人大常委會審議中英關於香港問題協議文件的報告中對《中英聯合聲明》的國際法性質也毫不諱言：[22]

> 一般說來，國際間關於領土、主權的處理大多用條約的形式。但考慮到我國政府對香港的基本方針政策屬於我國內政，應該由我方作出聲明；同時，在主權和治權問題的表述上也以採用「聯合聲明」的形式更

19　轉引自王鐵崖主編：《國際法》，第 403 頁。

20　李浩培：《國際法的概念和淵源》，第 55 頁。

21　"A Draft Agreement between the Government of the United Kingdom of Great Britain and Northern Ireland and the Government of the People's Republic of China", presented to parliament by the Secretary of State for Foreign and Commonwealth Affairs by Command of Her Majesty, September 1984, (1984) *Miscellaneous* 20, reprinted in [1985] *Australian International Law News* 148, p. 154.

22　《國務委員兼外交部長吳學謙就提請審議中英關於香港問題協議文件向全國人大常委會的報告》，1984 年 11 月 6 日，《中華人民共和國國務院公報》，1984 年第 28 號（總號：449），11 月 30 日出版，第 954 頁。

為適宜。有關細節則以附件的形式加以說明。當然,從廣義上說,「聯合聲明」也是國際條約的一種形式,同樣具有國際法效力和法律約束力。

因此,可以說,就雙方的合意而言,《中英聯合聲明》作為有拘束力的國家法律文件這一點已經非常清楚。但是也需要指出的是,《中英聯合聲明》並不是一份具有全備內容、規定了執行機制的國際協定。換言之,僅僅看條文,並不能得出《中英聯合聲明》為雙方規定了強制性的法律義務。《中英聯合聲明》共八條,第 1 條和第 2 條分別是中英兩國的各自聲明:一方聲明於 1997 年 7 月 1 日對香港恢復行使主權,另一方則聲明屆時將香港交還中國。第 3 條是中國政府聲明的對香港的基本方針,即「一國兩制」的具體內容。第 4 條規定香港正式回歸前的行政管理,第 5 條規定成立中英聯合聯絡小組,第 6 條規定根據附件三處理的土地契約事項,第 8 條規定生效與批准事項,而唯有第 7 條規定了執行性質的義務:[23]

> 中華人民共和國政府和聯合王國政府同意,上述各項聲明和本聯合聲明的附件均將付諸實施。

第 7 條的規定可以視為雙方承擔義務以執行《中英聯合聲明》的各項條款。其內容非常簡單,尤其是沒有規定,如果一方不履行義務,會有什麼樣的救濟措施。比如,《聲明》沒有規定,在有違反的情況下,一方是否可以尋求到國際法院或其他國際爭端解決場合解決糾紛。如中國與英國因為《中英聯合聲明》這樣的涉及國家間關於領土主權和治權安排的協定而發生糾紛,最合適的場合是國際法院(International Court of Justice, ICJ)。但是,國際法院對國家間糾紛並沒有自動的管轄權。它的管轄權或者來自協定當事國在特定事項上的同意,或者因為當事國之前已經書面同意接受國際法院的強制管轄權(compulsory jurisdiction)。[24] 在《中英聯合聲明》簽訂時,中英雙方都不接受國際法院的強制管轄權。2017 年 2 月 22 日,英國正式書面認可國際法院強制管轄權,是迄今為止唯一一個接受此類管轄權的聯合國安理會常任理事國。[25] 換言之,除非中國也同意,沒有任何國際爭端解決機構對涉及《中英聯

---

23 《中華人民共和國政府和大不列顛及北愛爾蘭聯合王國政府關於香港問題的聯合聲明》,見 https://www.legco.gov.hk/general/chinese/procedur/companion/chapter_1/mcp-part1-ch1-n24-c.pdf。

24 Statute of the International Court of Justice, Article 36 (1) and (2).

25 "Declarations Recognizing the Jurisdiction of the Court as Compulsory [by] United Kingdom of Great Britain and Northern Ireland", 22 February 2017, https://www.icj-cij.org/en/declarations/gb.

合聲明》的爭議有管轄權，這一點不僅適用於國際法院，也適用於其他國際裁決組織。

以英國在國際法方面的豐富理論和實踐經驗，並不是沒有能力為《中英聯合聲明》設計出詳盡具體的法律義務和可操作性強的執行機制，而沒有做到這一點的原因只能有二，即：或者是因為沒有能夠說服談判對手同意這樣做，或者是因為英國自己也無意採取一味「法律化」（legalistic）的手段，而後者可能是更主要的原因。《中英聯合聲明》在這方面的含糊性一開始就被英國政客注意到了。在英國議會關於回歸前香港政改的聽證會上，英國議員 David Harris 對英國外交部提出了如下質詢：[26]

> 你說的意思實際上是，針對目前英國政府和港英政府與中國之間關於彭定康總督的政改方案的不幸爭執，沒有任何實際的可能性將其提交一個國際組織——具體而言，國際法院，因為中國可以否決這個做法，但假如他們不這樣做呢？

對此英國外交部副法律顧問回復說：[27]

> 我想在目前這個階段，因為談判仍在進行中，我們無法猜測如果談判失敗會發生什麼。我們本著誠信的態度，以達成最終協議為目標而進入談判。我在此需要強調的是，談判成功對雙方都很重要，也符合它們的利益，那也是對香港未來的最好的保障，是確保所謂的讓現有的立法局議員在 1997 年 7 月 1 日後成為新的立法會的議員的「直通車」機制順暢的辦法。我想，在這樣的公眾聽證場合臆測談判失敗後會發生什麼這個假設情況，這是錯誤的做法。

顯而易見，英國政府其實一直不願意設想甚至是公開談論如果中英雙方發生糾紛，應該如何根據《中英聯合聲明》去應對的問題，尤其是不願意明確說明是否以及如何以國際法上的正式爭端解決程序來處理對《聲明》義務的違反問題。但話說回來，就《中英聯合聲明》自身的賦權能力而言，無論是英方還是中方都無法強迫對方履行義務，以及將對方帶向任何國際爭端解決機構。

26　David Newman, "The Road to China: Hong Kong's Transition to Chinese Sovereignty", *Centre for Public Policy Studies Working Paper Series* (Faculty of Social Sciences, Lingnan College, Hong Kong, 1995), no. 19 (4/95) CPPS, p. 9.

27　Ibid, pp. 9-10.

三、《中英聯合聲明》的當下效力

對《中英聯合聲明》當下效力的否定直接來自中國外交部，這成為最近幾年關於《聲明》的法律意義的最大爭議點。2017年6月30日外交部發言人陸慷在回答提問時指出：[28]

> 香港是中國的特別行政區，香港事務屬於中國內政。1984年的《中英聯合聲明》就中方恢復對香港行使主權和過渡期有關安排作了清晰劃分。現在香港已經回歸祖國懷抱20年，《中英聯合聲明》作為一個歷史文件，不具有任何現實意義，對中國中央政府對香港特區的管理也不具備任何約束力。英方對回歸後的香港沒有主權，沒有治權，也沒有監督權。

這一發言迅速引發各種反應，包括英國外交部的肯定《中英聯合聲明》法律效力的立即回應。外界對此的理解是，中國是在質疑《中英聯合聲明》的法律效力，不承認它的國際條約性質，從而「逃避」在《聲明》之下的義務。如果是這樣的話，那麼「一國兩制」就失去了它的國際法保障。這同時也會對中國的國際聲譽造成重大不利影響，導致外界將中國視為背信毀約的國家。為避免這一不利後果，中國外交部在以後的幾次回應中，對《中英聯合聲明》的中方敘事進行了進一步的補充和修正，基本形成了一套「歷史文獻論」的說辭。

2017年7月8日，外交部條法司司長徐宏表示，要在陸慷有關表態的具體背景之下來理解他關於《中英聯合聲明》的講法，據此，所謂的《聲明》「不具有任何現實意義」，指的是有關國家不應當利用《聲明》對香港事務說三道四。徐宏特地強調，在這個背景下，陸慷「並沒有提到《中英聯合聲明》是否依然有效」。徐宏重申，中方從來沒有否認《聲明》是國際條約。[29]

結合中國政府（主要是外交部有關部門）在多個場合的立場表述，我們

---

28 《2017年6月30日外交部發言人陸慷主持例行記者會》，https://www.fmprc.gov.cn/web/fyrbt_673021/t1474476.shtml。

29 《徐宏：港回歸後，英再無權責》，《文匯報》2017年7月8日，http://news.wenweipo.com/2017/07/08/IN1707080042.htm。又見《外交部官員徐宏：香港回歸後，英國再無權利義務》，觀察者網，2017年7月9日，https://www.guancha.cn/local/2017_07_09_417223.shtml。

可以將中國政府對《中英聯合聲明》的新的定性敘事總結出如下要點：[30]

一、《聲明》依然是國際條約，但它是中英間關於香港回歸及有關過渡期安排的法律文件，不再具有現實的法律約束力的條款。

二、《聲明》中與英國有關的條款已經都履行完畢。《聲明》第 1 條和第 2 條在香港回歸的時候已經同時履行完畢。第 4 至 6 條和附件二、附件三規定兩國在回歸過渡期間的安排，第 7 條和第 8 條是關於實施和生效的程序性條款。這些條款隨著香港的回歸都已告履行。

三、《聲明》第 3 條及附件一是中方單方面的政策宣示，屬於中國內政，不是雙方協議內容，英國不能在此基礎上主張權利。

四、在香港實行「一國兩制」的法律基礎是《中華人民共和國憲法》，而不是《中英聯合聲明》。根據《憲法》制定的《香港特別行政區基本法》，是中國對自己的政策宣示的法律化。

五、中方的理解是，按照《聲明》，英國只有兩大義務，即第一，按時將香港交還中國；第二，在 1997 年香港回歸前配合中方做好過渡期工作，確保順利交接。《聲明》沒有賦予英國在香港回歸後就香港承擔任何責任和干預香港事務的權利，英國對回歸後的香港無主權、無治權、無監督權。「所有因《中英聯合聲明》而產生的在英國和香港之間的法律聯繫，最遲在中英聯絡小組 2000 年 1 月 1 日終止工作時已結束。」[31]

中國外交部對《中英聯合聲明》的當代效力的新論述，有其新穎別致之處，也為對抗英國的「有權利繼續監督中國履行其在《聲明》中的國際法義務」的說辭提供了相對抗的論點和論證。假設在雙方辯駁法理的場景下，另一方需要反駁上述中方的論理要點，尤其是要論證為何在 1997 年後英國仍然有權根據《中英聯合聲明》監督中國在香港的管治情況。這其中的核心問題

---

30 依據材料為：《徐宏：港回歸後，英再無權責》，《文匯報》2017 年 7 月 8 日，http://news.wenweipo.com/2017/07/08/IN1707080042.htm；《外交部官員徐宏：香港回歸後，英國再無權利義務》，觀察者網，2017 年 7 月 9 日，https://www.guancha.cn/local/2017_07_09_417223.shtml；《關於涉港國家安全你需要瞭解的 6 個事實》，外交部網站，2020 年 6 月 10 日，https://www.fmprc.gov.cn/web/zyxw/t1787597.shtml；《謝鋒：拿〈聯合聲明〉說事、插手香港事務是完全錯誤的》，外交部駐香港特派員公署，2019 年 8 月 15 日，http://www.fmcoprc.gov.hk/chn/zydt/t1688930.htm；《駐荷蘭大使徐宏就香港局勢召開記者招待會》，外交部網站，2019 年 12 月 10 日，https://www.fmprc.gov.cn/web/dszlsjt_673036/t1723143.shtml；鄭若驊：《慶祝〈基本法〉頒佈三十周年——追本溯源》，《基本法簡訊》2020 年 12 月第 22 期。

31 鄭若驊：《慶祝〈基本法〉頒佈三十周年——追本溯源》，《基本法簡訊》2020 年 12 月第 22 期，第 8 頁。轉引了外交部駐香港特派員謝鋒在 2019 年 8 月 15 日國際法論壇的主旨演講。

是，《聲明》第3條和附件一，其內容為聲明中國對香港的基本方針（即「一國兩制」的具體內容），是否構成中國的國際法義務？這裏面又涉及到兩個層面的分析。首先，第3條是否構成對英國的義務？即中國是否通過《中英聯合聲明》第3條對英國承諾履行該條之下的各具體規定，並因此對英國負有條約義務，而不僅僅是在第3條中做了內政性的單方聲明？如果《中英聯合聲明》中中方的單方聲明不產生對對方的國際法義務，那麼第2條關於英國於1997年7月1日將香港交還給中國的規定，也是以「聯合王國聲明」的形式出現的，這屬不屬於英方的「單方聲明」？雖然香港已經實際回歸，但英國是否會在法律上主張，回歸本身可以「非法無效」？最重要的是，《中英聯合聲明》第7條規定，中英兩國政府同意，《聲明》各條（包括第3條）及所有附件「均將付諸實施」，這一條很可能會被解釋為條約之下的義務，而不僅僅是單方承諾。

中國的主張在國際法上還要準備應對另一個挑戰，即「單方聲明」或者「單方承諾」也有可能構成國際法上的義務。根據以促進國際法的發展和編撰為使命的聯合國國際法委員會起草的相關原則，「公開作出的並顯示受約束意願的聲明可具有創立法律義務的效力。當與此相符的條件得到滿足時，這類聲明的約束性質便以善意為基礎；有關國家然後可考慮並信賴這類聲明；這些國家有權要求這類義務得到尊重」。[32] 此外，「為確定這類聲明的法律效力，有必要考慮其內容、其作出時的所有實際情況及所引起的反應」。[33] 據此，即使《中英聯合聲明》第3條和附件一可以被認定為是單方面聲明，也有可能被認為是產生和承擔國際法義務的意思表示。當然，國際法上的單方面行為的定義尚不夠成熟明確，單方面行為的理論也破碎不成體系，所以肯定不能得出結論說，第3條就是中國做出的具有國際法上約束力的單方面聲明。

中國政府內部各部門觀點不統一也可能為自身立場在國際法上的正當性製造陷阱。2020年1月31日，國務院港澳辦針對英國對香港居民中的所謂英國國民（海外）（BNO）護照者赴英居留和入籍政策發表聲明，強烈譴責「英方不守承諾，出爾反爾」。聲明稱：[34]

---

32 《適用於能夠產生法律義務的國家單方面聲明的指導原則案文》（General Principles Applicable to Unilateral Declarations of States Capable of Creating Legal Obligations），第1條，《國際法委員會年鑒》第二卷第二部分，第185頁。

33 同上，第3條。

34 《國務院港澳辦：強烈譴責英國的毀約行徑》，新華社北京，2021年1月31日，http://www.xinhuanet.com/gangao/2021-01/31/c_1127047507.htm。

在香港回歸前，中英雙方曾就 BNO 護照問題互換備忘錄，英方明確承諾不給予持有 BNO 護照的香港中國公民在英居留權。去年以來，英方違背國際關係基本準則，極力阻撓我制定和實施香港國安法，在其圖謀失敗後，轉而在 BNO 問題上打起歪主意。英方的做法嚴重違反《中英聯合聲明》，是一種赤裸裸的毀約行徑。

作為與外交部級別平行的國務院港澳辦的聲明的邏輯前提是，《中英聯合聲明》是中英之間現行有效的條約性國際法文件，具有約束力，英國的做法違反了《聲明》，是一種「毀約」行為。這也就是說，對於《中英聯合聲明》的法律時效性，中國政府的兩個中央部級單位發出了不同的聲音。在國際法辯論的場合，這種局面會導致中國的主張被判斷為自相矛盾，甚至是互相抵消，從而在法律上居於不利之地。

筆者認為，既然中國的官方立場仍是承認《中英聯合聲明》為雙邊國際條約，出於以下原因，將其定性為「歷史性文件」的說法並不是符合中國國家利益的最佳論證理由。「歷史性文件」的說法在國際法上並無很強的學術規定或學理支撐。在國際法上，一項已經簽訂生效的條約只能處於兩種狀態，即它或者是現行有效，具有法律拘束力，或者因為某些原因而不再具有拘束力。後者有三種狀態：條約的無效、終止和暫停執行。條約的無效是指因為締約瑕疵的原因而自始無效，比如一方當事國存在錯誤認知，或者存在欺詐、賄賂或脅迫一方談判代表，以武力威脅或者與國際強行法相抵觸等情形。[35] 條約的終止包括因為條約到期、條約本身規定的解約事項出現、當事國的同意、一方退出、嗣後履行不能、情勢根本變更、斷絕外交關係或戰爭等情形。[36] 暫停執行指的是根據當事國的約定或其他可接受的理由，當事國暫時擱置對條約義務的履行，待條件成熟後再繼續履行。

如前所述，《中英聯合聲明》是中英雙方長期平等協商談判的結果，不存在自始無效的瑕疵，也不是一個被暫時擱置的條約。要否定《聲明》的現實效力，需要從條約「終止」的情形中去尋找根據。《中英聯合聲明》沒有規定到期日和解約事項，中英雙方也沒有協議解除，也不存在一方退出《聲明》、嗣後履行不能或上述關於條約終止的其他情形。如果中國主張解除《聲明》，則不管是基於單方退約、對方的重大違約還是情勢重大變更，都需要履行一

---

35 《維也納條約法公約》第 46-53 條。

36 《維也納條約法公約》第 54-64 條。

定的程序義務，比如應當通知英方，在遇到反對的情況下通過國際司法或仲裁手段解決雙方的爭議。[37]

中方主張更為合理的法理基礎可以是「條約已經履行完畢」。如李浩培先生指出的，國際法權威學說對條約履行完畢是否構成條約終止的原因有不同的見解。[38] 國際法巨擘奧本海主張，「義務已經被履行的條約是依然有效的，然而它只有歷史意義而已」。[39] 但另一國際法學家安齊洛蒂認為，條約義務一旦履行以後，該條約作為法律行為不復存在，雖然「它繼續作為一個歷史事實而存在」。[40] 在任何情況下，義務已經得到履行的條約，無論是否有效，僅僅具有「歷史性意義」，這在某種程度上構成中國的「歷史性文件說」的學理基礎。《中英聯合聲明》簽訂後，中國全國人大制定了《香港基本法》，不僅將《中英聯合聲明》和附件一的承諾逐項落實，甚至還有所超出，比如《中英聯合聲明》中並沒有關於普選的條款，而《基本法》第 45 條則規定「行政長官的產生辦法根據香港特別行政區的實際情況和循序漸進的原則，最終達至由一個有廣泛代表性的提名委員會按民主程序提名後普選產生的目標」。根據前文提到的外交部發言人及各位有權代表官員的說法，除《中英聯合聲明》第 3 條和附件一外（其本身只是中方的單方政策宣示），《聲明》其他條款隨著香港回歸和各項後續工作的完成都已經履行完畢。[41]

如果要判斷英方在法律上的可能主張，問題的核心可能還是《聲明》第 3 條及附件一是否具有法律上的執行力（不管是被定義為中國對英國的條約義務，還是有法律約束力的中國單方承諾）。在主張第 3 條及附件一有法律效力的前提下，英國可能會辯稱，對它們的履行是一項持續的義務，而根據第 3 條第 12 項的規定，這項義務至少要持續五十年，在此之前不存在義務履行完成的問題。

從討論的角度思考，如果中國政府不使用「歷史性文件」的提法，而僅僅只是以《香港國安法》及中國在香港採取的其他措施（包括選舉改革）完全符合《中英聯合聲明》來對抗英國的指責，是否更為站得住腳？

37　《維也納條約法公約》第 65-67 條。

38　李浩培：《條約法概論》，法律出版社 2003 年版，第 430 頁。

39　《奧本海國際法》上卷第二分冊，勞特派特修訂，王鐵崖、陳體強譯，商務印書館 1989 年版，第 352 頁。

40　轉引自李浩培，《條約法概論》，法律出版社 2003 年版，第 430 頁。

41　見前注 30、31 及其附隨主文。

四、《香港國安法》是否違反《中英聯合聲明》的實體規定？

對這個問題的討論基於《中英聯合聲明》仍然現行有效，履行《中英聯合聲明》所有條款構成中國的國際法義務這一假設。如前所述，以中方目前的立場，根本不接受這個假設。雖然如此，探討《國安法》的具體條款是否違反中方在《中英聯合聲明》中承諾的內容，尤其是第3條和附件一，仍然既有學理上的志趣，也有現實意義。但是需要指出的是，關於這個問題，限於篇幅和寫作目的，本文只能進行一些初步的框架性的論述，基本限於法律條文的規範分析。法律的執行和實施是一個實踐的過程，有著種種主體的參與，也要考慮到各種實際情況（客觀因素），因此對法律在現實中到底是如何執行的實證研究，是判斷《國安法》是否符合《中英聯合聲明》、《香港基本法》和相關國際人權公約的必要基礎。

無論定性為條約義務還是單方政策宣示，《中英聯合聲明》第3條規定了中國在收回香港後對香港的基本方針政策，其主要內容為香港回歸後的政治架構、政治體制和人權保護。本部分將簡要探討《國安法》的內容是否背離《聲明》中的相關條款，其目的不是為了得出確定的結論，而是為了提出一個研究議程。

（一）《國安法》與《中英聯合聲明》中規定的香港的基本政治經濟制度

這方面的主要關切是《國安法》是否侵害香港的高度自治權，尤其是它享有的行政管理權、立法權、獨立的司法權和終審權。[42]《國安法》是中央制定的法律，通過列入《基本法》附件三的方式在香港適用，這首先觸發的一個問題是，香港自身的立法權是否收到損害？這個問題在本質上是個憲制問題，涉及到香港在《基本法》之下的立法權限和中央與香港之間的立法權劃分。就現代國家機制的常理而論，一國的國家安全從來都是中央的事權範圍，國家立法機關為此制定全國性法律既是權限所在，也是現實的需要，因為就實際操作而言，一個國家的任何一個地方若不執行統一的國安法，就意味著國家安全有缺口。

這裏的法律問題是，儘管從整體國家安全的角度看有其必要，國安法律的立法權是否已經排他性地被賦予了香港？從《中英聯合聲明》的整體文本

可以判斷出，中英雙方無意在《聲明》中對此作出規定，因為第 1 條和附件一均不涉及國家安全事項的立法權歸屬，僅僅提到香港的「社會治安」由特區政府負責。落實《中英聯合聲明》的《香港基本法》則在其著名的第 23 條規定：「香港特別行政區應自行立法禁止任何叛國、分裂國家、煽動叛亂、顛覆中央人民政府及竊取國家機密的行為，禁止外國的政治性組織或團體在香港特別行政區進行政治活動，禁止香港特別行政區的政治性組織或團體與外國的政治性組織或團體建立聯繫。」但是，自回歸 24 年來，香港試圖根據第 23 條制定安全條例的努力每一次都引發很大風波，本地政客包括行政長官在內均承認，依靠香港本地是無法完成第 23 條立法的。總而言之，就立法層面而言，不能得出《香港國安法》的制定侵害了《中英聯合聲明》所規定的香港的立法權這個結論。

　　司法權和行政權的問題則比較複雜。《中英聯合聲明》對「獨立司法權」和「終審權」的規定簡單明確，並沒有含糊之處和「鑽空子」的餘地，而《基本法》的相關規定具有同樣的效果。但是，《國安法》的若干「組織法」性質的條款可能在這方面會引起爭議，尤其是涉及到「國家安全公署」的規定。根據《國安法》，香港特區設立「維護國家安全委員會」，承擔維護國家安全的主要責任。[43] 此外，香港警務處設立維護國家安全部門，受警務處和行政長官領導。[44] 這些機構尚算是香港內部的組織，根據特區政府自身的規則運作。但是，由中央政府在香港特區設立的維護國家安全公署（以下簡稱國安公署），作為中央在香港設立的又一個代表中央政府的專門機構，其運作和事權有值得探討之處。比如根據《國安法》，國安公署的人員只需要「適當遵守香港特別行政區法律」，[45] 他們在香港根據《國安法》執行公務的行為，不受香港特區管轄，不受香港執法人員的檢查、搜查和扣押。[46] 這些規定與特區享有的高度自治的行政管理權如何協調，這需要進一步探討和細化。

　　更為引人矚目的是《國安法》第 55 條，該條規定國安公署在以下三種情況下對國家安全犯罪行使管轄權：「（1）案件涉及外國或境外勢力介入的複雜情況，香港特別行政區管轄有困難的；（2）出現香港特別行政區政府無法有效執行本法的嚴重情況的；（3）出現國家安全面臨重大現實威脅的情況的」。

---

43 《香港國安》第 12 條。
44 《香港國安》第 16 條。
45 《香港國安》第 50 條。

46 《香港國安》第 60 條。

對於這類案件，位於北京的最高人民檢察院指定有關檢察機構行使檢察權，最高人民法院指定有關法院行使審判權。也就是說，對於這類案件的偵查、檢察、和審判，香港特區都無從置喙。這些在多大程度上影響特區政府的「行政管理權、獨立司法權和終審權」，也需要認真討論。

對《國安法》第 55 條提供正當化的一個可能理由是，該條所列的情形均屬於例外的緊急狀態。依照各國憲法關於緊急狀態的一般原理，這些情況下中央政府本來就可以採取非常措施。實際上，《基本法》對這種情況也有規定，根據《基本法》第 18 條第 3 款，「全國人民代表大會常務委員會決定宣佈戰爭狀態或因香港特別行政區內發生香港特別行政區政府不能控制的危及國家統一或安全的動亂而決定香港特別行政區進入緊急狀態，中央人民政府可發佈命令將有關全國性法律在香港特別行政區實施。」

（二）《國安法》與《中英聯合聲明》中規定的居民權利

根據中方在《中英聯合聲明》中的承諾，香港居民和在港的其他人享有人身、言論、出版、集會、結社、組織和參加工會、通信、旅行、遷徙、罷工、遊行、選擇職業、學術研究和信仰自由、住宅不受侵犯、婚姻自由及自願生育的權利，律師代理的權利，和宗教活動自由。此外《公民權利和政治權利國際公約》和《經濟、社會與文化權利的國際公約》適用於香港的規定繼續有效。[47]

就其文本而言，《香港國安法》並不直接侵犯上述權利，也並不違背兩個人權公約。《國安法》第 4 條強調維護國安工作應當尊重和保護人權，尤其是上文所述的各種權利，並遵守人權公約的相關規定。第 5 條規定防範、制止和懲治危害國家安全犯罪應當堅持法治原則，具體而言就是「法無明文規定不為罪」和「無罪推定」原則。這些規定從原則上確立了與國際標準相符的人權保護原則。

更重要的是，《國安法》規定的罪行和處罰區分「行動」（action）和言論（words），基本上僅僅以行動入罪。《國安法》列明了四類罪行：分裂國家罪、顛覆國家政權罪、恐怖活動罪和勾結外國或境外勢力危害國家安全罪。[48] 分裂國家罪和顛覆國家政權罪成立的前提是嫌疑人有「組織、策劃、實施或參與」將

---

47 《中英聯合聲明》附件一，第 13 條。
48 《香港國安法》第 20-35 條。

香港或中國任何部分分裂出去的行為。[49] 但是，如果「任何人以煽動、協助、教唆、以金錢資助」等方式參與分裂國家的，也屬犯罪。[50]「煽動」（incitement）看似屬於言論範疇，但「煽動罪」本是各國刑法中常見的罪行，已經屬於「行動」範疇。恐怖活動罪包含「宣揚恐怖主義」的行為，[51] 這貌似屬於言論範疇，但宣揚恐怖主義行為在過去數十年來已經被各國刑法和國際刑法規定為恐怖主義罪行。勾結外國或境外勢力危害國家安全罪則全部是關於行動的規定。[52]

簡而言之，《國安法》的規定並不違反《中英聯合聲明》（以及《基本法》和適用於香港的國際人權公約）中關於居民權利保護的規定。需要注意的是，這個結論目前只適用於《國安法》的條文。至於在法律的實際運作中，香港警方和國安公署如何根據《國安法》條文偵查犯罪，香港律政司如何提起公訴，以及香港法院（以及特定情況下的國安公署）如何解釋和適用《國安法》，則是一個需要密切跟蹤的實證問題。

五、結語

《香港國安法》的出台是「一國兩制」發展史上的標誌性事件，也是一個注定改變香港國家安全維護方面遊戲規則的事件。它的產生背景是，香港經歷了自回歸以來前所未有的動亂時期，有外來勢力支持的暴力抗議直接威脅到香港的穩定和中央在香港的管制秩序，包括「一國兩制」中「一國」的根基，從而激發了中央整頓香港政治秩序、維護國家安全的強大政治意願。這樣背景下制定的法律有相當程度的模糊、急促和嚴厲之處，但總體上為香港的政治再穩定框定了秩序。西方對《國安法》的一個重點批評是它不符合當代國際法，尤其是違反了《中英聯合聲明》，而中方的觀點是《中英聯合聲明》是歷史性文件，不具有約束力。本文分析了《中英聯合聲明》的法律性質，探討了中方說法的合理性與不足之處，並對《國安法》是否符合《中英聯合聲明》的實體條款進行了基於條文的規範性分析。至於《國安法》的實際執行是否符合國際法規範，這是一個需要獲取較長時間的實證數據才能做出更為準確判斷的問題。

49　《香港國安法》第 20、22 條。

50　《香港國安法》第 21、23 條。

51　《香港國安法》第 27 條。

　52　《香港國安法》第 29、30 條。

關於澳門特別行政區維護
國家安全法制的探討

朱世海　澳門科技大學法學院副教授

孫鵬飛　澳門科技大學法學院碩士研究生

一、導言

　　國家安全是全國人民安居樂業的基石，中國中央政府對國家安全的認識經歷了傳統國家安全觀、新國家安全觀，到現在的總體國家安全觀的過程，[1] 這表明中央政府對國家安全內涵的認知不斷深化。澳門特別行政區政府，作為中國中央人民政府直轄的地方政府，對履行《澳門基本法》所賦予的憲制責任和維護國家的主權、安全、發展利益責無旁貸。[2] 澳門特別行政區關於國家安全的立法工作順利，法制規範越來越豐富。不可諱言，澳門國家安全法制還有進一步完善的空間。

二、澳門特別行政區維護國家安全法的體系

　　除了《澳門刑法典》第五編「妨害本地區罪」外，澳門特別行政區維護國家安全的法律還包括以下幾個方面的制度規範。

（一）作為國安法律體系核心的《澳門維護國家安全法》

　　2009 年 3 月澳門特別行政區頒佈的《維護國家安全法》從性質上來看屬於刑事立法，其與澳門的單行刑法共同組成了維護國家安全的銅牆鐵壁，亦是澳門特別行政區穩定和繁榮的重要保障。澳門維護國家安全法制體系的建立，開創了單一制國家在某一個地區進行關乎全局性的維護國家安全立法之

1　李洪江：《澳門國家安全立法發展研究》，載《「一國兩制」實踐中的公共政策（學術研討會論文集）》，澳門理工學院「一國兩制」研究中心 2020 年 12 月版，第 76 頁。

2　何厚鏵、楊允中：《何厚鏵行政長官施政報告彙編 2000-2009》，澳門理工學院「一國兩制」研究中心 2009 年版，第 81 頁。

先例。[3]

《澳門維護國家安全法》全文共有十五條，著重處罰叛國、分裂、叛亂祖國的行為，同時還對竊取機密、顛覆政權、境外機構與組織危害國家安全的行為作出規定，明確了罪名、犯罪構成、附加刑及適用範圍等內容，較為全面地將危害國家安全的犯罪行為進行分類。結合上文，以下僅就《澳門維護國家安全法》中的叛國、顛覆中央人民政府、竊取國家機密等嚴重危害國家安全的犯罪行為結合具體的法律條文逐一闡釋。

《澳門維護國家安全法》的第 1 條第 1 款具體規定了叛國罪的犯罪構成，其第 2 款內容根據犯罪情節規定了十年至二十五年的處罰刑期，並對預備犯罪的行為者處最高三年有期徒刑。

《澳門維護國家安全法》的第 3 條具體規定了顛覆中央人民政府的罪名和刑期。[4] 澳門是中國高度自治的特別行政區，其享有高度的自治權，但高度自治不是「全面自治」，仍需接受中央政府的領導。澳門特別行政區不允許出現推翻中央人民政府的行為，如果違反此禁止性規定，犯罪行為者的處罰刑期視具體的犯罪情節而定，最高可處以二十五年有期徒刑。

《澳門維護國家安全法》第 5 條的內容是關於犯罪行為者竊取國家機密的規定，其共有五款內容，針對境內外犯罪分子竊取國家機密的常用手段，制定了具體的處罰刑期，有效地震懾了計劃竊取國家機密的犯罪分子。

（二）《澳門刑法典》第五編中的「妨害本地區罪」

在澳門回歸中國之前，澳門維護國家安全的法律條文主要來源於 1886 年的《葡萄牙刑法典》。在澳門回歸後，《葡萄牙刑法典》已不在澳門地區具有法律效力。接替《葡萄牙刑法典》繼續在國家安全領域發揮重要作用的是《澳門刑法典》第五編「妨害本地區罪」中的法律條款。「妨害本地區罪」的內容具體可分為五部分，其分別從顛覆政權、非法集會、侮辱國旗國徽、擾亂國家機關運轉秩序及附加刑等五個方面進行粗略的概括規定。

《澳門刑法典》第五編「妨害本地區罪」的內容共有十一條。其中第 297 條、第 298 條、第 299 條、第 300 條是第一部分，第一部分是針對犯罪分子分

3　吳為、李東華、李泰山：《澳門〈維護國家安全法〉解讀》，《江南社會學院學報》2016 年第 4 期，第 16 頁。

4　澳門特別行政區《維護國家安全法》第 3 條規定：「以暴力或其它嚴重非法手段，試圖推翻中央人民政府，或阻止、限制中央人民政府行使職能者，處十年至二十五年徒刑。」

裂國家、顛覆政權、破壞經濟制度所設立的刑罰。第二部分由《澳門刑法典》第 301 條構成，其針對本國公民為境外間諜機構實施間諜行為、叛國所設置的懲罰，並且對收受境外機構財務、指令等構成要件作出了詳細規定，觸犯第 301 條規定的犯罪分子可處以最高五年有期徒刑。第三部分由《澳門刑法典》第 302 條構成，其規定了本地區的國旗、國徽、國歌至高無上的地位，對犯罪分子通過言詞、動作、網絡等手段侮辱本地區國旗、國徽、國歌的行為，法院予以最高二年徒刑及科處罰金的懲罰。第四部分是由《澳門刑法典》第 303 條和第 304 條構成，其設立初衷在於維護國家機關的尊嚴，立法機關想要憑藉刑事立法的手段，威懾妄想擾亂國家機關運轉秩序的犯罪分子。第五部分由《澳門刑法典》第 305 條、第 306 條、第 307 條構成，其分別規定了危害國家安全的預備行為、減輕情形、附加刑的內容。

（三）行政領域的國安立法

《澳門特別行政區內部保安綱要法》是澳門第 9/2002 號法律，其定義為確保澳門地區內部穩定、安全的防禦性法律，規制主體主要是軍事化管理部隊和治安部門，目的是加強澳門地區治安各部門的協調及配合，並確保澳門地區的保安法律秩序不受國際外部因素的影響，從而保證澳門特別行政區穩定和繁榮。

一國（地區）維護國家安全法制的內容通常包括兩大部分內容，即對外保安和內部保安。其中，對外保安指的是維護國家安全、榮譽及利益，而內部保安則是保障本地區內部的公共安全與秩序。中國澳門特別行政區在回歸之初的立法便偏向內部保安，主要源於中國在澳門特別行政區實施「一國兩制」的方針政策，《澳門基本法》第 14 條規定，中央人民政府負責管理澳門特別行政區的防務，澳門特別行政區政府負責維持澳門特別行政區的社會治安。由此可見，澳門的對外保安由中央人民政府負責，故防務問題並不在中央政府給予澳門特別行政區高度自治的範圍之中。而內部保安方面，則由澳門特別行政區負責澳門本地區的治安管理，故《澳門特別行政區內部保安綱要法》應運而生。

《澳門特別行政區內部保安綱要法》以法律條文的形式規定了澳門特別行政區內部保安的定義、宗旨、基本原則、保安政策等基本問題，還重點規定了特別行政區政府的公務人員與市民負有和澳門治安部門合作的一般義務和特別義務。如果公務人員和市民違反了此項規定，則會承擔刑事責任。從《澳

門特別行政區內部保安綱要法》第 5 條規定的一般義務及特別義務中可知，
澳門特別行政區政府為其公務人員與市民規定了一般義務及特別義務。如果
公務人員不遵守《澳門特別行政區內部保安綱要法》第 5 條第 3 款[5]的規定，
特別行政區政府的公務人員未及時申報職務範圍內的犯罪分子動態，又或是
該犯罪分子的犯罪行為跡象的一切事實，違反上述規定的公務人員根據《澳
門特別行政區內部保安綱要法》第 5 條第 4 款的內容應當承擔紀律責任及刑
事責任。

　　澳門特別行政區格外注重內部保安立法的原因，還在於澳門人口稠密，
博彩業、旅遊業亦十分發達，內部複雜的環境及魚龍混雜的旅客也對澳門特
別行政區政府的治安環境提出了要求，如果澳門特別行政區政府無法創造一
個良好的治安環境，澳門的經濟發展將會停滯不前。

（四）經濟領域國安立法

　　澳門特別行政區極度發達的博彩業吸引了大量的旅客前來觀光和博彩，
博彩業的極度發達顯著地促進了澳門經濟的發展，同時也加大了澳門特別行
政區治安管理的難度。近些年來，澳門地區的犯罪分子清洗黑錢的活動十分
猖獗，甚至澳門被犯罪分子稱為「洗錢的搖籃」，洗錢的犯罪活動會嚴重地
破壞財貨流通的規則和合法的經濟活動，並對金融體制與機制造成嚴重的衝
擊。因此，必須加強在刑事領域內打擊清洗黑錢的立法，通過法律手段嚴懲
犯罪組織和犯罪分子，維護國家金融安全。

　　目前，清洗黑錢的犯罪組織使用的手段層出不窮，在高科技電子裝備
的加持下，犯罪組織可以利用金融體制的漏洞，將黑錢迅速清洗為合法的資
金。由於其洗錢活動具有跨國性和流動性強的特點，警方偵查往往無從下
手。在這種情況下，聯合國「打擊清洗黑錢財務行動特別組織」為各國警方
撰寫了「打擊清洗黑錢四十項建議」。澳門特別行政區立法會於 2006 年 3 月
23 日根據《澳門基本法》第 71 條內容的授權，結合《打擊清洗黑錢四十項建
議》制定了《預防及遏止清洗黑錢犯罪》。此部法律的頒佈標誌著澳門在金融
領域的刑事立法體系逐漸建立，維護金融安全落到了實處，而不僅僅是一個

5　《澳門特別行政區內部保安綱要法》第 5 條第 3 款規定：「澳門特別行政區公共行政或公法人的工作
　　人員具有與軍事化部隊及治安部門合作的特別義務，尤其是須將其在履行職務時或因職務而知悉
　　的，會構成危害內部保安或危害澳門特別行政區須予以保護的國際秩序的預備犯罪行為，又或顯示
　　存在該等犯罪行為的跡象的一切事實，立即通知司法當局或警察當局。」

口號。

《預防及遏止清洗黑錢犯罪》全文共四章十二條，從一般規定、刑法規定、預防性規定到最終過渡性規定，其中明確了清洗黑錢的定義、主體範圍、立案標準、加重情形及在澳旅客的義務等基本問題。《預防及遏止清洗黑錢犯罪》的亮點在於預防性的規定，也就是《預防及遏止清洗黑錢犯罪》的第 6 條和第 7 條。第 6 條主要闡述的是需要承擔義務的主體範圍，例如受澳門金融管理局監管的實體（機構、金融公司、保險公司等）、受博彩監察協調局監管的實體（幸運博彩、彩票等）、從事貴重商品交易的商人及不動產業務的仲介。第 7 條則主要是主體需要遵守和執行的義務，要求上述主體配合公務部門進行調查。

（五）網絡安全領域國安立法

隨著互聯網技術的高速發展，網絡資訊犯罪案件的數量不斷攀升，網絡攻擊、資訊詐騙等違法手段層出不窮，故維護網絡資訊安全的工作不容小覷。在 2019 年 6 月，澳門立法會通過第 13/2019 號法律《網絡安全法》，以加強澳門特別行政區在網絡安全領域防護力度，亦填補了在網絡安全立法領域的空白。《網絡安全法》主要為澳門網絡安全運行機制提供了法律保障，並且規範了澳門網絡安全管理體系，規定由網絡安全委員會、網絡安全事故預警及應急中心和網絡安全監管組織組成。同時，還包括了行政處罰制度，詳細地規定了網絡安全機構處事原則和組織流程。

除上述法律，澳門特別行政區還根據特別行政區的實際情況，不斷豐富澳門特別行政區安全法律體系，特別是通過制定法律或行政法規來建立健全國安立法的執行機制。例如，2019 年新修訂的《司法組織綱要法》在 19-A 條設立了「特別刑事管轄權」，規定只有具有中國公民身份的法官與檢察官才能審理危害國家安全的案件，從而能夠有效維護國家安全。無獨有偶，2018年，《通訊截取及法律保障制度》頒佈，此舉旨在維護澳門特別行政區資訊安全，防止大數據信息以不正當的形式洩露，避免因信息洩露損害國家利益、威脅國家安全。特區政府保安部門根據需要已啟動《出入境管控、逗留及居留許可的法律制度》的修訂工作。目前修法的公開諮詢已完成並向社會公開了總結報告，下一步將盡快完善法案文本並呈交行政會。隨著修訂工作的完成，將有助解決警務及其他部門在涉及出入境、逗留及居留事務的執法時所遇到的困難，以更有效地預防及打擊出入境相關犯罪活動，保障澳門社會安

全。此外，恐怖主義依然是世界和平發展的最大威脅之一，本澳目前雖然沒有收到這方面的嚴重影響，但居安思危，特區政府亦做好了相關立法準備。此前，特別政府已制定和通過了第 3/2006 號法律《預防及遏止恐怖主義犯罪》，並透過第 3/2007 號法律進行了完善，但其涵蓋的內容及範圍還存有一定不足。為了更有效地預防和打擊恐怖主義犯罪，根據行政長官的指示，保安範疇相關部門開展了制定《預防、調查及遏止恐怖主義犯罪及相關行為的制度》的工作。目前，該法案的草擬工作已基本完成，將爭取儘早開展進一步的立法工作。

三、澳門特別行政區維護國家安全法制的完善

2020 年 6 月 30 日，第十三屆全國人民代表大會常務委員會第二十次會議通過《香港特別行政區維護國家安全法》，該法完善了香港特別行政區維護國家安全的法律體系。從與《香港國安法》的比較，可以發現《澳門維護國家安全法》還存在不足，應及時加以完善。

（一）增加顛覆國家政權罪

《香港國安法》第三章第二節的名稱為「顛覆國家政權罪」，屬於該節的第 22 條規定，任何人組織、策劃、實施或者參與實施以下以武力、威脅使用武力或者其他非法手段旨在顛覆國家政權行為之一的，即屬犯罪。對首要分子或者罪行重大的，處無期徒刑或者十年以上有期徒刑；對積極參加的，處三年以上十年以下有期徒刑；對其他參加的，處三年以下有期徒刑、拘役或者管制。這裏的「國家政權」不僅包括憲法所規定的國家機構，還包括作為執政黨的中國共產黨。因為中國憲法第 1 條規定，「中華人民共和國是工人階級領導的、以工農聯盟為基礎的人民民主專政的社會主義國家。社會主義制度是中華人民共和國的根本制度。中國共產黨領導是中國特色社會主義最本質的特徵。禁止任何組織或者個人破壞社會主義制度。」這是關於國體的規定，而「『一國兩制』既涉及到國體，又涉及到國家的政體和結構」。[6] 該憲法條款對特別行政區具有拘束力，應在特別行政區實施。雖然特別行政區不實行社會主義制度，《香港基本法》和《澳門基本法》的第 5 條也對此明確加

　　6　　文正邦：《關於「一國兩制」的法哲學思考》，《現代法學》1997 年第 3 期，第 52 頁。

以確認，但是特別行政區不得出現破壞內地社會主義制度的行為。《香港國安法》第 22 條第 1 項明確落實了憲法的上述條款。

《澳門維護國家安全法》第 3 條的名稱是「顛覆中央人民政府」，沒有把憲法所確立的中華人民共和國根本制度作為保護的對象，可見，《澳門維護國家安全法》並沒有落實《憲法》第 1 條的規定。因此，《澳門維護國家安全法》有必要借鑒《香港國安法》，明確規定禁止推翻、破壞國家《憲法》所確立的中華人民共和國根本制度。當然，筆者注意到已有學者多年前就指出，如果一個政黨在實際社會生活實踐中得不到人民的承認和認可，即使法律規定這個政黨的領導地位，也不可能真正保證這個黨處於領導地位。[7] 雖然此學者在此所說的領導與國家憲法第 1 條規定的領導內涵不同，前者是「帶路」[8]，後者是執政，但他這句話具有警示作用——中國共產黨要保持在國家中的執政地位，前提是獲得人民群眾的信任、追隨和擁護，這是其保持執政地位的基礎或根本。[9]

（二）增加保護澳門特別行政區政權機關的條款

《香港國安法》第 22 條規定：「任何人組織、策劃、實施或參與實施以下以武力、威脅使用武力或者其他非法手段旨在顛覆國家政權行為之一的，即屬犯罪：（一）推翻、破壞中華人民共和國憲法所確立的中華人民共和國根本制度；（二）推翻中華人民共和國中央政權機關或者香港特別行政區政權機關；（三）嚴重干擾、阻撓、破壞中華人民共和國中央政權機關或者香港特別行政區政權機關依法履行職能；（四）攻擊、破壞香港特別行政區政權機關履職場所及其設施，致使其無法正常履行職能。」《澳門維護國家安全法》第 3 條只是對以暴力或其他嚴重非法手段，試圖推翻中央人民政府，或阻止、限制中央人民政府行使職能者，追究刑事責任，但並沒有規定類如《香港國安法》所規定的推翻中華人民共和國中央政權機關或者香港特別行政區政權機關等。雖然《澳門刑法典》第 298 條第 1 款規定了「煽動以暴力變更已確立之制度罪」，但這罪名保護的法益不是很明確，且不如《香港國安法》第 22 條保護的法益廣泛。因此，澳門還是應適當借鑒《香港國安法》的上述規定

7　張恆山：《中國共產黨的領導與執政辨析》，《中國社會科學》2004 年第 1 期，第 6 頁。

8　魏曉東、汪瓊：《正確理解黨領導的實質是執政黨建設的關鍵》，《湖南科技大學學報（社會科學版）》2008 年第 2 期，第 91 頁。

9　張恆山：《中國共產黨的領導與執政辨析》，《中國社會科學》2004 年第 1 期，第 17 頁。

來完善《澳門維護國家安全法》為宜。

筆者主張適當借鑒、並非全部照搬《香港國安法》第 22 條來完善《澳門維護國家安全法》，很大程度上是受到傅華伶、翟小波兩位學者的《國安警務的回歸》一文的啟發。他們認為危害國家安全之主體的素質和社會地位通常較高，危害國家安全的行為通常不是出於其他動機，而是出於政治、道德或宗教方面的信念或意識形態方面的考慮。國安警務是維護領土安全、政體和政權安全、政權機器安全的警務，也稱高階警務；與之相對，通常的治安警務被稱為低階警務。國安法確立的國安警務具有政治性的特徵。[10] 筆者認為不具有政治性特徵或者政治性特徵不顯著的犯罪行為不需要納入國安法打擊的範疇，按一般犯罪懲治即可。筆者注意到，《中國刑法》第 290 條規定了聚眾衝擊國家機關罪和擾亂國家機關工作秩序罪，這兩個罪名是放在第六章「妨害社會管理秩序罪」中，並不在第一章「危害國家安全罪」中。維護國家安全的立法很重要，但不宜泛化，還是應體現當局具有充分的自信。

四、澳門特別行政區維護國家安全法制的實施

《澳門維護國家安全法》對打擊危害國家安全的行為起到很好震懾作用，該法在司法實踐中還沒有適用過。但這並不意味著澳門沒有發生危害國家安全的行為，澳門在 2017 年就發生了「煽動顛覆澳門特區政府案」[11]。此外，為了更好實施《澳門維護國家安全法》等維護國家安全的法制，澳門在 2018 年成立了維護國家安全委員會。

（一）「煽動顛覆澳門特區政府案」

澳門刑事起訴法庭指控，嫌犯某甲（澳門永久性居民、香港永久性居民）於 2017 年 5 月 15 日至 17 日期間，利用自己的社交軟體「FACEBOOK」帳號多次發佈文字及視頻，揚言要顛覆和推翻澳門特別行政區政府，重新成立新的政府，建立「澳門自治國」，還明確了衝擊澳門特別行政區政府總部的具體集合時間和地點，允諾金錢等利益利誘大眾參與，企圖煽動普羅大眾參與行動。某甲甚至還多次揚言要刺殺行政長官，自己當特首。上述多份帖文和

10　傅華伶、翟小波：《國安警務的回歸》，《大公報》2021 年 6 月 25 日。

11　澳門特別行政區初級法院第二刑事法庭合議庭普通刑事案第 CR2-18-0140-PCC 號，http://www.court.gov.mo/zh/subpage/tjb-yong?cc=CR2-18-0140-PCC（最後訪問時間：2021 年 6 月 4 日）。

視頻被點擊瀏覽不少於兩萬次。控方認為，嫌犯在自由、自願及有意識的情況下，利用社交網站多次以文字和語言公然煽動他人破壞、變更及顛覆已在澳門確立之政治和社會制度，其行為已構成「煽動以暴力變更已確立之制度罪」。此外，嫌犯於 2017 年 5 月 21 日利用自己的「FACEBOOK」帳號發佈視頻，公開慫恿他人吸食冰毒、大麻等毒品，其行為已構成「慫恿他人不法使用麻醉藥品及精神藥物罪」。針對上述指控，辯方沒有提交書面的答辯狀。

澳門初級法院根據案件證據公開審理，查明和認定了控方指控的上述所有事實，並查明某甲並非初犯，其曾因「巨額電腦詐騙罪」於 2013 年被判處兩年九個月徒刑。根據鑒定人某醫生陳述，嫌犯患有躁鬱症，但並不是經常病發，且該症在病發時不影響嫌犯的自主能力，鑒定人表示未能認定嫌犯在本案案發時屬《澳門刑法典》第 19 條[12] 所指的不可歸責者。按照一般的經驗法則，初級法院認為足以認定嫌犯是在自由、自願及有意識的情況下實施本案的犯罪行為，且具有判斷其行為不法性之能力。而且，根據《澳門刑法典》第 298 條第 1 款的行文，立法者並沒有將「有人被實際煽動」作為前述犯罪的構成要件，即，只要嫌犯作出具煽動性的言詞，不論有否他人因此而付諸實際行動，嫌犯在上述條文當中的犯罪行為均告既遂。綜上，法院最終判決嫌犯某甲觸犯《澳門刑法典》第 298 條[13] 第 1 款所規定及處罰的一項「煽動以暴力變更已確立之制度罪」，判處二年九個月的徒刑；嫌犯某甲亦同時觸犯《禁止不法生產、販賣和吸食麻醉藥品及精神藥物》（第 17/2009 號法律）第 12 條第 1 款所規定及處罰的一項「慫恿他人不法使用麻醉藥品及精神藥物罪」，判處一年的徒刑。兩罪並罰，合共判處三年三個月實際徒刑，同時判處嫌犯繳納澳門幣八百元、負擔十二個計算單位的司法費和承擔指派辯護人費用。

該案件中的某甲主要涉及危害國家安全的犯罪，但並沒有依據《澳門維護國家安全法》來裁判，就是因為上述的《澳門維護國家安全法》沒有類如

---

12 《澳門刑法典》第 19 條（「因精神失常之不可歸責性」）規定：「一、因精神失常而於作出事實時，無能力評價該事實之不法性，或無能力根據該評價作出決定者，不可歸責。二、患有非偶然之嚴重精神失常之人，如精神失常之後果不受其控制，且不能因此而對其加以譴責者，即使其於作出事實時有明顯低弱之能力評價該事實之不法性，或有明顯低弱之能力根據該評價作出決定，得宣告為不可歸責。三、行為人經證實無能力受刑罰影響，可作為上款所規定之情況之參考依據。四、行為人意圖作出事實，而造成精神失常者，不阻卻可歸責性。」

13 《澳門刑法典》第 298 條（「煽動以暴力變更已確立之制度」）規定：「一、公然煽動作出上條所指之行為者，處一年至八年徒刑。二、如上款所敘述之事實，係附有武器之分發者，行為人處三年至十年徒刑。」

《香港國安法》第 22 條的內容，幸好《澳門刑法典》第 298 條規定了「煽動以暴力變更已確立之制度罪」，否則，就無法打擊這樣的危害國家安全的行為。

（二）維護國家安全委員會的成立

為了更好實施《澳門維護國家安全法》等維護國家安全的法制，澳門特別行政區政府在 2018 年制定了《澳門特別行政區維護國家安全委員會》（第 22/2018 號行政法規），並依此成立維護國家安全委員會。關於維護國家安全委員會的性質，該行政法規第 2 條規定，委員會是協助行政長官就澳門特別行政區維護國家安全事務進行決策並負責執行統籌工作的機關。第 4 條規定，該委員會由行政長官擔任主席，其委員包括：行政法務司司長；保安司司長，並由其擔任副主席；警察總局局長；行政長官辦公室主任；保安司司長辦公室主任；法務局局長；司法警察局局長；行政長官辦公室一名顧問；保安司司長辦公室一名顧問。第 13 條規定，辦公室設主任及副主任，分別由保安司司長及司法警察局局長當然兼任。

根據上述行政法規，委員會至少每半年舉行一次平常會議。2018 年 10 月 5 日，澳門特別行政區召開了首次維護國家安全委員會的全體會議，會議以習近平主席「總體國家安全觀」的重要思想為指導，行政長官崔世安提出要在實踐探索中結合澳門特區的實際情況，不斷完善維護國家安全的管理體系，逐步建立起統一、高效的特區維護國家安全機制。

2019 年 4 月 4 日，委員會召開第二次全體會議，委員會主席、行政長官再次強調了維護國安工作的重要性，並宣佈了本年度的相關工作安排，指示各部門共同努力，以迎接今年國慶七十週年、澳門回歸二十週年、行政長官選舉以及特區政府換屆等一系列重要慶典及政治活動。隨後，保安司及行政法務司方面的代表分別匯報了各自範疇內去年維護國安工作的成效以及今年相關工作的籌備情況。經研究，司法警察局於 2018 年啟動修訂組織法的工作，建議將維護國家安全明文規定為該局的法定職責，並設定專責預防和調查危害國家安全犯罪的廳級附屬單位——保安廳，以應對具高度機密性、特殊性和複雜性等特徵的危害國家安全的犯罪。

2020 年 3 月 23 日，澳門特區維護國家安全委員會召開本年度首次全體會議。委員會主席、特區政府長官賀一誠表示，未來將通過委員會這個平台做好澳門維護國家安全工作的決策統籌，妥善推進國安配套立法，對各類影響國家安全的風險進行前瞻有效評估，深入開展相關宣傳教育，以及促進科學

決策，把維護國家安全工作做得更好。賀一誠在會上作出指示，要求特區政府相關範疇繼續有效推進澳門維護國家安全體系的構建，繼續做好相關執法工作，並要求委員在下次會議中彙報所跟進工作的最新進展。

2021 年 3 月 29 日，在澳門維護國家安全委員會主席、特區行政長官賀一誠的主持下，澳門特別行政區維護國家安全委員會召開了 2021 年的首次會議。行政長官賀一誠在會議中強調了維護國家安全委員會的首要任務則是確保本年 9 月份澳門特區立法會選舉順利進行，以及在實踐中不斷推進維護國家安全的立法和修法工作，澳門特區政府將繼續以總體國家安全觀的思想為指導，維護澳門特別行政區在疫情下的社會穩定，為澳門特區經濟的復甦創造優良的環境。

法國反國家分裂的舉措及其啟示

施鵬鵬　中國政法大學證據科學教育部重點實驗室教授
王晨辰　中國政法大學證據科學教育部重點實驗室講師

一、導論

　　國家安全和統一問題是任何一個主權國家均高度重視的問題。在香港地區國家安全和分裂風險日益嚴峻的局勢背景下，《中華人民共和國香港特別行政區維護國家安全法》（以下簡稱《香港國安法》）於 2020 年 6 月 30 日正式頒佈實施。該法是中國以立法形式反對國家分裂並維護國家安全的又一重要措施。

　　到目前為止，香港與內地的學者更多關注憲法層面的政治及管治問題，鮮少關注技術層面的問題。後者更多涉及刑法及刑事訴訟領域的問題，例如《逃犯條例》所引發的爭議、刑事法治及人權保障程度的差異、陪審團、律師參與權及沉默權等。事實上，這些問題的解決對法律能否有效貫徹實施至關重要。雖然內地與香港的刑事司法制度有較大的差異，但內地的刑事訴訟正處於現代化的進程中，並且保障人權亦是內地刑事訴訟法的基本任務，在這一點上可以求同存異。

　　有關技術層面的問題，外國經驗或許可以提供借鑒之鏡。在歐洲，英國的北愛爾蘭、西班牙的加泰羅尼亞地區和巴斯克、法國的科西嘉島均存在類似問題。本文選擇以法國為研究對象，主要原因是法國在統一海外省方面有顯著的成功經驗。具體而言，法國曾是世界上第二大殖民地保有國，殖民地範圍僅次於巔峰時期的大英帝國。但與英國、西班牙等殖民大國不同，法國至今所保留的海外領地最多。除科西嘉島之外，法國還有五個海外省、四個海外領地。這些分佈於世界各地的區域，不僅沒有在 20 世紀六七十年代的民族解放浪潮中獨立，反而歸屬法國海外省。究其原因，主要得益於法國採取的系列舉措。

二、立法舉措

　　法國涉及國家安全的專門立法主要有二：《國內安全法典》（Code de la

sécurité intérieure）及反恐方面的法律。此外，各部門法中也有關於維護國家安全或打擊恐怖主義的條款，如憲法、刑法及刑事訴訟法。這些專門立法和部門法的相關條款隨著法國國家局勢的變化被制訂或被修訂。

（一）專門立法

1.《國內安全法典》

2012 年之前法國沒有關於國家安全的專門立法，相關規定體現在《國防與國家安全白皮書》（以下簡稱白皮書）中。白皮書目前已出四版，出台時間分別是 1972 年、1994 年、2008 年及 2013 年。[1] 1972 年的白皮書主題是核威懾，1994 年則是蘇維埃解體及其對法國和西歐的威脅。2008 年的白皮書主要有兩個發展：引入「國家安全」及「國防與國家安全」兩個概念，創設認知和預期功能。自此，法國國內安全的戰略主要基於五大功能：預防、威懾、保護、干預、認知和預期。其中，認知和預期功能覆蓋包括情報、外交、社會展望方法及掌握信息在內的多個領域，並得到重點強調。2013 年的白皮書延續 2008 年白皮書的認知和預期功能，尤其是對情報功能的強調。白皮書所確立的國家安全戰略是「必須對損害國家的一切可能危險和潛在威脅提供解決辦法，執行維護國家利益和保護公民的使命」[2]。

2012 年法國出台了首部《國內安全法典》，重組了有關法國國內安全的各種法規和規範。該部法典包含八個部分：第一編「有關國內安全的一般原則和組織」，第二編「公共安全與秩序」，第三編「特殊行政警察」，第四編「國家警察與國家憲兵隊」，第五編「市政警察」，第六編「私人安全活動」，第七編「民事安全」，第八編「情報」。[3] 每一編都對海外省和海外領地做了特殊規定。2015 年巴黎連環恐襲事件後，法國國家安全的防範重點轉向預防和打擊恐怖主義。《2017 年 10 月 30 日第 2017-1510 號加強國家安全及打擊恐怖主義的法律》在《國內安全法典》第二編第二篇「打擊恐怖主義及損害國家基本

1　關於四版白皮書的出台時間及主題，參見 Jérome Poirot, "Livre blanc sur la sécurité et la défense nationale", in Hugues Moutouh et al., *Dictionnaire du renseignement* (Perrin, 2018), pp. 511-514.

2　Livre blanc défense et sécurité nationale 2013, Direction de l'information légale et administrative, Paris, 2013.

3　《國內安全法典》（Code de la sécurité intérieure），全文參見 https://www.legifrance.gouv.fr/codes/texte_lc/LEGITEXT000025503132/2012-06-18/。

利益的行為」中增加了關於預防恐怖主義行為的新條款。[4] 新條款在 2017 年 11 月 1 日（緊急狀態結束之日）至 2020 年 12 月 31 日期間適用。

2. 反恐方面的法律

法國的反恐立法已有三十多年，先後出台了多部反恐方面的法律，涉及實體法、程序法及刑事政策等，主要分為四個階段：刑事懲治的優先回應（1986 年至 1996 年），從懲治走向預防（1996 年至 2006 年），刑事懲治的邊緣化（2006 年至 2016 年），從例外走向常態（2016 年至今）。以下列舉反恐方面的代表性法律：

（1）《1986 年 9 月 9 日第 86-1020 號有關打擊恐怖主義和危害國家安全的法律》。這是法國出台的第一部反恐方面的法律，主要涉及刑事領域。該法在《刑事訴訟法典》中增加第 706-16 條，首次將「恐怖主義犯罪」界定為「採取恐嚇或恐怖手段嚴重擾亂公共秩序」的犯罪，將宣傳恐怖主義規定為犯罪，加重恐怖主義犯罪刑罰但對防止襲擊發生的罪犯免予懲罰。

（2）《1996 年 7 月 22 日第 96-647 號旨在加強懲治恐怖主義和對公權機關或公職人員的侵害以及與司法警察有關規定的法律》。該法將「為準備實施恐怖活動而組成團體或達成協議」的行為界定為犯罪（《刑法典》第 L.421-2-1 條），允許司法警官在預審法官的授權下進行夜間搜查。

（3）《2006 年 1 月 23 日第 2006-64 號有關反恐及邊境檢查和安全措施的法律》。該法首次將「網絡恐怖主義」納入立法，允許偵查人員通過網絡運營商獲得犯罪嫌疑人的鏈接及網絡合約的數據，但應通過國家安全電信攔截監督委員會的審查（《郵電電子通信法典》第 L.34-1-1 條）。該法還將恐怖犯罪的刑事拘留期限延長至六天，但前提是「恐怖活動可能造成緊急、嚴重的危險」（《刑事訴訟法典》第 L.706-88-1 條）。此外，該法還特別規定了一項凍結資產的行政程序，同時擴大了邊界身份檢查。這是一個象徵性的轉折點，標誌著行政警察再次投身於反恐鬥爭。

（4）《2017 年 10 月 30 日第 2017-1510 號加強國家安全及打擊恐怖主義的法律》。該法主要有四方面的內容：其一，各省省長在舉辦重大體育、文化活動時，為確保安全、防範恐襲，可批准設立警戒區；其二，對於傳播極端思想的宗教場所，各省省長可批准將其關閉；其三，對於可能從事恐怖活動或

4　《2017 年 10 月 30 日第 2017-1510 號加強國家安全及打擊恐怖主義的法律》（Loi n 2017-1510 du 30 octobre 2017 renforçant la sécurité intérieure et la lutte contre le terrorisme），全文參見 https://www. legifrance.gouv.fr/jorf/id/JORFTEXT000035932811/。

者和恐怖分子密切聯繫的嫌疑人，相關部門可以對其採取行政控制或監視措施；其四，警方在獲得司法部門批准後，可以搜查嫌疑人住所。此外，該法還制定一些補充措施，包括對有極端思想的官員展開行政調查，對其調任、停職或免職；在邊境地區、國際機場和車站十公里範圍內開展身份檢查，逮捕可能對法國本土發動恐怖襲擊的嫌疑人。

（二）相關部門法條款

1. 憲法

法國《憲法》規定了一些維護國家統一的條款。例如，法國《憲法》第2 條規定：「法蘭西是不可分的、世俗的、民主的和社會的共和國。」第 26 條規定：「如果共和國的制度、國家獨立、領土完整或者國際義務的履行受到嚴重的、直接的威脅時，以及憲法上規定的公共權力機構的正常活動受到阻礙時，共和國總統在正式諮詢總理、議會兩院議長和憲法委員會後，根據形勢採取必要的措施。」第 89 條規定：「任何涉及到國家領土變更的修改都不得開始或繼續進行。」

法國《憲法》還規定了有關海外省和海外領地的條款，明確了其法律地位與本土省份同等，但又有對其特殊性的考量。早在二戰結束初期，法國通過 1946 年第 46451 號立法及 1958 年第五共和國《憲法》確定了法屬海外領土的地位和制度。前者將瓜德魯普、馬提尼克、留尼旺、法屬圭亞那由「殖民地」轉變為「法國省份」，後者對法屬海外省和海外領地的法律地位做出進一步規定。在措辭上，法國《憲法》未在性質上區分「本土省份」和「海外省」。法國《憲法》第 72 條規定：「共和國之地方單位為區、省及海外領地。所有其他地方組織依法律設立之。地方組織，由民選議會依據法律規定實施自治。在各省及各海外領地內，政府所派代表負責維護國家利益、行政監督和法律之遵守。」受制於省的共同法，法屬海外省實行與法國本土省份基本相同的制度，但第 73 條規定：「考慮到海外省的特殊地位，海外省法律制度和行政組織可以進行必要的調整。」同時第 74 條規定：「共和國各海外領地，基於共和國整體利益之本身利益，得採行特殊體制。此一體制之籌設及修改，於徵詢各該領地議會之意見後，以法律規定之。」此外，法國《憲法》序言中提到「共和國對那些表明願意同共和國結合的海外領地提供以自由、平等、博愛的共同理想為基礎的，並且為其民主發展而設計的新體制。」這裏使用「結合」一詞，體現海外領地是法蘭西過去殖民歷史之沿襲，以及與共和國之

間產生的新關係；序言第 1 條規定：「共和國人民和依自由決定的行為通過本憲法海外領地的人民組成共同體。共同體建立在組成共同體的人民平等和團結的基礎之上。」這裏分別使用了兩個詞「共和國人民」及「海外領地人民」，對兩者進行了區分。然而，在本條中也同時強調了法蘭西的「不可分割性」。

2. 刑法

法國刑法主要通過規制危害國家安全犯罪來維護國家主權，捍衛領土完整。危害國家安全犯罪的條款主要規定於法國《刑法典》第四卷第一編、第二編與第六卷第四編危害國家安全犯罪中。其中《刑法典》第四卷第一編和第二編主要規定的是危害國家安全之重罪與輕罪，第一編中規定的犯罪包括叛國罪與間諜罪、謀反罪與策劃謀反罪、暴動罪、篡奪指揮權、招募武裝力量和煽動非法武裝罪等共十二項罪名；第二編規定的是恐怖主義犯罪。重罪包括向外國交付全部或部分國家領土、武裝力量或物資罪，與外國通謀罪第 1 款，向外國提供情報罪第 1 款，破壞罪，謀反罪，策劃謀反罪第 2 款，暴動罪，篡奪指揮權罪，招募武裝力量罪，恐怖主義行為罪中部分條款。輕罪包括與外國通謀罪第 2 款，向外國提供情報罪第 2 款和第 3 款，提供假情報罪，教唆實施本章所指重罪之罪，策劃謀反罪第 1 款，煽動非法武裝罪，危害軍事力量安全罪，危害涉及國防之保護區域罪，危害國防機密罪，危害情報部門罪，恐怖行為罪部分條款。第六卷第四編主要規定的是危害國家安全之違警罪，其中第一級違警罪為丟棄武器或危險物品罪，第二級違警罪包括未回應司法機關或行政機關要求罪和侵犯貨幣罪，第三級違警罪包括僭用政府專用符號罪和使用與現行法律條例規定有異之度量衡罪，第四級違警罪包括未經允許進入軍事領地、建築、機器或設施罪、妨礙公共道路自由通行罪和違反在公共場所從事職業活動之規定罪，第五級違警罪包括竊取提交給司法機關材料罪、侮辱國旗罪等十一項罪名。

3. 刑事訴訟法

刑事訴訟法方面，法國主要通過設立專門機關及增加針對反分裂、維護國家主權的偵查行為來反分裂、維護國家主權。

首先，在設立專門機關上，針對恐怖主義犯罪，《2018–2022 年司法改革及規劃法》第 41 條、第 42 條和第 43 條規定將成立國家反恐檢察院（parquet national antiterroriste），由一名特別檢察官領導。這將取代巴黎檢察官對目前恐怖主義罪行、反人類罪、戰爭重罪和輕罪以及與大規模毀滅性武器擴散有關的罪行及相關罪行行使管轄權，但不包括有組織犯罪。國家反恐檢察院

包括約三十名檢察官，從最易爆發恐怖主義犯罪地區的大審法院檢察官中指定。指定檢察官的數量將根據國家威脅的狀態和激進化的爆發程度而有所不同。國家反恐檢察院將設在巴黎大審法院附近，其特殊性在於它要求所有共和國檢察官實施他所決定的調查行為。國家反恐檢察官將每天向負責反恐鬥爭的法官報告恐怖主義威脅。此外，根據《刑事訴訟法典》第 706-17 條之規定，巴黎大審法院共和國檢察官和預審中心對恐怖主義犯罪案件的偵查享有協同管轄權（competence concurrente）。

其次，在增加偵查行為上，針對恐怖主義犯罪可以採取身份檢查、審核與登記、監視、搜查、地理定位、截取電訊通信、獲取連接技術數據和數據通信、特定地點與車輛錄音拍照、獲取計算機電子數據等技術偵查措施。在強制措施上，恐怖主義犯罪的拘留期限最長可持續六天，臨時羈押的最長期限為四年。

三、其他舉措

立法是法國反分裂並維護國家安全的主要舉措。為了使上述法律更有效地實施並集中力量應對危及國家安全的犯罪活動，法國設立了相關國家安全機構。此外，法國的地方分權制度在鞏固國家統一上發揮了重要作用。

（一）設立國家安全機構

法國分別於 2011 年、2014 年頒佈法令，確定構成法國情報系統的六個專業情報部門：1. 外部安全總局（DGSE），負責國家境外的間諜和反間諜活動（向軍隊總參謀部負責）；2. 國防情報和安全局（DRSD），負責國民、敏感信息、重要設備和設施的安全（向軍隊總參謀部負責）；3. 軍事情報局（DRM），負責戰區和未來戰場的戰術和戰略情報（向軍隊總參謀部負責）；4. 國土安全總局（DGIS），負責國內反間和反恐（向內政部負責）；5. 國家海關情報和調查局（DNRED），負責海關案件調查（向財政部負責）；6. 金融情報和行動中心（TRACFIN）負責可疑、秘密金融活動的調查（向財政部負責）。

此外，國家警察總局涉及到反分裂、維護國家主權的機構有：1. 反恐怖主義分局（SDAT）：致力於打擊恐怖主義，由法國司法警察局管理。2. 反恐怖主義協調單位（UCLAT）：協調國內反恐鬥爭。3. 中央領土情報局（SCRT）：負責監視遊行、示威以及抗議運動，調查政治性、暴力性抗議活動。4. 巴黎

警察總部：巴黎警察總部情報局（DRPP），負責巴黎及其郊區的反恐鬥爭、保護公共秩序免受干擾、協調巴黎各大區的情報活動。國家憲兵隊涉及到反分裂、維護國家主權的機構：1. 反恐辦公室（BLAT），2. 行動預測分局（大概就是指做危機管理，對某些行動做一個預分析，對態勢做一個預測的意思）（SDAO），負責研究、收集、分析和傳播執行任務所需的國防、公共秩序、國家安全的信息。由憲兵隊處理內外部信息，使當局能夠瞭解各不穩定因素並準確認識可能存在的危險。

（二）地方分權制度

　　1982 年，法國開始地方分權制度的改革，這一改革不僅在法國本土推行，也在海外省推行，進一步夯實了法國本土和海外省之間的關係。1982 年第 82-213 號法律進一步調整了法國本土和海外行政區域的權力。該法規定，法國本土的三層行政結構（即市政、省、大區）適用於瓜德魯普、圭亞那、馬提尼克和留尼旺四個海外省。同時，在四個海外省現有的「省級」架構上，疊加「大區」行政層級。也就是說，海外省同時成為一個行政大區。這種設置有些類似於巴黎的情況——作為法國城市和省級區域，巴黎的議會兼具市政級和省級的雙重職能。然而，作為中央政府代表的海外省省長擁有本省的財政權和行政監督權，較之法國本土省長權力更大。1993 年 2 月，時任法國總統弗朗索瓦·密特朗在與法國海外省和海外領地選民進行會談時，強調了地方分權制度在維護國家統一方面的重要性：「少了『海外省和海外領地』的法國，就不再那麼『法國』了，而採取地方分權制度，是保持法國本土和海外領土緊密聯繫的唯一方法。」[5] 2003 年 3 月，法國頒佈第 2003-276 號關於共和國地方分權化的組織立法，對 1958 年法蘭西第五共和國《憲法》做出了十二處修改。其中，有關憲法領土制度的第 72 條、第 73 條、第 74 條全都予以調整，去除了原「海外領地」概念，重新確定了「海外省和大區」以及「海外地方行政區域」兩個海外領土級別。另外，修正案規定兩個海外領土級別遵循不同的法律制度。通過該憲法修正案，法國進一步強化了領土主權的完整性。

5　"Interview de M François Mitterrand, Président de la République, accordée Radio France outre-mer le 26 février 1993", available at: https://www.vie-publique.fr/discours/136166-interview-de-m-francois-mitterrand-president-de-la-republique-accorde (accessed on 6 October 2020).

四、具體例證：科西嘉島問題

科西嘉民族自決問題一直是法國乃至歐洲重要且棘手的問題。科西嘉島地處地中海心臟位置，原為熱那亞統治。1768 年，熱那亞國力衰弱，遂與法國簽署《凡爾賽條約》，將科西嘉「售予」法國。科西嘉人拒絕臣服法國的統治，發起反抗鬥爭，最終再次被征服。1789 年 11 月 25 日法國國民公會（la Convention）發佈法令：「科西嘉為法蘭西帝國之一部分，島上居民將與其他法國人受同一憲法之統治。」[6] 此一法令極為重要，在法律上確定科西嘉為法國所有。此後一個多世紀，科西嘉民族自決運動歸於沉寂。及至 20 世紀 70 年代，科西嘉民族自決運動復蘇。自治主義者對政府採取大規模的抗爭行動，民族主義者更是提出獨立訴求，頻頻以暴力破壞、暗殺等手段宣洩不滿，借此向政府施壓，科西嘉民族自決運動走向激進化。迄今為止，科西嘉民族自決運動歷經四十多年的發展，既未獲得自治權力，亦未實現獨立目標，究其原因，有民族主義勢力內部分裂和互相殘殺，亦有科西嘉人口流失、宗派制約、缺乏國際支援，更有法國政府所採取的鎮壓與懷柔並舉的策略。本文集中探討最後一個原因，以呈現法國政府在處理科西嘉問題所採取的具體舉措。

1981 年之前，法國第五共和國歷屆政府均視科西嘉民族主義動亂為公共秩序問題，無絲毫合法性，因此在任何情況下滋事者均不得為政治對話者，政府亦長期拒絕給予科西嘉特殊地位。但自 1981 年起，為徹底化解科西嘉民族自決運動對法國和科西嘉社會帶來的壓力，法國政府的政策有重大改變。1981 年初總統大選時，社會黨總統候選人密特朗（François Mitterrand）承諾當選後將特赦科西嘉囚犯、廢除國家保安法庭（la Cour de sûreté de l'État）、實施地方分權，並給予科西嘉特殊地位。左派政黨執政後，地方分權計劃由內政與地方分權部長（ministre de l'Intérieur et de la Décentralisation）德菲爾（Gaston Defferre）負責。他於 1981 年 7 月為科西嘉提出第一次特殊地位法案。1982 年 3 月 2 日，《科西嘉地區特殊地位法》（Loi n 82-214 du 2 mars 1982 portant statut particulier de la région de Corse）在國民議會表決通過。[7]《特

---

6   Cahiers d'histoire et de documentation (Paris: publiés par le Groupe parisien d'études corses historiques et scientifiques, 1949-1950), p. 173.

7   Loi n 82-214 du 2 mars 1982, *Journal Officiel de la République Française,* 3 Mars 1982, pp. 746-748.

殊地位法》賦予科西嘉地區特殊地位，[8]並規範科西嘉議會、[9]行政機構、[10]諮詢委員會、[11]國家代表。[12]《特殊地位法》的重要革新是重視政府與地區之間的溝通，提供了合作對話的機會。這象徵國家與地區之間關係出現重大突破，而且最重要的是為科西嘉問題找到了可能的解決辦法。不過，科西嘉地區議會成立後，科西嘉並無重大改變，主要原因是巴黎不願給予該議會足夠的自治權，也不願撥發足夠的資金以應付科西嘉低度開發的問題。這導致科西嘉獨立主義運動再次抗議政府。「科西嘉民族解放陣綫」不滿《特殊地位法》未正式承認「科西嘉人民」的存在及其自決權，遂進行炸彈攻擊行動。法國政府也迅速採取新一輪的鎮壓行動。

在科西嘉社會持續不安的氣氛下，新任內政部長喬克斯（Pierre Joxe）決定構思一個新地位，授予科西嘉更大的自治，並承認「科西嘉人民」的存在。喬克斯規劃的《科西嘉新特殊地位法案》第 1 條規定如下：「法蘭西共和國保**證作為法蘭西人民之一部分**的科西嘉人民所建立的一個充滿活力的歷史和文化社區有權保有其文化認同並捍衛其特殊經濟與社會利益。與島嶼性相關之權利須在尊重國家統一、憲法架構、共和國法律及目前的地位下實施。」[13] 喬克斯不僅認可「科西嘉人民」的存在，而且還提出「科西嘉人民為法蘭西人民之一部分」。不過，憲法委員會於 1991 年 5 月 9 日宣佈《科西嘉新特殊地位法案》第 1 條違憲，指出憲法所謂的「法蘭西人民」為一個單一人民（un seul peuple），並非其他人民的集合體。[14] 喬克斯對「科西嘉人民」的承認只是政治上的承認，而非法律上的承認。

真正對舊法有革新意義的是 1991 年 5 月 13 日的《科西嘉地方行政單位地位法》（Loi n 91-428 du 13 mai 1991 portant statut de la collictivité territoriale de Corse）。該法給予科西嘉一個新地位，即地方行政單位，這是法律創造的特例。地方行政單位同時具備立法功能和行政功能，而且將立法部門與行政部門分立。立法部門是科西嘉議會，行政部門則是行政委員會的主任委員和

8　《科西嘉地區特殊地位法》第 1 條和第 2 條。

9　《科西嘉地區特殊地位法》第 3 條至第 34 條。

10　《科西嘉地區特殊地位法》第 35 條至第 37 條。

11　《科西嘉地區特殊地位法》第 38 條至第 41 條。

12　《科西嘉地區特殊地位法》第 42 條至第 45 條。

13　La loi n 91-428 du 13 mai 1991 portant statut de la Collectivité territoriale de Corse, *Journal Officiel de la République française,* 13 Mai 1991, p. 6321.

14　La décision du conseil constitutionnel, n 91-291 DC du 9 Mai 1991.

六位執行委員。科西嘉議會除了未具有標準的自治權力（un pouvoir normatif autonome）外，其功能實則已類似中央政府監督下的迷你國會。

然而，權力的下放仍然無法滿足科西嘉自治主義與獨立主義者，科西嘉省長艾利涅克（Claude Érignac）被刺及茅舍事件（affaire des paillotes）發生後，法國政府決心發動新一波改革，即由總理喬斯潘（Lionel Jospin）規劃、於 1999 年底啟動的馬提尼翁進程（le processus de Matignon）。該進程的成果是《2002 年 1 月 22 日第 2002-92 號法律》（la loi n° 2002-92 du 22 janvier 2002）的頒佈。該法共五篇 54 條，包括許多從國家轉移到科西嘉議會的新的重要管轄權，如研究與職業訓練、教育（附帶興建大學校舍的責任）、文化、輔助企業、土地規劃、農業與森林、打獵、環境、水源管理、觀光、運輸（附帶港口和機場管理）等。該法在「動機」（l'exposé des motifs）中明文指出，政府預備進行「第二階段」，主要目標為憲法改革。

之後繼任的內政部長拉法漢（Jean-Pierre Raffarin）和薩科齊（Nicolas Sarkozy）都尊重喬斯潘的政策，依循「馬提尼翁進程」所開啟的改革思路前進。薩科齊廢除科西嘉兩省制，廢除上科西嘉和南科西嘉的兩個一般委員會，建立一個「去集中的獨特行政單位」（une collectivité unique déconcentrée），此行政單位將具備專屬權力及從前一般委員會的權力。[15] 這一改革方案受到民主人士的歡迎。然而，2003 年 7 月 6 日針對新改革方案舉行的公投卻未通過，50.98% 的選民投「反對票」，49.02% 的選民投「贊成票」。[16] 公投失敗最顯著的原因是科西嘉人根深蒂固的保守心態，害怕改變。

由是可觀，自 1981 年至 2004 年共 24 年間，法國政府為化解科西嘉民族自決運動，為科西嘉和法國社會所帶來的壓力，推動了四次科西嘉特殊地位改革，它們事實上已經達到其目的。首先，獨立主義者和自治主義者願意參與科西嘉議會的歷屆選舉，意味著他們接受法國政府的制度性安排。這種制度性安排建立了民主溝通機制，也給予民族主義者發泄情緒的合法途徑。其次，歷任政府內政部長在推動改革之前均赴科西嘉與各界溝通，喬斯潘在推動「馬提尼翁進程」之初即邀請民族主義領袖參與討論，這種善意舉動有助於軟化民族主義者的激進理念。第三，民族主義者內部對政府改革評價不

---

15 法國政府自 1793 年以來將科西嘉分割為兩部分，以科西嘉中央山脈為界，以東是「山的此邊」（l'en deçà des monts），即「上科西嘉」；以西是「山的那邊」（l'au-delà des monts），即「南科西嘉」。這種劃分，拿破崙認為是為了符合科西嘉的歷史與地理條件。

16 "Réferendum: les Corses disent 'non'", *Corse-Matin* (Corse), 8 Juillet 2003, p. 1.

一，產生內訌，有助於削弱科西嘉民族自決運動的力量。第四，法國政府雖然以給予科西嘉特殊地位的方式懷柔民族主義者，但對後者的暴力攻擊行動的鎮壓絕不手軟，例如自治主義領導人希摩尼，獨立主義激進領導人皮耶利、桑托尼，刺殺省長的兇手科洛納等人被捕入獄並判刑。

總之，法國政府在處理科西嘉島問題時秉持鎮壓與懷柔兩手策略。對暴力和犯罪行為，政府嚴厲打擊鎮壓，以維護社會秩序的穩定和國家的統一。與此同時，政府不斷推行地方分權的理念，賦予科西嘉更多類似「自治」的權力，主要的落實和推行手段是立法。立法準備過程中，政府也積極吸納科西嘉民族主義人士加入並聽取意見，建立暢通的民主溝通渠道。這種剛柔並濟的舉措正是逐漸消解科西嘉民族自決運動力量的重要要素。

五、法國經驗對中國的啟示

中國當前在應對香港問題上與法國應對科西嘉問題有一定的相似性，中央政府都需要應對獨立分裂勢力的暴力抗議行動，都需要處理中央和地方權力之間的關係。不過，中國的香港問題有其特殊性，香港自回歸以來實行「一國兩制」，一直有高度自治權，且所採行的制度與內地不同。而法國的科西嘉島並沒有如香港一般的高度自治權，法國中央政府起初對科西嘉島具有絕對的治理權，之後才通過地方分權制度有限地下放權力，而且不存在兩種制度的問題。考慮到中法兩國在應對國家安全和統一問題上的相似性和差異性，我們認為，法國經驗對中國主要有如下啟示：

第一，策略上，構建分層應對機制。一方面，對暴力、極端行為、擾亂公共秩序的犯罪行為絕不姑息，採取強硬手段。在緊急情況下，出動公共力量予以應對，比如科西嘉民族解放陣綫以炸彈攻擊的方式抗議，法國政府遂出動大量警力鎮壓。在非緊急情況下，通過出台涉及國家安全、反分裂、反恐的法律應對新的社會形勢，既為後續相關行動提供法律基礎和保障，也對暴恐行為起到預防和威懾作用。另一方面，中央政府應建立暢通的民主溝通機制，既能幫助抗議者以和平方式紓解憤怒情緒，也有助於尋求解決衝突和矛盾的路徑。在不影響中央大政方針的情況下，滿足異見者一定的訴求可以分化異見者內部勢力，從而達到削弱力量之功效。

第二，立法技術上，出台的專門立法應當更為精細化，同時應更新相關部門法。《香港國安法》目前最為人所詬病的是，四種罪名可能因措辭含糊不

清而擴大適用範圍，甚至成為「口袋罪」。為消除港人的這一顧慮，後續出台的實施細則應當進一步精細化，並且應當考慮香港本地刑事訴訟的特殊性，將涉及四種罪名的特別刑事訴訟限制在最小範圍內。當前的《香港國安法》係由全國人大常委會通過，立法技術上具有中國內地立法的典型特徵。但香港的立法和司法是典型的普通法體系，與內地有較大差異。未來在適用法律的時候勢必會遇到相當大的爭議。雖然困難和挑戰是明顯的，但機遇是並存的。如何讓《香港國安法》與香港本地的法律制度融合似乎只能在碰撞中自行摸索，進而達成兩種制度之間的和解，進而豐富「一國兩制」的內涵。

第三，刑事司法上，內地刑事訴訟法應進一步踐行正當程序原則，與香港接軌。雖然內地與香港的法律傳統分屬兩個不同法系，但時至今日兩大法系日漸趨同，走向合流，二者之間的差異逐漸縮小。正當程序已經成為兩大法系刑事訴訟所共同認可的基本價值理念。內地近年來的刑事司法改革正是圍繞著加強保障人權、實現正當程序展開，深受普通法系程序正義理念的影響，甚至直接引入普通法系的具體制度（如非法證據排除規則、排除合理懷疑等）。在這一背景下，內地刑事訴訟繼續深化改革，將能實現與香港刑事訴訟接軌，至少在刑事訴訟價值理念上達成一致。

附錄

全國人民代表大會關於建立健全香港特別行政區維護國家安全的法律制度和執行機制的決定

（2020 年 5 月 28 日第十三屆全國人民代表大會第三次會議通過）

　　第十三屆全國人民代表大會第三次會議審議了全國人民代表大會常務委員會關於提請審議《全國人民代表大會關於建立健全香港特別行政區維護國家安全的法律制度和執行機制的決定（草案）》的議案。會議認為，近年來，香港特別行政區國家安全風險凸顯，「港獨」、分裂國家、暴力恐怖活動等各類違法活動嚴重危害國家主權、統一和領土完整，一些外國和境外勢力公然干預香港事務，利用香港從事危害我國國家安全的活動。為了維護國家主權、安全、發展利益，堅持和完善「一國兩制」制度體系，維護香港長期繁榮穩定，保障香港居民合法權益，根據《中華人民共和國憲法》第三十一條和第六十二條第二項、第十四項、第十六項的規定，以及《中華人民共和國香港特別行政區基本法》的有關規定，全國人民代表大會作出如下決定：

　　一、國家堅定不移並全面準確貫徹「一國兩制」、「港人治港」、高度自治的方針，堅持依法治港，維護憲法和香港特別行政區基本法確定的香港特別行政區憲制秩序，採取必要措施建立健全香港特別行政區維護國家安全的法律制度和執行機制，依法防範、制止和懲治危害國家安全的行為和活動。

　　二、國家堅決反對任何外國和境外勢力以任何方式干預香港特別行政區事務，採取必要措施予以反制，依法防範、制止和懲治外國和境外勢力利用香港進行分裂、顛覆、滲透、破壞活動。

　　三、維護國家主權、統一和領土完整是香港特別行政區的憲制責任。香港特別行政區應當儘早完成香港特別行政區基本法規定的維護國家安全立法。香港特別行政區行政機關、立法機關、司法機關應當依據有關法律規定有效防範、制止和懲治危害國家安全的行為和活動。

　　四、香港特別行政區應當建立健全維護國家安全的機構和執行機制，強化維護國家安全執法力量，加強維護國家安全執法工作。中央人民政府維護國家安全的有關機關根據需要在香港特別行政區設立機構，依法履行維護國家安全相關職責。

　　五、香港特別行政區行政長官應當就香港特別行政區履行維護國家安全

職責、開展國家安全教育、依法禁止危害國家安全的行為和活動等情況，定期向中央人民政府提交報告。

六、授權全國人民代表大會常務委員會就建立健全香港特別行政區維護國家安全的法律制度和執行機制制定相關法律，切實防範、制止和懲治任何分裂國家、顛覆國家政權、組織實施恐怖活動等嚴重危害國家安全的行為和活動以及外國和境外勢力干預香港特別行政區事務的活動。全國人民代表大會常務委員會決定將上述相關法律列入《中華人民共和國香港特別行政區基本法》附件三，由香港特別行政區在當地公佈實施。

七、本決定自公佈之日起施行。

中華人民共和國
香港特別行政區維護國家安全法

（2020 年 6 月 30 日第十三屆全國人民代表大會
常務委員會第二十次會議通過）

目錄

第一章　總則

第一條　為堅定不移並全面準確貫徹"一國兩制"、"港人治港"、高度自治的方針，維護國家安全，防範、制止和懲治與香港特別行政區有關的分裂國家、顛覆國家政權、組織實施恐怖活動和勾結外國或者境外勢力危害國家安全等犯罪，保持香港特別行政區的繁榮和穩定，保障香港特別行政區居民的合法權益，根據中華人民共和國憲法、中華人民共和國香港特別行政區基本法和全國人民代表大會關於建立健全香港特別行政區維護國家安全的法律制度和執行機制的決定，制定本法。

第二條　關於香港特別行政區法律地位的香港特別行政區基本法第一條和第十二條規定是香港特別行政區基本法的根本性條款。香港特別行政區任何機構、組織和個人行使權利和自由，不得違背香港特別行政區基本法第一條和第十二條的規定。

第三條　中央人民政府對香港特別行政區有關的國家安全事務負有根本責任。

香港特別行政區負有維護國家安全的憲制責任，應當履行維護國家安全的職責。

香港特別行政區行政機關、立法機關、司法機關應當依據本法和其他有關法律規定有效防範、制止和懲治危害國家安全的行為和活動。

第四條　香港特別行政區維護國家安全應當尊重和保障人權，依法保護香港特別行政區居民根據香港特別行政區基本法和《公民權利和政治權利國際公約》、《經濟、社會與文化權利的國際公約》適用於香港的有關規定享有的包括言論、新聞、出版的自由，結社、集會、遊行、示威的自由在內的權利和自由。

第五條　防範、制止和懲治危害國家安全犯罪，應當堅持法治原則。法律規定為犯罪行為的，依照法律定罪處刑；法律沒有規定為犯罪行為的，不得定罪處刑。

任何人未經司法機關判罪之前均假定無罪。保障犯罪嫌疑人、被告人和其他訴訟參與人依法享有的辯護權和其他訴訟權利。任何人已經司法程序被最終確定有罪或者宣告無罪的，不得就同一行為再予審判或者懲罰。

第六條　維護國家主權、統一和領土完整是包括香港同胞在內的全中國人民的共同義務。

在香港特別行政區的任何機構、組織和個人都應當遵守本法和香港特別行政區有關維護國家安全的其他法律，不得從事危害國家安全的行為和活動。

香港特別行政區居民在參選或者就任公職時應當依法簽署文件確認或者宣誓擁護中華人民共和國香港特別行政區基本法，效忠中華人民共和國香港特別行政區。

第二章　香港特別行政區維護國家安全的職責和機構

第一節　職責

第七條　香港特別行政區應當儘早完成香港特別行政區基本法規定的維護國家安全立法，完善相關法律。

第八條　香港特別行政區執法、司法機關應當切實執行本法和香港特別行政區現行法律有關防範、制止和懲治危害國家安全行為和活動的規定，有效維護國家安全。

第九條　香港特別行政區應當加強維護國家安全和防範恐怖活動的工作。對學校、社會團體、媒體、網絡等涉及國家安全的事宜，香港特別行政區政府應當採取必要措施，加強宣傳、指導、監督和管理。

第十條　香港特別行政區應當通過學校、社會團體、媒體、網絡等開展國家安全教育，提高香港特別行政區居民的國家安全意識和守法意識。

第十一條　香港特別行政區行政長官應當就香港特別行政區維護國家安全事務向中央人民政府負責，並就香港特別行政區履行維護國家安全職責的情況提交年度報告。

如中央人民政府提出要求，行政長官應當就維護國家安全特定事項及時提交報告。

第二節　機構

第十二條　香港特別行政區設立維護國家安全委員會，負責香港特別行政區維護國家安全事務，承擔維護國家安全的主要責任，並接受中央人民政府的監督和問責。

第十三條　香港特別行政區維護國家安全委員會由行政長官擔任主席，成員包括政務司長、財政司長、律政司長、保安局局長、警務處處長、本法第十六條規定的警務處維護國家安全部門的負責人、入境事務處處長、海關

關長和行政長官辦公室主任。

香港特別行政區維護國家安全委員會下設秘書處,由秘書長領導。秘書長由行政長官提名,報中央人民政府任命。

第十四條 香港特別行政區維護國家安全委員會的職責為:

(一)分析研判香港特別行政區維護國家安全形勢,規劃有關工作,制定香港特別行政區維護國家安全政策;

(二)推進香港特別行政區維護國家安全的法律制度和執行機制建設;

(三)協調香港特別行政區維護國家安全的重點工作和重大行動。

香港特別行政區維護國家安全委員會的工作不受香港特別行政區任何其他機構、組織和個人的干涉,工作信息不予公開。香港特別行政區維護國家安全委員會作出的決定不受司法覆核。

第十五條 香港特別行政區維護國家安全委員會設立國家安全事務顧問,由中央人民政府指派,就香港特別行政區維護國家安全委員會履行職責相關事務提供意見。國家安全事務顧問列席香港特別行政區維護國家安全委員會會議。

第十六條 香港特別行政區政府警務處設立維護國家安全的部門,配備執法力量。

警務處維護國家安全部門負責人由行政長官任命,行政長官任命前須書面徵求本法第四十八條規定的機構的意見。警務處維護國家安全部門負責人在就職時應當宣誓擁護中華人民共和國香港特別行政區基本法,效忠中華人民共和國香港特別行政區,遵守法律,保守秘密。

警務處維護國家安全部門可以從香港特別行政區以外聘請合格的專門人員和技術人員,協助執行維護國家安全相關任務。

第十七條 警務處維護國家安全部門的職責為:

(一)收集分析涉及國家安全的情報信息;

(二)部署、協調、推進維護國家安全的措施和行動;

(三)調查危害國家安全犯罪案件;

(四)進行反干預調查和開展國家安全審查;

(五)承辦香港特別行政區維護國家安全委員會交辦的維護國家安全工作;

(六)執行本法所需的其他職責。

第十八條 香港特別行政區律政司設立專門的國家安全犯罪案件檢控部

門，負責危害國家安全犯罪案件的檢控工作和其他相關法律事務。該部門檢控官由律政司長徵得香港特別行政區維護國家安全委員會同意後任命。

律政司國家安全犯罪案件檢控部門負責人由行政長官任命，行政長官任命前須書面徵求本法第四十八條規定的機構的意見。律政司國家安全犯罪案件檢控部門負責人在就職時應當宣誓擁護中華人民共和國香港特別行政區基本法，效忠中華人民共和國香港特別行政區，遵守法律，保守秘密。

第十九條　經行政長官批准，香港特別行政區政府財政司長應當從政府一般收入中撥出專門款項支付關於維護國家安全的開支並核准所涉及的人員編制，不受香港特別行政區現行有關法律規定的限制。財政司長須每年就該款項的控制和管理向立法會提交報告。

第三章　罪行和處罰

第一節　分裂國家罪

第二十條　任何人組織、策劃、實施或者參與實施以下旨在分裂國家、破壞國家統一行為之一的，不論是否使用武力或者以武力相威脅，即屬犯罪：

（一）將香港特別行政區或者中華人民共和國其他任何部分從中華人民共和國分離出去；

（二）非法改變香港特別行政區或者中華人民共和國其他任何部分的法律地位；

（三）將香港特別行政區或者中華人民共和國其他任何部分轉歸外國統治。

犯前款罪，對首要分子或者罪行重大的，處無期徒刑或者十年以上有期徒刑；對積極參加的，處三年以上十年以下有期徒刑；對其他參加的，處三年以下有期徒刑、拘役或者管制。

第二十一條　任何人煽動、協助、教唆、以金錢或者其他財物資助他人實施本法第二十條規定的犯罪的，即屬犯罪。情節嚴重的，處五年以上十年以下有期徒刑；情節較輕的，處五年以下有期徒刑、拘役或者管制。

第二節　顛覆國家政權罪

第二十二條　任何人組織、策劃、實施或者參與實施以下以武力、威脅使用武力或者其他非法手段旨在顛覆國家政權行為之一的，即屬犯罪：

（一）推翻、破壞中華人民共和國憲法所確立的中華人民共和國根本

制度；

（二）推翻中華人民共和國中央政權機關或者香港特別行政區政權機關；

（三）嚴重干擾、阻撓、破壞中華人民共和國中央政權機關或者香港特別行政區政權機關依法履行職能；

（四）攻擊、破壞香港特別行政區政權機關履職場所及其設施，致使其無法正常履行職能。

犯前款罪，對首要分子或者罪行重大的，處無期徒刑或者十年以上有期徒刑；對積極參加的，處三年以上十年以下有期徒刑；對其他參加的，處三年以下有期徒刑、拘役或者管制。

第二十三條　任何人煽動、協助、教唆、以金錢或者其他財物資助他人實施本法第二十二條規定的犯罪的，即屬犯罪。情節嚴重的，處五年以上十年以下有期徒刑；情節較輕的，處五年以下有期徒刑、拘役或者管制。

第三節　恐怖活動罪

第二十四條　為脅迫中央人民政府、香港特別行政區政府或者國際組織或者威嚇公眾以圖實現政治主張，組織、策劃、實施、參與實施或者威脅實施以下造成或者意圖造成嚴重社會危害的恐怖活動之一的，即屬犯罪：

（一）針對人的嚴重暴力；

（二）爆炸、縱火或者投放毒害性、放射性、傳染病病原體等物質；

（三）破壞交通工具、交通設施、電力設備、燃氣設備或者其他易燃易爆設備；

（四）嚴重干擾、破壞水、電、燃氣、交通、通訊、網絡等公共服務和管理的電子控制系統；

（五）以其他危險方法嚴重危害公眾健康或者安全。

犯前款罪，致人重傷、死亡或者使公私財產遭受重大損失的，處無期徒刑或者十年以上有期徒刑；其他情形，處三年以上十年以下有期徒刑。

第二十五條　組織、領導恐怖活動組織的，即屬犯罪，處無期徒刑或者十年以上有期徒刑，並處沒收財產；積極參加的，處三年以上十年以下有期徒刑，並處罰金；其他參加的，處三年以下有期徒刑、拘役或者管制，可以並處罰金。

本法所指的恐怖活動組織，是指實施或者意圖實施本法第二十四條規定的恐怖活動罪行或者參與或者協助實施本法第二十四條規定的恐怖活動罪行

的組織。

第二十六條　為恐怖活動組織、恐怖活動人員、恐怖活動實施提供培訓、武器、信息、資金、物資、勞務、運輸、技術或者場所等支持、協助、便利，或者製造、非法管有爆炸性、毒害性、放射性、傳染病病原體等物質以及以其他形式準備實施恐怖活動的，即屬犯罪。情節嚴重的，處五年以上十年以下有期徒刑，並處罰金或者沒收財產；其他情形，處五年以下有期徒刑、拘役或者管制，並處罰金。

有前款行為，同時構成其他犯罪的，依照處罰較重的規定定罪處罰。

第二十七條　宣揚恐怖主義、煽動實施恐怖活動的，即屬犯罪。情節嚴重的，處五年以上十年以下有期徒刑，並處罰金或者沒收財產；其他情形，處五年以下有期徒刑、拘役或者管制，並處罰金。

第二十八條　本節規定不影響依據香港特別行政區法律對其他形式的恐怖活動犯罪追究刑事責任並採取凍結財產等措施。

第四節　勾結外國或者境外勢力危害國家安全罪

第二十九條　為外國或者境外機構、組織、人員竊取、刺探、收買、非法提供涉及國家安全的國家秘密或者情報的；請求外國或者境外機構、組織、人員實施，與外國或者境外機構、組織、人員串謀實施，或者直接或者間接接受外國或者境外機構、組織、人員的指使、控制、資助或者其他形式的支援實施以下行為之一的，均屬犯罪：

（一）對中華人民共和國發動戰爭，或者以武力或者武力相威脅，對中華人民共和國主權、統一和領土完整造成嚴重危害；

（二）對香港特別行政區政府或者中央人民政府制定和執行法律、政策進行嚴重阻撓並可能造成嚴重後果；

（三）對香港特別行政區選舉進行操控、破壞並可能造成嚴重後果；

（四）對香港特別行政區或者中華人民共和國進行制裁、封鎖或者採取其他敵對行動；

（五）通過各種非法方式引發香港特別行政區居民對中央人民政府或者香港特別行政區政府的憎恨並可能造成嚴重後果。

犯前款罪，處三年以上十年以下有期徒刑；罪行重大的，處無期徒刑或者十年以上有期徒刑。

本條第一款涉及的境外機構、組織、人員，按共同犯罪定罪處刑。

第三十條　為實施本法第二十條、第二十二條規定的犯罪，與外國或者境外機構、組織、人員串謀，或者直接或者間接接受外國或者境外機構、組織、人員的指使、控制、資助或其他形式的支援的，依照本法第二十條、第二十二條的規定從重處罰。

第五節　其他處罰規定

第三十一條　公司、團體等法人或者非法人組織實施本法規定的犯罪的，對該組織判處罰金。

公司、團體等法人或者非法人組織因犯本法規定的罪行受到刑事處罰的，應責令其暫停運作或者吊銷其執照或者營業許可證。

第三十二條　因實施本法規定的犯罪而獲得的資助、收益、報酬等違法所得以及用於或者意圖用於犯罪的資金和工具，應當予以追繳、沒收。

第三十三條　有以下情形的，對有關犯罪行為人、犯罪嫌疑人、被告人可以從輕、減輕處罰；犯罪較輕的，可以免除處罰：

（一）在犯罪過程中，自動放棄犯罪或者自動有效地防止犯罪結果發生的；

（二）自動投案，如實供述自己的罪行的；

（三）揭發他人犯罪行為，查證屬實，或者提供重要線索得以偵破其他案件的。

被採取強制措施的犯罪嫌疑人、被告人如實供述執法、司法機關未掌握的本人犯有本法規定的其他罪行的，按前款第二項規定處理。

第三十四條　不具有香港特別行政區永久性居民身份的人實施本法規定的犯罪的，可以獨立適用或者附加適用驅逐出境。

不具有香港特別行政區永久性居民身份的人違反本法規定，因任何原因不對其追究刑事責任的，也可以驅逐出境。

第三十五條　任何人經法院判決犯危害國家安全罪行的，即喪失作為候選人參加香港特別行政區舉行的立法會、區議會選舉或者出任香港特別行政區任何公職或者行政長官選舉委員會委員的資格；曾經宣誓或者聲明擁護中華人民共和國香港特別行政區基本法、效忠中華人民共和國香港特別行政區的立法會議員、政府官員及公務人員、行政會議成員、法官及其他司法人員、區議員，即時喪失該等職務，並喪失參選或者出任上述職務的資格。

前款規定資格或者職務的喪失，由負責組織、管理有關選舉或者公職任

免的機構宣佈。

第六節　效力範圍

第三十六條　任何人在香港特別行政區內實施本法規定的犯罪的，適用本法。犯罪的行為或者結果有一項發生在香港特別行政區內的，就認為是在香港特別行政區內犯罪。

在香港特別行政區註冊的船舶或者航空器內實施本法規定的犯罪的，也適用本法。

第三十七條　香港特別行政區永久性居民或者在香港特別行政區成立的公司、團體等法人或者非法人組織在香港特別行政區以外實施本法規定的犯罪的，適用本法。

第三十八條　不具有香港特別行政區永久性居民身份的人在香港特別行政區以外針對香港特別行政區實施本法規定的犯罪的，適用本法。

第三十九條　本法施行以後的行為，適用本法定罪處刑。

第四章　案件管轄、法律適用和程序

第四十條　香港特別行政區對本法規定的犯罪案件行使管轄權，但本法第五十五條規定的情形除外。

第四十一條　香港特別行政區管轄危害國家安全犯罪案件的立案偵查、檢控、審判和刑罰的執行等訴訟程序事宜，適用本法和香港特別行政區本地法律。

未經律政司長書面同意，任何人不得就危害國家安全犯罪案件提出檢控。但該規定不影響就有關犯罪依法逮捕犯罪嫌疑人並將其羈押，也不影響該等犯罪嫌疑人申請保釋。

香港特別行政區管轄的危害國家安全犯罪案件的審判循公訴程序進行。

審判應當公開進行。因為涉及國家秘密、公共秩序等情形不宜公開審理的，禁止新聞界和公眾旁聽全部或者一部分審理程序，但判決結果應當一律公開宣佈。

第四十二條　香港特別行政區執法、司法機關在適用香港特別行政區現行法律有關羈押、審理期限等方面的規定時，應當確保危害國家安全犯罪案件公正、及時辦理，有效防範、制止和懲治危害國家安全犯罪。

對犯罪嫌疑人、被告人，除非法官有充足理由相信其不會繼續實施危害國家安全行為的，不得准予保釋。

第四十三條　香港特別行政區政府警務處維護國家安全部門辦理危害國家安全犯罪案件時，可以採取香港特別行政區現行法律准予警方等執法部門在調查嚴重犯罪案件時採取的各種措施，並可以採取以下措施：

（一）搜查可能存有犯罪證據的處所、車輛、船隻、航空器以及其他有關地方和電子設備；

（二）要求涉嫌實施危害國家安全犯罪行為的人員交出旅行證件或者限制其離境；

（三）對用於或者意圖用於犯罪的財產、因犯罪所得的收益等與犯罪相關的財產，予以凍結，申請限制令、押記令、沒收令以及充公；

（四）要求信息發佈人或者有關服務商移除信息或者提供協助；

（五）要求外國及境外政治性組織，外國及境外當局或者政治性組織的代理人提供資料；

（六）經行政長官批准，對有合理理由懷疑涉及實施危害國家安全犯罪的人員進行截取通訊和秘密監察；

（七）對有合理理由懷疑擁有與偵查有關的資料或者管有有關物料的人員，要求其回答問題和提交資料或者物料。

香港特別行政區維護國家安全委員會對警務處維護國家安全部門等執法機構採取本條第一款規定措施負有監督責任。

授權香港特別行政區行政長官會同香港特別行政區維護國家安全委員會為採取本條第一款規定措施制定相關實施細則。

第四十四條　香港特別行政區行政長官應當從裁判官、區域法院法官、高等法院原訟法庭法官、上訴法庭法官以及終審法院法官中指定若干名法官，也可從暫委或者特委法官中指定若干名法官，負責處理危害國家安全犯罪案件。行政長官在指定法官前可徵詢香港特別行政區維護國家安全委員會和終審法院首席法官的意見。上述指定法官任期一年。

凡有危害國家安全言行的，不得被指定為審理危害國家安全犯罪案件的法官。在獲任指定法官期間，如有危害國家安全言行的，終止其指定法官資格。

在裁判法院、區域法院、高等法院和終審法院就危害國家安全犯罪案件提起的刑事檢控程序應當分別由各該法院的指定法官處理。

第四十五條　除本法另有規定外，裁判法院、區域法院、高等法院和終審法院應當按照香港特別行政區的其他法律處理就危害國家安全犯罪案件提起的刑事檢控程序。

第四十六條　對高等法院原訟法庭進行的就危害國家安全犯罪案件提起的刑事檢控程序，律政司長可基於保護國家秘密、案件具有涉外因素或者保障陪審員及其家人的人身安全等理由，發出證書指示相關訴訟毋須在有陪審團的情況下進行審理。凡律政司長發出上述證書，高等法院原訟法庭應當在沒有陪審團的情況下進行審理，並由三名法官組成審判庭。

凡律政司長發出前款規定的證書，適用於相關訴訟的香港特別行政區任何法律條文關於"陪審團"或者"陪審團的裁決"，均應當理解為指法官或者法官作為事實裁斷者的職能。

第四十七條　香港特別行政區法院在審理案件中遇有涉及有關行為是否涉及國家安全或者有關證據材料是否涉及國家秘密的認定問題，應取得行政長官就該等問題發出的證明書，上述證明書對法院有約束力。

第五章　中央人民政府駐香港特別 行政區維護國家安全機構

第四十八條　中央人民政府在香港特別行政區設立維護國家安全公署。中央人民政府駐香港特別行政區維護國家安全公署依法履行維護國家安全職責，行使相關權力。

駐香港特別行政區維護國家安全公署人員由中央人民政府維護國家安全的有關機關聯合派出。

第四十九條　駐香港特別行政區維護國家安全公署的職責為：

（一）分析研判香港特別行政區維護國家安全形勢，就維護國家安全重大戰略和重要政策提出意見和建議；

（二）監督、指導、協調、支持香港特別行政區履行維護國家安全的職責；

（三）收集分析國家安全情報信息；

（四）依法辦理危害國家安全犯罪案件。

第五十條　駐香港特別行政區維護國家安全公署應當嚴格依法履行職責，依法接受監督，不得侵害任何個人和組織的合法權益。

駐香港特別行政區維護國家安全公署人員除須遵守全國性法律外，還應

當遵守香港特別行政區法律。

　　駐香港特別行政區維護國家安全公署人員依法接受國家監察機關的監督。

　　第五十一條　駐香港特別行政區維護國家安全公署的經費由中央財政保障。

　　第五十二條　駐香港特別行政區維護國家安全公署應當加強與中央人民政府駐香港特別行政區聯絡辦公室、外交部駐香港特別行政區特派員公署、中國人民解放軍駐香港部隊的工作聯繫和工作協同。

　　第五十三條　駐香港特別行政區維護國家安全公署應當與香港特別行政區維護國家安全委員會建立協調機制，監督、指導香港特別行政區維護國家安全工作。

　　駐香港特別行政區維護國家安全公署的工作部門應當與香港特別行政區維護國家安全的有關機關建立協作機制，加強信息共享和行動配合。

　　第五十四條　駐香港特別行政區維護國家安全公署、外交部駐香港特別行政區特派員公署會同香港特別行政區政府採取必要措施，加強對外國和國際組織駐香港特別行政區機構、在香港特別行政區的外國和境外非政府組織和新聞機構的管理和服務。

　　第五十五條　有以下情形之一的，經香港特別行政區政府或者駐香港特別行政區維護國家安全公署提出，並報中央人民政府批准，由駐香港特別行政區維護國家安全公署對本法規定的危害國家安全犯罪案件行使管轄權：

　　（一）案件涉及外國或者境外勢力介入的複雜情況，香港特別行政區管轄確有困難的；

　　（二）出現香港特別行政區政府無法有效執行本法的嚴重情況的；

　　（三）出現國家安全面臨重大現實威脅的情況的。

　　第五十六條　根據本法第五十五條規定管轄有關危害國家安全犯罪案件時，由駐香港特別行政區維護國家安全公署負責立案偵查，最高人民檢察院指定有關檢察機關行使檢察權，最高人民法院指定有關法院行使審判權。

　　第五十七條　根據本法第五十五條規定管轄案件的立案偵查、審查起訴、審判和刑罰的執行等訴訟程序事宜，適用《中華人民共和國刑事訴訟法》等相關法律的規定。

　　根據本法第五十五條規定管轄案件時，本法第五十六條規定的執法、司法機關依法行使相關權力，其為決定採取強制措施、偵查措施和司法裁判而簽發的法律文書在香港特別行政區具有法律效力。對於駐香港特別行政區維

護國家安全公署依法採取的措施，有關機構、組織和個人必須遵從。

第五十八條　根據本法第五十五條規定管轄案件時，犯罪嫌疑人自被駐香港特別行政區維護國家安全公署第一次訊問或者採取強制措施之日起，有權委託律師作為辯護人。辯護律師可以依法為犯罪嫌疑人、被告人提供法律幫助。

犯罪嫌疑人、被告人被合法拘捕後，享有盡早接受司法機關公正審判的權利。

第五十九條　根據本法第五十五條規定管轄案件時，任何人如果知道本法規定的危害國家安全犯罪案件情況，都有如實作證的義務。

第六十條　駐香港特別行政區維護國家安全公署及其人員依據本法執行職務的行為，不受香港特別行政區管轄。

持有駐香港特別行政區維護國家安全公署製發的證件或者證明文件的人員和車輛等在執行職務時不受香港特別行政區執法人員檢查、搜查和扣押。

駐香港特別行政區維護國家安全公署及其人員享有香港特別行政區法律規定的其他權利和豁免。

第六十一條　駐香港特別行政區維護國家安全公署依據本法規定履行職責時，香港特別行政區政府有關部門須提供必要的便利和配合，對妨礙有關執行職務的行為依法予以制止並追究責任。

第六章　附則

第六十二條　香港特別行政區本地法律規定與本法不一致的，適用本法規定。

第六十三條　辦理本法規定的危害國家安全犯罪案件的有關執法、司法機關及其人員或者辦理其他危害國家安全犯罪案件的香港特別行政區執法、司法機關及其人員，應當對辦案過程中知悉的國家秘密、商業秘密和個人隱私予以保密。

擔任辯護人或者訴訟代理人的律師應當保守在執業活動中知悉的國家秘密、商業秘密和個人隱私。

配合辦案的有關機構、組織和個人應當對案件有關情況予以保密。

第六十四條　香港特別行政區適用本法時，本法規定的"有期徒刑""無期徒刑""沒收財產"和"罰金"分別指"監禁""終身監禁""充公犯罪所得"

和“罰款”，“拘役”參照適用香港特別行政區相關法律規定的“監禁”“入勞役中心”“入教導所”，“管制”參照適用香港特別行政區相關法律規定的“社會服務令”“入感化院”，“吊銷執照或者營業許可證”指香港特別行政區相關法律規定的“取消註冊或者註冊豁免，或者取消牌照”。

第六十五條　本法的解釋權屬於全國人民代表大會常務委員會。

第六十六條　本法自公佈之日起施行。

叢書主編　　朱國斌

策劃編輯　　蘇健偉

責任編輯　　蘇健偉

書籍設計　　溫　溫

書　　名　　**香港國家安全法：法理與實踐**

主　　編　　朱國斌　韓大元　王江雨　黃明濤

出　　版　　三聯書店（香港）有限公司

　　　　　　香港北角英皇道 499 號北角工業大廈 20 樓

　　　　　　Joint Publishing (H.K.) Co., Ltd.

　　　　　　20/F., North Point Industrial Building,

　　　　　　499 King's Road, North Point, Hong Kong

香港發行　　香港聯合書刊物流有限公司

　　　　　　香港新界荃灣德士古道 220-248 號 16 樓

印　　刷　　美雅印刷製本有限公司

　　　　　　香港九龍觀塘榮業街 6 號 4 樓 A 室

版　　次　　2021 年 11 月香港第一版第一次印刷

規　　格　　16 開（170 × 240mm）312 面

國際書號　　ISBN 978-962-04-4910-9

© 2021 Joint Publishing (H.K.) Co., Ltd.

Published & Printed in Hong Kong